국제정치학

서울대학교 정치외교학부 외교학 전공 교수진

박영사

차례

Part 01 · 이론 ·

Part 02 · 역사 ·

PART 01

이론

CHAPTER 01

국제정치사상의 이해

박 성 우 | 서울대학교 정치외교학부 교수

I 서론: 20세기 국제정치학과 국제정치사상

20세기 태동한 국제정치학은 국가 간 관계, 즉 국제 관계에서 나타나는 여러 현상을 설명하거나 예측하는 것을 목적으로 한다. 20세기 국제정치학이 이처럼 국제 관계를 설명하거나 예측할 수 있다고 보는 이유는 모든 국가는 생존과 번영이라는 목적을 위해서 가장 합리적인 수단을 선택한다고 가정하기 때문이다. 20세기 국제정치학은 이러한 국가 행위에 대한 가정을 토대로 궁극적으로 '국제'의 속성을 밝힐 수 있다고 본다. 문제는 국제정치학이 지금까지 제시해 온 '국제'의 속성이 다양할 뿐 아니라 상반되기까지 한다는 사실이다. 현실주의자들은 모든 국가는 합리적일 뿐 아니라 '이기적'이라는 가정하에 국제 관계는 늘 갈등적일 수밖에 없다고 주장한다. 반면 이상주의자들은 인간의 사회성을 근거로 국가의 사회성을 가정하고 이를 토대로 국제 관계가 협력적이라고, 혹은 적어도 장기적인 관점에서 협력적으로 전환될 수 있다고 주장한다.

흥미로운 점은 상반된 '국제'의 속성을 주장하는 현실주의자와 이상주의자 모두 고전정치사상가를 인용하고 있다는 점이다. 현실주의자들이 자주 거론하는 고전정치사상가는 고대 그리스의 역사가 투키디데스(BC 460~BC 400)나 17세기 영국의 정치사상가 홉스(1588~1679)다. 이상주의자들도 고대 그리스의 철학자 플라톤(BC 428~BC 347)이나 아리스토텔레스(BC 384~BC 322), 혹은 18세기 계몽주의 철학자 칸트(1724~1804)를 인용한다. 현대 국제정치이론가들이 전통적인 정치사상가나 철학자를 소환하는 이유는 아마도 이들의 학문적 권위에 힘입어 자신들의 국제정치관을 뒷받침하기 위함일 것이다. 이 대목에서 한 가지 주목할 것은 이들은 모두 '국제'의 속성과 본질이 시대를 초월해 변함없이 유지된다고 가정한다는 사실이다. '국제'의 본질이 초역사적 성격을 띤다는 가정하에서 이들은 고대 그리스의 철학자나 근대 유럽의 사상가가 '국제'의 속성에 관해 자신들과 동일한 견해를 갖고 있다고 주장하는 것이다.

전통적인 정치사상가들이 '국제'를 보는 시각은 크게 세 패러다임으로 분류된다. 첫째, 국제정치를 경쟁적이며 적대적 관계로 보는 현실주의, 둘째, 협력적이며 규범적 관계로 보는 이상주의, 그리고 정의의 실현 공간으로 보는 정전론적 관점이 그것이다. 이제 이 세 패러다임을 대표하는 전통적인 정치사상가들을 소개하고, 더불어 각 패러다임 안에서 사상가별로 나타나는 미묘한 차이점을 설명할 것이다. 해당 패러다임에 속한 국제정치사상가는 다수이지만, 여기서는 제한된 지면을 고려하여 각 패러다임당 대표적인 사상가 두 사람을 소개하고자 한다.

Ⅱ 현실주의 국제정치사상

1 홉스의 국제정치사상

현실주의 이론가들이 홉스를 주목하는 가장 큰 이유는 그의 자연상태 개념이 '국제'의 개념으로부터 유비(analogy)됐다고 믿기 때문이다. 현실주의자들은 홉스의 자연상태와 '국제'가 무정부성(anarchy)이라는 동일한 구조를 갖고 있다고 보고, 이러한 동일한 구조 안에 존재하는 행위자로서 개인과 국가가 동일한 행위 양태를 보인다고 가정한다. 홉스는 공권력이 없는 자연상태는 '만인에 대한 만인의 투쟁'이 벌어지는 전쟁상태에 이를 수밖에 없다고 지적한 바 있다. 전쟁상태는 개인의 속성과 무관하게—개인별로 다소 폭력성과 공격성의 차이가 있을지라도—자연상태의 구조가 만들어 낸 불가피한 결과라는 것이다. 신현실주의자 혹은 구조적 현실주의자들은 국제관계의 본질을 국가를 초월하는 공통 권력(common power)이 존재하지 않는 무정부성(anarchy)에 있다고 주장하며, 국제관계를 홉스의 자연상태와 동일시한다. 구조적 현실주의자에게 국제관계는 홉스적 전쟁상태다. 즉 생존을 목적으로 하는 개별 국가는 특별히 타국에 대한 침략 의도가 없고 방어적 목적으로 경계 태세를 취한다고 하더라도 상대로 하여금 공포를 느끼게 하여 결국 상대의 공격을 유발하게 된다는 것이다.

여기서 정치사상적으로 제기되는 의문이 있다. '국제'의 본질을 홉스적 자연상태와 동일시하는 것이 홉스의 견해라고 할 수 있는가이다. 홉스는 과연 자연상태와 '국제'의 유비를 동의할 것인가? 표면적으로 홉스의 『리바이어던』 13장은 자연상태와 '국제'의 유비를 인정하는 것으로 보인다. 홉스는 자연상태를 서술하는 과정에서 "오늘날 군주나 통치자들은 자국의 독립이 위협받지나 않을까 끊임없이 경계하고 있으며, 무기를 들고 서로 노려보는 검투사와 같은 자세(gladiator posture)를 취하고 있으며, 이러한 상태를 전쟁상태"라고 칭하기 때문이다.

그러나 자연상태와 '국제'가 유비될 수 있다는 것이 양자의 구조 속에 놓인 행위자의 대칭적 유사성이 존재한다는 것을 의미하는지는 의심스럽다. 자연상태와 '국제'가 구조적 유사성을 가졌다고 주장할 수는 있다. 그러나 그 구조 속에 놓인 개인과 국가는 행위자로서 전혀 다른 원칙을 적용할 수도 있다. 더구나 홉스는 무정부성이라는 구조적 요인이 국가 간의 차이를 상쇄할 정도로 결정적 요인이라고 주장한 적이 없다. 홉스가 '검투사 자세'를 국제관계에 비유한 것은 자연상태의 속성을 설명하기 위한 수사적 방편에 불과했다. 이런 맥락에서 홉스를 경직된 구조주의자로 보는 것은 부적절하다. 자연상태의 개인은 취약성의 관점에서 평등하지만, 국가는 국력의 차이가 명백하게 드러나므로 결코 평등하다고 볼 수 없다. 자연상태의 개인이 취약성의 관점에서 평등한 것은 인간의 생명은 하나뿐이고 아무리 강자라도 약점을 갖고 있기 때문이다. 반면 국가는 쉽게 소멸하지 않고 개인과 달리 장기적인 계획을 세울 수 있다. 유한한 삶을 사는 개인은 평판을 고려할 여유가 없지만, 국가는 평판을 고려하는 것이 오히려 합리적이다. 개인과 국가가 동일한 구조 속에 놓여 있더라도 그들에게 동일한 행태를 기대할 수 없는 이유다. 개인 간의 자연상태가 전쟁상태로 귀결된다는 것이 곧바로 국가 간의 자연상태, 즉 국제 관계가 전쟁상태라는 것을 입증하지 않는다는 것이다.

홉스 정치사상의 관점에서 특별히 주목할 점은 홉스는 국제 관계의 행위자로 등장하는 국가를 '리바이어던', 즉 사회 계약의 단계를 거쳐 인위적으로 생성된 인공물로 보고 있다는 사실이다. 홉스의 '리바이어던'이 가장 경계하는 것은 계약 이전의 전쟁상태로 회귀하는 것이다. 이런 맥락에서 홉스는 주권자의 권력 남용을 문제 삼기보다, 내전 상태로 돌아가는 것을 경계하고 이를 해결하기 위해 절대 권력이 필요하다고 봤다. 리바이어던은 대외 정책에 있어서도(그것이 공격적 전쟁이든, 외교적 타협이나 협력이든) 내전의 위험성을 철저히 경계한다. 홉스는 내전으로의 전락을 막기 위해서는 불확실성을 줄여야 한다고 봤다. 리바이어던을 불확실성에 가장 많이 노출시키는 영역은 대외관계다. 타국과 전쟁을 벌이는 경우, 불확실성은 더욱 증대된다. 불확실성을 최소화해야 하는 리바이어던은 대외적으로 불필요한 공세를 펴거나 팽창 정책을 택하지 말아야 한다. 이런 관점에서 보면 홉스의 리바이어던은 호전적인 행태보다는 신중한 정책을 선호한다. 홉스의 국제정치사상은 국제 관계를 구조적으로 결정된 자동적인 전쟁 상태로 보는 대신 국가가 국내적 안정을 유지하기 위해 신중하게 선택한 대외 정책의 결과로 본다.

2 투키디데스의 국제정치사상

투키디데스는 아테네와 스파르타 간의 패권 경쟁, 그리고 이를 배경으로 그리스 세계 전체가 양 진영으로 나뉘어 27년간 치룬 전쟁의 역사를 기록한 역사가이다. 놀라운 사실은 2500년 전의 역사가인 그가 20세기 신현실주의의 선구자로, 심지어 21세기 미중 패권 전이론의 예언자로 주목받다는 사실이다. 20세기 이래 국제정치학계가 투키디데스를 국제정치의 본질을 갈파한 이론적 대부로 간주하는 이유는 그가 처음으로 국제정치를 도덕이나 규범이 아닌 "자연"의 법칙이 통용되는 공간으로 이해한 인물이라고 보기 때문이다. 이러한 견해는 기본적으로 국제정치는 퓌시스(Φύσισ, 자연)의 영역이고, 노모스(νόμος, 인간적인 약속이나 도덕, 규범, 법)가 개입할 수 없는 영역이라는 가정에 따른 것이다. 투키디데스의 『펠로폰네소스 전쟁사』 곳곳에는 국제정치를 노모스가 아닌, 퓌시스의 영역으로 이해하는 대목이 발견된다.

투키디데스가 퓌시스 우위의 국제정치관을 제시했다는 주장을 뒷받침하기 위해서 가장 많이 주목하는 사건은 『펠로폰네소스 전쟁사』 5권에 소개되어 있는 '아테네-멜로스 회담'이다. 현실주의 이론가들에 따르면, 투키디데스는 국제정치를 정의와 법과 같은 노모스의 영역으로 보는 멜로스인들과 퓌시스의 영역으로 보는 아테네인들 간의 대립에서 멜로스인들의 파멸을 적나라하게 보여주기 위해서 이 사건을 소개한 것이다. 국제정치에서 퓌시스의 우위를 확인시켜 줬다는 것이다. 그러나 이러한 해석은 단편적인 측면이 있다. 무엇보다 투키디데스는 국제 관계를 퓌시스의 영역으로 확신하고, 이를 노골적으로 강요한 아테네인들이 결국 전쟁에서 패배했다는 역사적 사실을 기록하고 있다는 점을 주목할 필요가 있다. 투키디데스는 결국 아테네인들이 가정하고 있는 퓌시스의 정의에 심각한 오류가 있음을 암시한 것이다.

국제정치가 퓌시스의 영역이냐, 노모스의 영역이냐는 의문은 투키디데스뿐 아니라 21세기를 사는 현대인들에게도 여전히 제기되는 문제다. 투키디데스는 자신이 전쟁사를 기술한 목적이 "후대에 영원히 남길 만한 교훈"을 주는 것이라고 선언한 바 있다(『펠로폰네소스 전쟁사』 1권 22절). 그렇다면 그가 퓌시스와 노모스의 관계와 관련해서 후대에 남기고자 한 교훈은 무엇인가? 특히 국제정치의 본질과 관련해서 투키디데스는 퓌시스와 노모스의 관계를 어떻게 파악하고 있는가?

투키디데스의 전쟁사 기술에는 퓌시스의 요소가 자주 등장한다. 전쟁 중 예기치 않았던 지진, 가뭄, 기근, 잦은 일식, 역병 등은 인간의 힘으로 통제할 수 없으면서, 전쟁에 엄청난 영향을 미치는 퓌시스의 영향력으로 묘사된다. 그러나 퓌시스는 이런 가시적인 자연 현상으로만 나타나지 않는다. 아테네인들이 그들의 제국을 정당화하기 위해 사용했던 '두려움, 명예, 이익'이라는 아테네 제국 성장의 세 가지 요인도 사실 인간이 거부할 수 없는 힘이라는 의미에서 '인간 안의 퓌시스'(흔히 말하는 인간 본성)로 해석되며, 아테네-멜로스 대담에서 약자는 강자에게 복종해야 한다는 아테네인들의 주장 역시 인간사(人間事) 안에서 발견되는 퓌시스라고 이해된다. 아테네인들은 자신들이 운영하는 제국이 퓌시스의 원리에 기초해 있다고 가정한 셈이다.

그렇다면 투키디데스가 보는 인간 안의 퓌시스, 즉 진정한 인간 본성은 무엇인가? 투키디데스는 아테네 역병과 케르키라 내전을 설명하는 과정에서 그 단면을 제시한다. 그는 아테네 전역에 번진 역병으로 인해 사람들이 자신의 미래가 어떻게 될지 몰라서 가장 기본적인 윤리미지도 지비렸다고 지적한다. 불법과 무법이 실칠 뿐 아니라, 사람들은 그들의 생명이나 부가 허망한 것이라고 느끼고, 뭐든지 금방 소비하고 쾌락만을 즐기며, 인간의 법에 대한 두려움뿐 아니라 신에 대한 두려움도 없어졌다고 기록한다(『펠로폰네소스 전쟁사』 2권 53절). 케르키라 내전의 서술에서도 역시 내전으로 폴리스의 정치적 통합이 붕괴됨은 물론 사적인 증오가 확산되어 사회적 관습이나 도덕, 즉 노모스가 완전히 붕괴되었음을 묘사한다. 민주파와 과두파로 나뉜 내전에서 아들이 아버지에 의해 살해당하기도 하고, 신전에서 살해되거나 제단에서 끌려 나가는 것도 비일비재하다고 전한다. 역병에 관한 앞의 기술과 마찬가지로 케르키라 내전에 대한 투키디데스의 논평은 저속하고 사악한 인간본성의 단면이 드러난다.

그런데 투키디데스는 이런 비관적인 인간본성을 드러내는 대목에서 묘한 단서를 달고 있다. 평화와 번영의 시기에는 국가와 개인들 모두 더 "고상한 감정"으로 서로를 대할 수 있으나 "전쟁이 잔혹한 선생" 노릇을 한다고 지적한 것이다(『펠로폰네소스 전쟁사』 3권 82절). 이는 인간 본성이 필연적으로 저속한 성향을 띠는 것이 아니라, 전쟁이라는 극한 상황 속에서 특정한 성향으로 드러나게 된다는 것을 의미한다. 투키디데스는 또한 모든 인간이 이와 같은 저속한 본성을 드러내는 것이 아니라고 본다. 역병이나 내전 상황에서도 어떤 인간들은 여전히 고상함을 간직하고 있음을 암시한다. 그는 아테네에 역병이 발생했을 때에도 대부분의 사람들은 자신들의 안전만을 생각했지만, 일부는 이런 자신들을 부끄럽게 여겨 전염의 위험을 무릅쓰고 가족을 잃어 망연자실하는 친구들을 방문하는 덕을 중시하는 사람들도 있었다고 언급한다(『펠로폰네소스 전쟁사』 2권 51).

요컨대 투키디데스가 파악하고 있는 인간 본성은 이질적 요소들을 포함한다. 그에게 인간 본성은 고정적이지 않다. 더욱 정확하게 말하자면, 그는 무엇이 인간 본성인지 단정하지 않았다. 그럼에도 불구하고 아테네인들은 무엇이 퓌시스이고 무엇이 인간 본성인지 확신했다. 투키디데스는 아테네인들이 퓌시스 안에서 인간의 위치와 한계를 모르면서도 마치 국제 관계와 인간 본성을 알고 있는 것으로 착각하고 있다고 지적한다. 투키디데스에 따르면 아테네인들은 '알지 못하면서 알고 있다는 확신'하는 휘브리스(오만)를 드러낸 자들이다. 어쩌면 노모스를 존중하는 멜로스인들이 인간 본성에 가깝고, 퓌시스 속 인간의 자연스런 행태일 수 있다.

투키디데스의 국제정치사상은 국제 관계에서 도덕이나 정의를 배제하는 것이 반드시 퓌시스에 부합하는 것이라고 주장하지 않는다. 중요한 것은 구체적이고 특정한 상황에서 행위자들이 무엇을 퓌시스로 해석하느냐 달려 있다. 멜로스와 아테네, 각각이 맞은 최후의 결과를 확인했을 때 국제 관계는 단기적으로 보면 아테네가 정의내린 퓌시스를 닮아 있는지 모른다. 그러나 아테네의 궁극적인 패배를 고려하면, 국제 관계는 장기적으로 멜로스가 규정한 퓌시스, 즉 노모스를 존중하는 인간 본성에 의해 더 영향을 받을 수도 있다.

요컨대, 투키디데스의 국제정치사상은 인간이 자신의 한계를 망각하고 퓌시스를 단정해 버리는 휘브리스를 갖는 것을 가장 경계한다. 아테네는 전쟁을 치루면서 점점 노골적으로 휘브리스를 드러냈다. 그렇다고 투키디데스가 국제 관계를 전적으로 노모스의 영역에 위치시킨 것은 아니다. 오히려 투키디데스는 노모스를 명분으로 희망적 기대에만 의존한 채, 현실을 직시하지 못하는 무책임한 이상주의(idealism)를 비판한다. 투키디데스에게 국제 관계는 퓌시스와 노모스가 혼재된 영역이다. 현실에서는 누군가 퓌시스와 노모스의 결합을 특정한 방식으로 주장하고, 공동체는 이러한 특정한 방식의 결합을 수용하거나 비판한다. 투키디데스는 특정 방식으로 퓌시스와 노모스가 결합하는 것(그것이 아테네 식이든, 스파르타 식이든)이 바람직하다고 주장한 바 없다. 다만, 투키디데스의 국제정치사상은 퓌시스와 노모스를 자신의 편의에 따라 규정해 버리는 휘브리스를 경계하는 것에 초점이 맞춰져 있다.

Ⅲ 이상주의 국제정치사상

1 칸트의 국제정치사상

20세기 국제정치이론은 칸트를, 홉스의 갈등적 국제정치관, 그로티우스의 국제사회론과 구분되는, 보편주의적이고 이상주의적인 국제정치관을 대표하는 사상가로 분류한다. 이들은 특히 칸트의 『영구평화안 Zum ewigen Frieden (1795)』을 주목하며 칸트의 평화주의적 세계관을 해석한다. 그러나 칸트의 『영구평화안』을 단순히 낙관적 이상주의나, 국제적 평화주의로 해석하기 어렵다. 오히려 칸트는 이상과 현실의 결합이라는 실천적 문제를 고민하면서 연방주의 평화 구상을 제시한 것이라고 할 수 있다. 칸트는 영구 평화가 당장 실현하기에는 많은 장애가 있지만, 결코 실현불가능한 유토피아로 보진 않았다. 그는 영구평화가 현실의 점진적 개선을 통해서 실현될 수 있는 이상이라고 설득했다. 이제 칸트의 『영구평화안』의 구성을 살펴보면서 실천을 고려한 칸트의 이상주의 국제정치사상을 재조명하고자 한다.

『영구평화안』은 크게 예비 조항, 확정 조항, 보충 조항, 부록, 네 부분으로 구성되어 있다. 예비 조항은 영구 평화로 나가려고 할 때 장애가 되는 부분, 특히 당시 유럽의 국제정치적 관행에 비추어 볼 때 현실적으로 고려해야 할 요소가 무엇인가를 지적

한다. 확정 조항은 영구 평화를 위한 국가의 국내적, 국제적, 세계시민적 원칙을 열거함으로써 영구 평화의 이론적 토대를 제시한다. 한편 보충 조항과 부록은 칸트의 의도 특히 이론과 실천의 관계를 둘러싼 의도와, 현실적 효과를 위한 수사적 설득을 포함한다.

구체적으로 살펴 보면, 예비 조항은 여섯 개의 금지 항목으로 구성된다.

첫째, 향후 전쟁의 의도를 숨긴 채, 단순히 평화 조약, 휴전 조약을 맺는 것을 금지한다. 국제 관계에서 필요한 것은 단순히 전쟁을 중단하는 휴전 협정이 아니라 폭력 사용을 대안으로 고려하지 않는 진정한 평화로의 사고 전환이 필요하다는 것이다.

둘째, 유럽 국가에서 관행적으로 지속되는 영토의 상속 · 교환 · 매매 · 증여의 행태는 지양해야 한다. 이 조항은 칸트의 공화주의 이념에 따르면 당연히 요구되는 사안이다. 공화주의 이념에 따르면, 사회 계약으로 공동체를 형성한 집단은 마치 하나의 몸과 같은데, 영토의 상속, 교환, 매매는 이러한 사회 계약의 취지에서 완전히 벗어나기 때문이다.

셋째, 상비군은 점진적으로 폐지한다. 칸트가 국가 방위의 필요성을 부정하는 것은 아니다. 다만 칸트는 국방을 위해 일정 기간만 무기의 사용을 훈련받은 시민군이 상비군을 대체해야 한다고 지적한 것이다.

넷째, 국제적인 갈등을 국가 채무와 결부시켜서는 안 된다. 국제 신용 체계가 불필요한 갈등과 마찰을 야기할 소지가 있기 때문이다.

다섯째, 타국의 헌법이나 정부에 개입하지 말아야 한다. 타국의 체제 변환(regime change)을 목적으로 개입하는 것은, 단기적으로 평화를 도모하는 것처럼 보여도 장기적으로는 영구 평화의 파트너로 타국을 끌어들이는 것 자체가 심각한 분쟁의 씨앗이 되기 때문이다.

여섯째, 전쟁 수행 중이라도 결코 허용해서는 안 되는 행위들이 있다. 칸트는 상대국에게 암살단을 보낸다거나, 항복 선언이나 협상 후에 약속을 파기한다거나, 상대국 내란을 조장한다거나 하는 것을 행해서는 안된다고 지적한다.

칸트는 이어서 영구평화로 나갈 수 있는 확정 조항으로 국내적 권리, 국제적 권리, 세계시민적 권리를 지적한다. 차례로 살펴보자.

첫 번째 조항은 국내적 권리에 관한 것이다. 이 조항은 사회계약으로 성립한 국가가 어떤 목적을 가지며 이를 위해 국가는 어떻게 통치되어야 하는가를 밝힌 것이다. 단적으로 말하자면, 칸트는 모든 국가가 헌법을 가진 공화국이 되어야 한다고 주장한다. 칸트에게 공화국은 인간의 자유를 보장하고 법에 의한 지배를 전제로 한 평등을 실현하는 공동체를 의미한다. 특히 자유에 대한 정의를 주목할 필요가 있다. 칸트는 단순히 남에게 부정의를 행하지 않는 범위 내에서 외적인 강제가 없는 상태를 의미하는 '소극적 자유'보다, 공동체에서 이미 동의를 한 것에 대하여 자발적으로 복종하는 것을 의미하는 '적극적 자유'를 강조한다. 칸트는 적극적 자유에 기초한 공화국만이 영구 평화를 이룰 수 있다고 본다. 전쟁을 개시하기 위해서는 시민들의 합의가 필요할 텐데, 시민들은 전쟁을 결정하는 데 매우 신중하다는 것이 칸트의 논지다.

두 번째 확정 조항은 국제적 권리에 관한 것이다. 이는 공화국이 다른 국가를 대상으로 하는 권리에 속한다. 공화국이 처한 현실로서 국제 관계를 주목한 이유는 공화국이 내부적으로 정치적 이상을 충족한다고 하더라도 대외적으로 취약한 상태에 놓이게 되면 공화국의 자유는 물론 궁극적으로 개인의 자유도 확보할 수 없기 때문이다. 국제적 취약성을 해소할 수 있는 방안 중 하나는 세계를 하나의 단일한 국가, 즉 세계 국가(civitas gentium=state of peoples)로 만들어 버리는 것이다. 그러나 세계를 하나의 국가로 묶는 것은 애초에 개별 국가가 사회 계약을 맺고 공화국을 만들었던 취지를 망각하는 것이다. 세계 국가는 대의제를 구성할 수도 없고, 각 구성원들이 세계 전체를 하나의 신체로 보고 자신을 그 지체로 간주할 만큼 연대성을 가진 공동체가 될 수 없기 때문이다. '국제'라는 현실은 공화국의 기본 원칙을 버리지 않는 한 불가피하게 도출되는 현실이다. 칸트는 '국제'의 존재를 전제로 국제 관계가 과도한 갈등이나 투쟁 상태에 빠지지 않을 방도로 연방(*Völkerbund*, league of nations)의 구성을 제안한다. 연방은 공화국의 이상에 동조하는 국가들 간의 모종의 연대와 결합을 의미한다. 문제는 이 연방이 개별 공화국에 대하여 어느 정도의 구속력을 갖느냐는 것이다.

세 번째 확정 조항은 세계시민적 권리에 관한 것이다. 세계시민주의가 세계 전체를 하나의 인민으로 간주한다고 전제한다면 이 원칙은 개별 국가가 주권을 갖고 국제적 권리를 갖는다는 두 번째 원칙에 위배되는 것으로 보인다. 그러나 칸트는 이 세계시민적 권리가 '보편적 환대'에만 국한되는 매우 제한적 의미만 갖는다는 점을 강조한다. 세계시민적 권리는 기본적으로 지구 표면을 인류가 공유하고 있고, 서로 주권을 침해하지 않는 범위 내에서 상업적 교역을 허용하는 수준에 그친다. 요컨대, 세계시민적 권리를 빙자하여 비유럽 지역에서 교역을 강요하거나 교역을 거부한 이들을 대상으로 오히려 공격할 개시할 명분을 찾을 수 없다는 것이다. 이런 맥락에서 칸트는 18세기 유럽국가가 세계시민주의를 근거로 정복을 정당화한다거나, 계몽주의적 관점에서 제국적 식민주의를 정당화하는 것에 대해서 비판적 태도를 취한다.

기본적으로 칸트의 국제정치사상은 지속가능한 공화정을 만들기 위한 국제적 환경의 조성을 목적으로 한다. 지속가능한 공화정을 위해서 가장 이상적인 상태는 전세계의 영구적인 평화를 구축하는 것이지만, 현실은 이러한 이상과는 괴리가 있다. 그렇다면 영구 평화로의 전환을 위해서 칸트의 『영구평화안』은 어떠한 실천적 방안을 제시했는가? 칸트는 우선 어떤 상황에서 국가들 간의(진정한) 법(das recht der Völker)이 생성되는가를 지적한다. 국가가 국제법의 행위자로서 '국제적 권리(international right)'를 행사하려면 적어도 그 국가는 내적으로 합법적인 상태(juridical condition; law-governing condition)에 있어야 하며, 그렇지 않으면 사실 어떤 공법(public law) 질서에 대해서도 논할 수 없다고 지적한다. 칸트는 이러한 합법적인 국가가 대외적으로 행할 수 있는 국제적 권리는 한편으로 자국의 주권을 수호하는 것이고, 다른 한편으로 전쟁의 예방을 전제로 국가 간에 "가능하면 광범위한 연방체(federal union to the greatest extent possible)"를 구성하는 것이라고 봤다.

2 아리스토텔레스의 국제정치사상

국가가 대외 정책 수행에 있어서 국익(國益)이 우선적으로 고려되어야 한다는 것은 자명한 원칙으로 이해되어 왔다. 전통적인 근대 주권국가 개념에 따르면 국익 추구의 도덕적 한계란 있을 수 없다. 그럼에도 불구하고 주권 국가의 모든 행위가 도덕적 책임으로부터 자유롭다는 원칙은 제2차 세계대전을 전후로 전체주의 국가의 반인륜적 범죄를 경험한 후, 원칙적으로 거부되어 왔다. 분명한 것은 우리는 국익을 추구하면서도, 다른 한편으로 개별 국가보다 상위에 존재하는 보편적 가치를 여전히 존중한다는 사실이다. 다만 문제는 이 보편적 가치가 국익과 갈등할 경우 우리가 어떤 원칙에 입각해서 이 갈등을 중재해야 할지 아직 알지 못한다는 점이다. 아리스토텔레스의 국제정치사상은 이와 같은 국익 추구의 도덕적 딜레마를 해소할 수 있는 시각을 제공한다.

아리스토텔레스는 국익의 추구가 궁극적으로는 국가를 구성하는 개별 시민들의 좋은 삶을 목표로 해야 한다는 정치 이념에서 출발한다. 아리스토텔레스에게 국가의 존립 근거는 시민들에게 좋은 삶을 제공하는 것에서 발견된다. 따라서 개별 국가의 국익 추구는 단순히 국가에 이익이 되기 때문이 아니라, 국가의 근본적인 목적에 부합하는 방향으로 이뤄져야 한다. 즉 국익은 맹목적으로 추구될 것이 아니라, 궁극적으로 그 국가의 구성원들에게 좋은 삶을 제공하고 있는가라는 도덕적 제약을 받게 된다는 것이다.

아리스토텔레스는 『정치학』 7권에서 이상 국가의 자족성(αὐτάρκεια)을 강조하면서도, 이상 국가의 영토를 설정할 때 외적의 접근 가능성을 염려하고, 생산물의 반입과 유출의 편리성을 고려한다. 뿐만 아니라 그의 이상 국가는 제한된 범위에서 해상을 통한 무역 활동도 허용한다. 아리스토텔레스의 좋은 삶이 성취되기 위해서는 불가피하게 국제정치적 여건이 조성되어야 함을 인정해야 한다. 요컨대 인간이 인간으로서의 탁월성을 발휘하고 좋은 삶을 영위하기 위해서는 자연이 부과한 목적에 맞게 생성된 국가의 존재가 필수적인데, 이 국가는 현실적으로 국제적 여건을 고려하지 않을 수 없다는 것이다.

문제는 개인의 좋은 삶의 추구와 그 전제가 되는 이상적인 국가의 건설, 그리고 이상국가 성립의 조건이 되는 바람직한 국제 관계가 항상 선순환적 관계로 유지되지 않는다는 데 있다. 이를테면 이상 국가의 유지를 위해 수행하게 되는 대외 정책이 이상 국가 존립의 궁극적인 목적이 되는 개인의 좋은 삶의 추구를 방해하는 결과를 초래할 수도 있다. 다시 말해, 이상 국가의 국익 추구와 이 국가에 속해 있는 시민들의 좋은 삶의 추구 사이에 마찰이 발생할 수 있다. 이 마찰에 대한 아리스토텔레스적 해법은 잠시 미루고, 우선 국익 추구가 아리스토텔레스의 좋은 삶의 정치에서 어떤 위상을 차지하고 있으며, 이 과정에서 어떤 마찰이 생길 수 있는가를 이해할 필요가 있다.

아리스토텔레스에게 폴리스의 유지와 발전은 개별 인간의 좋은 삶을 위한 필수 요소이며, 폴리스의 유지와 발전에 위협이 되는 것은 좋은 삶의 추구에도 결정적인 위협 요인이다. 폴리스의 유지와 발전에 위협이 되는 요소는 무엇인가? 내전(στάσις)이나 외부의 침입이다. 특히 외부적인 침입에 대비하기 위해서는 국가 안보를 튼튼히 해야 한다. 국가 안보를 위한 적극적인 방법은 단순하게 표현하면, 주변국을 정복하거나 지역의 패권국(ἡγεμων)이 되는 것이다. 여기서 주목할 것은 국가 안보를 획득하기 위한 국가의 대외적 행위가, 탁월성을 발휘하려는 개인들이 동료 시민들에게 보이는 도덕적이고 고상한 활동과는 상반된다는 점이다. 요컨대, 개인이 국가 안에서 성격적 탁월성을 발휘할 때에는 동료 시민들에 대해서 도덕적 고상함을 유지할 수 있지만, 이들이 속해 있는 국가가 국가 안보를 위해 행하는 대외적인 행위는 더 이상 그 고상함을 유지되지 못한다는 것이다. 즉 단일한 폴리스의 존재를 전제로 하는 성격적 탁월성의 추구는 폴리스 경계를 넘어서는 국가 간의 공공선으로 이어지지 않는다는 것이다.

문제는 이렇게 동료 시민들 간 대내적 행위에 대해서만 한정적으로 정치적 탁월성을 발휘하는 삶이 아리스토텔레스의 관점에서 과연 좋은 삶으로 간주될 수 있느냐는 것이다. 공동체의 공공선을 위해서 자신의 사적 이익을 희생하면서 내부적 결속과 연대에 기여하는 삶을 살고 있다고 하더라도, 바로 그 공동체가 대외적으로는 마치 강도 집단과 같은 행태를 보이고 있다면, 이런 집단 안에서의 삶이 과연 인간의 탁월성의 관점에서 올바른 삶이며, 좋은 삶으로 분류될 수 있느냐는 것이다. 물론 아리스토텔레스가 대내적으로 동료 시민들에게 행했던 성격적 탁월성을 대외적으로도 똑같이 발휘해야 한다고 주장한 바 없다. 그럼에도 불구하고, 아리스토텔레스는 탁월성의 발휘에 있어서 대내외적으로 갈등 상황이 벌어질 수 있다는 점을 주목했다.

아리스토텔레스는 이상 국가가 피해야 할 대외관계로, “정치가가 이웃 나라들이 원하든 원치 않든 그들을 지배하고 폭군처럼 다스릴 궁리를 하는 것”을 지적한다. 그는 이러한 행위를 정치가의 역할로 간주하는 것은 매우 불합리하다고 비판한다. 더 나아가 대부분의 사람들은 타인을 “주인처럼 지배하는 것을 정치로 혼동하고, 자신에게는 옳지도 유익하지도 않은 것을 남들에게는 거리낌 없이 행하는 것”을 경계한다고 말한다(『정치학』 7권, 1324b22). 요컨대, 어느 국가의 대외적인 행위 양태가 좋은 삶을 추구하는 국내 정치 행위와 판이하게 구별된다면, 이 국가는 궁극적으로 시민들에게 좋은 삶을 제공하지 못할 수 있다는 것이다.

아리스토텔레스에게 관건이 되는 것은 단순히 이상 국가의 유지가 아니라, 이상 국가의 유지를 위한 국가의 대외 정책이 궁극적으로 국내 구성원들의 좋은 삶의 추구에 어떤 방식으로 영향을 미치느냐는 것이다. 따라서 아리스토텔레스에게 국익 추구를 위한 대외적인 활동은, 소극적으로는 국내 구성원들이 좋은 삶을 추구할 수 있는 국제적인 여건을 마련하는 것이며, 보다 적극적으로는 좋은 삶에 긍정적으로 기여하는 것이다.

아리스토텔레스는 이를 설득하기 위해 일(ἔργον)과 여가(σχολή), 그리고 전쟁(πόλεμος)과 평화(εἰρήνη)의 이분법적 구도를 제시한다. 아리스토텔레스에게는 다른 목적을 갖고 있는 활동보다 그 자체의 목적을 갖고 있는 것이 더 우월하다(『정치학』 7권, 1333a30). 그래서 일보다 여가가 우위에 있다는 것이고, 이런 맥락에서 아리스토텔레스는 일에 해당하는 정치적 활동보다 관조적 활동이 더 우월하다고 본 것이다(『정치학』1334a11). 같은 맥락에서 전쟁은 정치 참여와 마찬가지로 일에 해당하며, 반면 평화가 여가에 해당한다. 아리스토텔레스가 끊임없는 정복과 전쟁을 비하했던 것은 그가 단순한 평화주의자였기 때문이 아니라 "일로서의 전쟁"보다, "평화로서의 여가"가 우위에 있다는 좋은 삶의 정치 이념을 일관되게 관철하기 위함이다. 같은 맥락에서 아리스토텔레스의 국제정치사상은 일에 대한 여가의 우위의 원칙을 적용하여, 입법자는 전쟁보다 평화에 기여하도록 법을 준비해야 한다고 지적한다.

IV 정전론적 국제정치사상

1 그로티우스의 국제정치사상

그로티우스(1583~1645)는 17세기 유럽의 현실정치 무대에서 법률가와 외교관으로 활동했던 인물이다. 그가 공식적으로 자신의 국제법 이론을 세상에 내놓게 된 계기는 1603년 2월 네덜란드 동인도 회사 군함이 말라카 해협에서 포르투갈의 상선 산타카타리나(Santa Catarina)호를 공격해 나포한 사건이 발생했을 때, 동인도 회사의 행위를 법률적으로 변호하는 역할을 담당하게 되면서부터다. 당시 네덜란드는 식민지 경영을 시작해 동인도 회사를 운영하고 있었고, 선발 주자인 스페인, 포르투갈과 경쟁 관계에 놓여 있었다. 그로티우스는 외형상 해적 행위와 다를 바 없는 네덜란드 동인도회사의 행위를 어떻게 정당화할 수 있었는가? 그로티우스가 활용한 논지는 자유 항해론과 자연법론이다. 자유 항해론은 나포 사건이 발생한 직후 그로티우스가 작성한 용역 보고서의 일부인 『자유해』(1608)에 제시된 주요 논지다. 자연법론은 『자유해』에도 일부 그 논지가 들어 있지만, 보다 체계적으로는 그로티우스가 파리 망명 시절에 출판한 『전쟁과 평화의 법』(1625년)에 들어 있다. 우선 『자유해』에 제시된 그로티우스의 입장을 살펴보자.

그로티우스는 포르투갈 상선 나포를 정당화하기 위해 두 가지 쟁점을 주목한다. 첫 번째 쟁점은 공해상에서 자유 항해를 막는 독점적 항해권을 주장하는 포르투갈의 행위는 자연법 위반이라는 것이다. 두 번째는 네덜란드 동인도 회사는 사인(私人)으로서, 그리고 동인도 제도의 관할권을 가진 통치자의 대리인(당시 그 지역의 통치자는 조호르(Johor)의 술탄이었다)으로서 자연법의 위반자를 처벌할 권리가 있다는 것이다.

첫 번째 쟁점은 자연법은 모든 공해(公海, high sea)상에서의 자유로운 항해 그리고 모든 지역에서의 자유로운 교역을 명령하는데, 포르투갈이 이 원칙을 정면으로 위반했던 것에 있다. 조호르는 포르투갈뿐 아니라 네덜란드와도 항로 사용을 허용하고 교역할 의사가 있었으므로 포르투갈이 배타적인 교역권을 주장하는 것은 조호르의 권리를 침해한 것이고 이는 곧 자연법 위반이라는 것이 그로티우스의 해석이다(LM. Ch. 2).

두 번째 쟁점은 자유 항해와 자유 교역은 인류 전체의 복리(welfare)를 고려하는 신의 의사에 부합하는 자명한 원칙이라는 그로티우스의 주장을 반영한다. 그로티우스는 자유 항해와 자유 교역을 방해하는 것이 인류 전체의 복리에 반하고 신의 의사에 반한다는 것을 주장하기 위해 바다가 결코 소유의 대상이 될 수 없다는 점을 강조한다(『자유해』 5장). 그로티우스의 자유 교역론의 밑바탕에는 세계의 각 민족은 특정 분야, 특정 기술에 수월성을 갖는 것이 자명하므로 민족 간의 호혜의 원리에 따라 자유롭게 교역하여 상보적인 이익을 얻도록 하는 것이 신의 의사라는 가정이 깔려 있다. 따라서 그로티우스는 만국법이 세계의 모든 민족이 자유롭게 교역하는 것을 허용해야 한다고 주장한다(『자유해』 8장). 그럼에도 불구하고, 포르투갈이 이 지역에 대한 주권 혹은 소유권을 주장하며 물리적으로 네덜란드의 출입과 교역을 방해한 것은 명백한 불법 행위라는 것이다.

그로티우스는 근대 자연법 사상의 선구자로 불리지만 그의 자연법 사상은 이전의 오랜 지적(知的) 전통을 가진 스콜라주의(Scholasticism)와 르네상스 인본주의를 계승했다는 것을 주목할 만하다. 스콜라주의는 중세부터 근대 초까지 이어져 온 기독교 철학의 전통을, 그리고 르네상스 인본주의(humanism)는 고대 그리스의 회의주의(懷疑主義, skepticism)부터 르네상스 시기까지 이어져 온 현실주의 전통을 의미한다. 두 전통은 광범위한 철학 사조이지만 여기서는 그로티우스가 정전론(正戰論)을 중심으로 두 전통을 해석하고 수용했다는 점을 지적하고자 한다.

스콜라주의에 따르면, 자연과 인간은 기본적으로 신에 의해 창조된 피조물이다. 그러나 자연은 그 자체로 질서 있고 조화로운 상태로 유지되지 않는다. 특히 인간은 타락한 존재이므로 세상은 무질서하고 불완전하다. 자연법은 신의 뜻에 부합하도록 타락한 세상을 질서 있고 조화롭게 만들기 위해 필요한 법이다. 타락한 세계의 교정을 위해서는 물리적인 수단, 예컨대 전쟁을 필요로 한다. 이 전쟁은 세속적인 의미의 전쟁이 아니라 신의 의사에 부합하고 자연법에 근거한 전쟁, 즉 정의로운 전쟁이어야 한다. 이웃을 사랑하라는 기독교 교리에 따르면 모든 폭력 사용을 부정하는 절대적 평화주의자가 되어야 한다. 자신에게 어떠한 폭력이 행사되더라도 폭력으로 되갚아서는 안 되고, 자기방어의 목적을 위해서도 폭력 사용은 자제해야 한다. 스콜라주의는 기독교 교리를 계승하면서도 절대적 평화주의와는 다르게 자연법의 틀 안에서 수행되는 전쟁을 정당한 행위로 간주한다. 이처럼 스콜라주의는 기독교 교리 안에서 자연법에 부합하는 정전론의 전통을 확립했다.

한편, 현실주의 전통은 고대 그리스의 회의주의자 카르네아데스의 관점을 받아들여 모든 사물의 항존성에 의문을 제기하고, 현실에서 능력을 발휘할 수 있는 것만 신뢰한다. 이러한 세계관은 결국 강자만이 세상에 영향력을 행사하고 나아가 세상을 지배할 자격이 있다는 세속적 현실주의로 연결된다. 세속적 현실주의는 법실증주의와 밀접한 관련을 가진다. 법실증주의는 법이 어떤 조건하에서 만들어졌는가를 불문하고 일단 명문으로 존재하는 법 규정은 준수되어야 한다는 입장을 고수한다.

그로티우스는 궁극적으로 국제 관계가 자연법을 준수하는 영역이 되어야 한다고 주장한다. 언뜻 보면 그로티우스는 전형적인 스콜라주의자로 보인다. 그러나 그로티우스는 스콜라주의만으로는 그가 추구하는 국제적 정의를 달성할 수 없다고 판단했다. 그로티우스는 스콜라주의가 자연법의 엄격한 준수를 추구한다는 면에서 정당하지만, 실행력을 갖추지 못한 유토피아니즘에 불과하다고 평가했다. 유토피아니즘에서 벗어나려면 현실주의 전통으로 눈을 돌릴 필요가 있다. 그러나 그로티우스는 현실주의 전통이 법실증주의에 기초한 합법성에 기대어 강자의 이익에 봉사한다는 비판에서 자유로울 수 없다고 우려했다. 현실주의 전통은 법을 활용하긴 하지만 인간을 약육강식을 자행하는 동물과 동일시한다. 인간사를 동물의 세계와 구분하려면 다시 신에 대한 경외를 전제로 자연법을 존중하는 스콜라주의로 회귀해야 한다. 그로티우스는 국제적 정의를 달성하기 위해서는 스콜라주의와 현실주의 전통, 양자를 절충해야 한다고 판단했다. 이를 위해 그로티우스는 스콜라주의의 자연법을 현실주의 전통의 법실증주의와 접목시켜야 한다고 생각했다.

그로티우스의 국제정치사상은 인간 본성에 내재해 있는 사회성을 믿는 자연법 사상을 지지한다. 사회성은 이성을 상호협력적인 방향으로 인도하는 원동력이다. 국제관계에서 사회성과 이성의 능력은 자연법을 준수하는 방식으로 발휘된다. 이성은 국제관계에서 생존을 위해서 왜 상호협력이 필요한지, 상호협력을 유지하기 위해 어떠한 규범이 필요한지, 즉 무엇이 자연법인지를 발견할 수 있도록 해 준다. 그러나 주지하는 바와 같이 국제 관계의 현실은 항상 협력적인 결과를 낳지 않는다. 이 때문에 그로티우스는 절충주의를 취한다. 요컨대, 그로티우스의 국제정치사상은 '국제법의 자연법화', 넓게 보면 '국제관계의 자연법화'를 추구했지만, 동시에 그것이 저절로 이뤄질 수 있다고 보지 않았다. 대신 국제 관계에는 언제나 자연법에 반하는 행태가 나타날 수 있다고 보았다. 그로티우스의 국제정치사상은 스콜라주의나 스토아주의만큼 인간 이성의 능력을 전적으로 신뢰하지 않는다. 그러나 그의 국제정치사상은 인간 이성이 자연법을 발견하고, 국제법을 점진적으로 자연법의 토대에 올려놓게 되면, 그만큼 국제관계는 개선될 가능성이 있다는 입장에 서 있다.

2 플라톤

플라톤 정치철학 연구자들은 그의 정의론이 국제정치적으로 확장될 가능성에 대해 대체로 부인해 왔다. 플라톤의 정의론은 이론적으로나 실천적으로나 일국의 범위 안에서만 가능하고 국경을 넘어 글로벌 차원으로 적용될 수 없다고 보기 때문이다. 그러나 플라톤이 자신의 정치철학에서 국제정치적 요소를 의도적으로 배제했다고 단정하기 어렵다. 사실 플라톤의 정의론이 가장 잘 드러난 것으로 알려져 있는 『국가』의 논의 구조를 자세히 들여다보면, 플라톤의 정의론 안에 국제정치적 요소가 강하게 반영되어 있음을 알 수 있다.

플라톤의 『국가』에서 가장 큰 특징은 개인과 국가 간의 유비 관계를 통해서 정의론을 전개하고 있다는 것이다. 개인에 적용되는 정의의 원리는 국가에도 동일하게 적용될 수 있다는 것이다. 이러한 개인-국가 유비의 구조는 플라톤적 정의론이 국제정치적으로 적용될 때의 기본 원칙이 무엇인가를 확인시켜 준다. 우선 정의로운 개인의 외적(外的) 행위, 즉 타인에 대한 행위에 대해서 생각해 보자. 플라톤의 『국가』는 적어도 개인의 정의와 관련하여, 내적/외적 불일치를 허용하지 않는다. 즉 내적으로 정의로운 개인은 결코 외부적으로 부정한 행위를 할 수 없다고 가정한다. 개인과 국가 간의 유비의 대칭 구조를 고려하면, 개인과 마찬가지로 국가의 경우도 내적으로 정의로운 상태라면, 대외 정책에 있어서도 정의로운 상태에 있어야 한다.

요컨대, 플라톤적 정의론은 개인의 내적 상태(혼의 상태)(a)에서부터, 개인의 외적 행위(b), 이어서 국가의 내적 상태(즉, 시민들을 규율하는 국가의 행위)(c)와, 국가의 대외적 행위(d), 나아가 우주적 질서(e)에 이르기까지 일관성이 유지되는 구조를 갖고 있다. 따라서 플라톤적 정의가 온전히 규명되기 위해서는 이상 국가의 대외정책(d)을 포함한 모든 영역(a~e)이 서로 어떻게 연계되는가를 검토해야 한다. 아쉽게도 플라톤은 정의의 여러 영역들과 그 관계를 적극적으로 해명하지 않았다. 대신 문제를 제기하면 답하는 대화법적 형식으로, 정의의 여러 영역들의 존재를 암시하고 이들 간의 관계를 나타냈다. 여기서는 특별히 『국가』 1권을 중심으로 그 실마리를 찾아보고자 한다.

먼저 트라시마코스와 소크라테스의 대화를 살펴보자. 트라시마코스는 일반적으로 정의라고 일컬어지는 것은 강자의 이익에 불과하고, 부정한 일을 성공적으로 행할 수 있는 자야말로 강자라는 주장(『국가』, 338c-339a)을 한 것으로 유명한 대표적인 소피스트이다. 여기서 특별히 주목하고자 하는 것은 "부정한 것이 강하다"라는 명제에 대한 소크라테스의 반론(『국가』, 351a-352c)이다. 트라시마코스의 주장에서 부정의를 행할 수 있는 자란 단지 사소한 수준의 부정의를 저지르는 자가 아니라 부정의를 행하고도 사후적으로 보복당하지 않을 수준의 압도적인 힘의 우위가 있는 자이다. 이러한 상황은 어딘가 약점을 가질 수밖에 없는 개인들 사이에서보다 힘의 격차가 확연하게 드러나는 국가들 사이에서 쉽게 발견된다. 그래서 소크라테스도 트라시마코스의 주장을 국가 간의 관계로 치환해서 반론을 시작한다.

소크라테스에 따르면, "나라나 군대는 말할 것도 없고, 하물며 강도나 도둑의 무리 또는 그 어떤 집단"이라 할지라도 뭔가를 공동으로 도모하기 위해서는 집단 내부적으로 서로 부정의를 행한다면 대외적으로 힘을 발휘할 수 없다(『국가』, 351c). "부정의는 서로 간에 대립과 증오, 다툼을 초래하나, 정의는 합심과 우애를 가져다 줌"(『국가』, 351d) 것이기 때문이다. 소크라테스는 되풀이해서, 부정의가 깃든 곳에는 "그것이 나라이건 씨족이건 군대이건 또는 다른 어떤 것이건 간에 자체적으로 대립과 불화를 만들어 내어 뭔가를 해내는 것조차 불가능하게 한다"(『국가』, 352a)고 주장하며, 아무리 부정한 집단이라고 하더라도 그들 사이에는 어떤 형태로든 최소한의 정의가 깃들어 있어야 한다는 점을 강조한다(『국가』, 352d). 이런 소크라테스의 논변은 사실 개인-국가 유비에 기초해 있다. 내부적으로 부정의가 만연해 있는 국가나 집단은 내부적인 불화와 반복으로 인해 대외적으로 단결된 힘을 발휘할 수 없음과 마찬가지로 부정의로 꽉 차 있는 개인은 내적(심리적) 갈등과 모순으로 인해 외적으로 아무 일도 할 수 없게 된다는 것이다(『국가』, 351d-352a).

소크라테스와 트라시마코스의 대화는 암묵적으로 국가의 외적 행위(d)가 국가의 내적 행위(c)에 영향을 줄 수 있음을 암시한다. 언뜻 보면 국가가 내부적으로 화합과 결속을 유지하면서도 대외적으로는 어떤 부정의도 행할 수 있을 것지만, 만일 개인-

국가 유추의 틀 안에서 개인과 국가의 대칭성을 유지한다면, 개인의 경우 내부/외부의 균열을 배제해야 하는 것처럼 국가의 경우에도 내부/외부의 균열을 배제해야 한다는 것을 강하게 암시한다.

플라톤은 물론 대외적으로 부정의를 행한 국가가 이로 인해 내부적으로도 부정의가 발생할 가능성을 직접적으로 논증한 바는 없다. 그러나 유추의 구조를 고려하면 국가의 대외적 부정의가 국내적 정의의 잠식을 초래할 가능성을 추론할 수 있다. 예컨대, 국가가 대외적으로 이기적인 이익을 극대화하기 위해 팽창과 침략을 거듭한다고 가정해 보자. 이러한 국가의 시민들은 자국의 행위를 한편으론 자랑스러워하면서, 다른 한편으론 국가의 행태를 개인적으로 모방하게 될 것이다. 국가의 부도덕한 대외적 행위를 개인적으로 모방하는 것은 결국 사회적 부정의를 낳고 급기야 국가의 쇠퇴를 초래할 것이다. 물론 국가가 대외적으로 부도덕한 행위를 한다고 해서 당장 국가가 와해되는 것은 아니다. 국가의 국제적 지위와 명예에 고무되어 여전히 사회적으로 충성을 보이는 이들도 생길 것이다. 그러나 국가의 대외적 부정의가 늘어나게 되면, 이를 모방하여 타락하는 시민의 숫자도 늘어날 것이고, 국가의 쇠퇴 역시 시간문제가 될 것이다. 이러한 상황을 막기 위해서는 국가가 대외적으로 힘을 발휘할 때 매우 조심스런 태도를 취해야 한다. 요컨대 국가의 대외적 부정의가 곧바로 내부적 분열로 이어지는 것은 아니므로 어느 정도의 여유가 있을지 모르나, 지속적으로 부정의를 행하는 것은 경계해야 한다.

이제 폴레마르코스와 소크라테스의 대화를 살펴보면서 플라톤적 정의의 국제적 적용을 둘러싼 또 다른 쟁점을 검토해 보자. 정의란 무엇인가라는 소크라테스의 물음에 폴레마르코스는 "적(敵)에게는 해를 주고, 친구에게는 득을 주는 것"이라는 대답을 내놓는다(『국가』, 332d). 폴레마르코스의 대답은 개인적 차원에도 적용될 수 있지만, 다분히 공동체적 관점을 반영한 것이다. 일견 타당해 보이는 폴레마르코스의 공동체적 정의관에 대해 소크라테스는 심각한 의문을 제기한다. 일차적으로 소크라테스는 누가 친구이고 누가 적인지 구분할 수 있는지, 그리고 무엇이 친구에게 줘야 할 이득이고 무엇이 적에게 가해야 할 해인지를 정확하게 알아낼 수 있는가를 의심한다(『국가』, 334c-335a). 그러나 폴레마르코스는 친구와 적의 구분, 해와 이득의 구별을 문제라고 여기지 않는 듯하다. 개인사(個人事)에 있어서는 양자의 구분에 왕왕 오해가 발생할지 몰라도, 적어도 국가적 차원에서는 누가 적이고 친구인지, 무엇이 마땅히 적에게 가해야 할 해이고, 친구에게 주어야 할 이득인지는 국가가 정한 규정에 따르면 되기 때문이다. 폴레마르코스의 국가관, 즉 국가가 지정한 적과 시민의 구분을 의심 없이 받아들이고, 무엇이 자국의 이익을 추구하는 것이고 무엇이 적을 해롭게 하는 것인지에 대한 국가의 명령에 절대적으로 복종하는 태도는 용기를 필요로 하는 수호자 계급에게 절실히 요구되는 사항이다. 하지만 국제관계에서 영원한 우방과 영원한 적국은 존재하지 않는다. 또 한 때의 국익으로 여겨졌던 것이 어느 순간 국가에 해(害)가 될 수도 있고, 그 역도 성립한다. 개인사의 경우뿐 아니라, 국제 관계에 있어서도 장기적이고 포괄적인 관점에서의 좋음(Good)에 대한 지식이 전제되지 않는 한, 우적(友敵) 구분이나 득실 개념은 한시적인 것에 불과하다.

여기서 '선'에 대한 지식이란 단지 국익과 관련해서 좀 더 먼 미래를 내다볼 수 있다거나, 기술적으로 좀 더 세밀하게 국익을 산정할 수 있는 능력을 의미하는 것이 아니다. 국익이 근본적으로 무엇인지 알아내기 위해서는 무엇이 보편적인 '선'인가를 알아야 하고, 이에 대한 지식은 적어도 국가의 범주를 초월하는 '전체'(the Whole, 이 전체가 어느 범주까지 포괄할지는 확실하지 않다. 헬라스 세계일지, 지구 전체일지, 우주일지는 불분명하다)에 대한 지식을 전제로 한다. 이러한 포괄적인 지식을 추구하는 자는 사실 철학자밖에 없다. 이러한 맥락에서 플라톤은 최선의 국가의 통치자는 가장 포괄적인 지혜인 '선'의 이데아를 추구하는 철학자여야 한다고 보고, 바로 이러한 취지에서 철인왕이 통치하는 국가를 최선의 국가(플라톤은 이를 Kallipolis로 부른다『국가』, 527c)로 제시한 바 있다(『국가』, 473d). 그러나 선의 이데아를 추구하는 철학자를 통치자로 둔다는 것은 대단히 비현실적이다. 플라톤 정치철학을 철학의 절대적 권위를 배경으로 정치를 독점하고자 한 전체주의적 시도로 파악하는 일부의 해석자들을 제외하고는, 플라톤의 철인왕의 기획은 플라톤 스스로도 실현 불가능한 제안으로 간주했다는 것이 일반적인 해석이다. 무엇보다 이런 지혜를 추구하는 철학자들은 적어도 자발적으로 통치에 임하지 않는다는 것이다.

폴레마르코스의 정의관에 대한 소크라테스의 반론은 대외정책을 결정함에 있어서 적어도 수호자들의 용기나 충성심 이외에 다른 덕목들이 수반되어야 함을 암시한다. 이론적으로는 이를 위해 가장 포괄적인 지혜, 선의 이데아와 관련된 지혜가 필요하지만, 현실적으로 이러한 지혜를 갖고 있는 자가 없다. 사실 철학자도 이러한 지혜의 존재를 믿고 이를 추구할 뿐이지 이런 지혜를 이미 획득한 자라고 할 수 없다. 이러한 사정을 감안하면, 플라톤은 철학자 이외의 다른 구성원들이 갖고 있는 덕목인 절제나 정의를 대외정책의 결정에 동원할 필요가 있음을 시사한다. 앞서 트라시마코스와 소크라테스와의 대화를 검토하면서, 정의라는 덕이 상식적으로 이해하는 바와 달리 국내적 범주에만 한정되지 않고 국가의 대외적 행위와 국내적 상태가 연계되어, 대외적으로 부정의한 행위를 하면 국내적으로 부정의를 초래할 수 있는 결과를 낳을 수 있음을 확인했다. 방금 검토한 폴레마르코스와 소크라테스와의 대화는 용기라는 덕의 한계를 지적함으로써 국내적 원칙으로만 간주되던 정의가 국제적으로 확장될 필요성을 다시 한 번 확인해 준 셈이다. 이러한 입장을 받아들이면 국내적 차원의 정의를 상당 부분 국제적으로 확장해야 할 필요가 있다고 할 수 있다. 그것이 어떤 형태로 나타날 수 있는가는 불분명하지만(이를테면, 국내적 차원의 분배적 정의를 국제적으로 확장할 수도 있고, 국제법의 근거로서 자연법 접근과 실증법적 접근 이외의 대안적 근거가 될 수도 있다), 폴레마르코스와 소크라테스의 대화의 재조명은 적어도 정의의 경계가 국경을 초월할 수 없다는 편견으로부터는 벗어날 수 있는 계기를 제공한다.

V 맺음말: 국제정치사상의 유연성

이상에서 우리는 현대 국제정치이론의 세 패러다임을 대표하는 사상가의 국제정치사상을 살펴봤다. 이들의 국제정치사상은 매우 상이하며, 같은 패러다임에 속한 사상가들조차 미묘한 차이를 보이고 있다는 것도 확인했다. 이들 사상 중 어느 입장이 '진정으로' 국제의 속성과 본질을 밝힌 것인지를 단정하기는 어렵다. 국제 관계의 미래가 적대적 관계로 지속될 것인지, 혹은 언젠가 하나의 세계로 통합될 것인지, 그것도 아니면 국제적 정의가 실현될 수준의 국제사회로 유지될 것인지는 여전히 미지수다. 다만 이 장에서 살펴 본 국제정치사상에 따르면, 국제 관계의 속성과 본질은 현실과 이상의 조합, 그리고 그 절충점으로서의 국제적 정의라는 변수에 의해서 드러나게 된다고 할 수 있다.

국제 관계는 가치를 추구하는 이상만으로 실효성을 거둘 수도 없다. 그러나 인간의 이상과 가치가 현실에 전혀 영향력을 발휘하지 못하는 것은 아니다. 인간사는 자연 현상과 달리 사실뿐 아니라 가치가 개입될 여지를 열어 놓는다. 국제 관계에서 정의와 평화라는 가치는 완벽하게 실현하기 어려운 '이상'인 것은 분명하지만, 그렇다고 부정의와 전쟁만이 고정 불변의 '사실'이라고 단정할 수도 없다. 이상없는 현실주의는 비관적 현실을 고착화하는 이데올로기적 성격을 띤다. 반면, 실천을 고려하지 않은 이상주의는 무책임한 공상에 불과하다. 앞에서 우리가 살펴본 국제정치사상은 모두 현실이나 이상 한 쪽에 치우쳤다기 보다 양자의 균형과 절충을 시도한 것이다. 투키디데스나 홉스의 국제정치사상이 상대적으로 국제 관계의 현실에 비중을 둔 것은 사실이지만, 그 현실 속에 인간의 가치와 이상이 작동하고 있다는 것을 부정한 것은 아니다. 칸트와 아리스토텔레스의 국제정치사상이 국제 관계가 궁극적으로 지향해야 할 이상을 설정하고 있지만, 이들의 사상은 그 이상이 저절로 실현되는 것이 아니라, 현실 인식에 기반을 둔 실천으로부터 온다는 것을 절실히 의식하고 있다. 그로티우스와 플라톤의 정전론적 국제정치사상은 국제적 정의를 국제 관계가 도달할 수 없는 절대적 이상으로 설정하기보다 실증적 국제법과의 절충을 통해 점진적으로 접근할 대상으로 간주한다. 이렇게 보면, 세 개의 패러다임을 대표하는 국제정치사상은 각각 강조점이 다를 뿐이지 '국제'의 속성에 대해 배타적인 견해를 가졌다고 보기 어렵다. 세 개의 패러다임을 배타적으로 규정하는 것은 이들 국제정치사상 자체에 기인한다기보다 이들 국제정치정사상을 교조적으로 받아들인 현대국제이론의 이미지에 기인하는 바 크다.

참고문헌

플라톤. 『국가』.

아리스토텔레스. 『정치학』.

칸트. 『영구평화안』.

홉스. 『리바이어던』.

그로티우스. 『사유해』, 『전쟁과 평화의 법』.

투키디데스. 『펠로폰네소스 전쟁사』.

CHAPTER 02

국제정치이론의 이해

전 재 성 | 서울대학교 정치외교학부 교수

I 국제정치학 이론이란 무엇인가

국제정치라는 복잡한 현상을 이론적으로 이해하려는 노력은 인류의 역사와 더불어 존재해왔다. 한 사회 내부에서의 정치적 관계가 아니라 인간 집단 간의 관계는 그 자체로 독특한 성격을 지니기 때문이다. 그러나 현대적 의미의 국제정치학은 제1차 세계대전 이후 본격적으로 성립되었으며, 이 시기를 기점으로 국제정치에 대한 체계적이고 이론적인 탐구가 시작되었다.

국제정치학의 백 년 남짓한 역사 속에서 다양한 논쟁이 전개되었다. 현실주의와 이상주의의 논쟁, 전통적 방법론과 과학적 방법론의 대립, 현실주의와 자유주의의 갈등, 합리주의와 반성적 접근 간의 대립, 그리고 서구 중심 이론과 비서구적 · 지구적 이론 간의 논쟁 등이 그것이다. 이러한 논쟁들은 국제정치학이 사회과학의 일부로서 과학적 이론을 수입하고 발전시키려는 노력의 과정에서 필연적으로 나타난 현상이었다.

국제정치학은 사회과학의 이상적인 이론 형식을 따르며, 국제정치 현상을 설명하고 규범화하기 위한 다양한 시도를 전개해왔다. 그 결과 메타이론, 설명이론, 규범

이론 등 여러 차원의 이론적 틀이 형성되었으며, 현실주의 · 자유주의 · 마르크스주의 · 구성주의 · 비판이론 등 다양한 패러다임이 서로 경쟁하고 상호보완하며 복잡하게 발전해왔다.

이러한 흐름은 국제정치학이 단순히 국가 간의 힘의 관계를 분석하는 학문에 머물지 않고, 인간 집단 간의 권력, 질서, 규범의 문제를 포괄적으로 탐구하는 지적 전통으로 자리 잡게 된 과정을 보여준다.

Ⅱ 현실주의

1 고전현실주의의 사상적 배경과 특징

현실주의 국제정치학이론은 1919년 국제정치학의 학문적 출현 이전에도 이미 정치철학과 역사 속에서 그 기원을 찾아볼 수 있다. 투키디데스(Thucydides), 마키아벨리(Niccolò Machiavelli), 홉스(Thomas Hobbes), 루소(Jean-Jacques Rousseau) 등은 모두 권력, 인간 본성, 그리고 전쟁의 필연성에 대해 통찰을 남겼다. 이들의 공통된 문제의식은 인간이 본래적으로 이기적이고 불완전한 존재라는 인식이며, 이러한 인간이 구성하는 정치 세계는 필연적으로 갈등과 경쟁을 내포한다는 점이었다.

20세기 초, 제1차 세계대전의 참혹한 경험은 낙관적 이상주의의 한계를 드러냈고, 그 반작용으로 고전현실주의(classical realism)가 등장하였다. 니버(Reinhold Niebuhr), 카아(Edward Hallett Carr), 모겐소(Hans Morgenthau) 등이 그 중심에 있었다. 그들은 인간의 본성을 정치의 출발점으로 삼았으며, 인간의 불완전성과 권력 추구의 본능이 국제정치의 근본 원인이라고 보았다.

고전현실주의는 자연과학적 방법론에 대한 비판, 인간 실천의 중요성, 그리고 인식론적 회의주의를 공유한다. 세계정치는 단순한 법칙의 적용으로 이해될 수 없으며, 도덕과 권력, 가치와 이익이 얽혀 있는 복합적 현실이다. 따라서 과학적 예측보다는 실천적 지혜(prudence)와 상황적 판단이 중요하다는 점을 강조하였다.

카아는 『20년의 위기(The Twenty Years' Crisis, 1919-1939)』를 통해 이상주의(utopianism)의 허구성을 비판하고, 현실주의(realism)의 필요성을 제시하였다. 그는 이상주의자들이 '국제도덕'과 '법의 지배'를 내세웠으나, 실제로는 권력관계의 현상유지를 정당화하는 이데올로기로 작동했다고 보았다. 자유방임주의나 이익조화설은 지배계급의 이해를 반영한 이념에 불과하며, 진정한 국제질서는 권력의 인식과 그 한계를 자각할 때만 성립할 수 있다는 것이다.

카아는 마르크스주의의 사회비판 정신과 만하임(Karl Mannheim)의 지식사회학을 받아들여, 지식과 사상의 상대성을 강조했다. 모든 이론과 신념은 그것이 형성된 사회적 맥락과 이익구조에 의존하며, 따라서 '절대적 진리'는 존재하지 않는다고 주장했다. 그러나 그는 단순한 결정론자가 아니었다. 오히려 인간은 자기비판과 반성을 통해 자기초월(self-transcendence)을 이룰 수 있다고 보았다. 그에게 진정한 현실주의자는 냉소적 권력추구자가 아니라, 자신의 이익과 관점을 비판적으로 성찰하고 타자의 입장과 화해할 수 있는 능력을 가진 존재였다. 이런 의미에서 카아의 현실주의는 비판적 현실주의(critical realism)로 불린다. 그는 강대국의 자기희생과 도덕적 반성이 국제정치의 안정에 필수적이라고 보았다.

니버는 고전현실주의의 윤리적 토대를 제공한 인물이었다. 그는 인간을 도덕적 인간이지만 비도덕적 사회를 구성하는 존재로 규정했다. 개인 차원에서는 선의와 이성이 작동할 수 있지만, 집단 차원에서는 집단이기주의(group egoism)와 권력욕이 지배한다고 보았다. 따라서 국제정치는 도덕이 아닌 힘의 균형을 통해서만 유지될 수 있다. 그는 근대 자유주의의 낙관론, 즉 교육과 이성이 사회를 진보시킨다는 믿음을 비판하였다. 인간은 원죄(original sin)를 지닌 존재이며, 자신에 대한 사랑(self-love)과 독선(self-righteousness)으로부터 완전히 벗어날 수 없다. 이러한 인간관에 기초하여, 니버는 이상주의적 평화주의나 비폭력주의를 비현실적이라고 보았다.

그의 대표작 『도덕적 인간과 비도덕적 사회』는 개인의 윤리와 집단의 윤리의 불일치를 드러내며, 정치행위의 불가피한 강제성(coercion)을 인정했다. 정치란 선을 실현하는 영역이 아니라, 악을 최소화하는 예술에 가깝다는 것이다. 그는 이를 '기독교 현실주의(Christian Realism)'라고 불렀다. 니버는 또한 민주주의를 "이익의 조화"가 아닌 "관리된 세력균형(managed anarchy)"으로 이해했다. 다양한 사회집단의 이익은 타협이 아니라 힘의 상호견제 속에서만 유지될 수 있다고 보았다. 이러한 관점은 이후 국제정치에서 세력균형론의 도덕적 정당성을 제공하는 근거가 되었다.

모겐소는 고전현실주의를 이론적으로 정식화한 학자였다. 그의 저서 『국제정치학 이론(Politics Among Nations, 1948)』은 현실주의의 교과서로 불린다. 그는 국제정치를

"권력을 위한 투쟁(struggle for power)"으로 정의하고, 정치의 자율성을 강조하였다. 정치의 본질은 도덕이나 경제, 종교로 환원될 수 없으며, 그것만의 독립된 합리성과 규칙을 가진다는 것이다. 모겐소는 '정치적 현실주의의 여섯 가지 원칙(Six Principles of Political Realism)'을 통해 현실주의의 이론적 틀을 제시했다. 첫째, 정치세계는 인간 본성에 뿌리를 둔 객관적 법칙에 의해 지배된다. 둘째, 국제정치의 핵심 개념은 '권력으로 정의된 이익(interest defined in terms of power)'이다. 셋째, 이익 개념은 보편적이지만 시대에 따라 구체적 형태가 달라질 수 있다. 넷째, 정치적 행위는 도덕적 긴장을 내포하지만, 보편적 도덕원리를 그대로 적용할 수는 없다. 다섯째, 특정 국가의 도덕적 열망을 우주의 도덕법칙과 동일시해서는 안 된다. 여섯째, 정치의 자율성과 신중함, 즉 실천지(prudence)는 모든 이론의 근간이 되어야 한다. 그는 정치적 판단의 핵심을 실천지로 보았다. 이는 단순한 신중함이 아니라, 구체적 상황 속에서 최선의 도덕적 · 정치적 판단을 내리는 실천적 지혜(phronesis)를 의미한다. 아리스토텔레스와 아퀴나스의 전통을 계승한 그는, 인간의 행위에는 완전한 도덕성이 존재하지 않기에 상황적 판단과 절제의 미덕이 필요하다고 강조했다.

모겐소는 궁극적으로 현실주의를 권력정치의 옹호가 아닌, 권력의 윤리적 제어를 위한 학문적 성찰로 보았다. 그에게 현실주의는 냉소적 체념이 아니라, 비극적 인간관 위에서 가능한 최선의 질서를 모색하는 태도였다.

고전현실주의는 단순히 권력을 강조하는 이론이 아니라, 인간의 본성과 도덕적 한계를 성찰하는 정치철학이다. 이 이론은 이상주의의 비현실성을 비판하면서도, 완전한 냉소주의로 빠지지 않고 도덕적 책임과 실천적 지혜를 결합하였다. 오늘날 국제정치의 불확실성과 가치의 충돌 속에서도, 고전현실주의는 여전히 유효하다. 인간의 본성이 변하지 않는 한, 권력정치의 논리 또한 사라지지 않는다. 그러나 그 권력의 행사는 언제나 도덕적 성찰과 절제의 미덕에 의해 조정되어야 한다는 교훈—바로 그것이 카아, 니버, 모겐소가 남긴 고전현실주의의 핵심 정신이다.

2 월츠(Kenneth Waltz)의 신현실주의

국제정치학에서 케네스 월츠(Kenneth Waltz, 1924~2013)는 '신현실주의' 또는 '구조적 현실주의'의 창시자로 평가된다. 그는 전후 현실주의 이론이 지나치게 국가의 내부 요인이나 지도자의 성향에 의존하고 있다고 보고, 국제정치의 구조 자체가 국가행동을 제약하는 근본적 요인임을 이론적으로 제시하였다. 이러한 접근은 고전적 현실주의와 구별되며, 20세기 국제정치학의 두 번째 '대논쟁(Second Great Debate)' 속에서 확립되었다.

1960년대의 제2차 대논쟁은 전통주의자와 행동주의자 간의 방법론적 논쟁이었다. 전통주의자들은 국제정치를 역사적 맥락과 규범적 판단 속에서 이해해야 한다고 보았으며, 행동주의자들은 자연과학적 방법을 도입하여 국제정치학을 과학으로 정립하려 했다. 이 시기 미국 중심의 실증주의적 연구 분위기 속에서 월츠의 이론은 간결성(parsimony)과 논리적 체계성을 중시하는 경향을 보여주었다.

월츠의 주요 저서로는 『Man, the State, and War』(1959), 『Theory of International Politics』(1979) 등이 있다. 특히 후자는 국제정치학이론을 과학적 설명모형으로 정립하려는 그의 시도가 집약된 작품으로, 이후 미어샤이머(John Mearsheimer), 월트(Stephen Walt), 길핀(Robert Gilpin), 제비스(Robert Jervis) 등에게 결정적 영향을 주었다.

월츠는 이론의 목적을 '예측'이 아니라 '설명'에 두었다. 그는 현실의 복잡한 사실들을 단순화하여 하나의 추상적 모델로 제시하고, 이를 통해 세계정치의 일반적 경향을 이해할 수 있다고 보았다. 이론은 현실을 있는 그대로 모사하는 것이 아니라, 현실 속에서 반복적으로 나타나는 구조적 원리를 포착하기 위한 도구라는 것이다. 그는 이론의 형성과 검증을 여러 단계로 구분하였다. 먼저 분리(isolation), 추상화(abstraction), 통합(aggregation), 이상화(idealization)의 단계를 거쳐 핵심 개념을 도출하고, 이후 가설설정-추론-경험적 관찰-검증을 반복함으로써 이론의 설명력을 점검해야 한다고 보았다. 이러한 방법론은 자연과학의 연구 절차를 사회과학에 적용하려는 행동주의적 성향을 보여준다.

그러나 월츠는 포퍼(Karl Popper)식의 반증주의를 그대로 따르지 않았다. 그는 한 사례가 이론을 반증한다고 해서 그 이론 전체가 무너지는 것은 아니라고 주장했다. 예를 들어 세력균형이론에서 특정 국가가 균형정책을 취하지 않았다고 해서 이론이 폐기되는 것은 아니며, 균형이 형성되는 구조적 경향 자체가 이론의 핵심이라는 것이다. 그는 라카토스(Imre Lakatos)의 연구프로그램 개념에 공감하며, 이론은 단순한 반증보다 풍부한 설명력을 지닌 연구틀로서 진화해야 한다고 보았다. 따라서 월츠의 현실주의는 단순한 규칙의 나열이 아니라, 국제체제의 구조적 논리를 설명하는 과학적 프로그램으로 이해된다.

월츠는 『Man, the State, and War』에서 전쟁의 원인을 설명하는 세 가지 '이미지

(image)'를 제시했다. 첫째, 인간의 본성(First Image)에 초점을 맞춘 설명이다. 고전적 현실주의자들은 인간의 탐욕과 권력욕이 전쟁의 근본 원인이라고 보았다. 그러나 월츠는 인간 본성은 시대와 체제를 초월하는 상수이며, 이를 통해 국가 간 전쟁의 다양성을 설명하기에는 한계가 있다고 지적했다. 둘째, 국가의 성격(Second Image)에 주목한 설명이다. 즉, 자유주의 국가, 사회주의 국가, 제국주의 국가 등 서로 다른 체제의 특성이 전쟁의 원인을 결정한다는 것이다. 하지만 그는 이러한 설명 역시 국가 내부 요인에 집중함으로써 국제체제의 제약을 간과한다고 비판했다. 셋째, 국제체제의 구조(Third Image)를 중시하는 설명이다. 루소(Jean-Jacques Rousseau)의 '사슴사냥' 비유에서 보듯, 무정부적 환경 속에서 각 국가가 자조(self-help)의 논리로 행동할 수밖에 없는 구조가 전쟁을 유발한다는 것이다. 이 세 번째 이미지가 월츠 신현실주의의 출발점이 되었다.

그는 이러한 세 이미지를 단순히 구분된 분석단위로 보기보다는, 서로 연관된 설명의 층위로 이해해야 한다고 보았다. 그러나 국제정치의 지속성과 반복성을 가장 잘 설명하는 차원은 세 번째, 즉 국제체제의 구조적 요인이라고 보았다. 여기서부터 신현실주의는 인간이나 국가의 특성보다는 '체제'라는 상위 구조가 국가의 행동을 결정한다는 기본 전제를 갖게 되었다.

월츠는 『Theory of International Politics』에서 국제체제를 설명하는 세 가지 핵심 구성요소를 제시하였다. 그것은 조직원리(ordering principle), 단위의 특성(unit differentiation), 그리고 능력의 분포(distribution of capabilities)이다. 국내정치체제는 위계적(hierarchical) 질서를 갖지만, 국제체제는 무정부상태(anarchy)가 조직원리로 작동한다. 즉 국제사회에는 상위 권위가 존재하지 않으며, 각 국가는 자국의 생존을 스스로 보장해야 한다. 이러한 환경은 자조(self-help)의 원리를 낳고, 국가들은 자신을 보호하기 위해 군사력과 동맹을 형성한다.

두 번째 요소인 단위의 특성은, 국제정치에서 모든 국가가 기능적으로 동일하다는 점을 강조한다. 한 국가가 다른 국가와 본질적으로 다른 기능을 수행하지 않으며, 단지 힘의 크기에서만 차이가 존재한다. 따라서 국제체제는 분업구조가 아니라, 동일한 기능을 가진 단위들이 서로 경쟁하는 구조로 이해된다.

마지막으로, 능력의 분포는 국제체제의 구조를 결정하는 구체적 요인이다. 힘의 분포가 균등할 수도 있고, 특정 국가에 집중될 수도 있다. 월츠는 이러한 세력의 분포(polarity)에 따라 국제체제가 단극, 양극, 다극으로 구분된다고 보았다. 구조는 단위의 속성이 아니라 단위들 사이의 배치 관계로 규정되며, 구조가 변한다는 것은 곧 능력 분포가 변하는 것을 의미한다.

월츠는 국가의 내부 요인에 초점을 맞춘 기존 이론들을 환원주의(reductionism)라고 비판하였다. 그는 국제정치를 이해하기 위해서는 개별 국가의 성격이 아니라, 국가들 사이의 상호관계와 체제의 제약을 분석해야 한다고 주장하였다. 환원주의적 접근은 국가의 수나 지도자의 성향이 달라질 때마다 무수히 많은 변수를 발생시키지만, 실제로 국제체제는 놀라울 만큼 유사한 결과를 반복적으로 산출한다. 이러한 지속성은 체제의 구조가 국가행동을 제약하기 때문이라는 것이다.

월츠가 제시한 세력균형(balance of power) 개념은 국제체제의 핵심 원리이다. 무정부체제 속에서 국가들은 생존을 위해 상대적 지위를 유지하려 한다. 힘이 특정 국가에 과도하게 집중되면, 다른 국가들은 내부적 군비 강화(internal balancing)나 외부적 동맹(external balancing)을 통해 그 균형을 회복하려 한다. 따라서 세력균형은 국가들이 의도적으로 설계하지 않아도 구조적 압력에 의해 자연스럽게 형성된다.

이러한 관점에서 세력은 목적이 아니라 수단이며, 궁극적 목표는 안보와 생존이다. 국가는 절대적 이익(absolute gains)이 아니라 상대적 이익(relative gains)을 기준으로 행동한다. 다른 국가가 더 큰 이익을 얻는다면, 자신의 이익이 줄지 않아도 체제 내 상대적 지위가 약화된다고 판단하기 때문이다. 이런 이유로 협력조차도 신중하며, 언제든 경쟁으로 전환될 수 있다.

월츠의 구조적 현실주의는 국제정치학이론의 과학화를 이끌었지만, 동시에 여러 비판을 받았다. 첫째, 구조의 형성과 변화를 충분히 설명하지 못한다는 점이다. 세력 분포가 변하는 이유, 즉 체제의 전환 과정에 대한 구체적 메커니즘이 부재하다는 비판이 제기되었다. 둘째, 국제정치학이론과 외교정책이론의 구별이 모호하다는 지적이다. 월츠 자신은 두 이론을 구분했으나, 실제로 국가의 구체적 행동을 설명하는 단계에서는 이 둘이 자주 중첩된다. 셋째, 무정부 상태라는 조직원리의 단순화도 문제로 지적되었다. 크래스너(Stephen Krasner)는 '조직된 위선(organized hypocrisy)' 개념으로, 무정부 상태에도 위계적 질서와 규범적 구조가 존재한다고 비판했다. 또한 레이크(David Lake)는 국제관계를 위계적 네트워크로 보는 관점을 제시하며 월츠의 무정부 모델을 보완하려 했다. 넷째, 비판이론가 로버트 콕스(Robert Cox) 는 월츠의 신현실주의를 '문제해결적(problem-solving)' 이론으로 규정하며, 구조 그 자체의 기원을 설명하지 못한다고 지적했다. 즉, 현실을 주어진 것으로 전제한 채 그 내부의 안정과 효율만을 설명한다는 것이다.

월츠는 동시대에 등장한 자유주의자들의 상호의존론에 대해서도 비판적 입장을 취했다. 상호의존은 무역, 자본, 정보의 흐름이 국경을 초월하고, 국가 간 경제적 상호 연결이 심화되면서 평화의 조건이 강화된다는 주장이다. 그러나 월츠는 이러한 낙관적 시각에 회의적이었다. 그는 상호의존이 평화를 가져오는 것이 아니라, 오히려 상호 취약성(mutual vulnerability)을 심화시킨다고 보았다. 그에 따르면 국제정치의 근본 구조가 무정부상태로 남아 있는 한, 상호의존은 본질적으로 비대칭적 관계를 낳는다. 즉 어떤 국가는 상대보다 더 많이 의존하게 되고, 그만큼 더 큰 취약성을 갖게 된다. 이러한 불균형은 국제체제 내 권력 관계를 강화시키며, 경제적 상호의존이 클수록 정치적 종속이 심화될 수 있다. 제1차 세계대전은 상호의존이 전쟁을 방지하지 못했다는 역사적 사례로 자주 언급된다.

월츠는 또한 상호의존의 정도가 강대국의 수와 체제 구조에 따라 달라진다고 보았다. 강대국이 많을수록 의존관계는 복잡하고 위험하며, 반대로 양극체제에서는 상호의존이 제한되고 자급적 균형이 강화된다. 따라서 상호의존은 국제체제의 평화를 설명하는 원인이 아니라, 오히려 평화가 존재할 때만 가능한 결과로 이해되어야 한다는 것이 그의 결론이었다.

월츠의 신현실주의는 국제정치학이론의 분석 수준(level of analysis)을 명확히 구분하고, 체제 수준에서의 설명을 체계화함으로써 학문적 전환점을 마련하였다. 그의 이론은 국제정치를 자율적 구조를 지닌 과학적 체계로 이해하도록 했으며, '국가의 성격'에서 '체제의 논리'로 관심의 중심을 이동시켰다. 이러한 시도는 이후 현실주의의 여러 분파—공격적 현실주의, 방어적 현실주의, 패권안정이론 등—의 기초가 되었다. 또한 월츠의 이론은 국제정치의 복잡한 현상을 단순화하여 설명하려는 '이론적 절제(parsimony)'의 모범을 제시하였다. 그는 현실정치의 수많은 변수들을 제거하고, 핵심 구조적 요인만을 통해 반복적 패턴을 도출함으로써 사회과학적 설명의 가능성을 보여주었다. 이러한 점에서 그의 작업은 국제정치학을 철학적 성찰의 영역에서 과학적 탐구의 영역으로 전환시킨 결정적 계기로 평가된다.

오늘날의 국제질서는 월츠가 전제한 단순한 국가체제의 구조를 넘어선 다층적 복합성을 보이고 있다. 기술, 금융, 정보, 기후, 인공지능 등 초국가적 요인들이 국제정치의 구조를 재구성하고 있다. 그럼에도 월츠의 통찰, 즉 구조가 행위자를 제약한다는 원리는 여전히 유효하다고 볼 수 있다. 현대의 학자들은 그가 제시한 구조 개념을 확장하여, 네트워크 구조, 제도적 구조, 인식적 구조 등으로 발전시켜 나가고 있다.

3 월츠 이후 신현실주의

월츠의 핵심 명제들은 이후 신현실주의자들에 의해 계승되고 보완되고 있다. 이 과정에서 소위 공격적 현실주의와 방어적 현실주의의 논쟁이 생겨났고, 이는 국제정치를 조금 더 복잡하게 이해하는데 도움을 주고 있다. 월츠가 주도한 신현실주의의 여러 이론들이 냉전기 국제정치 및 미국의 외교정책과 관련이 깊은 것이었다면, 탈냉전기 이후의 신현실주의자들, 특히 미어샤이머가 주도하는 미국의 신현실주의는 탈냉전, 미국 주도의 국제질서에 대한 관심에서 비롯된 이론이라고 할 수 있다.

탈냉전기 신현실주의는 흔히 공격적 현실주의와 방어적 현실주의로 분류된다. 이는 월츠의 이론화에서 더욱 세분화된 것으로 국가의 외교정책의 근본 동기에 대한 상반된 관점에서 분류된 것이다. 월츠에 의해 주장된 신현실주의는 논란의 여지는 있지만 국가의 의도를 기본적으로 방어적이라고 본다. 즉, 국가의 근본 의도가 자국의 안전보장이라는 것이다. 의도가 방어적이라고 해도 행동은 공격적일 수도 있고, 방어적일 수도 있다. 여기에서 공격적 현실주의와 방어적 현실주의의 이론의 내용이 차이가 비롯된다.

미어샤이머로 대표되는 공격적 현실주의자들은 "최선의 방어는 공격"이라는 가설을 중시한다. 즉, 국가들은 자국의 안보를 보장받기 위해 가능한 한 세력을 확장해 놓으려고 한다는 것이다. 국제정치는 기본적으로 배반과 상대적 이득의 논리에 기반해 있다는 주장이 이러한 가설의 기본이 된다. 국가들이 다른 국가들과 맺은 조약이나 약속을 배반할 때, 이를 제재할 수 있는 효과적인 수단이 없는 것이 근대 국제정치의 조직원리의 결론이다. 또한 한 국가의 이득은 다른 국가들의 이득과 비교해 볼 때에만 의미를 가질 수 있다. 상대적 이득의 논리이다. 따라서 언제 있을지 모르는 배반에 대비하고, 상대적 이득을 극대화하기 위해서는 공격적 외교정책이 반드시 필요하다는 것이 공격적 현실주의자들의 주장이다.

공격적 외교정책은 다양한 형태로 나타날 수 있다. 영토를 확장해 놓는 것도 하나의 정책이고, 군사력을 증진시켜 놓는 것도 하나의 정책이다. 또한 상대방의 방어능력을 약화시키기 위해 강압외교를 추진할 수도 있고, 상대방의 군사력을 제한하기 위한 다양한 제도적 장치를 마련하는 것도 효과적인 수단이다. 이러한 경우, 외관상으로는 공격적이고 팽창적인 외교정책으로 보일지 모르지만, 기본적인 목적은 자국의 방어를 위한 방어적이라는 것이 공격적 현실주의의 기본 가정이다.

미어샤이머는 인류 역사상 완전한 패권은 아직 존재한 적이 없으며, 미국 역시 현 시대의 단극을 구성하기는 하나, 절대적 안보를 보장 받은 패권국가라고 보지는 않는다. 따라서 해양세력으로서의 지리적 이점에도 불구하고 점차 안보 불안을 많이 느끼게 되며, 이에 대한 외교정책의 주된 특징이 예방으로서의 공격, 혹은 방어적 동기에서 비롯된 팽창이라는 것이다. 이렇게 볼 때, 테러 사태 이후 미국이 보이고 있는 공격적 외교정책, 일방주의적 양태들이 제국적 팽창욕구에서 비롯되었다기보다는 하나의 근대국가로서의 방어논리에서 비롯되었다고 보는 논리적 귀결이 발생한다.

방어적 현실주의자들은 공격적 현실주의자들과 국가의 외교정책의 의도에 대한 가정에서는 견해를 같이 한다. 그러나 방어적 목적을 가진 국가의 외교정책이 반드시 공격적인 모습으로 표출될 수밖에 없다는 결론에 대해서는 견해를 달리한다. 즉, 방어적 의도를 가진 국가들의 안보딜레마가 다양한 제도적 장치를 통해 해결될 수 있다는 것이다. 배반과 상대적 이득의 중요성은 인정하더라도 이를 막을 수 있는 평시의 견제 메커니즘이 있을 수 있다는 것이다. 군비통제, 비확산체제, 조기경보체제 등 다양한 협력안보의 제도들은 상대방의 의도를 수시로 확인하고, 쌍방의 약속이 지켜지고 있는가를 확인할 수 있는 기제들이다. 만약 국가들이 진정으로 방어적 의도만을 가지고 있다면, 이러한 안보딜레마는 해결될 수 있다는 것이다.

방어적 현실주의의 관점에서 보면, 상대방 국가의 내정이나 정권의 성격에 대한 간섭은 허용되지 않는다. 모든 국가는 국가의 성격이나 이데올로기와 상관없이 존재의 근거가 있는 것이며, 상대방이 자신의 국익을 추진할 수 있는 권리를 가지고 있음을 인정해야 한다. 만약 상대방이 자신과 다른 이념을 가지고 있다고 해서 존립근거를 공격하고 내정에 간섭하면, 이는 국가의 방어적 의도를 배반하는 것이 되며, 이러한 경우 방어적 현실주의는 성립되지 않는다.

Ⅲ 자유주의

1 자유주의 국제정치학이론의 사상적 기원

자유주의 국제정치학이론은 고대의 스토아학파에서 출발해, 근대 유럽의 사회계약론 전통에서 본격화되었다. 중세의 위계적 질서가 붕괴하고 근대 국민국가가 등장하는 과정에서 개인은 권리의 주체로 재정의되었고, 입법부를 통한 대표와 재산권 보호, 시장을 통한 교환의 자유가 정치질서의 핵심 원리로 부상했다. 이러한 전환은 공동체의 권리보다 개인의 권리를 앞세운 역사적 변동이었으며, 그 이후 자유주의와 공화주의, 공동체주의 사이의 철학적 논쟁은 계속되었다. 국제정치에 대한 자유주의적 견해는 칸트(Immanuel Kant), 스미스(Adam Smith), 밀(John Stuart Mill), 윌슨(Woodrow Wilson) 등의 사상 속에서 체계화되었고, 전쟁과 평화, 상호의존과 제도의 의미를 새롭게 설명하려 했다.

자연상태를 어떻게 보느냐에서 자유주의는 현실주의와 갈린다. 홉스(Thomas Hobbes)는 만인의 만인에 대한 투쟁을 강조했지만, 로크(John Locke)는 자연법이 작동하는 질서와 안녕의 상태를 상정했다. 로크에 따르면 개인은 타인의 허락 없이도 자연법의 범위 안에서 자신의 행위를 규율할 자유를 가지며, 정치사회는 구성원들이 처벌권과 보호권을 공동체에 양도할 때 성립한다. 사회계약론의 연장선에서 자유주의 전통은 인간의 상호존중과 공존을 기본값으로 놓되, 부당한 힘의 사용이 전쟁상태를 초래한다고 본다. 따라서 정당한 전쟁은 정당방위를 위한 전쟁으로 한정되고, 전쟁이 국가의 정체 자체를 파괴할 수는 없다는 인식이 공유된다.

2 20세기 자유주의 국제정치학이론의 등장

제1차 세계대전의 종식은 자유주의 국제정치학이론의 현대적 출발점이 되었다. 윌슨(Woodrow Wilson)의 14개 조항은 공개외교, 공해의 자유, 공정한 통상, 군비축소, 식민지 문제의 공정 해결, 민족자결, 국제연맹 창설 등을 제시하며 전후 질서의 규범적 기둥을 세웠다. 이 프로그램은 이후 자유주의적 평화의 세 경로로 정리된다. 첫째, 민주주의 국가들 사이의 전쟁 회피를 강조하는 민주평화론. 둘째, 자유무역과 상호의존이 갈등의 비용을 높여 평화를 낳는다는 시장평화론. 셋째, 국제연맹과 같은 제도가 협력을 촉진한다는 제도적 평화론이다. 세 경로는 상호 보완적으로 작동하며, 전간기의 이상주의를 넘어 제도 설계를 통해 현실정치에 뿌리내리려는 시도를 뒷받침했다.

전후 유럽에서 자유주의는 통합이론으로 구체화되었다. 미트라니(David Mitrany)의 기능주의는 전쟁과 무관한 저위정치 영역에서의 실용적 협력이 축적되면, 그 성과와 필요가 인접 분야로 확산(spillover)되어 고위정치 영역으로까지 협력이 번질 수 있다고 보았다. 하스(Ernst Haas)는 이를 신기능주의로 이론화하여, 제도 속의 기술적 학습과 관료적 이해, 이익연합의 재편이 통합을 심화시키는 메커니즘을 설명했다. 자유주의의 관심은 일관되게 "협력은 어떻게 가능한가"라는 문제에 집중되었고, 반복 게임과 상호의존의 심화가 협력의 수요를 키운다고 보았다.

3 신자유제도주의 이론의 발전

미국의 국제정치학자 코헤인(Robert O. Keohane)과 나이(Joseph S. Nye)는 복합상호의존론(complex interdependence)으로 자유주의의 분석틀을 보다 확고하게 정립했다. 코헤인과 나이는 1970년대 이후의 세계정치를 설명하기 위해 복합적 상호의존이라는 접근을 제시했다. 이 접근은 국제정치의 행위자, 이슈, 그리고 권력 작동 방식이 냉전기 현실주의의 전형과 달라졌음을 전제한다. 첫째, 행위자는 국가만이 아니라 국제기구, 다국적기업, 비정부기구 등으로 다층화되었다. 둘째, 이슈는 안보가 최상위에 군림하는 위계가 약화되고, 경제 · 금융 · 환경 · 보건 같은 다양한 영역이 동시적으로 중요한 의제가 되었다. 셋째, 국력의 대체가능성, 특히 군사력이 모든 이슈를 관통해 하나로 환산되던 시대가 약화되었다. 그 결과, 국가는 단선의 군사 억지만으로 원하는 결과를 얻기 어렵고, 복잡한 연계와 교차 의존 속에서 협상을 다각화해야 한다. 이 환경에서 국제 레짐, 곧 원칙 · 규범 · 규칙 · 공동결정 절차로 이루어진 제도적 장치의 중요성이 커진다. 레짐은 반복되는 상호작용에서 기대를 안정시키고 거래비용을 낮추며, 정보 비대칭을 줄여 협력의 신뢰를 만든다.

복합적 상호의존이 제시하는 다섯 가지 변화를 살펴보면 다음과 같다. 첫째, 행위자의 다층화다. 다국적기업과 국제기구가 교역 · 투자 · 표준 · 법제화에 실질적 영향력을 행사하면서, 국가 간 채널뿐 아니라 초국경적 채널이 함께 작동한다. 외교부만이 아니라 재무 · 산업 · 환경 부처, 규제기관, 기업 연합 등이 서로 다른 네트워크를 통해 교섭에 참여한다. 이 다층성은 단일 전선의 대치보다 분화된 접점을 만든다. 둘째, 이슈 위계의 약화다. 군사이슈가 항상 우위에 서는 것이 아니라, 금융위기 · 공급망 · 기후 · 감염병 같은 사안이 정부의 최우선 의제가 될 수 있다. 국가는 여러 이슈의 동시 관리를 요구받고, 군사력으로 비군사 문제를 해결하기 어렵다. 셋째, 국력의 대체가능성 약화다. 군사력이 곧바로 환율이나 반도체 표준, 탄소국경조정 같은 문제에 전용되기 어렵다. 경제 · 기술 · 법률 · 여론의 수단이 함께 요구되며, 국력은 다차원적 포트폴리오로 운용된다. 넷째, 이슈 간 연계의 증대다. 한 이슈에서 양보를 얻기 위해 다른 이슈의 보상을 결합하는 '연계 전략'이 일반화된다. 예컨대 금융 규제 완화와 데이터 이전 규범을 교차 연계해 교섭의 균형을 맞추는 방식이다. 연계가 복잡할수록 일괄타결형 패키지와 장기 로드맵이 필요하다. 다섯째, 레짐의 부상이다. 무역, 금융, 환경 같은 분야에서 레짐은 행위자들의 기대를 안정시키고, 감시 · 보고 · 검증 절차를 통해 합의 준수를 높인다. 형식적 조약에서 암묵 규범까지 연속선상에 놓이며, 설계의 섬세함이 성패를 가른다.

복합적 상호의존은 상호의존의 권력 차원을 분석하기 위해 민감성과 취약성의 구분을 도입한다. 민감성은 상대국 정책 변화가 발생하기 이전부터 국내 경제나 제도에 미치는 즉각적 영향의 크기다. 취약성은 변화가 실제 발생한 뒤 대체 경로를 마련해 비용을 줄일 수 있는가, 즉 구조적 적응 능력의 문제다. 그래서 같은 충격이라도 민감성은 크지만 취약성은 낮을 수 있다. 예를 들어 특정 원자재에 대한 의존도가 높아 가격 변동에 '민감'하더라도, 단기간에 대체 공급선을 확보하고 기술 전환을 빠르게 추진하면 '취약성'은 낮출 수 있다. 이때 권력은 취약성의 비대칭에서 생겨난다. 상대보다 대체 수단이 많고 재배치가 빠른 쪽이 협상력을 갖는다.

복합적 상호의존은 상호의존이 곧 평화라는 낙관론을 경계한다. 상호의존은 대체로 비대칭이고, 이 비대칭이 권력의 원천이 된다. 과거의 단선적 군사 우위와 달리, 오늘의 권력은 공급망 병목, 기술 표준, 결제망, 데이터 규범, 환경 규칙 같은 다차원에서 발생한다. 약소국은 자원 무기화, 틈새 표준 선점, 제소와 규범 연합 같은 우회 전략으로 협상력을 얻을 수 있다. 따라서 불평등한 상호의존을 완화하려면 레짐 설계에서 투명성, 분쟁해결, 조정 규칙, 단계적 이행과 예외 조항을 균형 있게 배치해야 한다.

4 민주평화론: 칸트의 영구평화론과 20세기의 자유주의 이론

자유주의 국제정치학이론의 또 하나의 주요 흐름은 민주평화론이다. 민주주의 국가들끼리는 전쟁을 하지 않고 평화를 유지한다는 명제는 20세기에 도일(Michael Doyle)에 의해 본격적으로 체계화되었지만, 그 사상적 기원은 칸트(Immanuel Kant)의 사유로까지 거슬러 올라간다. 칸트는 1795년에 저술한 『영구평화론』에서 전쟁을 인간 이성의 실패로 규정하고, 평화를 도덕적 의무로 제시했다. 그에게 평화는 단순히 전쟁이 없는 상태가 아니라, 이성이 스스로 설정한 법과 제도 속에서 영속적으로 유지되는 '적극적 평화'였다. 그는 인간 사회의 자연상태가 곧 전쟁상태가 되는 이유를 힘의 부당한 사용에서 찾았고, 이를 극복하기 위해서는 개인이 사회계약을 맺듯이 국가들 간에도 법적 계약과 제도적 장치가 필요하다고 주장했다. 칸트의 논의는 따라서 자연상태의 국제정치를 법의 상태로 전환하려는 시도, 즉 국제법의 철학적 기초를 마련한 것이었다

칸트는 먼저 전쟁의 직접적 원인을 제거하기 위한 여섯 가지 예비조항(Preliminary Articles)을 제시했다. 이것들은 평화를 준비하는 소극적 단계로, 전쟁을 불가능하게 만드는 제도적 금지 목록이었다. 칸트는 『영구평화론』에서 영구적 평화를 실현하기 위한 몇 가지 예비조항을 제시하였다. 첫째, 평화 조약은 장래의 전쟁을 위한 잠정적 수단이 되어서는 안 된다고 하였다. 전쟁을 종결하는 조약이 단지 다음 전쟁을 위한 휴전의 명분으로 악용되어서는 안 된다는 것이다. 둘째, 독립국은 상속이나 매매, 증여 등의 방식으로 타국의 통치권을 획득하거나 양도해서는 안 된다고 하였다. 국가는 단순한 물건이 아니라 인민의 자치의지를 지닌 도덕적 존재로 존중되어야 한다는 이유에서이다. 셋째, 칸트는 상비군이 점차 폐지되어야 한다고 주장하였다. 상비군은 평화 시에도 전쟁 준비의 상징으로 남아 불안과 경쟁을 조장하기 때문이다. 넷째, 국가는 외채를 대외전쟁의 수단으로 이용해서는 안 된다고 하였다. 국채가 군비나 전쟁 재정을 조달하기 위한 수단이 되면 국제적 불신과 분쟁이 심화될 수 있기 때문이다. 다섯째, 타국의 내정에 강제로 간섭해서는 안 된다고 강조하였다. 주권의 상호 존중이 국제평화의 전제이며, 강제적 간섭은 오히려 전쟁의 도화선이 된다는 것이다. 여섯째, 전쟁 중에도 미래의 상호 신뢰를 파괴할 수 있는 행위는 금지되어야 한다고 하였다. 암살자 고용, 적국 내 밀정조직, 항복 조약 위반 등은 영구평화의 도덕적 기반을 훼손하는 행위로 간주되기 때문이다. 이러한 조항들은 국제법이 단순한 힘의 균형을 넘어

도덕적 합리성에 기반한 행위 규범이 되어야 함을 보여준다. 칸트에게 예비조항은 단지 전쟁을 멈추는 장치가 아니라, 이성이 스스로 설정한 규율을 통해 인간의 폭력을 제어하는 윤리적 약속이었다.

칸트는 『영구평화론』에서 전쟁의 원인을 제거하는 예비조항에 이어, 평화를 영속적으로 보장하기 위한 적극적 조건으로 세 가지 확정조항을 제시하였다. 첫째, 모든 국가의 시민헌법은 공화정이어야 한다는 것이다. 공화정적 헌법이란 입법권과 행정권이 분리되고, 법의 지배가 확립되며, 시민의 자유와 대표성이 보장되는 체제를 의미한다. 국민이 전쟁의 세금과 희생을 직접 감당해야 하는 상황이라면 불필요한 전쟁을 쉽게 승인하지 않을 것이며, 이러한 점이 훗날 민주평화론으로 발전하는 핵심 논리의 기초가 되었다. 둘째, 자유로운 국가들의 연맹이 수립되어야 한다고 하였다. 칸트는 이를 '국가연맹(Foedus Pacificum)'이라 불렀는데, 이는 단일한 세계정부의 창설을 뜻하는 것이 아니라 주권국들이 자발적 동의에 따라 전쟁을 방지하고 분쟁을 평화적으로 해결하기 위한 제도적 합의체를 의미하였다. 훗날 국제연맹과 유엔의 구상은 이러한 철학적 사유를 기반으로 등장하게 되었다. 셋째, 보편적 환대의 권리가 보장되어야 한다고 하였다. 인간은 지구의 표면을 함께 공유하는 존재로서 어느 곳에서도 적대적 대우를 받지 않을 권리를 가진다는 것이다. 이는 인류 공동체 의식의 윤리적 표현이자, 오늘날 인권과 국제법의 보편주의를 예견한 사상으로 평가된다.

칸트의 『영구평화론』은 국제정치를 단순한 힘의 경쟁이 아닌 법과 도덕의 영역으로 확장시켰다. 그는 평화가 주어지는 상태가 아니라, 이성이 스스로 만들어가는 규범적 과정임을 강조했다. 이런 의미에서 영구평화는 현실적 유토피아, 곧 인간 이성이 현실 속에서 실현해야 할 규범적 이상(ideal regulative)이었다.

민주평화론은 자유주의의 핵심적 이론으로 자리 잡았지만, 여러 비판도 받았다. 현실주의자들은 "민주평화"가 체제의 성격이 아니라 공동의 이익과 세력균형의 산물이라고 주장했다. 즉, 민주주의 국가들이 평화를 유지하는 이유는 가치 공유보다 전략적 계산과 동맹정치 때문이라는 것이다. 또 일부 비판자들은 민주주의가 아닌 국가에 대한 군사개입의 정당화 수단으로 악용될 위험을 지적했다.

5 국제제도에 기반한 국제협력

현대 자유주의 국제정치학이론에서 제도화(institutionalization)는 국가들이 반복적으로 상호작용하며 신뢰를 형성하고, 그 관계를 공식적 규칙과 절차 속에 고정하는 과정을 의미한다. 제도는 단순한 회의체가 아니라, 국가들이 예측 가능하게 행동하도록 만드는 기대의 틀이다. 복합적 상호의존론 이후, 코헤인은 패권이 약해져도 레짐을 통한 협력이 지속될 수 있다는 패권 기반 국제제도론을 발전시켰다. 레짐은 설계 · 구축이 어렵고 비용이 크지만, 일단 작동하면 거래비용을 낮추고, 정보 흐름을 개선하며, 규범 학습을 통해 행위자들의 기대를 안정시킨다. 그래서 패권이 레짐의 형성을 추동했던 초기의 우호적 조건이 사라져도 제도는 관성 · 학습 · 이익 재분배의 장치를 통해 생존력을 갖는다. 이 설명은 복합적 상호의존의 현실적 작동 원리와 맞물린다. 다양한 행위자와 이슈가 얽힌 환경일수록, 합의의 축적과 제도화의 편익이 커지기 때문이다.

코헤인은 『After Hegemony』에서 패권의 쇠퇴 이후에도 협력이 지속될 수 있는 이유를 제도의 기능에서 찾았다. 그는 국제제도가 국가 간 협력의 세 가지 장애, 즉 ① 정보 비대칭, ② 거래비용, ③ 불확실성을 줄여준다고 보았다. 제도는 정보를 공유하고, 협상의 비용을 낮추며, 합의가 지속될 수 있다는 신뢰와 기대(expectation)를 만들어낸다.

1970년대 이후 자유주의자들은 제도적 평화를 국제 레짐(international regime)이라는 개념으로 구체화했다. 레짐은 원칙(principles), 규범(norms), 규칙(rules), 결정 절차(decision-making procedures)로 구성된 체계로서, 행위자들의 기대를 안정시키고 협력의 틀을 제공한다. 예를 들어, 국제무역기구(GATT/WTO), 국제통화기금(IMF), 유엔(UN), 기후변화협약(UNFCCC) 등은 모두 특정 영역에서 반복적 협력을 제도화한 사례이다. 이들은 협상의 지속성, 분쟁 해결 절차, 투명한 정보공유를 통해 상호 신뢰를 제도화하며, 전쟁 대신 협상을 선택할 수 있는 통로를 열어준다.

현실주의자들은 국제정치를 무정부 상태의 자조(self-help) 체제로 보았지만, 자유주의 제도주의자들은 그 자조의 구조가 반복적 상호작용과 규범의 축적을 통해 변형될 수 있다고 주장했다. 즉, 무정부(anarchy)는 곧 무질서(disorder)가 아니며, 제도가 존재하면 무정부 속에서도 규칙 기반의 질서가 가능하다는 것이다. 국가들은 제도를 통해 상호 행동의 예측 가능성을 높이고, 위반 시 발생할 비용을 계산하게 된다. 또한 제도는 협력의 이익을 명확히 하고, 불이익을 공동으로 관리하게 하여 '집단적 이익(collective interest)'을 실질적으로 만들어낸다. 이렇게 형성된 신뢰의 네트워크는 무력 사용의 필요성을 줄이고, 갈등이 발생하더라도 제도적 조정과 협상으로 해결할 가능성을 높인다.

IV 마르크스주의 국제정치학이론

1 마르크스주의의 기본 시각과 레닌의 제국주의론

19세기 마르크스주의에 기반한 국제정치학이론은 이후 제국주의 이론, 종속이론, 세계체제론 등으로 발전하였다. 이러한 이론들은 자본주의적 현대사회가 지닌 국제정치적 측면을 비판적으로 분석하고, 자본주의 세계체제가 불평등한 구조를 재생산하는 메커니즘을 해명하려는 지적 전통으로 이어져 왔다. 마르크스(Karl Heinrich Marx)는 인간의 사회적 삶을 물질적 생산 활동에서 출발하여 설명하려 했다. 그는 세계의 변화와 발전을 인간의 의식이 아니라 물질적 조건, 즉 생산양식(mode of production) 에서 찾았다. 이를 사적 유물론(historical materialism)이라 부른다. 이 관점에 따르면 인간의 역사란 생산력의 발전과 그에 맞지 않게 굳어진 생산관계 사이의 긴장이 반복적으로 폭발하는 과정이다.

이러한 긴장은 곧 계급투쟁(class struggle)으로 나타난다. 생산수단을 소유한 계급은 자신의 이익을 유지하기 위해 정치권력과 이데올로기를 장악하고, 피지배계급은 이를 전복하기 위해 저항한다. 사회의 물질적 토대, 즉 경제구조가 상부구조, 즉 정치 · 법 · 이념을 규정한다는 이론은 국제정치에서도 경제적 관계가 정치적 관계를 결정한다는 구조적 시각으로 이어졌다.

19세기 말 자본주의가 고도로 발전하면서, 마르크스주의자들은 자본의 축적이 국내를 넘어 해외로 확장되는 현상을 주목했다. 이를 설명한 대표적 이론이 레닌(Vladimir I. Lenin)의 제국주의론(Imperialism, the Highest Stage of Capitalism)이다. 레닌은 자본주의가 자유경쟁의 단계를 넘어 독점 단계로 이행하였다고 보았다. 그는 이러한 제국주의의 성격을 규정하며 다섯 가지 특징을 제시하였다. 첫째, 생산자본의 집중으로 인해 거대 독점이 형성된다고 보았다. 둘째, 산업자본과 은행자본이 결합하여 금융자본(finance capital)이 출현하고, 소수의 금융과두제가 경제 전반을 지배하게 된다고 분석하였다. 셋째, 자본수출이 상품수출보다 더 중요한 현상으로 자리 잡는다고 보았다. 넷째, 국제적 카르텔과 트러스트의 형성을 통해 세계시장의 분할이 진행된다고 간주했다. 다섯째, 자본주의 열강들이 영토 재분할을 둘러싸고 경쟁하면서 결국 전쟁을 초래하게 된다고 설명하였다.

이러한 분석에서 제국주의는 단순한 침략정책이 아니라 자본주의의 구조적 필연이었다. 자본의 이윤율이 하락하면 새로운 시장과 원료 공급지를 확보해야 하며, 이는 국제적 팽창으로 귀결된다. 따라서 제국주의 전쟁은 특정 국가의 정책이 아니라, 자본주의 체제의 내적 모순이 외부로 확산된 결과로 이해되었다.

2 20세기 종속이론과 세계체제론

1960년대 이후 라틴아메리카 학자들은 서구의 근대화론이 제3세계의 현실을 설명하지 못한다고 비판하며 종속이론(dependency theory)을 발전시켰다. 대표 학자로 프랑크(André Gunder Frank)와 카르도주(Fernando Henrique Cardoso)가 있다. 종속이론의 핵심은 세계경제가 중심부(core) 와 주변부(periphery)로 나뉘며, 중심부의 발전이 주변부의 저발전을 전제로 한다는 점이다. 중심국들은 주변국으로부터 원자재 · 저임금 노동 · 시장을 끊임없이 흡수함으로써 부를 축적하고, 주변국은 구조적으로 종속된 상태에 머문다. 이러한 불평등 교환 구조는 단순히 경제를 넘어 정치 · 문화 · 언론 · 교육 등 모든 영역에서 재생산된다.

즉, 저발전은 발전의 결핍이 아니라 발전의 한 형태였다. 중심의 부가 커질수록 주변의 빈곤이 강화되는 구조적 연쇄가 작동했다. 종속이론은 따라서 국제경제질서의 구조적 불평등을 폭로하며, 탈종속(dependency liberation)을 위한 자립적 발전전략, 즉 수입대체산업화나 남남협력의 필요성을 제시했다.

종속이론의 문제의식을 계승한 월러스틴(Immanuel Wallerstein)은 세계체제론(world-systems theory)을 통해 자본주의를 하나의 세계적 분업체계(world division of labor)로 이해했다. 그는 16세기 유럽의 상업자본주의에서 이미 자본주의 세계경제체제(capitalist world-economy)가 형성되었다고 보았다. 이 체제는 세 계층으로 구성된다. 첫째, 중심부(core)는 고부가가치 산업과 강력한 국가를 바탕으로 경제적 · 군사적

헤게모니를 행사한다. 둘째, 주변부(periphery)는 저부가가치 원료생산과 비임금 노동에 의존한다. 셋째, 반주변부(semi-periphery)는 두 영역을 연결하며 체제의 완충 역할을 한다는 것이다. 월러스틴은 자본주의의 동력으로 끝없는 축적과 공간적 확장을 들었다. 중심부의 이윤율이 떨어질 때마다 새로운 주변부를 편입하여 불균등한 교환을 지속한다. 따라서 자본주의의 역사는 끊임없는 팽창과 위기의 순환, 곧 콘드라티예프 주기로 구성된다고 보았다.

또한 그는 자본주의가 민족국가와 긴밀히 결합해 발전했다고 분석했다. 자본은 세계적 활동을 하지만, 여전히 국가권력의 보호와 법적 구조에 의존한다. 세계화 시대의 자본 역시 "국가 없는 자본"이 아니라, 각국 정부의 제도적 지원을 통해 작동하는 국가기반적 세계자본이라고 지적했다.

냉전 종식 이후 자본주의는 신자유주의(neoliberalism)의 이름으로 다시금 세계를 통합했다. 이 시기의 자본주의는 세계금융화와 글로벌 불평등을 심화시켰다. 소수의 글로벌 자본이 정보 · 금융 · 기술을 독점하면서, 국가 간뿐 아니라 국가 내에서도 소득격차가 급격히 확대되었다.

결국 마르크스주의의 기본 문제의식, 즉 경제적 구조가 인간의 삶과 정치질서를 규정한다는 통찰은 오늘날에도 유효하다. 제국주의와 종속, 세계체제의 불평등은 형태를 달리하며 재등장하고 있다. 현대의 국제정치는 여전히 자본의 흐름과 생산 네트워크, 그리고 이를 관리 · 통제하려는 국가 간 경쟁의 장 위에서 움직인다. 이러한 의미에서 마르크스적 관점은 여전히 세계경제의 구조적 불평등과 권력의 기원을 이해하기 위한 근본적 분석틀로 남아 있다.

V 구성주의

1 구성주의의 문제제기

구성주의(Constructivism)는 1980년대 후반에 등장하여 국제정치학의 이론 지형을 근본적으로 바꾸어 놓았다. 냉전이 종식된 이후, 기존의 현실주의나 자유주의는 군사력의 균형이나 제도적 협력만으로 세계의 변화를 충분히 설명하지 못했다. 베를린 장벽의 붕괴, 유럽통합의 진전, 인권 · 환경 문제의 부상은 물질적 힘의 분포보다 의미, 규범, 정체성이 국제정치의 방향을 결정하는 데 중요한 역할을 한다는 사실을 보여주었다. 구성주의는 이러한 문제의식 속에서 등장했다. 이 접근은 국가의 행동을 단순히 이익과 힘의 계산으로 설명하는 것이 아니라, 국가들이 세계를 어떻게 인식하고 서로를 어떻게 규정하느냐에 따라 국제정치의 구조가 달라진다고 본다.

구성주의의 기본 전제는 국제정치가 단순한 물질적 경쟁의 장이 아니라, 사회적으로 구성된 현실이라는 것이다. 국가들은 주어진 객관적 조건 속에서 자동적으로 반응하는 것이 아니라, 상호작용 속에서 현실을 해석하고 의미를 부여한다. 무정부상태 또한 객관적 사실이 아니라, 국가들 간의 관계와 인식에 따라 달라질 수 있는 사회적 산물이다. 이러한 관점은 국제정치학의 오랜 전통이었던 물질적 실재론과 합리주의에 대한 근본적 문제제기로 출발했다.

초기의 구성주의는 사회이론과 철학적 논의에서 그 기초를 찾을 수 있다. 오너프(Nicholas Onuf)는 『세계의 구성(World of Our Making)』(1989)에서 "사람들은 말을 하고, 말은 세계를 만든다"고 하며 언어적 행위가 현실을 구성하는 힘을 가진다고 주장했다. 크라토크빌(Friedrich Kratochwil)과 러기(John Gerard Ruggie)는 규범과 제도가 국제질서를 형성하는 과정을 분석했고, 애슐리(Richard Ashley)는 국제정치학이 배제해온 역사와 담론의 차원을 회복해야 한다고 보았다. 이러한 논의를 종합하여 체계적인 이론으로 발전시킨 인물이 웬트(Alexander Wendt)였다.

웬트는 1992년 논문 「무정부는 국가들이 만드는 것이다(Anarchy is What States Make of It)」에서 구성주의의 핵심 명제를 제시했다. 그는 무정부상태를 자연적이고 불가피한 조건으로 보는 현실주의의 전제를 부정하고, 그것이 국가들의 상호작용과 기대의 역사 속에서 형성된 사회적 관계라고 설명했다. 적대와 협력, 경쟁과 신뢰는 객관적으로 주어진 것이 아니라 의미와 경험의 산물이며, 국제정치는 바로 그러한 사회적 학습의 결과로 변화한다.

그는 1999년 저서 『국제정치의 사회이론(Social Theory of International Politics)』에서 이러한 생각을 더욱 발전시켜, 무정부에도 다양한 문화가 존재한다고 주장했다. 그는 국제정치의 구조를 홉스적, 로크적, 칸트적 문화로 구분하고, 국가들이 반복된 상호작용을 통해 어떤 문화적 규범을 내면화하느냐에 따라 국제질서의 성격이 달라진다고 보았다. 이는 국제정치를 힘의 분포가 아니라 의미의 분포로 이해하려는 시도였다.

구성주의의 핵심은 정체성과 이익의 사회적 구성이다. 국가는 자신이 누구인가를 인식함으로써 무엇을 원하고 두려워하는지를 정의한다. "이익은 정체성으로부터 파생된다"는 웬트의 문장은 구성주의의 존재론을 압축적으로 보여준다. 따라서 권력은 단순히 물질적 자원의 총합이 아니라, 행위자들이 서로를 어떻게 인식하느냐에 따라 달라진다. 규범과 제도는 행동을 제한하는 장치가 아니라, 국가가 자신을 이해하고 행동하는 방식을 형성하는 구성적 요소이다. 예를 들어, 핵무기 사용이 기술적으로 가능함에도 불구하고 대부분의 국가가 그것을 금기시하는 이유는 단지 비용 때문이 아니라, 그러한 행위가 "문명국가로서의 정체성"과 양립할 수 없다는 공유된 규범이 존재하기 때문이다.

이와 같은 상호의존적 현실 이해는 기든스(Anthony Giddens)의 구조화 이론에서 영향을 받았다. 그는 사회구조가 행위의 제약일 뿐 아니라 그 결과이기도 하다고 보았으며, 구성주의 역시 행위자와 구조가 서로를 끊임없이 재생산하는 과정으로 국제정치를 설명한다. 다시 말해, 구조는 행위자를 규정하고, 행위자는 구조를 변화시킨다.

이러한 이론은 1990년대 이후 실증적 구성주의와 해석학적 구성주의로 발전했다. 피네모어(Martha Finnemore)와 시킹크(Kathryn Sikkink)는 규범의 생성과 확산 과정을 "규범 주기(norm cycle)"로 설명하며, 국제정치의 변화가 규범의 전파와 제도화 과정을 통해 이루어진다고 분석했다. 반면 해석학적 구성주의는 담론과 의미구조를 탐구하면서, 언어와 상징이 세계정치의 현실을 단순히 반영하는 것이 아니라 오히려 현실을 만들어내는 행위임을 강조했다.

2 양자적 전회

21세기에 들어 구성주의는 한 걸음 더 나아가 양자적 전회(quantum turn)를 시도하고 있다. 이는 단순히 과학 개념의 유행을 수용하는 것이 아니라, 근대적 인식론의 한계를 넘어서려는 철학적 확장이다. 양자적 전회는 기존의 고전적 실재론과 데카르트적 이원론을 비판하면서, 세계를 관계적이고 비결정적인 과정으로 본다. 사회적 행위와 구조의 관계를 양자물리학의 중첩(superposition)과 비국소성(non-locality)의 개념으로 비유함으로써, 하나의 행위가 여러 가능성의 흐름 속에서 의미를 갖고, 그 의미가 상호의존적 관계망 안에서 결정된다는 점을 강조한다. 또한 관찰자와 대상이 분리될 수 없다는 관찰자 효과(observer effect) 개념을 적용하여, 연구자와 피관찰자의 상호구성적 관계를 새롭게 조명한다. 이러한 관점에서 국제정치의 현실은 고정된 구조가 아니라 끊임없이 얽히고 변화하는 확률적 세계(probabilistic world)로 이해된다.

양자적 전회는 구성주의가 관계론적 세계관을 보다 심화시켜 인간 주체의 인식과 물질적 현실의 상호작용을 통합적으로 설명하려는 시도로 평가된다. 그러나 동시에 자연과학의 개념을 사회과학에 유비적으로 적용하는 데 따른 한계와 검증의 어려움도 존재한다. 그럼에도 이 시도는 구성주의가 단순히 규범과 정체성의 이론을 넘어 존재론적 · 철학적 깊이를 확장하고 있다는 점에서 중요한 의미를 갖는다.

결국 구성주의는 국제정치를 단순한 힘의 경쟁이나 제도적 협력으로 환원하지 않고, 사회적 의미의 구성과 변화의 과정으로 이해하도록 만들었다. 그것은 세계정치를 "있는 그대로의 현실"이 아니라, 행위자들이 상호작용 속에서 "함께 만들어가는 현실"로 파악하게 한 패러다임의 전환이었다. 이러한 점에서 구성주의는 현대 국제정치학이론의 지형 속에서 여전히 가장 활발하고 개방적인 이론적 공간을 제공하고 있다.

VI 다양한 비판이론들

1 비판이론(Critical Theory)

비판이론은 20세기 중반 프랑크푸르트 학파(Max Horkheimer, Theodor Adorno, Jürgen Habermas)를 중심으로 발전한 사회이론으로, "이론은 언제나 누군가를 위한 것이며, 어떤 목적을 가진다"라는 콕스(Robert Cox)명제를 핵심으로 한다. 이 학파는 기존의 실증주의가 세계를 단순히 '설명'하려는 데 그쳤다고 보고, 사회를 '변혁'하는 이론의 역할을 강조했다. 즉, 단순한 사실 분석을 넘어 권력관계와 지배구조를 드러내고, 인간의 해방과 자율성 확장을 목표로 하는 것이다.

하버마스(Jürgen Habermas)는 『인식과 관심』(1968)에서 인간의 지식이 기술적 · 실천적 · 해방적 관심에 의해 구성된다고 설명했다. 자연과학은 기술적 관심에서, 인문 · 사회과학은 실천적 관심에서, 그리고 비판이론은 해방적 관심에서 비롯된다는 것이다. 따라서 비판이론은 지식과 권력의 관계, 이론가의 가치 중립성에 대한 반성, 그리고 사회적 소통과 합리성의 회복을 중심에 둔다.

국제정치학에서 비판이론은 현실주의나 자유주의가 제도와 권력을 '주어진 것'으로 전제한 데 반해, 그것들의 기원과 변화 가능성을 탐구한다. 국가 간의 힘의 관계뿐 아니라, 사회구조 · 담론 · 이데올로기 속에 내재된 지배와 배제의 논리를 분석하며, 더 나은 국제질서의 가능성을 모색한다. 링클레이터(Andrew Linklater)는 이러한 비판적 접근을 국제정치에 적용하여, 인류의 도덕적 공감 능력과 상호이해가 확대될 때 보편적 연대(cosmopolitan solidarity)가 가능하다고 주장했다.

2 탈근대이론(Postmodern Theory)

탈근대이론은 근대 합리주의가 내세운 보편적 진리, 객관적 지식, 합리적 주체의 개념을 비판하면서 등장했다. 니체(Friedrich Nietzsche)의 "신은 죽었다"는 선언 이후, 진리와 주체, 역사에 대한 절대적 믿음이 해체되었고, 대신 다양성, 차이, 그리고 불확실성이 강조되었다. 탈근대주의자들은 지식이 항상 언어, 문화, 역사, 권력 관계 속에서 구성된다고 본다.

푸코(Michel Foucault)는 지식이 단순히 사실을 설명하는 것이 아니라, 사람과 사물을 통제하고 분류하는 권력의 형태라고 주장했다. 그는 정신의학, 범죄학, 의학 등의 사례를 통해 '정상'과 '비정상'이라는 구분이 객관적 사실이 아니라 담론(discourse)의 산물임을 보여주었다. 이런 시각은 국제정치에서도 적용되어, '국가주권', '안보', '무정부' 등의 개념이 역사적 담론의 산물로 분석되었다.

데리다(Jacques Derrida)는 '해체(deconstruction)'라는 개념으로 대표된다. 그는 언어 속의 이항대립(binary opposition), 예를 들어 중심/주변, 남성/여성, 문명/야만이 권력적 위계를 형성한다고 보았다. '의미'는 고정된 것이 아니라, 끊임없이 연기되는 차이의 과정 속에서 생성된다. 따라서 국제정치 개념 역시 절대적 의미를 지니지 않으며, '국가', '정체성', '주권'은 끊임없이 새롭게 구성되는 담론적 현실로 이해된다.

애슐리(Richard Ashley)와 더 디리언(James Der Derian)은 이러한 철학을 국제정치에 적용하여, 외교 · 안보 · 주권 같은 개념이 역사적 권력과 언어의 산물임을 보여주었다. 이들은 '국제공동체'나 '무정부상태' 같은 개념이 결코 중립적이지 않으며, 특정한 권력구조를 유지하기 위한 담론적 장치임을 비판했다.

부르디외(Pierre Bourdieu)의 영향을 받은 실천이론(practice theory)은 인간의 행위를 단순한 계산이나 규범의 결과로 보지 않는다. 인간의 행동은 습관(habitus)과 경험 속에서 체화된 '몸의 지식(corporeal knowledge)'에 의해 이루어진다는 점을 강조한다. 즉,

정치행위는 이론적 사고의 결과만이 아니라, 몸으로 익힌 습관과 실천의 산물이다. 푸리오(Vincent Pouliot)는 이러한 관점을 국제정치에 적용하여, 외교 · 협상 · 전쟁 억제 같은 영역을 실천적 행위의 연속성으로 분석했다.

이와 관련된 관계론적 전회(relational turn)는 근대 사회과학이 전제했던 개체주의(individualism)와 실체주의(substantialism)를 비판한다. 관계론적 사고는 모든 존재가 고립된 실체가 아니라 상호의존적 관계 속에서 형성된 과정임을 강조한다. 이런 접근은 양자물리학 · 생태학 · 인류학 등의 최신 연구와도 연결되어, 세계를 관계적이고 과정적인 현실로 이해하는 새로운 인식론적 전환을 이끌었다.

VII 비서구 국제정치학이론

서구 국제정치학이론은 주로 주권, 무정부상태, 세력균형을 중심 개념으로 삼아 세계정치를 설명한다. 그러나 식민지 경험을 가진 제3세계 국가들은 국가 형성의 불완전성, 외세 개입의 지속성, 내부 정치의 불안정성이라는 구조적 제약을 동시에 경험했다. 최근 많은 비서구 국제정치학자들은 유럽 중심의 단일한 국제정치모델로는 비서구 지역의 복잡성을 포착하기 어렵다고 보고 지구적 차원의 국제정치학(Global International Relations)을 탐색하고 있다.

이러한 비판은 동아시아 국제정치학이론의 출발점과 맞닿아 있다. 동아시아의 역사는 단순히 유럽 질서의 주변적 변형이 아니라, 독자적인 정치적 · 문화적 조직원리를 발전시켜 왔다는 것이다. 이러한 맥락에서 중국의 국제정치학이론 논의는 2000년대 중반 이후 '중국의 부상'을 배경으로 본격화되었다. 친야칭(Qin Yaqing)과 쟈오팅양(Zhao Tingyang)은 각각 '관계론적 세계관'과 '천하체계론(All-under-Heaven System)'을 제시했다. 쟈오팅양은 천하를 단순한 제국적 지배가 아니라, 세계적 조화와 상호책임의 제도적 공간으로 해석했다. 그는 국가 단위를 넘어선 '세계-가족'의 개념을 제시하면서, 질서의 기초를 권력보다 도덕적 리더십과 관계적 조화에 두었다. 그러나 서구 학자들은 천하체계론이 여전히 중국 중심적 위계질서를 전제로 하며, '보편주의'라는 이름으로 또 다른 배제의 논리를 내포한다고 비판했다.

한편 한국의 권역이론은 1960년대 동주 이용희가 제시한 개념으로, 국제정치를 권역(topos) 단위의 상호작용 체계로 파악한다. 그는 『일반국제정치학(上)』(1962)에서 "국제정치권은 일정한 정치행위의 의미가 보편적으로 인정되는 권역이며, 생활양식과 문화적 행위체계가 일치하는 공간"이라고 정의하고 있다. 권역이론은 근대 국민국가 단위를 넘어, 특정 문명권 혹은 문화권의 정치행위를 분석 단위로 삼는다. 이용희는 국제정치권이 단순히 군사력의 확장으로 형성되는 것이 아니라, 정치적 질서와 의식체계의 전파를 통해 성립한다고 보았다. 즉 권역은 힘의 결과가 아니라 문화와 제도의 내면화된 질서를 의미한다. 유교문화권, 이슬람문화권, 기독교문화권 등이 그 대표적인 예이며, 동아시아의 경우 '유교적 국제정치권'이 하나의 권역으로 작동했다.

그는 권역 내부에서는 상호 이해와 규범이 존재하여 갈등이 완화되지만, 권역 간의 충돌에서는 폭력적 경쟁이 발생한다고 보았다. 권역이론의 핵심 중 하나는 전파이론(diffusion theory)이다. 이용희는 특정한 권역이 형성되려면 우월한 정치세력의 존재, 일정한 시간적 지속성, 그리고 피전파 지역의 지배층이 그 질서를 수용할 준비가 되어 있어야 한다고 보았다. 정치제도와 규범, 법관념, 신념체계가 전파되어 국제정치적 표준으로 정착될 때, 비로소 하나의 권역이 형성된다. 한국의 권역이론은 근대 국민국가 중심의 국제정치학이 간과한 지역적, 문명적, 관계적 요인을 복원했다는 점에서 의의가 있다.

참고문헌

이용희. 2013. 『일반국제정치학(상)』. 도서출판 이조.

전재성. 2012. 『정치는 도덕적인가: 라인홀드 니버의 초월적 국제정치사상』. 한길사.

Ikenberry, G. John. 2021. 『민주주의가 안전한 세상: 세계질서의 위기와 자유주의적 국제주의』. 홍지수 옮김. 경희대학교출판문화원.

Mearsheimer, John J. 2001. 『강대국 국제정치의 비극』. 이춘근 옮김. 나남출판.

Waltz, Kenneth N. 1979. 『국제정치학이론』. 박건영 옮김. 을유문화사.

02

역사

제 3 장	근대 국제정치의 형성과 전개	전재성
제 4 장	동아시아 질서의 근대적 이행	김종학
제 5 장	현대 미합중국과 유럽연합의 발전	이옥연
제 6 장	현대 동아시아 지역질서의 변용	이정환

CHAPTER
03

근대 국제정치의 형성과 전개

전 재 성 | 서울대학교 정치외교학부 교수

I 국제정치사를 어떻게 공부해야 할 것인가

국제정치사를 연구한다는 것은 지구적 차원에서뿐 아니라 세계 각 지역의 국제정치적 지역사가 어떻게 발전해 왔는지를 함께 고찰하는 일이다. 21세기 현재, 지구는 하나의 국제체제 아래 통합되어 있으며, 이 체제는 대체로 17세기 유럽에서 그 기원을 찾을 수 있다. 당시 유럽은 다른 지역에 비해 특별히 강하거나 고도로 발전된 문명을 갖추었다고 보기는 어려웠다. 그럼에도 불구하고, 유럽에서 형성된 영토와 국민을 기반으로 한 주권국가 체제는 이후 산업혁명을 거치며 전 세계로 확장되었다.

산업혁명은 서구 국가들에게 압도적인 군사력과 경제력을 제공하였고, 이는 곧 다른 지역으로 팽창할 수 있는 물질적 · 기술적 기반이 되었다. 물론 비서구 지역들도 나름의 독자적인 지역 질서를 갖추고 있었으며, 한국이 속해 있던 동아시아 역시 예외가 아니었다. 동아시아는 문명이 발달한 중국을 중심으로 한 천하질서에 기초하여 지역적 국제질서를 형성하고 있었으나, 19세기에 접어들며 유럽의 제국주의적 팽창 속에서 점차 근대적인 주권국가 체제가 확산되기 시작했다.

오늘날의 국제정치를 분석하고 이해하기 위해서는 이러한 서구의 팽창과 세계화의 역사적 맥락을 살펴보아야 하며, 동시에 각 지역 질서의 고유한 발전 경로도 중요하게 다루어져야 한다. 그러나 현재의 국제체제를 구성한 결정적인 기원이 유럽의 국제정치 질서에 있다는 점에서, 국제정치사를 연구하는 데 있어 유럽 중심의 국제정치사 연구는 불가피한 선택이기도 하다.

Ⅱ 근대 주권국가체제의 형성 과정

1 중세 제국체제에서 근대 주권국가로

국제정치의 역사는 인류가 권력과 질서를 어떻게 조직하고 유지해 왔는가에 대한 사실이다. 오늘날 우리가 살고 있는 국가 중심의 국제정치 질서는 오랜 역사적 변화를 통해 형성된 결과이며, 그 기원은 유럽 중세의 제국체제에서 찾을 수 있다.

중세 유럽의 국제질서는 신성로마제국을 중심으로 이루어졌다. 신성로마제국은 프랑크족의 왕권을 계승하여 서유럽과 중부 유럽을 포괄하는 거대한 정치적 연합체로 출발하였다. 그러나 이 제국은 단일한 중앙집권적 국가가 아니라, 수많은 영주국과 도시국가들이 각기 독자적인 정체성을 유지한 느슨한 정치 연합이었다. 제국의 권위는 교황과 황제의 관계에 의해 규정되었는데, 이는 세속 권력과 종교 권력이 서로의 우위를 다투는 복합적인 권력 구조를 낳았다.

당시 제국의 정당성에 대한 해석은 크게 세 가지로 나뉘었다. 첫째, 교황이 세속 권력을 정당화한다는 교황 이론, 둘째, 황제가 신의 대리자로서 직접 권위를 부여받았다는 제국 이론, 셋째, 로마 시민의 전통에 기반한 로마 이론이 그것이다. 그러나 실제로는 교황과 황제 간의 권력 투쟁이 지속되었고, 이로 인해 유럽의 제국 질서는 점차 약화되었다.

유럽의 국제질서는 중세의 신성로마제국을 중심으로 전개되었으나, 교황과 황제 사이의 권위 다툼과 분할이 장기화되며 제국질서가 서서히 약화되었다. 1517년 루터의 종교개혁으로 촉발된 신구교 갈등과 1519년 카를 5세의 대두는 종교 · 정치 균열을 더욱 심화시켜, 유럽이 정치 · 경제적으로 근대로 이행하는 길목에서 제국질서의 균열을 확대하였다.

2 30년 전쟁과 베스트팔렌 체제의 형성

이 같은 구조적 균열 위에서 30년 전쟁(1618~1648)이 발생했다. 전쟁은 표면상 신교와 구교의 대결로 시작되었지만, 곧 종교를 넘어 종교적 · 왕조적 · 영토적 · 상업적 경쟁이 얽힌 다층적 전쟁으로 비화하였다. 스페인 합스부르크와 프랑스 부르봉은 패권을 두고 각축했고, 프랑스는 가톨릭 국가임에도 불구하고 세력균형을 위해 신교 세력과 연대하는 역설적 선택을 했다. 요컨대 30년 전쟁은 단일 사건이 아니라, 다양한 행위자들이 서로 다른 동기로 치른 일련의 전쟁들의 총합이었다.

전쟁은 유럽 전역의 정치 · 사회 · 경제 질서를 소진시키며 종국에는 포괄적 외교해법을 요구했다. 1648년 오스나브뤼크 조약과 뮌스터 조약으로 구성된 베스트팔렌 조약은 유럽의 주요 국가들이 광범위하게 참여한 근대 최초의 유럽형 다자 조약이었고, 영국 · 오스만 등 일부를 제외하면 사실상 전 유럽이 관여한 종전 합의였다. 이 평화는 신성로마제국의 제국적 권위를 약화시키고, 수백 개에 달하던 다수의 정치단위를 대폭 정리하여 근대적 영토국가의 출현을 촉진했다. 무엇보다도 각 국가의 주권을 인정하고 내정 불간섭과 영토 경계의 명료화를 도모함으로써, 훗날 학계에서 말하는 베스트팔렌 기점설, 즉 근대 국제정치의 출발점이라는 관념의 근거를 제공했다.

조약의 핵심 내용은 다음의 원리들로 요약할 수 있다. 첫째, 신성로마제국의 제국적 권위가 약화되고, 둘째, 개별 영토 단위인 국가의 주권과 동맹 체결권이 추인되며, 셋째, 영토 경계의 명료화와 제후국의 준(準)주권을 인정하고, 넷째, 종교 선택의 자유를 보장하여 종교전쟁의 장기적 종식을 꾀했다. 동시에 국제무대에서 강대국과 약소국의 구분이 점차 선명해졌다는 사실도 뒤따랐다. 이러한 조치는 제국 중심의 권위에서 국가 중심의 권위로 질서의 무게중심을 옮겨 놓았다는 점에서 의의를 지닌다.

다만 '베스트팔렌=근대의 절대적 기점'이라는 도식은 학계에서 비판적 논의의 대상이 되어 왔다. 조약 이후에도 제후국 다수가 실질적으로 제국에 복속되어 있었고, 영토국가가 부상했음에도 불구하고 많은 행위자들은 여전히 제국의 재건을 염두에 두었다. 종교 선택권 · 동맹 체결권도 현실정치 속에서 여러 제한을 받았으며, 무엇보다도 베스트팔렌 이후 제국적 팽창과 제국 간 경쟁은 지속되었다. 근대의 기점을 온전히 특정하려면 1492년 이래의 유럽의 지구적 팽창과 식민주의를 함께 고려해야 한다는 시각이 제기되는 이유도 여기에 있다.

그럼에도 30년 전쟁과 베스트팔렌 평화는 국제정치의 조직원리를 '제국의 단일 권위'에서 '주권국가들의 다원 질서'로 전환시키는 결정적 분수령이었다. 이후 유럽은 세력균형을 중심으로 전쟁과 외교를 운영했고, 상비군 · 조세 · 관료제를 결합한 근대 국가가 정착하면서 군사국가 · 경제국가 · 식민지국가라는 다면적 속성이 제도화되었다. 이러한 변화는 만(Michael Mann)이 설명하듯이 이념(I) · 경제(E) · 군사(M) · 정치(P)가 얽혀 장기 이행을 이룬다는 역사사회학적 관점(IEMP)으로도 설명될 수 있다.

결국 30년 전쟁은 종교 대립이 촉발점이었으나 곧 유럽 역내 패권경쟁과 경제 · 영토 이해관계가 포개진 다차원 전쟁이 되었고, 베스트팔렌 평화는 주권, 영토, 동맹, 종교자유라는 근대 질서의 핵심 규범을 집약해 국가중심 국제정치의 문을 열었다. 동시에 그 체제는 비유럽 세계에 대한 제국적 확장과 결합되어 전 지구적 위계와 불평등을 심화시켰다는 한계 역시 함께 내장하고 있었다.

Ⅲ 근대 주권국가체제의 전개

1 근대국가의 성립과 세력균형의 시대

베스트팔렌 조약 이후 유럽의 정치질서는 새로운 형태로 재편되었다. 제국적 권위가 쇠퇴하고 다수의 독립된 국가들이 출현하면서, 근대 국제정치의 기본 단위는 주권국가로 확립되었다. 각 국가는 영토와 국민을 일체로 묶는 정치공동체로서의 정체성을 강화하였고, 국가 권력의 핵심은 상비군과 조세 제도를 기반으로 한 중앙집권적 통치에서 비롯되었다. 근대국가는 군사력 · 경제력 · 행정력의 결합을 통해 자율적이고 지속적인 통치 능력을 확보하고자 하였다.

국가 간의 관계는 더 이상 교황이나 황제의 권위에 의존하지 않았다. 대신 국가들은 서로의 힘의 균형을 유지하며 전쟁과 외교를 통해 질서를 조정하였다. "전쟁이 국가를 만들고, 국가는 전쟁을 만든다(war makes states, and states make war)"는 역사사회학자 틸리(Charles Tilly)의 말처럼, 근대국가의 형성과 전쟁은 서로를 강화시키는 순환적 관계에 있었다. 세력균형의 원리는 이후 유럽 국제정치의 핵심 운영 원리로 작동하였다.

이 시기 유럽 사회에서는 정치, 경제, 사상의 모든 영역에서 근본적인 변화가 일어났다. 종교개혁 이후 개인의 신앙과 사상의 자유가 확산되었고, 계몽주의와 인문주의의 발전은 개인의 이성과 합리를 중시하는 세계관을 형성하였다. 이러한 사상적 변화는 정치적으로는 국가 주권의 정당성을 강화하고, 경제적으로는 자본주의의 성립으로 이어졌다. 상업과 해상무역의 확대, 그리고 식민지 개척을 통한 부의 축적은 유럽 각국의 국력을 비약적으로 성장시켰다.

18세기 유럽 국가들은 세력균형의 원리에 입각하여 제한전을 수행하면서 안정을 도모하였다. 특정 강대국이 제국으로 팽창하는 것을 저지하고자, 유럽의 왕정 국가들은 세력 균형을 유지하는 데 주력하며 빈번한 전쟁을 치렀다. 스페인 계승전쟁, 오스트리아 계승전쟁, 7년 전쟁 등은 그러한 맥락에서 벌어진 전쟁들이었다. 각 국가는 전쟁을 통해 상호 간의 권리와 국력을 조정해 나갔으며, 이 과정에서 전쟁과 세력 균형은 단순한 수단을 넘어 하나의 제도로 기능하기에 이르렀다. 이러한 제도화된 전쟁과 세력 균형의 원리는 유럽 국가들 사이의 파국을 방지하는 규범으로 자리 잡았으며, 근대 국제질서를 구성하는 핵심적인 요소로 작동하였다.

18세기 후반, 유럽의 정치질서는 다시 한 번 근본적인 변화를 맞았다. 1789년 프랑스 혁명은 근대 국제정치의 새로운 원리를 제시한 사건이었다. 혁명은 군주와 귀족의 통치에 맞서 국민 주권의 원리를 확립하였으며, '국민(nation)'이라는 정치적 공동체를 국제정치의 핵심 행위자로 등장시켰다. 이로써 근대국가는 단순히 왕권과 영토의 결합체가 아니라, 국민의 의지와 정체성을 기반으로 한 국민국가(nation-state)로 발전하였다.

프랑스 혁명은 또한 민주주의와 애국주의의 결합을 낳았다. 국민이 스스로의 국가를 지키기 위해 봉기함으로써 국민군이 형성되었고, 전쟁의 성격도 제한적 전쟁에서 전면전으로 변화하였다. 클라우제비츠(Carl von Clausewitz)가 말했듯, 전쟁은 단순한 군사행위가 아니라 정치의 연속이 되었으며, 근대국가의 생존을 결정짓는 수단이 되었다. 이러한 국민적 동원체계는 이후 유럽 각국이 군사력과 국력을 강화하는 기반이 되었다.

2 나폴레옹 전쟁과 유럽협조체제의 창출

19세기의 국제정치사는 나폴레옹 전쟁으로부터 시작된다. 프랑스혁명 이후 등장한 나폴레옹은 근대 국민국가의 군사력과 행정력을 결합해 전 유럽을 상대로 한 제국적 팽창을 추진하였다. 이 과정에서 프랑스는 자유와 평등이라는 혁명적 이념을 내세웠지만, 그 실질은 유럽 대륙 전체에 대한 패권 추구였다. 이에 영국 · 러시아 · 오스트리아 · 프로이센 등 주요 강대국은 나폴레옹의 팽창을 저지하기 위해 반복적으로 연합전선을 결성했다. 전쟁은 유럽 전역을 휩쓸며 기존의 세력균형을 완전히 붕괴시켰고, 신성로마제국의 해체와 봉건질서의 소멸을 초래하였다.

1814년 이후 연합국은 전후 질서를 재편하기 위해 일련의 회의를 개최하였다. 1814년 3월, 영국 · 러시아 · 오스트리아 · 프로이센은 쇼몽 조약(Chaumont Treaty)을 체결하여 나폴레옹 전쟁의 종전 이후에도 상호 방위를 지속하고 프랑스의 재팽창을 막기 위한 협력 체제를 구상했다. 이 조약은 단순한 군사동맹을 넘어선 장기적 평화협정의 성격을 가졌으며, 이후 유럽협조체제의 제도적 기초가 되었다.

1815년의 비엔나 회의(Vienna Congress)는 나폴레옹 이후의 유럽 질서를 본격적으로 확립한 회의였다. 이 회의에서 유럽의 주요 강대국들은 '정당한 왕정 복고'와 '세력균형의 유지'를 원칙으로 삼았다. 프랑스 혁명과 나폴레옹의 팽창으로 붕괴된 구체제를 복원하기 위해 왕정복고가 이루어졌고, 동시에 강대국 간 세력의 균형을 통해 전쟁을 방지하려는 국제질서가 구축되었다. 이를 통해 영국 · 러시아 · 오스트리아 · 프로이센의 '4국 체제'가 형성되었고, 여기에 프랑스가 복귀함으로써 5대 강국의 유럽협조체제(Concert of Europe)가 확립되었다.

이 유럽협조체제는 이전의 동맹정치와는 달리 회의외교(congress diplomacy)를 통해 국제문제를 해결하려는 새로운 다자협력의 형태를 취하였다. 주요 국제적 위기나 영토 분쟁이 발생할 때마다 강대국들은 회의를 열어 외교적 조정을 시도했다. 1818년 엑스라샤펠회의, 1820년 트로파우회의, 1821년 라이바하회의, 1822년 베로나회의 등이 그 대표적인 사례이다. 이와 같은 회의체제는 강대국 간 세력균형을 제도화하는 동시에, 약소국의 정치적 문제를 강대국들이 공동으로 관리하는 구조를 형성했다.

비엔나체제의 기본 원리는 크게 두 가지로 요약된다. 첫째는 세력의 균형(balance of power), 둘째는 권리의 균형(balance of rights)이다. 전자는 강대국 간 물리적 힘의 분배를 의미하며, 후자는 국제사회의 도덕적 · 법적 정당성에 근거한 합의를 뜻했다. 각 국가는 상대방의 권리를 존중하고 공동의 질서를 유지해야 한다는 의식이 확산되었으며, 이를 통해 유럽 내 전면전의 재발을 방지하고자 했다. 이 같은 규범적 합의는 국제정치학자 모겐소(Hans Morgenthau)와 역사가 슈뢰더(Paul Schroeder)가 지적한 바와 같이 유럽협조체제의 안정성을 지탱한 도덕적 토대였다.

유럽협조체제는 정치적 평형(political equilibrium)과 도덕적 합의 위에 성립한 제도직 질서였다. 강대국들은 자국의 절대적 이익보다는 유럽 전제의 안정이라는 공동의 목표를 중시했으며, 이를 위해 타국의 권리와 주권을 일정 부분 인정하였다. 이로써 19세기 유럽은 '세력균형의 시대'임과 동시에 '협력의 시대'로 불리게 되었다. 약 100년에 걸친 평화(1815~1914)가 지속된 것은 바로 이 협조체제가 일정한 기능을 발휘했기 때문이다.

비엔나체제는 초기에는 비교적 안정적이었다. 그러나 1820년대에 들어서면서, 이 체제는 점차 정통성의 원칙과 보수주의적 질서 유지라는 방향으로 나아갔다. 러시아 · 프로이센 · 오스트리아는 '신성동맹(Holy Alliance)'을 결성하여 군주제의 정당성을 방어하고 자유주의 · 민족주의 운동을 억압하였다. 이들은 내적으로는 절대왕정을 유지하고, 외적으로는 혁명 사상을 확산시키려는 세력에 공동 대응하였다. 이에 비해 영국은 이러한 보수적 간섭정책에 반대하고 비간섭주의를 주장하면서 협조체제 내에서 점차 이탈하게 된다.

그럼에도 불구하고 러시아 · 오스트리아 · 프로이센은 협력을 지속하며 유럽 대륙의 보수적 질서를 유지했다. 이들의 공통된 이해관계는 단순한 외교정책이 아니라 국내 정치적 목적과 결합되어 있었다. 즉, '국내의 보수주의가 국제정치의 협력 원리로 투사된 것'이었다. 이를 "내재된 보수주의(embedded conservatism)"라 부를 수 있으며, 국내 정치의 안정과 왕조의 생존이 국제적 협력의 동력이 되었다고 볼 수 있다.

3 유럽협조체제의 효과와 약화

1815년 비엔나체제의 수립은 유럽 내 대규모 전쟁을 억제하고 비교적 안정된 국제질서를 구축하였다. 이 협조체제는 세력균형과 더불어 도덕적 · 법적 합의에 기반한 평화 유지의 가능성을 실험한 역사적 시도였으며, 이후 국제연맹과 유엔의 전신으로 평가된다. 그러나 이 체제는 강대국 중심의 질서였고, 약소국의 자율성과 민족적 열망은 억압되었다.

19세기 후반에 접어들면서 자유주의와 민족주의의 확산, 산업혁명에 따른 경제적 이해 충돌, 제국주의적 식민 경쟁이 심화되며 협조체제는 점차 약화되었다. 산업화는 유럽 내 생산력과 자본의 급증을 초래했고, 이에 따라 새로운 시장과 원료 공급지를 둘러싼 국가 간 경쟁이 격화되었다. 이로 인해 유럽은 비유럽 세계를 정치 · 경제적 영향권으로 편입시키는 '제국주의의 시대'로 진입하였다.

크림전쟁(1853~1856)은 이와 같은 구조적 변화 속에서 발생하였으며, 협조체제의 붕괴를 상징하는 결정적 사건이었다. 전쟁은 오스만 제국의 쇠퇴를 둘러싸고 러시아, 영국, 프랑스가 충돌한 것이며, 결과적으로 러시아의 패배와 함께 유럽 세력균형이 재편되었다. 파리 조약(1856)은 오스만 제국을 국제법상 주권국가로 승인함으로써 비서구 국가의 국제사회 편입이라는 새로운 이정표를 세웠다.

이러한 흐름 속에서 독일과 이탈리아는 각각 통일을 달성하며 유럽의 새로운 강대국으로 부상하였다. 특히 1871년 독일제국의 성립은 기존 세력균형 구조를 크게 흔들었으며, 이를 주도한 비스마르크는 공격적 전쟁 외교에서 다자 동맹을 통한 현상유지 전략으로 전환하였다. 그는 프랑스를 고립시키고, 독일이 적대적 동맹에 둘러싸이지 않도록 복잡한 동맹체계를 구축하였다. 삼제동맹(1873), 이중동맹(1879), 삼국동맹(1882), 재보장 조약(1887) 등으로 대표되는 이 체제는 일시적 평화를 유지했으나, 근본적 갈등을 해결하지는 못했다.

19세기 후반 국제정치는 여전히 세력균형이라는 전통적 원리를 유지하면서도, 각국이 실리를 중심으로 행동하는 현실주의적 방향으로 이동하였다. 산업화의 진전은 국가 간의 위상을 결정짓는 핵심 요소가 되었고, 제국주의 경쟁은 유럽을 세계체제로 확장시키는 동력이 되었다. 특히 '대분기(Great Divergence)'는 유럽과 비유럽 간 국력 격차를 결정지었으며, 유럽 중심의 문명 표준이 확립되었다.

동시에 유럽 내부에서는 자유주의와 민족주의, 보수주의와 사회주의가 이념적으로 충돌하고 있었다. 1830년과 1848년 혁명은 보수적 왕정 질서에 대한 중산층과 민족세력의 도전을 반영하였으며, 혁명은 일시적으로 좌절되었지만 이후 독일과 이탈리아의 통일운동으로 계승되었다. 영국은 자유주의적 개혁을 통해 국내 정치와 경제를 안정시키며 '세계의 공장'으로 부상하였다.

결국 19세기 중반 이후 국제정치는 협조체제의 유산이 무너지고, 자국 중심의 이익 추구와 제국 간 경쟁이 심화된 국가 경쟁의 시대로 이행하였다. 이는 곧 이탈리아와 독일의 통일 전쟁, 제국주의의 팽창, 그리고 20세기 초 세계대전으로 이어지는 국제질서의 대전환을 예고하는 서곡이 되었다.

4 비스마르크 동맹 체제와 세력균형의 재편

크림전쟁(1853~1856)은 19세기 유럽 협조체제의 종언을 상징하는 사건이었다. 이

전쟁은 오스만 제국의 쇠퇴를 둘러싸고 러시아, 영국, 프랑스가 충돌한 것이었지만, 그 본질은 비엔나체제 이후 유지되어 온 강대국 간 협력 체제의 붕괴에 있었다. 전쟁 이후 유럽의 주요 국가들은 더 이상 공동의 질서 유지를 위한 협력을 추구하지 않았고, 각국은 자국의 이익을 중심으로 하는 현실주의적 세력균형 체제로 이행하였다. 이로써 유럽 국제정치는 '협조의 시대'에서 '경쟁의 시대'로 본격적인 전환을 맞게 되었다.

이러한 전환 국면에서 가장 중대한 국제정치적 변화는 독일의 통일이었다. 프러시아는 비스마르크의 주도 아래 1864년 슐레스비히 전쟁, 1866년 보오전쟁, 1870년 보불전쟁의 세 차례 전쟁을 통해 독일의 정치적 통합을 이루었고, 1871년 베르사유 궁전에서 독일제국의 성립이 공식적으로 선포되었다. 새롭게 등장한 독일은 통일과 산업화를 바탕으로 유럽의 최강대국으로 부상하였으며, 이는 기존의 세력균형을 흔드는 세력전이(power transition)를 초래하였다.

비스마르크는 통일 이후 '철혈정책'으로 대표되던 공격적 외교를 중단하고, 현상유지와 평화에 방점을 둔 외교정책으로 전환하였다. 그는 독일제국의 안정을 확보하고지 새로운 동맹외교체제를 구상하였고, 그 핵심 목표는 세 가지로 요약된다. 첫째, 프랑스를 국제적으로 고립시키는 것, 둘째, 독일이 적대적 동맹에 포위되지 않도록 하는 것, 셋째, 유럽의 현상 유지를 통해 독일이 국내 발전에 집중할 수 있는 외교 환경을 조성하는 것이었다.

1870년대 이후 유럽에서의 주요 갈등은 세 축을 중심으로 전개되었다. 첫째는 보불전쟁의 패배로 알자스-로렌을 상실한 프랑스와 독일 간의 적대 관계였다. 프랑스는 이 지역을 되찾으려는 복수심을 외교정책의 중심 과제로 삼았고, 독일은 이를 억제하기 위해 프랑스를 외교적으로 고립시키려 했다. 둘째는 오스트리아-헝가리와 러시아 간의 대립으로, 양국은 오스만 제국의 쇠퇴 속에서 발칸반도의 패권을 두고 충돌하였다. 셋째는 러시아의 지중해 진출과 인도 접근을 둘러싼 영국과 러시아 간의 전통적인 경쟁이었다.

비스마르크는 이러한 복합적 갈등 구조 속에서 세력균형을 유지하기 위한 전략을 세웠다. 그는 "한 나라와 싸우면 최소한 두 나라와 맞서게 만드는 외교"를 통해 전쟁 억제의 구조를 마련하고자 했으며, 독일 외교의 핵심 원리를 '현상 유지와 다자간 억제'로 설정하였다. 이를 위해 그는 어떤 국가도 독일에 적대적인 단일 동맹을 구성하지 못하도록 복잡한 상호의존적 동맹망을 구축하였다.

비스마르크 외교는 세 단계에 걸쳐 발전하였다. 첫 번째 단계는 1873년 독일, 오스트리아-헝가리, 러시아 간의 삼제동맹(Three Emperors' League) 형성이었다. 이 동맹은 유럽의 현상 유지를 목표로 하였으나, 러시아와 오스트리아 간의 발칸 문제 갈등 심화로 일시적 붕괴를 맞았다. 두 번째 단계는 1879년 체결된 독일-오스트리아 이중동맹(Dual Alliance)으로, 이는 러시아 견제를 위한 방어적 동맹이었고, 제1차 세계대전까지 유지되었다. 비스마르크는 러시아와의 관계를 완전히 적대화하지 않기 위해 중립과 협상의 여지를 남겨 두었다. 세 번째 단계는 1880년대에 본격화되었으며, 1882년 독일 · 오스트리아 · 이탈리아 간에 삼국동맹(Triple Alliance)이 체결되었다. 이탈리아는 북아프리카 식민 경쟁에서 프랑스와의 갈등으로 반프랑스 연합에 참여했고, 이를 통해 독일은 프랑스의 남부 국경을 안정시키고 포위망을 강화하였다. 1887년에는 독일과 러시아 간에 재보장 조약(Reinsurance Treaty)이 체결되어, 러시아가 프랑스와 연대하지 않도록 유도하고, 러시아의 발칸 이익을 일정 부분 인정하였다. 그러나 이 조약은 비스마르크가 실각한 1890년 연장되지 못하였고, 러시아와 프랑스의 접근을 허용함으로써 유럽 세력구조에 중대한 변화를 초래하였다.

비스마르크 체제하에서 강대국들의 전략과 이해관계는 다양했지만, 자국의 안전보장과 세력 확대라는 공통된 목표를 공유하였다. 독일은 프랑스의 고립과 오스트리아의 보전을 최우선 과제로 설정하였고, 발칸 문제에는 직접 개입하지 않으며 오스트리아를 통해 러시아를 견제하였다. 영국은 '영광된 고립(Splendid Isolation)'을 유지하며 유럽 내 동맹을 지양하고, 지중해와 인도 방면에서 러시아를 견제하는 데 관심을 두었다. 프랑스는 독일에 대한 복수를 준비하기 위해 러시아와의 동맹을 모색하였고, 러시아는 슬라브 민족 보호를 명분으로 발칸에서 영향력을 확대하며 서유럽 자본을 유입해 산업화를 추진하였다. 오스트리아-헝가리는 식민지를 보유하지 못한 상황에서 발칸을 유일한 진출구로 삼았으며, 이탈리아는 '실지회복(irredentisme)'과 식민지 확장을 목표로 하면서도 프랑스와 경쟁하였다.

비스마르크의 동맹체제는 19세기 후반 유럽 질서를 비교적 안정적으로 유지하였다. 그의 정교한 외교망은 세력균형을 강화하여 1871년 이후 약 20년간 유럽에서 대규모 전쟁이 발생하지 않도록 만들었다. 그러나 이 체제는 지나치게 비스마르크 개인의 외교 역량에 의존하고 있었으며, 그가 실각한 이후에는 외교적 균형을 유지할 정치적 기반이 사라졌다. 1890년 이후 빌헬름 2세는 제국의 통치권을 강화하며 독일 외교의 방향을 '세계정책(Weltpolitik)'으로 전환하였다. 이 정책은 식민지와 해군력 경쟁을 통해 독일의 위상을 제고하려는 팽창 전략이었고, 결국 영국과의 충돌을 야기하였다.

비스마르크의 섬세한 균형외교가 붕괴되자, 유럽은 다시 삼국동맹(독일 · 오스트리아 · 이탈리아)과 삼국협상(영국 · 프랑스 · 러시아)이라는 두 개의 대립적 동맹체제로 분열되었다. 그 결과, 20세기 초 국제정치는 제국주의 경쟁과 민족주의 갈등이 혼재된 불안정한 구조로 진입하였으며, 이는 결국 제1차 세계대전이라는 전면적 충돌로 이어졌다. 이 시기의 유럽은 협조체제의 유산이 사라지고, 복잡한 동맹과 경쟁이 얽힌 세력균형의 시대를 맞이하게 되었다. 비스마르크 체제는 유럽의 평화를 일정 기간 유지하였으나, 그 균형이 무너지자 세계는 한 세대 만에 전면전에 직면하게 되었다.

5 서구 열강의 제국주의적 확장

19세기 후반에서 20세기 초반에 이르는 시기, 유럽 열강은 세계 각지로의 제국주의적 팽창을 본격화했다. 이는 정치적 세력 경쟁, 산업화에 따른 자원 확보, 민족주의의 고양, 그리고 국제적 위신 경쟁 등 다양한 요인이 복합적으로 작용한 결과였다.

가장 두드러진 제국주의의 무대는 아프리카와 아시아였다. 1870년대 이후 영국과 프랑스를 필두로 한 유럽 열강들은 아프리카 대륙에 대한 식민지 진출을 가속화했다. 이러한 과정은 파쇼다 사건(Fashoda Incident)과 같은 군사적 긴장을 낳기도 했다. 영국은 남아프리카 지역에서, 프랑스는 북서부 아프리카에서 영향력을 확장하고자 했으며, 독일, 벨기에, 이탈리아 등도 아프리카의 분할 경쟁에 가세했다. 1884~1885년 베를린회의는 아프리카 분할의 기본 원칙을 설정했지만, 실제 식민지 경계 설정과 지배권 행사 과정에서 충돌이 빈번했다.

아시아에서도 유럽 제국주의는 활발하게 전개되었다. 영국은 인도를 중심으로 한 대영제국의 구축을 완성하고, 중앙아시아와 동남아시아로 세력을 확장하였다. 프랑스는 인도차이나반도를 식민지화했으며, 네덜란드는 동인도제도를, 러시아는 중앙아시아와 극동 지역으로 진출하였다. 독일은 아시아에서는 비교적 늦게 참여했으나, 청나라와의 협상을 통해 산둥 반도에 조차지를 확보하고 중동 및 아프리카에서 세력권을 확대하였다.

미국 또한 19세기 말부터 제국주의적 행보를 보이기 시작했다. 1898년 스페인-미국 전쟁을 계기로 미국은 하와이, 괌, 필리핀 등을 획득하고 태평양과 카리브해 지역에서 영향력을 넓혔다. 이는 미국이 본격적으로 세계 강국으로 도약하는 계기가 되었다. 미국은 또한 청나라에 대해 '문호개방(Open Door)' 정책을 주장하면서 아시아에서의 영향력 확대를 시도하였다.

이처럼 19세기 후반부터 20세기 초까지의 제국주의는 유럽과 미국을 중심으로 한 열강들이 세계 각지에서 군사력, 외교력, 경제력을 총동원해 식민지와 영향권을 확보하려는 경쟁으로 특징지어진다. 이러한 제국주의적 팽창은 20세기 초 국제정치의 불안정성을 심화시키고, 열강 간의 갈등을 구조화하는 배경이 되었으며, 이는 결국 제1차 세계대전으로 이어지는 복잡한 국제 질서의 형성에 직접적인 영향을 미쳤다.

IV 20세기의 시작: 1차 세계대전

1 제국의 경쟁과 세력균형의 붕괴

19세기 말 유럽의 국제질서는 더 이상 비스마르크 체제가 유지하던 안정적 균형이 아니었다. 비스마르크가 물러난 이후, 독일의 외교는 신중한 세력균형 외교에서 벗어나 세계정책(Weltpolitik)으로 방향을 전환하였다. 새로 즉위한 황제 빌헬름 2세는 산업력과 해군력을 기반으로 독일을 해상 제국으로 부상시키고자 하였으며, 이는 곧 영국의 안보와 식민지 이익을 위협하였다. 독일의 팽창은 영국, 프랑스, 러시아 간의 관계에 변화를 가져왔고, 그 결과 유럽의 다자적 협조체제는 점차 두 개의 대립적 동맹 블록으로 수렴되었다.

1890년 재보장 조약이 갱신되지 않으면서 러시아는 프랑스와의 연대를 선택하였고, 이후 영일동맹(1902), 영불협상(1904), 영러협약(1907)을 거쳐 삼국협상(영국 · 프랑스 · 러시아)이 형성되었다. 이에 대응하여 독일, 오스트리아-헝가리, 이탈리아의 삼국동맹도 강화되면서 유럽의 다자적 세력 구도는 양극화된 동맹 체제로 전환되었다.

이러한 구조적 변화는 국제정치의 안정성과 관련된 오랜 논쟁을 다시 불러일으켰다. 한편에서는 양자 구도가 계산을 단순화시켜 억제가 효율적으로 작동한다고 보았다. 양 세력이 서로만을 주시할 경우, 불필요한 오판이나 우발적 충돌을 피할 수 있다는 것이다. 반면 양극 체제는 정면 대결의 불가피성을 높이고, 완충국이나 중립국의 부재는 위기 조정의 여지를 약화시켜 갈등이 전면전으로 비화할 가능성을 높인다는 반론도 제기되었나.

이에 비해 다자적 구도는 제삼자가 개입하여 중재할 수 있는 여지가 있는 반면, 계산의 복잡성이 커져 오판과 연쇄적 개입의 위험도 존재하였다. 1914년 여름, 이와 같은 구조적 논점들은 현실의 사건들과 얽히며 전쟁으로 폭발하였다.

1914년 6월 28일, 보스니아의 수도 사라예보에서 오스트리아 황태자 부부가 세르비아 민족주의자에게 암살당하였다. 처음에는 발칸 지역의 국지적 분쟁으로 보였으나, 동맹 의무가 연쇄적으로 작동하면서 위기는 유럽 전역으로 확산되었다. 독일과 오스트리아가 세르비아를 압박하자 러시아는 세르비아를 후원했고, 이에 맞서 독일은 전쟁 계획을 발동하였다. 프랑스와 영국은 동맹 의무와 자국 안보 이해에 따라 참전하였다.

전쟁을 막을 수 있었던 외교적 완충 장치는 이미 약화되어 있었다. 19세기 초 협조체제가 제공하던 위기관리 규범과 회의 외교의 관행은 사라졌고, 그 자리를 동맹 조약과 동원 계획이 대신하면서 국가들은 자동적으로 전쟁의 궤도로 이동하게 되었다. 각국의 지도자들은 전쟁이 단기간에 종료될 것으로 예상하였으나, 전선은 곧 참호진으로 고착되었고, 전쟁은 수년간 지속되는 총력전으로 비화되었다.

제1차 세계대전의 원인은 단일하지 않으며, 분석의 수준에 따라 다양한 해석이 병존한다. 개인 수준에서는 군주와 외교 지도자들의 결정과 오판, 상대방 의도에 대한 불신이 강조된다. 국가 수준에서는 군국주의적 정치문화, 권위주의적 정권 성격, 동원체계와 전시 계획의 경직성이 원인으로 지목된다. 체제 수준에서는 복잡한 동맹 구조, 경직된 세력균형, 위기관리 규범의 붕괴가 전쟁을 불가피하게 만들었다는 분석이 제시된다. 한편, 레닌은 제국주의론을 통해 전쟁을 자본주의의 필연적 귀결로 해석하였다. 그는 자본과 국가가 결합된 제국주의 체제하에서 시장과 식민지를 둘러싼 쟁탈전이 불가피하다고 보았으며, 애국심은 노동계급을 전장으로 동원하기 위한 이데올로기적 장치라고 비판하였다.

이처럼 제1차 세계대전은 개인의 판단 오류, 국가 정책의 경직성, 체제 구조의 경쟁 논리, 그리고 자본주의적 모순이 중첩되어 발생한 총체적 결과였다.

2 1차 세계대전의 전개와 결과

1917년 미국의 참전은 전쟁의 향방을 근본적으로 바꾸어 놓았다. 독립 이후 미국은 오랫동안 유럽 문제에 깊숙이 개입하지 않는 고립주의(isolationism) 전통을 유지해 왔다. 미국의 초대 대통령 워싱턴의 고별 연설은 유럽의 복잡한 세력 균형에 휘말리지 말 것을 경고하였고, 1823년 먼로주의는 신대륙에 대한 유럽의 간섭을 거부하는 동시에 유럽 문제에도 관여하지 않겠다는 원칙을 천명하였다. 그러나 19세기 말 스페인-미국 전쟁을 거치며 미국은 하와이, 괌, 필리핀을 확보하고, 태평양과 카리브해에서 영향력을 확대하였다. 이미 미국은 잠재적 세계 강국으로 부상하고 있었다.

유럽 전쟁이 장기화되고 독일이 무제한 잠수함전을 재개하자, 미국의 중립정책은 한계에 봉착하였다. 1917년 4월, 대통령 우드로 윌슨은 "세계가 민주주의를 위해 안전해야 한다(the world must be made safe for democracy)"는 명분을 내세워 참전을 선언하였다. 그는 단순한 군사적 개입을 넘어서 전후 세계질서의 청사진을 제시하였다. 그가 발표한 '14개 조항(Fourteen Points)'에는 해상과 무역의 자유, 비밀외교의 폐지, 민족자결의 원칙, 그리고 분쟁 조정을 위한 국제기구 창설 제안이 포함되어 있었다. 이는 단지 전쟁의 종식을 넘어, 국제정치의 근본 구조를 평화와 제도로 재편하려는 시도였다.

전쟁은 1918년 독일의 항복으로 종결되었다. 이듬해 열린 파리 강화회의(1919)에서는 전후 질서를 규정하는 베르사유 조약이 체결되었다. 조약은 독일의 전쟁 책임(제231조)을 명시하고, 배상금 부과, 군비 제한, 영토 분할 등을 포함하였다. 동유럽에서는 오스트리아-헝가리 제국이 해체되고 체코슬로바키아, 유고슬라비아 등 새로운 민족국가들이 등장하였다. 또한 윌슨의 제안에 따라 국제연맹(League of Nations)이 창설되어, 집단안전보장(collective security) 체제가 도입되었다.

그러나 이러한 이상주의적 구상과는 달리 새로운 질서의 안정성은 약했다. 미국 의회는 국제연맹 가입을 거부하였고, 미국은 다시 부분적 고립으로 회귀하였다. 독일은 과도한 배상과 정치적 굴욕 속에서 극심한 불만을 축적하였으며, 이는 훗날 정치적 극단주의의 토양이 되었다. 세계경제는 전후의 불균형과 1929년 대공황으로 흔들렸고, 국제연맹은 침략 행위를 억제할 실질적 능력을 갖추지 못하였다.

제1차 세계대전은 19세기 국제질서의 총체적 붕괴를 의미하였다. 세력균형, 군비경쟁, 제국주의와 민족주의, 자본주의적 팽창의 논리가 모두 하나의 전면전으로 응집된 것이었다. 유럽이 주도하던 근대 국제정치는 이 전쟁을 통해 중심을 상실하였고, 미국의 부상과 함께 국제정치는 새로운 형태의 국제주의와 근대적 다자체제로 이행하였다.

그러나 베르사유 체제는 불완전하였다. 그 안에는 여전히 힘의 논리가 작동하였고, 집단안전보장의 제도적 장치는 정치적 의지의 부재 속에서 제 기능을 발휘하지 못하였다. 결국 전쟁을 종식시키기 위해 세워진 질서가 20여 년 뒤 또 다른 세계전쟁의 씨앗을 품고 있었던 것이다.

전간기의 국제정치는 전쟁 억제 장치와 그 취약성이 동시에 드러난 시기였다. 다자주의적 규범과 제도는 마련되었지만, 강대국의 지속적 참여와 책임 분담이 결여되면 제도는 작동하지 않는다는 교훈이 남았다. 경제공황과 국내 정치의 급변은 외교정책을 경직시키고 국제협력을 약화시키는 결과를 초래하였다.

윌슨 구상의 두 번째 핵심은 민주주의의 확산이었다. 전쟁은 소수 엘리트가 비밀외교와 담합으로 결정을 내릴 때 쉽게 발생한다는 반성에서 출발했으며, 시민이 직접 책임지는 민주주의 체제에서는 전쟁 결정이 보다 신중해질 것이라 보았다. 칸트가 예견한 '공화정 간의 평화'는 윌슨의 비전과 맞닿아 있었다. 세 번째 핵심은 제도적 평화였다. 그는 분쟁의 사전 경보와 완충, 집단적 억제를 위해 상설 기구의 필요성을 역설하며 국제연맹 창설을 제안하였다. 시장의 개방, 민주주의의 확산, 제도의 구축이라는 세 기둥은 자유주의 국제질서의 기본 설계도를 이루었다.

전후 처리는 이러한 설계도가 현실과 마주하는 첫 시험대였다. 배상과 보상, 영토 조정, 전쟁 책임의 규정은 핵심 쟁점이었다. 베르사유 조약은 독일에 광범위한 배상과 군비 제한을 부과하고 전쟁 책임 조항을 명시하였다. 이전의 유럽 관행이 전쟁을 힘의 교섭 과정으로 간주하며 도덕적 단죄를 자제한 데 반해, 이번에는 범죄와 처벌의 언어가 전면에 등장하였다. 이는 전쟁을 제도적 수단으로 간주하던 관행에서 도덕적 책임을 묻는 새로운 질서로의 전환을 의미하였으나, 동시에 독일 내부의 불만과 급진화를 자극하는 결과를 낳았다. 독일은 인플레이션과 실업, 일상적 결핍과 굴욕감 속에서 급진 세력의 동원 자원을 키워갔다.

그럼에도 전간기의 국제정치가 단선적으로만 전개된 것은 아니었다. 다자주의적 규범과 제도가 실제로 설치되었고, 전쟁 금지와 분쟁의 사법화를 위한 다양한 시도가 이어졌다. 그러나 미국의 국제연맹 미가입, 강대국들의 책임 회피, 경제위기와 국내 정치의 경직성은 제도의 작동을 방해하였다. 집단안전보장은 반복적으로 시험대에 올랐고, 국제협력은 점차 약화되었다.

제1차 세계대전은 국제정치의 지리, 기술, 행위 양식을 근본적으로 변화시켰다. 공중전, 화학전, 대량동원, 참호전은 전쟁을 총력전으로 전환시켰고, 산업과 과학기술은 전쟁의 운명을 좌우하는 핵심 요소가 되었다. 시민은 더 이상 전쟁의 외부인이 아니었고, 전선과 후방의 경계는 무의미해졌다. 무엇보다 유럽의 상대적 쇠퇴와 미국의 부상이 두드러졌다. 세계는 하나의 상호연결된 정치경제 공간으로 수렴했으나, 이를 관리할 단일한 국제 거버넌스는 부재하였다.

전후 사상 지형에서도 변화가 일었다. 현실주의와 이상주의의 논쟁은 베르사유 처리와 맞물려 전개되었다. 이상주의는 평화의 조건을 시장, 민주주의, 제도에서 찾았고, 현실주의는 힘의 분포와 국가 이익을 간과한 도덕적 단죄가 불안정을 심화시켰다고 비판하였다. 이러한 긴장은 이후 학문적 논쟁과 정책 설계에 지속적으로 영향을 미쳤다.

1917년은 또 하나의 전환점이었다. 그 해 미국은 전쟁에 참전했고, 러시아에서는 혁명이 성공하였다. 자유민주주의와 공산주의라는 두 체제가 국제정치의 새로운 경쟁 구도를 형성하기 시작한 것이다. 러시아는 전쟁에서 이탈하여 혁명 방어에 집중하였고, 이념과 체제의 대립은 이후 한 세기 동안 국제정치의 구조적 배경으로 작용하였다.

전간기의 정치와 경제는 이후 냉전의 기원을 이해하는 데에도 중요한 단서를 제공한다. 일부 연구자들은 냉전을 1945년 이후의 현상이 아닌 1917년을 출발점으로 본다. 그 해 미국의 참전과 러시아 혁명이 동시에 발생하면서, 자유주의와 공산주의 체제 간의 경쟁이 시작되었기 때문이다. 이 관점에서 보면 냉전은 약 80년에 걸친 장기 경쟁의 한 국면으로 이해될 수 있다.

독일은 전후 혼란 속에서도 정상화를 모색하였다. 서방과의 관계 개선 정책이 추진되었고, 로카르노 조약을 통해 서부 국경 문제와 불가침 원칙이 정리되었다. 표면적으로는 평화의 회복처럼 보였지만, 일부는 독일의 강화를 가능하게 한 중대한 세력균형 변화의 신호로 해석하였다. 경제 회복과 함께 독일의 상대적 역량이 커지면서 세력균형이 서서히 이동하였고, 이는 다음 전쟁의 토양으로 작용하였다는 평가가 제기되었다.

3 전간기 상황의 전개

베르사유 체제는 민족자결의 원칙을 표방하였으나, 그 실제 적용은 제한적이었다. 동유럽과 발칸 지역에서는 제국의 해체와 함께 여러 민족국가가 성립하였지만, 식민지 세계에는 이 원칙이 광범위하게 적용되지 않았다. 한국의 3·1운동은 이러한 국제 환경 속에서 독립 의지를 세계에 각인시키는 계기가 되었으나, 외부로부터 제도적 지원을 확보하지 못했다는 점에서 일정한 한계를 지녔다. 중국은 신해혁명을 통해 공화제를 수립했지만, 반식민 구조와 지속된 내전은 국제정치의 또 다른 불안 요인으로 작용하였다.

전간기의 군축 노력과 해군력 조정은 태평양 지역의 역학에도 영향을 미쳤다. 워싱턴 해군 군축 체제는 주요국의 전함 보유량을 제한하였으나, 일본은 자신에게 부과된 할당을 불평등한 것으로 인식하였다. 이는 이후 일본의 대외정책 경로에 심리적 흔적을 남겼다는 평가가 존재한다. 한편, 미국은 독일의 경제 정상화를 지원하기 위해 배상 구조의 조정을 시도하였고, 국제경제의 안정 장치를 모색하였다.

국제법의 차원에서는 1928년 전쟁의 불법화를 선언한 켈로그-브리앙 조약이 체결되었다. 이 조약은 침략 전쟁을 금지한다는 원칙을 제시하였으나, 강제 집행 메커니즘이 미비하여 선언적 성격을 벗어나지 못했다. 그럼에도 당시 국제사회는 제도와 규범을 통해 전쟁의 문턱을 높일 수 있다는 낙관을 일정 부분 공유하였다. 경제적으로는 '황금의 이십 년'이라 불리는 시기를 맞아 기술 혁신과 소비의 확장이 지속되었으나, 1929년 대공황은 이러한 낙관을 급격히 전환시켰고, 보호무역과 경쟁적 평가절하가 국제협력을 약화시켰다.

미국의 대외정책은 다시 고립주의적 색채를 띠게 되었다. 전쟁 직후의 이상주의적 흐름은 공화당 정권하에서 '정상으로의 회귀'라는 가치 아래 축소되었고, 국제연맹 가입은 무산되었으며, 유럽 문제에 대한 미국의 관여는 제한적으로 유지되었다. 후대의 해석은 이러한 미국의 리더십 공백이 전간기 국제질서의 취약성을 증대시켰다고 본다. 이는 국제정치학에서 패권안정이론의 시각과 맞닿아 있다. 무정부적 국제체제에서 질서를 유지하기 위해서는 압도적 역량을 가진 국가가 공공재를 제공하고 규칙을 집행할 필요가 있으며, 배제와 경합이 어려운 국제 공공재는 누군가가 부담해야 한다. 이 역할을 수행할 능력과 의지가 결합된 시기에 국제질서의 안정성이 제고되었으며, 1945년 이후 미국은 그러한 역할을 본격적으로 수행하였다. 냉전기의 동맹 체계, 개방경제, 해상 교통로의 안전 보장이 그 대표적 사례이다.

전간기의 경험은 두 가지 교훈을 남겼다. 첫째, 제도와 규범은 필요조건일 수는 있으나, 충분조건이 되기 위해서는 강대국의 지속적인 참여와 이행 의지가 필수적이라는 점이다. 둘째, 경제 충격과 국내 정치의 급변은 외교정책을 경직시키고 국제협력을 급속히 약화시킬 수 있다는 교훈이다.

1929년 미국의 대공황은 단순한 금융 위기를 넘어, 1930년대 국제정치의 구조 자체를 근본적으로 뒤흔든 사건이었다. 생산과 소비가 동시에 붕괴하며 자본주의 체제의 위기가 심화되었고, 세계무역은 보호주의 장벽 속에 갇혔다. 미국은 스무트-홀리 관세법을 통해 수입을 제한하였고, 각국은 이에 보복관세로 대응하였다. 국제 금융의 중심이었던 영국과 미국이 동시에 위기에 빠지자, 세계경제는 더 이상 조정 중심을 갖지 못했다. 패권의 부재 속에서 국제경제는 블록화되었고, 이는 경제적 자급을 추구하는 경제권 체제와 지역주의적 정치 대립을 초래하였다. 정치적으로는 실업, 빈곤, 계급 불안이 권위주의 정권과 군국주의의 부상을 야기하였다.

이러한 불안 속에서 이탈리아에서는 무솔리니가 등장하였다. 그는 1920년대의 사회 혼란과 공산주의 확산의 공포를 배경으로 파시즘을 내세우며 권력을 장악하였다. 파시즘은 개인보다 국가와 민족을 절대화하고, 경제를 통제하며, 외부 팽창을 통해 내부 결속을 강화하려는 전체주의 체제였다. 독일에서도 유사한 흐름이 나타났다. 대공황은 바이마르 체제를 붕괴시켰고, 경제 불황, 실업, 베르사유 조약의 굴욕이 결합되며 극단적 민족주의가 세력을 확장하였다. 1933년 히틀러가 총리로 임명된 후, 그는 곧바로 의회를 장악하고 바이마르 헌법을 정지시켰으며, 제3제국 수립을 선포하였다. 그해 10월, 독일은 국제연맹을 탈퇴하였고, 히틀러는 '총통(Führer)'으로 권력을 통합하였다.

히틀러의 외교정책은 인종주의, 사회진화론, 베르사유 체제의 철폐를 결합한 것이었다. 그는 '독일인의 생활권(Lebensraum)' 확대를 목표로 동유럽을 식민지화하고, 프랑스와 소련의 연결을 차단하고자 하였다. 1934년 폴란드와 불가침 조약을 체결해 평화공세를 펼쳤으나, 그 이면에는 세력균형을 시험하려는 계산이 내포되어 있었다. 같은 해 오스트리아의 친나치 세력이 돌푸스 총리를 암살하자, 이탈리아의 무솔리니가 개입해 독일을 견제하였다. 그러나 1935년 영국 · 프랑스 · 이탈리아가 독일의 팽창을 억제하고자 체결한 스트레사 합의는 명확한 공동 대응에 실패하였다. 그 사이 독일은 재군비를 선언하고 징병제를 부활시켰으며, 영국과의 해군협정을 통해 사실상 재무장을 국제적으로 승인받았다.

이탈리아는 1935년 에티오피아 침공을 감행하였다. 국제연맹이 제재를 시도했으나 실효성을 확보하지 못했고, 영국과 프랑스는 모호한 태도로 일관하였다. 그 결과 이탈리아는 1936년 에티오피아를 병합하였으며, 국제연맹의 제재는 무력함만을 드러냈다. 같은 해 독일은 라인란트를 재무장하고, 스페인 내전에 개입하여 프랑코를 지원하면서 이탈리아와의 연계를 강화하였다. 1936년 10월, 독일과 이탈리아는 로마-베를린 추축을 결성하였고, 이어 일본과는 1936년 11월 반코민테른 협정을 체결함으로써 세 나라 간의 파시즘 연대가 형성되었다.

히틀러는 이제 베르사유 체제의 마지막 잔재를 제거하고자 하였다. 1938년 3월, 그는 오스트리아를 병합(Anschluss)하였고, 이어 체코슬로바키아의 수데텐 지방을 요구하였다. 영국과 프랑스는 전쟁을 피하고자 협상에 나섰으며, 1938년 9월 뮌헨 협정에서 체임벌린과 달라디에는 히틀러의 요구를 수용하였다. 독일은 수데텐을 합병하였고, 체임벌린은 "평화를 가져왔다"고 선언하였으나, 이는 독일의 침략을 정당화한 양보로 평가되었다. 1939년 3월, 독일은 체코 전체를 점령하며 뮌헨 합의를 스스로 파기하였다. 이에 영국과 프랑스는 폴란드에 대한 군사적 지원을 약속하였다.

영국의 유화정책은 복합적인 요인에 기인하였다. 군사력의 부족, 재정적 제약, 전쟁 회피 여론, 공산주의에 대한 두려움, 히틀러 의도에 대한 오판 등이 그것이었다. 프랑스는 마지노선에 의존한 방어 전략과 내정의 분열로 인해 적극적인 대응이 어려운 상황이었다. 이러한 조건 속에서 유화정책은 현상유지 세력과 현상변경 세력 간의 상호 오인을 야기하였고, 결과적으로 독일의 팽창을 저지하지 못하였다.

V 제2차 세계대전의 발발과 전개

1 제2차 세계대전의 발발

1939년 봄, 히틀러는 폴란드 침공을 준비하면서 소련과의 충돌을 피하고 외교적 고립을 벗어나기 위해 1939년 8월 23일 독소불가침 조약을 체결하였다. 이 조약에는 비밀의정서가 포함되어 있었으며, 독일과 소련은 폴란드를 양분하고 발트 3국, 핀란드, 루마니아 북부를 서로의 영향권으로 분할하는 데 합의하였다. 9월 1일, 독일은 전격적으로 폴란드를 침공하였고, 이에 따라 영국과 프랑스는 9월 3일 독일에 선전포고함으로써 유럽 전역에서의 전쟁이 본격적으로 시작되었다. 소련은 이에 호응하여 9월 17일 동부 폴란드를 점령하였으며, 그해 겨울에는 핀란드를 침공하여 이른바 겨울전쟁을 일으켰다. 이로 인해 소련은 국제연맹에서 제명당하였다.

전쟁은 빠른 속도로 유럽 전역으로 확대되었다. 1940년 봄, 독일은 덴마크와 노르웨이를 침공하였고, 이어 5월에는 벨기에, 네덜란드를 거쳐 프랑스를 우회하는 방식으로 전격전(Blitzkrieg)을 감행하였다. 프랑스는 불과 6주 만에 패전하였고, 남부에는 비시 정부가 들어서 독일의 괴뢰 정권이 수립되었다. 영국은 처칠의 지도 아래 항복을 거부하고 독일의 대규모 공중폭격 속에서도 저항을 이어갔다. 이 시기 이탈리아는 추축국으로 참전하였고, 독일 · 이탈리아 · 일본은 1940년 9월 삼국동맹을 체결하여 군사적 협력을 공고히 하였다. 한편 독일은 1941년 6월 22일 바르바로사 작전을 통해 불가침 조약을 파기하고 소련을 침공하였다. 이 작전은 전쟁의 또 다른 전환점을 만들었으며, 독일은 초기에 상당한 진격에 성공했으나, 스탈린그라드 전투에서 소련의 격렬한 저항에 직면하였다.

같은 해 12월, 전쟁은 아시아 · 태평양 지역으로 확산되었다. 일본은 진주만을 기습 공격하여 미국의 태평양 함대를 큰 타격에 빠뜨렸고, 이에 미국은 일본에 선전포고하였다. 이어 독일과 이탈리아도 미국에 전쟁을 선포함으로써 유럽 전쟁과 태평양 전쟁은 완전히 결합된 세계대전으로 전환되었다.

1941년 6월 독일이 바르바로사 작전을 개시하며 소련을 침공했다. 독일군은 초기에 대규모 진격에 성공했으나, 스탈린그라드 전투(1942~43)에서 소련의 반격을 받았다. 이 전투는 전쟁의 전환점이 되었고, 독일은 이후 점차 후퇴하게 되었다. 북아프리카 전선에서는 영국이 엘 알라메인 전투(1942)에서 승리했고, 미국의 참전 이후 연합군은 이탈리아를 점령하며 지중해 전선을 확보했다. 1944년 6월 6일, 연합군은 노르망디 상륙작전을 감행하여 서부전선을 개방했고, 1945년 4월 베를린이 함락되면서 독일은 5월 8일 무조건 항복했다.

태평양전쟁은 초기 일본의 압도적 공세로 전개되었다. 필리핀, 말레이, 인도차이나, 인도네시아 등 주요 지역이 일본군의 점령하에 놓였다. 그러나 1942년 6월 미드웨이 해전에서 미국이 일본 항공모함 4척을 격침시키며 주도권을 되찾았다. 이후 미군은 '섬 점령 작전(island-hopping)'으로 서서히 일본 본토로 접근했다.

제2차 세계대전의 원인은 단일하지 않으며, 구조적 · 제도적 · 국가적 · 개인적 차원이 복합적으로 얽혀 있다. 국제 체제의 구조적 측면에서는 미국이 경제력은 있었지만 고립주의 외교를 고수하며 국제질서에 대한 리더십을 발휘하지 않았고, 영국은 제1차 세계대전 이후의 쇠퇴로 인해 조정자로서의 역할을 수행하지 못하였다. 이러한 패권의 공백은 독일, 이탈리아, 일본 같은 현상변경 세력의 팽창을 억제하지 못했다. 또한 1930년대 대공황은 세계 자본주의 체제의 근본적인 취약성을 드러냈고, 각국은 보호무역과 경제블록 형성을 통해 자국의 이익에 몰두하면서 국제협력의 기반을 허물었다.

제도적으로는 국제연맹이 집단안전보장을 실현하지 못하고 무력화되었으며, 군축회의는 현실적인 성과를 내지 못했다. 국가적 차원에서는 독일의 군국주의, 이탈리아의 파시즘, 일본의 제국주의적 야망, 영국과 프랑스의 유화정책, 미국의 고립주의가 서로 교차하며 전쟁 억제를 실패로 이끌었다. 특히 히틀러의 고의적인 팽창정책은 유럽 안보의 기반을 흔들었고, 유화정책은 그를 제지하기에는 역부족이었다.

한편 일본은 1931년 만주사변을 통해 만주국을 세우며 대륙 침략을 본격화하였고, 1937년 노구교 사건 이후 중일전쟁은 전면화되었다. 일본은 중국에서의 전쟁을 신속하게 종결하고자 했지만, 장기화되면서 동남아시아로의 남진 정책을 본격화하였다. 한편 일본의 남진정책은 '대동아공영권'이라는 구상 아래 추진되었다. 이는 일본·중국·만주를 중심으로 동남아시아 일대를 하나의 경제·정치 블록으로 묶어 서구 세력을 축출하겠다는 계획이었다. 1940년 7월 일본은 '국책요강'을 통해 이를 공식화하였으며, 다음 해 프랑스령 인도차이나에 진주하면서 미국과의 관계가 급격히 악화되었다. 미국은 일본의 진출을 견제하기 위해 석유 수출을 금지하고 자산을 동결했다. 1940년 이후 히틀러의 서유럽 승리를 목격한 일본은 프랑스령 인도차이나를 점령하였고, 이에 미국은 일본 자산을 동결하고 석유 수출을 중단하였다. 일본은 생존을 위한 자원 확보를 전쟁으로 해결할 수밖에 없다고 판단하였고, 1941년 12월 7일 진주만을 공격하여 태평양전쟁의 서막을 열었다.

태평양전쟁의 원인을 바라보는 시각은 다양하다. 정통주의 시각은 일본 군부, 특히 중간계급 장교들의 비이성적 군국주의와 팽창정책을 주요 원인으로 본다. 이들은 승산에 대한 비현실적 계산과 공격정신, 충성심에 기반하여 전쟁을 선택했다고 본다. 반면 수정주의 시각은 미국의 강경한 대일 정책, 이기적인 경제정책, 아시아에서의 도덕주의 외교가 일본의 전쟁 결단을 자극했다고 주장한다. 일본 내부의 입장에서는 자원 부족, 인구 증가, 대공황에 따른 경제 압박이 해외 팽창 정책의 주요한 동인으로 작용했다. 결국 아시아에서의 전쟁은 유럽의 전쟁과 결합되어 인류 역사상 가장 전면적이고 파괴적인 세계대전으로 확대되었다.

제2차 세계대전은 전쟁의 양상이 전선과 후방을 가리지 않는 총력전으로 발전하였고, 유럽과 아시아 양대 전선에서의 전개는 인류사의 구조적 전환을 이끌었다. 이 전쟁은 기존의 제국주의 질서를 완전히 해체하고, 전후 국제질서를 새롭게 구성할 필요성을 강력하게 제기한 세계사적 분기점이 되었다.

2 연합국의 전시외교와 전후 새로운 질서의 형성

전쟁이 장기화되면서 연합국은 단순한 군사적 승리를 넘어, 전후 세계 질서의 설계에 대한 외교적 논의를 본격화하였다. 이러한 전시 외교의 흐름에서 가장 이른 시기의 상징적 전개는 1941년 루스벨트 미국 대통령과 처칠 영국 총리가 함께 발표한 대서양 헌장이었다. 이 헌장은 무력 사용의 지양, 민족자결의 원칙, 경제 협력, 자유무역, 분쟁의 평화적 해결 등 전후 세계가 지향해야 할 핵심 원칙들을 담고 있었으며, 동시에 기존 국제연맹의 한계를 보완한 새로운 국제질서의 기초를 제시하는 문서였다. 비록 법적 구속력은 없었지만, 이 문서는 이후의 연합국 외교에 큰 영향을 주었고 미국이 본격적으로 국제주의적 방향으로 전환하고 있음을 알리는 선언이기도 했다.

이후 전시 외교는 연속적인 회담들로 이어졌다. 1943년의 카이로 회담에서는 미국, 영국, 중국이 참가하여 일본 패전 이후의 동아시아 질서를 논의하였다. 이 자리에서 연합국은 한국의 독립을 보장할 것을 약속했으며, 일본의 제국주의적 팽창에 대한 단호한 처리를 확인하였다. 같은 해 테헤란 회담에서는 루스벨트, 처칠, 스탈린의 미 · 영 · 소 3국 정상이 처음으로 한자리에 모여 제2전선 개설에 합의하고, 전후 독일의 분할 처리와 소련의 대일전 참전을 논의하였다. 이 회담은 연합국 간의 전략적 협력이 전후 국제질서의 구상과 직결됨을 보여주는 사례였다.

1945년 2월 열린 얄타 회담은 전후 세계질서의 기본 틀을 구체적으로 정립한 자리였다. 루스벨트, 처칠, 스탈린은 독일의 4개국 분할 점령, 유엔 창설의 구체안, 폴란드 문제의 처리, 소련의 대일전 참전 등을 합의했다. 얄타 회담은 명시적 합의뿐 아니라 각국의 이해관계와 안보 우선순위가 어떻게 충돌하고 조율되었는지를 보여주며, 이후 냉전 구조의 씨앗을 내포하고 있었다. 얄타에 이어 7월에 열린 포츠담 회담에서는 전쟁 종결이 임박한 상황에서 독일의 점령 정책과 전후 처리의 세부 원칙이 조율되었고, 일본에 대한 무조건 항복을 요구하는 포츠담 선언이 발표되었다. 그러나 이 시점에는 미국의 정권 교체로 트루먼이 대통령이 되었고, 미국과 소련 간의 협력보다는 상호 불신이 점차 뚜렷해지고 있었다.

결국 전후의 협력 기조는 얄타와 포츠담을 거치며 그 한계를 드러내기 시작했다.

소련은 동유럽에서 영향권을 확대하고 있었고, 미국은 자유주의적 국제질서를 주도하며 이를 견제하려 했다. 루스벨트가 구상했던 전후 협력 체제는 구조적 긴장을 내포한 채 태동했고, 이는 전후 냉전 질서의 기원을 형성하였다. 협력의 형식 아래 잠재된 이념적, 전략적 갈등은 회담의 외피 아래 이미 그림자를 드리우고 있었던 것이다.

참고문헌

김용구. 2006. 『세계외교사』. 서울대학교출판부.

김준석. 2018. 『국제정치의 탄생: 근세 초 유럽 국제정치사의 탐색, 1494-1763』. 북코리아.

전재성. 2021. 『주권과 국제정치: 근대 주권국가체제의 제국적 성격』. 서울대학교출판문화원.

Kissinger, Henry. 2023. 『헨리 키신저의 외교』. 김성훈 옮김. 김앤김북스.

CHAPTER 04

동아시아 질서의 근대적 이행

김 종 학 | 서울대 정치외교학부 부교수

I 머리말

근대 이전까지 지구상에는 자기 완결성을 갖는 세계, 또는 국제정치의 의미권(意味圈)이 복수로 존재했다. 한국 국제정치학의 초석을 놓은 정치학자 동주 이용희(1917~1997)는 이를 국제정치의 권역(圈域)으로 규정하고, "공동의 관념 체계와 공통의 개념구조와 공유의 정치의식으로 엮인 국제질서의 영역"이라고 정의한 바 있다. 그러한 국제정치의 권역 가운데는 동아시아 세계도 포함되어 있었다. 이 세계를 특징짓는 문화적 요소로는 한자 · 유교 · 율령제 · 불교 등이 있으며, 지리적으로는 오늘날 한반도를 비롯하여 중국, 일본, 베트남, 그리고 몽골에서 티벳 고원에 이르는 중국 서북부의 유목 지역을 포괄한다.

이 장에서는 동아시아의 전통적 세계관으로서 '천하'의 이념과 그 제도적 기반인 조공 · 책봉 제도의 실제를 살펴보고, 19세기 이후 서구 열강의 진출과 함께 근대적 조약 및 서구 국제법 제도가 수용된 경위를 검토한다. 그리고 청일전쟁을 계기로 천하의 이념과 제도가 붕괴하고, 이를 대체하는 세계관으로서 사회적 다윈주의(social Darwinism)와 근대 내셔널리즘이 동아시아 3국에 전파되는 과정을 각각 살펴본 후, 권역 이론이 오늘날 동아시아 국제정치에 주는 함의에 관해 생각해본다.

Ⅱ 전통 동아시아 질서

1 천하(天下)

고대 그리스의 정치사상이 서구정치학의 토대를 이룬 것처럼, 동아시아 권역의 기본적인 정치적 언어와 이념의 뿌리는 고대 중국에 있었다. 고대 중국인의 국가관을 대표하는 개념은 '천하(天下)'였다. '천하'란 "넓은 하늘 아래 왕의 땅이 아닌 것이 없고, 물가에 이르기까지 모든 땅에 왕의 신하가 아닌 자가 없다.(普天之下 莫非王土 率土之濱 莫非王臣)"라는 왕토사상(王土思想)이 보여주듯이 중국의 황제야말로 천명(天命)을 받들어 지상을 통치하는 유일무이한 천자(天子)로서, 이 세상을 이미 그의 실질적인 통치를 받거나, 또는 장래의 통치 영역으로 관념하는 세계관을 의미한다. 또한 그 이상적인 통치 방식은 권력에 기초한 패도(覇道)가 아니라, 천자의 덕이 인간과 사물을 교화하여 자연스럽게 조화로운 질서가 구현되는 왕도정치(王道政治)에 있었다. 이를 위해선 천자는 인류 가운데 가장 덕이 높은 인간, 즉 유덕자(有德者)가 되어야 했다.

천하의 관념은 이미 중국 고대 주(周) 왕조(B.C. 1046~256) 시대 완성되었다. 또한 중국이 부족연합체 사회에서 중앙집권적 제국으로 발전해 나가는 과정에서 예(禮)의 유무로 화이(華夷)를 구분하는 이른바 화이관이 형성되었다. 이는 중국[화하(華夏)]를 또한 중국이 부족연합체 사회에서 중앙집권적 제국으로 발전해 나가는 과정에서 예(禮)의 유무로 화이(華夷)를 구분하는 이른바 화이관이 형성되었다. 이는 중국[화하(華夏)]를 주 왕실의 정통성을 인정하고 그와 관련된 예를 행하는 하나의 문화공동체로 본 중국인들의 관념을 반영한다. 그리고 주나라가 은(殷)나라를 정벌하는 과정에서 천명(天命)의 의미 또한 인간의 덕행에 따라 변화하는 것으로 새로 정의되었는데, 이에 따르면 미래는 결코 신의 의지에 따라 예정된 것이 아니며, 오직 인간이 쌓은 덕행이 천(天)과 감응하여 그에게 좋은 운명을 가져다줄 것이다. 이로부터 중국문화는 일찍부터 역사의 중요성이 예언과 무술(巫術)의 중요성을 능가하는 특징을 갖게 되었으며, 이는 이후 동아시아 국가들의 지배 정당성과 역성혁명의 관념에 적지 않은 영향을 미쳤다.

동아시아 권역은 위계적이며 불평등한 구조였다는 점에서, 주권국가 간의 형식적 독립성과 평등을 전제로 하는 서구의 베스트팔렌 국제질서와는 근본적 차이가 있었다. 이념적으로, 천자의 덕을 통한 교화는 온 세계에 미쳐야 하지만, 현실적으로 중국 황제의 통치 영역('판도')은 유한할 수밖에 없다. 이와 같은 이념과 현실상의 괴리는, 아직 천자의 덕화(德化)가 미치지 않았기 때문이라고 설명되었다. 이에 따라 천하는 천자를 중심으로 그의 교화가 단계적으로 희박해지는 정도에 따른 동심원적 구조로 관념되었는데, 크게 나눈다면 천자의 교화가 미친 지역은 '화(華)', 그렇지 않은 지역은 '이(夷)'로 규정되었다. 그리고 '화'와 '이'를 분별하는 기준은 중국식 '예'의 준행 여부였다. 즉 중원에 거주하는 주민이라도 오랑캐[夷]의 풍습과 제도를 고집하면 '이' 또는 '화외지민(化外之民)'에 불과하지만, 설령 오랑캐의 땅에 있어도 중국의 예법을 따르면 중화의 구성원으로 간주한 것이다.

이와 같은 위계적 구조는 중국의 주변 국가 사이에서도 존재했다. 즉 아버지와 어머니, 형과 아우 등 가정 구성원 사이에 역할과 상호 간의 예의가 같지 않듯이, 국제관계에서도 큰 나라와 작은 나라는 각각 서로 다른 위상과 책무를 가진다고 본 것이다. 이러한 국제질서의 구성 원리는 흔히 "큰 나라는 작은 나라를 아끼고 작은 나라는 큰 나라를 섬긴다."라는 의미의 '사대자소(事大字小)의 예 규범'으로 설명된다. 이러한 비대칭적 관계는 종종 가족관계로 유비(類比)되었는데, 개인의 도덕적 수양으로부터 가족, 국가, 천하에 이르기까지 모든 정치사회 질서에에 하나의 이치가 관통한다고 믿은 사대부들에게 이는 단순한 수사(修辭) 이상의 철학적 의미가 있었다.

한반도 왕조의 경우, 3~4세기경부터 중국 중심의 국제질서(또는 '천하 체계')에 편입되었다. 당시 고구려 · 백제 · 신라의 삼국은 치열한 경쟁을 벌이는 가운데 중국왕조의 원조를 얻고, 또 내부적으로 국가 위신을 높이기 위해 자발적으로 조공 · 책봉 관계를 받아들였다. 예를 들어 고구려의 경우, 5호 16국 중 하나로 선비족이 세운 전연(前燕)으로부터 355년 '정동대장군 영주자사 낙랑공 고구려왕(征東大將軍 營州刺史 樂浪公 高句麗王)'이라는 책봉호를 받은 것이 중국왕조와 조공 · 책봉 관계를 맺은 효시로 알려져 있다. 한편, 일본의 경우에는 서기 57년, 후한(後漢)의 광무제(光武帝)가 왜국(倭國)의 사신에게 '한위노국왕인(漢委奴國王印)'을 하사한 사실이 『후한서(後漢書)』에 기록돼 있다.

2 조공 · 책봉 제도

동아시아 권역의 조공 제도의 기원은 서주(西周)의 종법적 봉건제도 속에서 주왕(周王)과 혈연관계에 있던 제후들이 정기적으로 조근(朝覲)하고 공물을 바친 의례에 있었다. 서주에서는 왕실의 일족을 제후에 봉하여 지방을 다스리게 하는 봉건제(封建制)를 채택했는데, 이로 인해 일족 내의 종법(宗法)이 국가적 의식으로 발전한 것이다. 제후들은 종가(宗家)인 주 왕실의 제사를 위해 공물을 바쳤고, 이것이 곧 조공 제도의 효시가 되었다. 이후 전국시대에 이르러 주 왕실의 권위가 쇠퇴하면서 조공 제도 또한 주변 강대국의 환심을 사거나 회맹(會盟)을 맺은 국가 간에 우호를 확인하는 외교적 수단으로 성격이 변질되었다.

진(秦)의 뒤를 이어 중국을 통일한 한(漢) 제국은 주의 봉건제와 진의 군현제를 결합한 군국제를 시행하는 한편, 주변 부족의 수장들에게 왕 또는 후(候)의 봉작을 하사하여 그 지역의 통치를 위임하는 방식을 취했다. 이 과정에서 조공 제도는 중국의 범위를 넘어 중국과 주변국 간의 관계를 규정하는 국제적 의례로 발전했다. 특히 국왕이 직접 중국의 조정까지 와서 친조(親朝)하는 대신 사절을 파견하는 등 절차가 간소화되었다. 이처럼 조공·책봉에 수반되는 정치경제적 부담이 감소하자, 앞서 삼국의 사례에서 보듯이 주변의 소국 또는 부족이 적극적으로 이에 참여하기 시작하면서 점차 그 범위가 확대된 것이다.

원칙적으로 조공·책봉 제도는 중국 주변의 소국이나 부족의 수장이 중국 황제의 덕을 흠모하여 자발적으로 공물을 바치고 신하의 예를 행하는 데서 시작된다. 그리고 중국 황제는 그 반대 급부로 회사(回賜)라는 형식의 물질적 보상과 함께 형식적으로 그를 왕에 임명함으로써 해당 지역의 통치를 위임한다는 뜻을 표명하는 것이다. 중국의 관점에서 보면 이는 중국 황제의 '덕'이 야만의 땅에까지 널리 미친 결과였으므로 천자의 유덕함을 과시할 수 있었고, 소국의 입장에선 압도적 대국인 중국과 평화적 관계를 유지할 수 있었으므로 양측 모두에 국내적 정통성을 공고히 하는 데 중요한 의미가 있었다.

여기서 간과해선 안 되는 사실은, 주변 소국의 수장이 스스로 신하의 예를 지키는 한 중국은 대체로 그 내정에는 간섭하지 않고 방임하는 정책을 취했다는 것이다. 따라서 소국으로선 역설적으로 정치적 자주성과 문화적 정체성을 유지하기 위한 수단으로서 자발적으로 조공국의 행렬에 참여한 것이다. 조공과 책봉은 중국 중심의 지역 질서에 도전하지 않고 그에 순응한다는 의미를 내포하고 있었다. 중국과 소국이 정해진 의례를 준수하는 한 정치적 긴장이 고조되는 사태를 피할 수 있었고, 그러한 의미에서 이 제도는 중국 중심의 현상 유지를 위한 제도적 수단이면서 동시에 대단히 비용이 저렴한 안전보장 장치였다.

중국이 주변 소국과 조공 · 책봉 관계를 맺는 계기, 그리고 그것이 수 세기에 걸쳐 지속된 배경에 역학관계가 없었다고는 결코 말할 수 없다. 하지만 천자는 어디까지나 천하를 덕으로 다스려야 하고, 힘의 사용은 불의한 자를 징벌하는 데만 국한되어야 한다는 도덕적 원칙, 그리고 '사대자소'와 같은 대외적 명분의 정치적 기능 또한 과소평가해서는 안 된다. 즉, 중국과 그 주변의 소국은 이와 같은 도덕적 원칙과 명분을 활용하여 상대의 행동을 적절히 규제하면서 자국의 이익을 극대화하고자 한 것이다. 그러한 의미에서 조공 · 책봉 제도의 본질은 동아시아 권역의 압도적 대국인 중국과 그 주변의 소국이 각각의 국익과 정체성에 기초하여 평화적 공존을 위해 발전시킨 일종의 정치적 의례(political ceremony)에 가까웠다.

조공국의 범위는 동아시아를 넘어 동남아시아에까지 확장되었다. 주변 소국이 중국에 파견할 수 있는 조공사절의 횟수와 기간은 중국의 국내법으로 엄격하게 규정되어 있었는데, 예를 들어 1690년에 편찬된 『대청회전(大清會典)』에는 조공 제도와 관련하여 436개 조항과 약 1,500개의 세칙이 규정되었을 정도였다. 1818년의 『가경회전(嘉慶會典)』에 따르면 청의 조공국은 다음과 같다.

- 조선 (1년 4공, 1637년부터)
- 류큐 (2년 1공, 1646년부터 1875년까지)
- 베트남 (2년 1공, 1660년부터, 실제로는 4년에 1번 조공사절 파견)
- 라오스 (10년 1공, 1729년부터)
- 시암 (3년 1공, 1652년부터 1853년까지)
- 즐루 (5년 또는 그 이상에 1공, 1726년부터)
- 미얀마 (10년 1공, 1769년부터)
- 라오스 (비정기적)
- 서양 국가 (포르투갈, 로마 교황청, 영국)

1899년에 편찬한 『광서회전(光緒会典)』에서는 이 중 라오스와 서양 국가가 제외되었다. 일본은 명(明)나라 초 아시카가 요시미쓰 시기의 일시적 편입(1401~1411)을 제외하면 대체로 조공·책봉 질서의 외부에 머물렀다.

3 다원성과 개방성

동아시아 권역은 기본적으로 중국을 중심으로 주변 소국이 조공·책봉 제도를 통해 방사형 네트워크 형식으로 연결된 질서였다. 그리고 이는 종종 군신(君臣) 관계에 의제(擬制)되었다. 하지만 앞에서 언급한 것처럼, 상국(上國)인 중국은 소국이 그에 관한 의례를 성실히 이행하는 한 사실상 지배나 간섭을 하지 않고 내정 또한 스스로 주관하도록 방임하는 것이 상례였고, 그러한 점에서 근대 제국의 식민지 획득과 유지 방식과는 크 게 달랐다. 더욱이 '인신무외교(人臣無外交)'라는 말에서 알 수 있듯이, 이 의제적 군신 관계는 엄밀히 말하면 중국 황제와 소국의 군주 간 개인적 관계였다. 따라서 어느 한 편의 군주가 교체되면 다시 조공·책봉의 관계를 다시 맺어야 했다.

그 결과, 동아시아의 각국에서는 상당히 이른 시기부터 원형 민족주의(proto-nationalism)라고 할 만한 토착 문화 및 국가에 대한 자의식과 함께, 자국을 중심으로 하는 다양한 형태의 세계관이 형성되었다. 중국 주변의 소국들은 중국의 제도와 정치 언어를 일종의 모듈로 수용하여 자신을 인식하고 표현하는 방식을 발전시켜 나갔는데, 조선의 소중화주의, 일본형 화이질서, 베트남의 대남국 황제 등이 그러한 예다. 이러한 경향은 만주족이 세운 청(淸)나라가 명(明)을 무너뜨리고 중국의 정통왕조를 자임한 17세기 이후 더 두드러졌다.

한반도의 왕조를 예로 들면, 앞에서 언급한 것처럼 고구려는 4세기 중엽부터 중국의 왕조와 조공·책봉 관계를 맺기 시작했다. 하지만 중국과 구별되는 독자 연호인 '영락(永樂)'을 사용하는 한편, 거란·백제·신라·동부여 등을 그 '속민(屬民)'으로 간주하는 등 고구려 중심의 조공·책봉 제도를 확립했다. 그뿐 아니라 북위(北魏)의 책봉을 받았으면서도 그 적국인 연(柔然) 및 송(宋)과 월경외교를 펼치는 등 조공·책봉 제도를 전략적으로 활용하는 양상이 나타났다. 신라 또한 6세기부터 7세기까지 독자적 연호와 함께 고유한 의복제도를 유지했으며, 삼국을 통일한 뒤에는 고구려 왕족 안승(安勝)을 고구려왕에 책봉하고 그 유민과 함께 대당(對唐) 항쟁을 전개하는 등 중국 중심의 일원적 국제질서에 저항하기도 했다.

고려 전기에는 왕이 '짐(朕)'을 자칭하고 그 명령을 '제(制)'나 '조(詔)', 그리고 수도 개성을 '황도(皇都)'라고 부르고, 또 천명을 받아 삼한을 통일한 '해동천자'를 자임하는 등 독자적 천하 의식을 표출했다. 조선 또한 비록 건국 당시에는 명나라 중심의 천하질서에 적극적으로 참여했지만, 명이 멸망한 뒤에는 이민족 왕조인 청을 인정하지 않고 중화문명의 유일한 계승자를 자임하며 '소중화주의' 또는 '조선중화주의'라는 독자적 세계관을 형성했다. 즉 고려의 귀족이나 조선의 사대부들은 중국 문명에 대한 동경(憧憬) 또는 심리적 동일시의 경향을 강하게 보이면서도, 동시에 고유한 종족성이나 토착 문화에 대한 자의식과 애착, 그리고 중국과 구분되는 고유한 국가에 대한 충성심과 소속감 등 복잡한 정체성(complex identity)을 갖고 있었다.

중국 중심의 천하 질서와 주변 소국의 독자적 천하 질서가 중첩된 결과, '양속(兩屬)'이라는 독특한 국제관계의 유형이 나타났다. '양속'의 대표적 예로는 중국과 일본 사이에 존재한 류큐 왕국(오키나와)과 조선과 일본을 중개한 쓰시마 등이 있었다. 이를테면 류큐는 1402년 명의 책봉을 받고 그 조공국이 되었으나, 1609년 일본 서남부에 자리한 사쓰마번(薩摩藩)의 침입을 받은 뒤로는 일본 국내에선 사쓰마의 지배를 받는 부용국(附庸國)으로 간주됐다. 그리고 일본은 중국 중심의 조공·책봉 질서에서 이탈했지만, 류큐와 같은 양속의 존재로 인해 중국과의 간접적 교역을 유지하는 등 동아시아 세계의 일원으로서 교류가 가능했다. 이는 에도 막부와 조선 양측에 신종(臣從)하면서 양국 사이의 일상적 외교통상 업무를 담당한 쓰시마의 경우도 마찬가지였다. 이와 같은 소중화의 다원적 구조와 양속의 존재는, 동아시아 권역의 질서가 겉으로는 명분과 위계를 강조하면서도 실제로는 실용적 성격을 내포하고 있었으며, 제 다양한 국가형태와 국가 간 관계를 용인하는 개방성을 갖고 있었음을 말해 준다.

Ⅲ 근대적 조약과 서구 국제법의 도입

1 유럽 세계와의 만남

16세기 중엽 이후 동아시아에 대한 유럽 열강의 진출이 본격화되었다. 이보다 앞서 1493년, 신대륙 발견에 앞장선 스페인과 포르투갈은 교황 알렉산드르 6세의 교서로 아조레스 제도 서쪽 약 100리그(약 550km)의 선을 경계로 각각 서쪽과 동쪽에서 발견되는 육지와 섬을 영유할 수 있는 권한을 부여받았다. 그 경계선(line of demarcation)은 이듬해 토르데시아스 조약의 체결로 서쪽으로 다시 370리그(약 2,000km) 이동하였다. 이러한 자의적 영토 분할에 따라 포르투갈은 1510년 인도의 고아(Goa), 1511

년 말라카를 점령했다. 그리고 1517년에는 중국 광저우(廣州)에까지 사절을 보내 명나라와의 조공무역을 시도했지만 거절당했다. 이어서 1543년 포르투갈인이 일본 규슈 남단의 다네가시마(種子島)에 표착하여 최초로 철포(화승총)를 전달했다.

유럽 세력이 동아시아로 팽창하는 데 선봉에 선 것은 가톨릭 예수회의 선교사들이었다. 중국은 명말청초(明末清初) 시기부터 이들을 흠천감(欽天監) 등에 임용하여 천문과 역법 등 서구의 과학기술을 제한된 범위에서 수용했다. 비록 공식적인 포교 활동은 금지되었지만, 예수회 선교사들은 한문으로 복음서를 저술하여 먼저 지식인 계층에 천주교 교리를 전파하고자 했다. 그 결과 18세기 말에는 조선에도 연행사를 통해 가톨릭, 이른바 '서학(西學)'이 본격적으로 전파되기 시작했다. 한편 일본에서는 1639년에 나가사키(長崎)에 데지마(出島)라는 인공섬을 만들어 네덜란드 및 청나라와의 무역을 위해 개방했다. 막부는 그 상관장(商館長)의 정기적 보고를 통해 서양에 관한 정보를 수집할 수 있었다.

이와 함께 대륙 국가인 러시아의 세력도 점차 동아시아에까지 확장되었다. 1689년, 청과 러시아는 양국 국경의 획정, 무역, 범죄인 인도 절차 등을 규정한 네르친스크 조약을 체결했다. 이는 동아시아 국가가 처음으로 유럽 국가와 체결한 근대적 조약으로서, 라틴어를 정문(正文)으로 하되 한문 · 만주어 · 러시아어로 부본을 작성했다. 이어서 1727년에는 외몽고와 시베리아의 국경 획정 및 무역소의 개방 등을 골자로 하는 캬흐타 조약이 체결됐다.

19세기에 이르러 청은 영국, 프랑스와 아편전쟁(1차: 1839~42, 2차: 1856~58)을 겪는 한편, 국내에서는 태평천국의 난(1851~64)을 비롯한 대규모의 민란이 발생하는 등 내우외환(內憂外患)의 위기에 직면하게 된다. 이를 계기로 러시아의 영토 침탈도 본격화했다. 1851년의 이리 조약(쿨자 조약), 1858년의 아이훈 조약, 1860년의 북경 조약, 그리고 1881년의 이리 조약을 거치면서 청은 서북 지역 및 만주, 연해주의 광대한 영역을 차례로 상실했다.

그 결과, 동아시아는 대륙 세력인 러시아와 해양 세력인 영국 간에 전개된 지정학적 경쟁의 주요 무대로 부상했다. 해양으로 진출하려는 러시아와 반대로 그 세력을 대륙 내에 봉쇄하고자 한 영국 간의 전략적 경쟁의 영향은, 크림전쟁(1853~56)과 중앙아시아를 무대로 벌어진 그레이트 게임(Great Game)을 거쳐 1880년대에는 한반도에까지 파급되었다. 이는 19세기 동아시아 및 한국외교사를 설명하는 데 불가결한 요소이다.

2 근대적 조약

1) 불평등 조약의 의미

불평등 조약(unequal treaty)이란 난징 조약(1842.8.29.)을 시작으로 동아시아 국가들이 서구 열강의 무력에 굴복하여 체결한 불공정한 조약을 의미한다. 불평등 조약은 주권국 사이에 적용되는 평등의 원칙과는 거리가 먼 것으로, 서구 열강은 동아시아 국가의 낮은 문명 수준을 명분으로 이를 정당화했다. 불평등 조약의 구성요소는 일반적으로 영사재판권(치외법권), 협정관세, 편무적 최혜국대우 조항 등이 꼽힌다. 영사재판권은 동아시아 국가의 사법제도에 대한 불신과 함께 그 제도적 차이를 보완하는 의미가 있었고, 협정관세는 동아시아 국가의 관세자주권을 제한함으로써 서양 상인에게 안정된 통상 조건을 보장했다. 그리고 최혜국대우 조항은 서구 열강이 갖는 특권을 균등하게 설정함으로써 경쟁이 과열되는 것을 방지하기 위한 장치로서, 동아시아 국가들에는 불평등 조약의 개정을 사실상 어렵게 만드는 효과가 있었다. 특히 제2차 아편전쟁의 결과 체결된 톈진 조약(1858.6.26.)은 이후 동아시아 불평등 조약의 대헌장(Magna Carta)이라고 부를 정도로 하나의 전범(典範)처럼 여겨졌다.

2) 청

1840년 6월, 영국은 1839년 6월, 아편 밀수의 단속을 위해 광저우에 파견된 흠차대신 린쩌쉬(林則徐)는 영국 상인들로부터 아편 약 2만여 상자를 공개적으로 소각·폐기했다. 이에 영국은 이듬해 무역 보호를 명분으로 군함 10여 척을 동원하여 군함 10여 척을 파견하여 광저우를 공격하고, 양쯔강을 따라 내륙으로 북상하면서 샤먼(廈門)·닝보(寧波)·딩하이(定海)·상하이(上海)·쩐지앙(鎮江)을 차례로 점령했다. 이른바 제1차 아편전쟁이었다. 1842년 8월 영국 함대가 마침내 난징(南京)에 도달하자 더 이상 버틸 수 없었던 청 정부는 사실상 항복을 선언하고 영국 측의 요구에 따라 난징 조약을 체결했다. 영국 기함 콘월리스(Cornwallis) 함상에서 영국 전권대표 헨리 포틴저(Henry Pottinger)와 중국 전권 치잉(耆英) 간에 체결된 이 불평등 조약은 홍콩의 할양, 2,100만 달러(Spanish Dollars)에 달하는 막대한 배상금 지불, 광둥·푸저우(福州)·샤먼·닝보·상하이 등 5개 항구의 개항, 공행(公行) 무역의 폐지 및 영국 상인과 중국 상인 간의 대등하고 자유로운 무역 보장, 그리고 양국 관헌의 대등한 문서 왕복 등 청에 불리한 조건을 규정하고 있었다. 이보다 앞서, 청은 1757년 이후 서양 국가와의 교역을 광저우 1개 항구로 제한하고, 오직 공행 상인을 통한 거래만을 허용하였다. 이를 광둥무역체제(Canton System)라고 하는데, 난징 조약은 동아시아 불평등 조약의 효시이자 기미(羈縻)정책에 입각한 전통적 교역 시스템의 폐지를 알리는 사건이었다.

영국은 이듬해 후먼채 조약(虎門寨條約, 1843.10.8.)과 오항통상장정(五港通商章程, 1843.7.22.)을 추가로 체결하여 난징 조약의 미비점을 보완했다. 이를 통해 개항장에서의 영사 주재 및 영사재판권(치외법권)의 승인, 협정관세(수입품에 대한 5% 고정 관세), 무조건적 최혜국대우의 인정 등 불평등 조약의 3대 구성 요소가 모두 갖춰졌다. 이어서 청은 거의 같은 내용으로 미국과 왕샤 조약(望厦條約, 1844.7.3.), 프랑스와 황푸 조약(黃埔條約, 1844.10.24.)을 체결했다. 단, 황푸 조약은 프랑스의 요구에 따라 가톨릭 선교의 자유가 처음으로 보장된 점에 특색이 있었다.

그로부터 약 10여 년 후, 영국은 애로우호 사건(Arrow Incident)을 빌미로 제2차 아편전쟁을 일으켰다. 제1차 아편전쟁을 일으킨 의도가 광둥 무역체제의 폐지, 영국 상인의 보호 및 아편 몰수에 대한 보복에 있었다면, 이 전쟁의 목표는 난징 조약에서 얻은 권익을 확대하는 한편, 청을 완선히 서구의 외교 제도와 자유무역 체제에 편입시키려는 데 있었다. 1858년 6월, 전쟁에서 패배한 청이 러시아 · 미국 · 영국 · 프랑스와 차례로 맺은 톈진 조약에 따르면, 청은 이들 국가가 파견하는 공사의 베이징 주재를 허용하고, 기존 5개 항구에 더하여 톈진과 난징 등 11개 항구를 추가로 개방해야 했다. 또한 기독교 선교 활동의 자유 및 서양 선교사의 내지 여행이 보장되고, 서양 국가의 외교사절의 지위는 조공사절의 지위와 다르다는 것이 명시되었다.

톈진 조약의 체결로 겨우 갈등이 미봉되는 듯했으나, 이번에는 그 비준과 이행을 둘러싸고 다시 분쟁이 일어났다. 1860년 10월, 마침내 영 · 불 연합군에 의해 청 제국의 수도 베이징이 함락됐다. 청의 황제 함풍제(咸豊帝)는 이궁이 있는 열하로 피난했는데, 결국 돌아오지 못하고 이듬해 그곳에서 세상을 떠났다. 이때 청과 영국, 프랑스 간에 체결된 베이징 조약에 따라 청은 외국 공사의 베이징 상주, 추가 개항, 선교의 자유 보장 등을 규정한 톈진 조약을 즉시 비준하고 시행하는 한편, 영국에 주룽반도(九龍半島) 남단을 할양하고 또 두 나라에 전쟁 배상금 800만 냥씩을 지불해야 했다.

중국 역사상 서양인을 포함해 외국 사절이 수도에 상주한 것은 미증유의 사건이었으므로, 서양 국가와의 근대적 외교 및 베이징에 주재하는 공사와의 일상적 교섭을 담당할 새로운 기구가 요청되었다. 이에 따라 1861년 1월 총리각국사무아문(總理各國事務衙門)이 신설됐다. 하지만 총리각국사무아문은 엄밀히 말해 임시기구에 지나지 않았고, 또 기존에 조선 · 베트남 등의 조공국과 몽골 · 티베트 · 신장 등 번부(藩部)를 관리하던 예부(禮部)와 이번원(理藩院) 또한 여전히 존속했으므로 근대적 형태의 외교부와는 성격이 같지 않았다. 청은 1877년 주영공사 궈숭다오(郭嵩燾)의 파견을 시작으로 독일(1877), 미국 · 프랑스 · 일본(1878), 러시아(1879)에 차례로 공사관을 설치했다.

3) 일본

일본의 문호개방은 1853년 7월 8일 미국 동인도함대 사령관 매슈 페리(Matthew Calbraith Perry)가 4척의 증기선을 이끌고 에도만 입구인 우라가(浦賀)에 내항한 것이 계기가 되었다. 1848년 멕시코와의 전쟁에서 승리를 거두고 캘리포니아를 차지한 미국은, 중국으로 향하는 태평양 항로의 기항지와 더불어 포경선의 보급 및 피난항을 확보하기 위해 일본에 조약 체결을 요구했다. 이듬해 다시 8척의 선박과 함께 에도만에 들어온 페리는 막부 관리와 몇 차례 교섭을 벌인 끝에 마침내 1854년 3월 31일 가나가와(神奈川)에서 조약을 체결하는 데 성공했다. 일본 최초의 근대적 조약인 미일화친 조약(또는 가나가와 조약)이었다. 이 조약은 12개 조항으로 구성된 매우 간단한 것으로, 시모다(下田)와 하코다테(函館)의 개항, 난파선의 보호, 영사 주재 등의 내용을 포함했다. 이어서 막부는 같은 해 9월과 12월에 영국 및 러시아와 유사한 내용의 조약을 체결했는데, 그 배경에는 당시 유럽에서 한창 크림전쟁(1853~56)을 벌이고 있던 영국과 러시아가 동아시아에서 유리한 지리적 거점을 선점하고자 한 전략적 판단이 있었다.

1858년에 이르러 일본은 미국 · 영국 · 프랑스 · 러시아 · 네덜란드 등 5개국과 차례로 통상 조약을 체결했다. 이는 서구 열강의 통상 요구에 끝까지 응하지 않는 경우 아편전쟁의 참상이 일본에서도 재연될 것을 두려워한 끝에 내린 어쩔 수 없는 결정이었다. 이로써 일본은 에도(江戶) · 요코하마(橫濱) · 나가사키(長崎)의 추가 개항, 외국인 거류지 설정 및 자유무역 허용, 관세자주권 상실, 영사재판권(치외법권) 및 최혜국대우 조항 등을 승인함으로써 본격적으로 동아시아 불평등 조약 체계에 편입되었다. 이를 당시 일본 천황의 연호를 따서 안세이(安政) 5개국 조약이라고 부른다. 막부는 서양 열강의 위협에 굴복한 데다가 천황의 재가도 얻지 않은 채 불평등 조약의 체결을 강행했으므로 그 위신이 크게 실추되었다. 이에 천황을 중심으로 서양 오랑캐를 물리쳐야 한다는 존황양이(尊皇洋夷) 운동이 일어났다. 이는 극심한 내홍을 겪은 끝에 메이지유신(明治維新, 1868)으로 천황 중심의 중앙집권 국가가 수립되는 결과로 이어졌다.

일본은 이미 1869년에 근대적 외부성을 신설하는 등 동아시아 국가 중에서는 가장 먼저 서양의 외교 제도를 받아들였다. 최초의 상주 사절은 1871년 각각 프랑스와 미국 대리공사로 파견된 사메지마 나오노부(鮫島尚信)와 모리 아리노리(森有禮)이다. 이어서 영국(1872), 오스트리아 · 프랑스(1873), 이탈리아 · 러시아 · 청(1873)에 공사관이 설치됐다.

4) 조선

조선 문호개방의 특징은 청 · 일본에 비해 시기적으로 20~30년 정도 늦었을 뿐 아니라, 서구 열강이 아닌 같은 동아시아 국가 일본에 의해 이뤄졌다는 데 있다. 이는 문호개방에 대한 서구의 압력이 상대적으로 미약했음을 의미한다.

일반적으로 조선 최초의 근대적 조약은 조일수호조규(강화도 조약, 1876.2.27.)로 알려져있지만, 당시 조선 정부는 이를 서계문제(書契問題)와 운요호 사건(1875.9.20.~22.)으로 단절된 일본과의 우호 관계를 복원하기 위한 약조로 받아들였다. 서계문제란 1868년 일본 정부가 메이지유신을 통고하기 위해 보내온 서계(書契, 외교문서)를 조선 측에서 접수하지 않음으로써 약 8년간 갈등을 빚은 사건으로, 그 본질은 천황의 친정(親政)을 통해 이제 명실상부하게 '황국(皇國)'이 된 일본과 청의 조공국이자 '왕국(王國)'인 조선 간의 상대적 국격(國格)을 조정하는 데 있었다.

본 조약의 제1조에서는 조선의 국제적 지위와 관련하여 "조선국은 자주국으로서 일본국과 평등한 권리를 보유한다.(朝鮮國 自主之邦 與日本國 保有平等之權)"라고 규정했다. 여기서 '자주(自主)'는 중국의 조공국이 누려온 실질적인 국가 자주성의 의미로도, 또는 서양 국제법에서 말하는 주권적 독립(sovereign independence)의 의미로도 해석될 수 있었다. 이 조문에 관해, 조선과 청은 전자의 의미로 이해한 반면, 일본 측에서는 이를 후자의 의미로 규정했다. 이 때문에 조선의 국제적 지위, 구체적으로는 청이 조선을 '보호'할 정당한 권리를 갖는가의 문제가 이후 약 20년간 청 · 일 간의 첨예한 외교적 현안으로 남게 되었다. 그 대립은 청일전쟁의 결과 체결된 시모노세키 조약(1895.4.17.) 제1조에서 "중국은 조선이 완전무결한 자주독립국임을 확인한다."라고 명문화함으로써 완전히 해소되었다.

서양 국가와 체결한 근대적 조약의 효시는 조미수호통상 조약(1882.5.22.)이었다. 이 조약은 청 · 일본의 사례와 달리, 무력의 행사나 위협 없이 체결되었다는 데 특색이 있었다. 이보다 앞서, 서구 열강과 일본에 의해 전통적 판도가 잠식되어 가는 상황을 우려한 청은, 최후의 조공국인 조선을 지키기 위해 서구 열강과의 조약 체결을 권유했다. 한반도에서 이해관계를 갖는 여러 서양 국가가 상호 견제하게 함으로써 러시아나 일본 등 특정 국가가 조선을 독점하는 사태를 막는다는 일종의 '이이제이(以夷制夷)'적 발상이었다. 이에 따라 조미 조약의 실제 협상은 톈진(天津)에서 조선 정책을 사실상 담당한 북양대신 리훙장(李鴻章)과 미국 전권 슈펠트(Robert W. Shufeldt) 간에 이뤄졌다.

처음에 리훙장의 의도는 조미 조약을 중재함으로써 국제사회에서 조선에 대한 청의 우월한 지위를 인정받는 데 있었다. 앞에서 설명한 것처럼, 동아시아 권역에서 조공과 책봉은 일종의 정치적 의례(political ceremony)로서 이를 통해 조공국은 상국(上國)의 권위와 그것이 주도하는 질서에 순응하며, 상국은 조공국의 내정에 대한 간섭을 자제하고 책봉을 내린 군주의 지위를 보장한다는 의지를 상호 확인했다. 즉 상국과 조공국 간의 명분상의 위계에도 불구하고, 실제로 모든 국정은 독립적으로 운영되는 독특한 국제관계였다.

그런데 서양의 역사나 국제법에는 이에 정확하게 해당하는 개념이 없었다. 이 때문에 조미 조약 체결 직후 미국의 아서(Chester A. Arthur) 대통령은 조선과 청국 간의 난해한 역사나 제도적 규범은 논외로 차치하고, 조선과 미국 간의 외교관계는 오직 국제법과 조약에 따라 처리하겠다고 성명했다. 이후 조선과 수호통상 조약을 맺은 영국(1882, 1883), 독일(1882, 1883), 이탈리아(1884), 러시아(1884), 프랑스(1886) 등도 대체로 같은 입장을 취했다. 그 결과 조선은 전통적 조공 관계(청)와 근대 조약 체계(서양, 일본)가 중첩된 국제정치적 환경에 처했는데, 이를 유길준(兪吉濬)은 마치 앞뒤가 잘린 형상과 같다는 의미에서 '양절체제(兩截體制)'라는 말로 개념화했다.

조선 최초의 외국 상주 사절은 조청상민수륙무역장정에 따라 1883년 톈진(天津)에 파견된 남정철(南廷哲)이었다. 사실상 그 기능은 영사에 해당했지만, 청의 반대로 조·청 관계에서는 서구 외교관 제도를 준용하지 않았으므로, 학계에서는 그의 직함을 편의상 주진대원(駐津大員)으로 부르고 있다. 이후 1887년에 이르러 초대주일공사 민영준(閔泳駿)이 도쿄에 부임하고, 또 주미공사 박정양(朴定陽)과 주유럽공사 심상학(沈相學, 신병으로 조신희로 교체)을 임명했다. 특히 박정양의 부임과 이른바 영약삼단(另約三端) 사건은 국제사회에서 독립자주국으로 승인받으려는 고종의 의지를 반영한 사건으로 평가되고 있다.

5) 동아시아 국가 간의 조규

동아시아 국가 사이에 체결된 최초의 근대적 조약은 1871년의 청일수호조규였다. '조약'이 아닌 '조규(條規)'라는 명칭을 쓴 것에 관해선 당시 청국의 전권대신 리훙장이 일본을 청과 대등한 자격으로 인정하지 않기 위해 일종의 규칙(regulation)으로 간주했다는 설, 당시까지 청과 일본이 체결한 '조약'은 예외없이 서구 열강의 포함외교에 굴복해서 맺은 불평등 조약이었던 바, 양국의 '조약'은 양국이 대등한 자격으로 자유의사에 따라 맺은 것이라는 사실을 부각하기 위해 다른 용어를 썼다는 설 등이 있다. 강화도 조약의 공식 명칭인 조일수호조규 또한 청일수호조규의 전례를 답습한 것이었다.

이 조약의 협상은 동아시아의 국제관계를 서구적 외교관계로 재편하고자 한 일본 측의 제안으로 시작됐다. 일본과 대등한 자격으로 근대적 조약을 체결하는 것에 대해선 청 조정 내의 반발이 적지 않았지만, 서구화 노선을 채택하고 부국강병에 힘을 기울이기 시작한 일본을 제어하기 위해선 오히려 조약을 맺어 통제하는 것이 유리하다는 리훙장의 설득이 주효하여 1871년 9월 13일 총 18개 조항으로 구성된 청일수호조규가 체결된 것이다. 이 조약은 상호 영사재판권을 인정하고, 또 내지 통상과 최혜국대우는 똑같이 허용하지 않는 등 쌍무적 성격이 강했다. 이로써 16세기 감합(勘合)무역이 중단된 이래 200여 년간 중단된 양국의 공식 국교와 통상이 재개되었다.

3 서구 국제법의 전파

1) 중국

카를 슈미트(Carl Schmitt)는 「근대 제국주의의 국제법 형태」(1933)에서 "한 나라는 외국의 법, 특히 국제법의 어휘와 관념에 굴복할 때 비로소 정복되는 것"이라고 지적했다. 이것이 사실이라면, 동아시아 3국이 서양 제국주의의 지배에 종속되기 시작한 것은 서구 국제법을 수용한 19세기 중엽부터라고 할 수 있다.

동아시아에서 최초로 한역(漢譯)된 서구 국제법 서적은 윌리엄 마틴(Willam A. P. Martin, 중국명 丁韙良)이 번역한 『만국공법(萬國公法)』(1864)이었다. 이 책은 미국 국제법학자 헨리 위턴(Henry Wheaton)의 *The Elements of International Law*(1836, 초판)를 번역한 것인데, 마틴이 이용한 판본은 위턴의 사후 그의 제자 윌리엄 로런스(William B. Lawrence)에 의해 편집되고 주석이 추가된 제8판(1855)이었다. 이보다 앞서 서구 국제법을 처음 번역한 사례로는 1839년 아편 밀매 단속의 명을 받고 광저우에 부임한 린쩌쉬(林則徐)가 서구 열강과의 전쟁을 앞두고 서양인 통역사들에게 명하여 전쟁법 및 교전규칙 등을 발췌, 번역한 것이 있다.

『만국공법』의 초판은 총리아문 부설로 통역사와 외교관을 양성하기 위해 설립한 동문관(同文館)에서 300부가 출간되었다. 마틴은 'International Law'를 '만국공법'으로 번역한 이유를 이 책의 서문에서 다음과 같이 설명했다.

> 이 책에 수록된 조례(條例)를 '만국공법'이라고 한다. 왜냐면 이는 여러 나라에서 통용되는 것으로, 한 나라가 사유(私有)할 수 있는 것이 아니기 때문이다. 또 각국의 법률과 유사하다. 그러므로 또한 '만국율례(萬國律例)'라고 부른다.

윌리엄 마틴은 본래 미국 장로교(Presbyterian Church) 목사로, 1850년 처음 중국에 들어온 후 베이징의 기독교계를 지도했을 뿐 아니라 성서의 한역(漢譯) 작업을 시도한 경험이 있었다. 그가 번역한 『만국공법』의 특징은 서구 국제법의 자연법사상과 중국의 천도(天道) 사상 또는 성리학을 결합한 데 있었다. 그 결과, 원저 이상으로 자연법사상의 색채가 농후한 국제법이 동아시아에 소개되었었다. 또한 『만국공법』에서는 중국에 대한 서양인의 문명적 편견이라든지, 국제관계에서 작동하는 힘의 논리에 관한 서술이 의도적으로 삭제되었다. 이는 마틴이 친구에게 보낸 서한에서 "내 임무는, 이 무신론적 정부로 하여금 신과 신의 영원한 정의를 인정하게 하는 것이다. 그리고 [이 번역을 통해-인용자] 아마도 저들에게 기독교 정신의 일부를 전해줄 수 있을 것"이라고 한 데서 알 수 있듯이, 기독교 정신을 전파하려고 한 의도에 따른 것이었다.

이후 마틴은 1869년 동문관에서 교장과 교사로 근무하면서 국제법 등을 강의하고 외교관과 통역관 양성에 힘을 기울이는 한편, 『성초지장(星軺指掌)』(1876, 원저: *K. von Martens, Guide diplomatique*), 『공법편람(公法便覽)』(1877, 원저: T. D. Woolsey, *Introduction to the Study of International Law*), 『공법회통(公法會通)』(1880, 원저: J. C. Bluntschili, *Das moderne Völkerrecht der civilisirten Staten*) 등의 국제법 한역서를 발간했다. 이는 서구 국제법의 전파 및 국제질서에 대한 동아시아인의 인식에 지대한 영향을 미쳤다.

2) 일본

근대 일본에서 서구 국제법을 수용한 경로는 두 가지였다. 하나는 앞에서 언급한 『만국공법』이었다. 이 책은 청국에서 발간되고 바로 이듬해인 1865년 도쿄 개성소(開成所)에서 복각해서 출간했는데, 후쿠자와 유키치(福澤諭吉)의 『서양사정(西洋事情)』과 함께 막부 말기 최대의 베스트 셀러가 될 정도로 큰 관심을 끌었다. 오늘날 'international law'의 번역어로 통용되는 '국제법'이라는 단어는 1873년 일본의 외교관이자 국제법학자 미쓰쿠리 린쇼(箕作麟祥)가 만든 것인데, 그것이 보편화되기 전까지 『만국공법』은 'international law' 그 자체를 가리키는 보통명사로 통용될 만큼 경전과도 같은 권위를 인정받았으며, 메이지유신 초기 개국방침을 정하는 데도 큰 영향을 미쳤다.

다른 하나의 기원은 니시 아마네(西周)와 쓰다 마미치(津田眞道)가 네덜란드의 라이덴 대학(Leiden University)에서 필기한 노트를 1868년에 각각 『네덜란드 비셰링 씨 만국공법(和蘭畢洒林氏 萬國公法)』과 『태서국법론(泰西國法論)』으로 발간한 것이다. 이보다 앞서, 1857년 시모다 주재 미국영사 타운젠드 해리스(Townsend Harris)는 막부를 방문하여 피어스 대통령의 친서를 봉정하면서, 미국과의 통상 조약 체결 필요성을 실득하는 한편, 공사의 에도(도쿄) 주재 및 추가 개항 등을 요구했다. 서구 국제법의 학습 필요성을 절감한 막부는, 1862년 네덜란드에 군함 건조를 주문한 것을 계기로 15명의 유학생을 파견했다. 그 일원이었던 니시와 쓰다는 라이덴 대학의 비서링(S. Vissering) 교수로부터 1865년까지 법리학·국제법학·국법학·경제학·통계학 등을 수학한 후 귀국했다. 니시의 저서는 성리학 개념으로 윤색되고 국제법의 자연법적 성격을 부각한 마틴의 『만국공법』과 달리, 국제사회를 구성하는 국가 간에는 주권평등의 원칙과 무관하게 문명 수준과 국력에 따른 계급이 존재하며, 그에 따라 주어지는 권리와 의무의 내용도 다르다는 사실을 강조하는 등 근대 국제질서의 적나라한 권력정치적 속성을 알리는 데 기여했다.

3) 조선

조선에 『만국공법』이 전래된 시기에 관해선 아직 명확하게 밝혀진 바가 없다. 『일사문자(日使文字)』나 『왜사일기(倭使日記)』 등 조선 정부에서 편찬한 문헌에는 조일수호조규 제5관에 따른 개항장 추가 선정의 협의를 위해 조선에 입국한 하나부사 요시모토(花房義質) 대리공사가 1877년 12월 17일(음) 강수관 홍우창(洪祐昌)에게 상주사절의 필요성을 설득하면서 『성초지장』과 『만국공법』을 증여한 사실이 기록돼 있다. 하지만 실제로 『만국공법』은 이미 그전에 비공식적으로 조선에 반입되어 있었던 것으로 보인다.

이를테면 추금(秋錦) 강위(姜瑋)가 1873년 연행(燕行)에서 정사(正使) 정건조(鄭健朝)와 청나라 형부주사 장세준(張世準)이 나눈 필담을 정리한 「북유일기(北游日記)」라는 문헌을 보면, '중서문견(中西聞見), 만국공보(萬國公報), 만국공법 등의 책이 있음.' 이라는 주석이 보인다. 여기서 『중서문견(*Peking Magazine*)』이란 윌리엄 마틴이 1872년 8월에 창간한 월간지로서 각국의 최근 정세 및 신식문물과 제도 등을 소개한 잡지인데, 이 또한 늦어도 1874년에는 조선에 암암리에 반입된 것이다. 또한 주일영국공사 해리 파크스(Harry S. Parkes)가 조일수호조규의 체결 소식을 본국 정부에 보고한 문서에도 "조선의 통역관이 휘튼 국제법의 베이징 번역본을 갖고 있었다."라고 기록돼 있다. 그 통역관은 개화당의 비조(鼻祖) 중 1인으로 평가되는 역관 오경석(吳慶錫)으로 추정된다.

이밖에 1880년 청 동문관에서 발간한 『공법회통』의 경우에는, 근대적 조약 체결과 함께 늦어도 1882년 이전까지는 조선에 들어와 있었다. 이 책은 갑오개혁(1894~95) 시기 조선 정부에서 적극적으로 편찬하여 보급했으며, 또한 1897년 대한제국의 선포와 1899년 대한국국제(大韓國國制)의 제정에 이론적 근거를 제공했다.

IV 천하에서 민족국가로

1 청일전쟁과 한반도

청일전쟁(1894~95)은 천여 년간 이어져 온 중국 중심의 동아시아 질서가 종언을 고하고, 일본이 새로운 지역 패권국으로 부상하는 결정적 계기가 되었다. 일본의 대표적 국제법학자로서 청일전쟁에 종군한 아리가 나가오(有賀長雄)는 『일청전역국제법론(日清戰役國際法)』(1896)에서 이 전쟁의 원인을 다음과 같이 설명했다.

> 똑같이 동아시아의 독립국인 일본 제국과 지나(支那) 제국 간에 수십 년 동안 조선 왕국의 독립에 관해 의지의 충돌이 있었다. 일본은 조선이 완전한 독립국이 되길 바라고, 지나(支那)는 이를 그 보호국으로 삼고자 했다. 이 의지의 충돌을 화해시키기 위해 종래 사용

되어온 모든 방편은 무효가 되었다. 지나도 독립국이므로 그 의지를 굽힐 수가 없었다.

청일전쟁의 발단은 조선 문제에 있었다. 이 전쟁이 일본의 승리로 돌아간 후 체결한 강화 조약인 시모노세키 조약(1895.4.17.)의 제1조는 '청은 조선이 완전무결한 독립자주국임을 승인하며, 그 독립자주에 해를 끼칠 수 있는 모든 공헌(貢獻)과 전례(典禮) 등은 완전히 폐지할 것'을 규정했다. 이로써 '속방자주(屬邦自主)'와 '독립자주(獨立自主)', 그 어느 쪽으로도 해석이 가능했던 '자주(自主)'의 의미는 후자로 확정되고, 동아시아의 근대적 이행기에 한반도를 둘러싸고 나타난 양절체제 또한 최후의 청산을 마친 것이다.

우리는 앞에서 조공 · 책봉 제도의 본질은 중국 주변의 소국이 중국 중심의 지역 질서에 순응한다는 의사를 표시하고, 그 대가로 중국 또한 그 내정에 간섭하지 않으며 유사시 그 책봉한 왕실의 안전을 보장하겠다는 뜻을 상호 확인하는 정치적 의례(political ceremony)였다는 사실을 확인했다. 이러한 전통적 규범이 무너지기 시작한 것은 베트남을 둘러싼 프랑스와의 종주권 분쟁, 중앙아시아에서의 영국과 러시아 간 전략적 경쟁('the Great Game'), 그리고 일본의 류큐 병합 등으로 인해 한반도의 지정학적 중요성이 재평가된 1880년대 초였다. 청은 조공국(속방)의 내정에 개입하지 않는다는 관행을 깨뜨리고, 서구 국제법에서 말하는 피보호국(protected state)의 의미로 이를 재해석하기 시작했다. 다음은 1885년 위안스카이(袁世凱)가 조선 국왕 고종에게 올린 「적간론(摘姦論)」의 일부이다.

> 보호지권(保護之權)은 오직 상국(上國)만이 갖는 것이다. 임오(壬午, 1882) · 갑신(甲申, 1884) 두 차례의 난을 평정한 것이 그 분명한 증거다. … 조선은 확고한 견해를 굳게 지켜서 위협에 굴복하지도, 이익에 넘어가지도 말고, 또 생각을 완전히 고쳐서 우리의 범위 안으로 들어와야 한다.

대한제국이 공식적으로 일본의 피보호국이 된 것은 1905년 을사 조약에 의해서였지만, 실제로 이러한 논의는 이미 청일전쟁 개전 직후부터 검토되고 있었다. 따라서 청일전쟁의 본질은 아리기가 말한 것처럼 일본의 조선 독립론과 청의 조선 보호국론 간의 대립이 아니라, 조선의 '보호권'을 둘러싼 충돌에 있었다. 여기서 말하는 '보호'란, 타국의 간섭이나 세력의 침투를 용인하지 않는 배타적이며 우월한 지위를 의미했다. '천하'의 덕치 이념은, 청일전쟁이 발발하기 10여 년 전부터 이미 형해화(形骸化)되고 있었다.

청일전쟁으로 마지막 조공국 조선을 상실한 청은 이제 과거의 위신을 잃고, 서구 열강과 일본에 의해 반(半)식민지로 전락했다. 또 시모노세키 조약에 따라 청은 일본에 타이완과 랴오둥반도를 할양하고, 3억 6,000만 엔에 달하는 전쟁배상금을 지불해야 했는데, 이 금액은 당시 청국과 일본 정부예산의 각각 3배와 5배에 달하는 거액이었다. 이어서 1896년 7월에는 베이징에서 청일통상항해 조약을 체결하고, 영사재판권과 최혜국대우를 허용했다. 한편 1897년 독일이 자오저우만(膠州灣)이 99년간 조차(租借)한 것을 시작으로, 러시아 · 영국 · 프랑스가 각각 뤼순과 다롄(25년), 주룽반도(九龍半島)와 웨이하이웨이(威海衛, 99년), 광저우만(廣州灣, 99년)을 같은 방식으로 차지했다. 조차란 형식상으로는 타국의 영토 일부를 임대하는 것이지만, 실제로는 해당 지역에서 입법 · 사법 · 행정을 시행하고 군대를 주둔시켰으므로 실제로는 할양과 다르지 않았다. 독일이 처음 자오저우만 조차 협상에 임할 때도 아직 명확한 개념을 갖고 있지 않았으며, 심지어 청과 독일 간에 그 인식조차 일치하지 않은 상태에서 조약이 체결되었다.

2 사회적 다윈주의(Social Darwinism)의 확산

최후의 조공국 조선의 상실은 사실상 청 제국의 붕괴를 의미했고, 이와 함께 아편전쟁 이후 점차 형해화되고 있던 천하의 관념 또한 마침내 종언을 고했다. 이제 동아시아인들은 초유의 국제정치적 현실을 해석하고, 그 속에서의 생존방안을 제시하는 새로운 세계관을 찾아야 했다. 그중에서도 당대 가장 큰 충격을 주고, 이후 동아시아사에 지속적 영향을 끼친 사조(思潮)로 사회적 다윈주의를 꼽을 수 있다.

사회적 다윈주의란 영국 생물학자 찰스 다윈(Charles Darwin)이 자연계에서 발견한 자연선택(natural selection)의 법칙이 인간사회에도 적용된다고 보는 사회이론으로서, 1870년대부터 20세기 초에 이르기까지 비단 동아시아뿐만 아니라 전 세계의 지성계를 풍미했다. 그 이론적 관점에 따르면, 인간의 사회적 삶은 근본적으로 생존을 위한 투쟁으로서 그 속에서 약자는 위축되어 궁극적으로 사멸지만, 강자는 생존하고 약자에 대해 그 권력과 문화적 영향력을 확대한다고 본다.

사회적 다윈주의가 영향력 있는 지적 사조로 등장하는 데 결정적인 기여를 한 인물로 영국의 철학자이자 과학자인 허버트 스펜서(Herbert Spencer)가 있었다. 사회적 다윈주의의 가장 유명한 개념인 '적자생존(survival of the fittest)' 또한 그가 다윈의 『종의 기원(On the Origin of Species)』(1859)을 읽은 후 *The Principles of Biology*(1864)에서 다윈의 자연선택 이론을 인간사회에 적용하기 위해 창안한 것이었다. 그는 본래 사회의 형성과 발전을 동식물의 구조 및 성장의 유비를 통해 분석하는 사회유기체적(社會有機體的) 관점을 갖고 있었는데, 그 위에 자연계와 인간사회를 관통하는 보편 법칙으로서 진화론적 관점을 가미함으로써 일종의 유기적 진화론이라고 할 만한 이론에까지 도달한 것이다. 단, 스펜서나 다윈 모두 사회적 다윈주의라는 말을 직접 사용한 일은 없었다. 이 말이 대중적으로 유행하게 된 것은 미국 역사학자 리처드 호프스태터(Richard Hofstadter)의 『*Social Darwinism in American Thought, 1860−1915*』(1944)가 출간되면서부터였다.

사회적 다윈주의는 1870년대 일본에 처음 수입되었다. 이 이론은 1877년부터 1890년까지 32종의 번역서와 1권의 연구서가 출간될 정도로 높은 관심을 받았다. 그 중에서도 선구적 역할을 한 것은 도쿄제국대학의 초대 총장을 역임한 가토 히로유키(加藤弘之)였다. 진화(進化, evolution), 적자생존(適者生存, survival of the fittest), 자연도태(自然淘汰, natural selection) 등 오늘날 익숙한 용어 또한 그가 만든 번역어였다. 가토는 본래 천부인권설과 사회계약설을 주장하는 자유주의자에 가까웠으나, 사회적 다윈주의와 국가유기체설을 수용하면서 국가사회의 생존과 세력 확장을 절대적 가치로 여기는 강경한 국가지상주의자로 변신했다. 『인권신설(人權新說)』(1882) 이후 그가 설파한 사회적 다윈주의와 국가유기체론은 일본 각계에 큰 영향을 미쳤고, 특히 절대주의 천황제에 이론적 근거를 제공한 것으로 평가된다.

청국에 처음 사회적 다윈주의를 소개한 인물은 옌푸(嚴復)였다. 그는 유년기에 푸저우선정학당(福州船政學堂)에 입학해서 처음 서양의 학문과 기술을 접하고, 1877년에 청 정부의 초대 유학생으로 선발되어 영국에서 2년간 수학했다. 본래 그의 임무는 해군 관련 지식을 습득하는 것이었으나, 영국 유학 중 서양 정치에도 깊은 흥미를 느껴서 사회과학 지식을 배우는 데 노력했다. 2년의 유학을 마치고 귀국한 뒤에는 푸저우선정학당의 교습(敎習)과 톈진수사학당(天津水師學堂)의 총교습으로 근무했다.

옌푸는 청일전쟁 이후 중국이 직면한 국가적 위기의 해법을 서양의 사상과 이론에서 모색했다. 1895년, 그는 톈진에서 발행한 『즈바오(直報)』에 「논세변지극(論世變之極)」, 「원강(原强)」, 「구망결론(救亡決論)」, 「벽한(辟韓)」 등 4편의 경세시론을 발표하는 한편, 다윈의 제자 토머스 헉슬리(Thomas Huxley)의 강연집 『*Evolution and Ethics*』(1893)의 번역에 착수했다. 이 원고는 1898년 『천연론(天演論)』이라는 제목으로 출간되었다. 이는 청국에 사회적 다윈주의를 처음 소개한 책으로서, 이후 10년을 '천연론의 시대'라고 부를 정도로 엄청난 사회적 반향을 일으켰다. 그가 제시한 물경천택(物競天擇, the struggle for existence and the survival of the fittest), 우승열패(優勝劣敗, the strong win, the weak perish), 천연(天演, evolution) 등의 번역어는 전국의 중학교에서 흔히 선택하는 작문 주제가 되었다. 『천연론』으로부터 깊은 사상적 감화를 입은 인물 중에는 루쉰(魯迅), 장빙린(章炳麟), 쑨원(孫文), 천두슈(陳獨秀), 리따자오(李大釗), 후쓰(胡適), 그리고 마오쩌둥(毛澤東) 등 훗날 중국의 문화와 정치를 선도할 이들이 대거 포함돼 있었다.

천하나 도리와 같은 전통적 관념으로는 폭력을 앞세워 자행된 서구 열강의 침략과 억압을 해석하기가 어려웠다. 이 때문에 옌푸는 생존경쟁과 약육강식이라는 국제정치의 냉혹한 원리를 중국인들에게 보여주고, 국가와 민족이 멸망의 위기에 처한 상황에 대한 경각심을 일깨우기 위해 사회적 다윈주의를 소개한 것이다. 그는 청국이 직면한 위기의 본질은 외환이 아니라 내부의 누적된 약함에 있고, 따라서 그 구망(救亡)의 방도 또한 중국 자신의 변혁과 재생에 있음을 역설했다. 세계관의 전환이라는 관점에서 보면, 천하 관념으로부터 사회적 다윈주의로의 이행은 전통적인 순환 사관(史觀)의 부정을 비롯하여, 국제정치에 대한 현실적 인식과 생존에 관한 위기의식을 심화했다는 의미가 있었다. 하지만 이러한 사고의 요소들은 이미 그 전부터 단편적으로 존재하고 있었다. 실제로 『천연론』이 중국인들에게 준 가장 큰 충격은, 서구 열강의 침략과 중국인의 멸종 위기라는 현실을 일종의 과학적 원리로 설명한 데 있었다. 본래 인간계와 자연계를 관통하는 하나의 이치가 존재한다는 우주관은 동아시아인들에겐 친숙한 것이었다. 옌푸는 '천연'을 단순히 'evolution'의 번역어로서가 아니라, '진화'와 '퇴화'를 포함하는 자연법칙의 의미로 썼다. 이것으로 '천(天)'의 의미는 천하를 다스릴 천명을 부여하는 초월적 원리로부터, 인간계와 자연계를 영구히 지배하는 과학적 법칙으로 그 성격이 변질된 것이다.

흥미로운 사실은, 청국과 일본에서 마치 전범(典範)과 같은 권위를 가졌던 허버트 스펜서가 실제로는 개인주의와 공리주의를 신봉한 빅토리아 시대의 전형적인 자유주의자였다는 사실이다. 그는 근본적으로 사회는 개인의 목적을 실현하기 위한 수단에 불과하며, 인간의 국가사회도 하나의 유기체이긴 하지만, 그 개체가 각각 행복을 느끼고 추구한다는 점에서 결정적으로 동물의 군집과 다르다고 믿었다. 그럼에도 불구하고, 19세기 후반 일본과 청국에 수용된 스펜서의 이론에서는 이와 같은 자유주의적 이념은 사상(捨象)된 채, 오직 생존경쟁을 위한 보편적 법칙으로서 다윈주의만 선택적으로 수용된 것이다.

조선의 사회적 다윈주의 수용 시점에 관해선 여러 견해가 존재한다. 조선인 중에 처음으로 사회적 다윈주의를 접한 인물로 1880년대 초에 일본에서 유학한 유길준과 윤치호가 주로 거론된다. 하지만 청나라가 동아시아의 대국(大國)으로 건재한 동안에는 많은 조선인들에게 이 새로운 세계관은 큰 호소력을 갖지 못했다. '멸종(滅種)'의 위기의식이 실감을 얻기 위해선 청국과 마찬가지로 청일전쟁의 충격이 선행되어야 했다. 그러한 의미에서 사회적 다윈주의의 본격적 수용은 19세기 말이 되어서야 이뤄졌다. 이 과정에서 중요한 매개 역할을 한 것은 청 말의 변법사상가이자 저명한 언론인 량치차오(梁啓超)의 논설과 저술이었다. 사회적 다윈주의는 일정한 변용(變容)을 거쳐 러일전쟁 이후의 애국계몽운동과 일제 강점기의 비타협적 저항 민족주의, 그리고 박은식(朴殷植)과 신채호(申采浩) 등의 민족사 서술의 사상적 기초가 되었다.

3 근대 내셔널리즘의 형성

사회진화론이라는 새로운 세계관의 등장과 함께, 19세기 말 동아시아의 지성사 및 정치사회사에서 중요한 의미를 갖는 또 하나의 사건은 근대 내셔널리즘의 등장이다. 사회진화론의 유행과 근대 내셔널리즘의 형성은 마치 동전의 앞뒷면처럼 발생론적으로 밀접한 관계에 있었다.

동아시아 권역은 세계의 다른 지역과 달리 전근대 국가와 근대 국가 사이에 상당한 인적·영토적 연속성이 존재한다. 한국사의 경우, 신라가 삼국을 통일한 뒤로 국가의 조직적·교육적·이념적 활동을 통해 개별 왕조를 초월하는 한반도의 지속적 정치 공동체에 대한 신념과 소속감이 형성되었다. 또한 10세기 후반과 11세기 초 거란의 침입, 13세기 중엽 몽골의 침입, 14세기 후반 왜구의 침입, 16세기 후반 도요토미 히데요시와 17세기 중반 만주족의 침입 등 지속적인 외침(外侵)은 원형 내셔널리즘(proto-nationalism)의 이른 성립을 자극하는 요인이 되었다. 이처럼 국가의 활동과 전쟁을 통해 '국민'이라는 틀이 일찍부터 만들어진 것은 중국이나 일본도 마찬가지였다.

다만 이는 내셔널리즘과는 구분되어야 한다. 저명한 중국사 연구자 벤자민 슈워

츠(Benjamin I. Schwartz)는 『*In Search of Wealth and Power*』(1964)라는 책에서 "네이션(nation)이라는 인간집단의 보존과 발전에의 헌신이 다른 모든 가치와 신조에 대한 헌신보다 우위에 있는 경우, 즉 다른 모든 가치와 신조가 네이션의 보존과 발전에의 관련성에서 판정되고 그 역은 성립되지 않는 경우, 정확한 의미에서의 내셔널리즘(nationalism)이 등장했다고 할 수 있다."라고 주장했다. 이에 따르면, 근대 내셔널리즘은 외적의 침입으로부터 가족이나 고향을 지키려는 소박한 향토애(patriotism)나 의(義)를 위해 목숨을 바친 의병운동과는 다른 것이다. 다시 말해서 중국 근대사에서 네이션이 선험적으로 존재하는 상황에서 서구 열강 및 일제의 침략으로 촉발된 위기의식의 고조가 내셔널리즘이라는 반사적 대응으로 이어진 것이 아니라, 반대로 내셔널리즘이라는 새로운 세계해석의 구조를 받아들임으로써 비로소 네이션이라는 새로운 인간집단으로의 전환이 이뤄진 것이다. 이는 대한제국과 일본의 경우에도 크게 다르지 않았다.

'민족(民族)'은 19세기에 만들어진 단어이다. 그것이 번역어로서 처음 등장한 것은 1872년 가토 히로유키가 독일 국제법학자 블룬칠리(J. C. Bluntschli)의 책을 옮긴 『국법범론(國法汎論)』(1872)에서였다. 여기서 그는 state, volk, nation을 각각 國家, 國民, 民族으로 옮겼다. 이후 '민족' 개념은 일본에서 유학한 경험이 있는 청 말의 변법사상가 량치차오를 통해 대한제국에까지 전파되었다. 량치차오의 경우 처음 '민족'을 사용한 것은 1899년 발표한 「동적월단(東籍月旦)」이라는 글로, 1903년에 발표한 논설 「정치학 대가 블룬칠리(伯倫知理)의 학설」 이후로 이 용어를 자주 사용했다. 대한제국의 최초의 용례는 1900년 1월 12일자 『황성신문』의 기사에서 발견되는데, 그 의미는 오늘날 '인종'과 유사했다. 언론에서 한국인을 호명하는 용어로 '민족'이 '국민'·'인민'·'백성'·'동포' 등을 본격적으로 대체하기 시작한 것은 1910년 강제병합 전후의 일이었다.

오늘날 동아시아는 세계적으로 가장 내셔널리즘이 강한 지역 중 하나로 남아있다. 그런데 그 역사적 형성과정을 비교해보면, 동아시아 3국 간에 이미 발생 단계에서부터 차이가 있었음을 알 수 있다. 예컨대 일본의 경우, 근대 내셔널리즘은 천황제 국가주의가 정치 엘리트들로부터 점차 서민층에게까지 확산된 결과로 일종의 '국가주의'의 성격을 강하게 띤다. 그러한 의미에서 일본의 근대 내셔널리즘을 '중앙 엘리트뿐만 아니라 서민들에게까지 침투한 스테이티즘(statism)'으로 정의하기도 한다. 이에 따르면, '스테이티즘(statism)'은 "광역 질서를 만드는 권력체인 국가를 최고의 단위로 하여 이를 실천하고, 또 '내부'의 이익이나 위신을 극대화하기 위해 '외부' = '타자'의 종속, 사역 또는 배제를 도모하는 것"으로서, 일본의 정치 엘리트 간에는 이미 7세기 율령국가의 성립 단계에서부터 이러한 사고방식이 존재하고 있었다. 근대 이후 신분제 개혁과 헌법제정, 의회 설립 등은 서민 상위계층의 적극적 정치참여 및 국가조직에의 편입을 가능하게 했으며, 결정적으로 1895년 청일전쟁의 승리와 삼국간섭을 거치면서 대부분의 서민이 '스테이티즘'에 침윤되었다고 한다.

그에 반해 한국의 근대 내셔널리즘은 '스테이티즘'의 확대가 아닌, 반대로 '스테이트'가 소멸해 가는 상황에서 탄생했다. 조선인을 하나의 '민족'으로 상상하고, 적자생존(適者生存)과 우승열패(優勝劣敗)의 철칙이 지배하는 적나라한 권력정치 속에서 그것이 생존을 기대할 수 있는 '적자(適者)'이자 '우자(優者)'임을 입증하기 위한 자질을 탐색하는 본격적인 시도는 1910년을 전후해서야 이뤄졌다. 그런데 한국의 순수한 민족문화를 발견하기 위해 제거해야 했던 '불순한' 외래 문명은 다름 아닌 중국의 것으로, 그것은 이미 1,000여 년에 걸친 토착화를 거쳐 전통문화의 일부가 되어 있었다. 다른 한편으로, 근대 내셔널리즘 담론과 불가분의 관계에 있던 진보와 문명화 등의 이데올로기와 과학적 연구방법론은 이미 일제 식민 당국이 한국 민족 정체성의 존재를 부정하는 수단으로 이미 독점한 상태였다.

한국의 위대한 민족주의자 단재 신채호는, 중국 황제의 책봉으로부터 정치적 정통성을 확보한 왕실 중심의 역사서술을 부정함으로써 중국 중심의 세계관을 해체하고 민족사 서술의 근거를 마련하는 한편, 혈연공동체로서의 '민족'을 초역사적 주체로 상정하고 그 생존을 위한 투쟁을 역사서술의 주제로 설정함으로써 근대적 이데올로기와 진보사관을 추방했다. 그 결과, 신채호가 그려낸 역사는 민족 간의 투쟁이 무한히 반복되는 영원회귀(*Ewige Wiederkunft*)의 혈전장(血戰場)이 되었고, 한민족은 외부의 지속적인 위협과 내부의 위기에도 불구하고 역경을 극복하면서 생존해온 위대한 주체로 새로 정의된 것이다.

근대 한국의 '민족' 개념은 일본보다는 주로 중국을 거쳐 전파된 것으로, 량치차오의 영향이 컸다는 것은 이미 앞에서 설명했다. 그런데 신채호가 '민족'을 정의하는 방법은 량치차오의 그것과 차이가 있었다. 량치차오의 경우 "[민족이] 연합하여 일국(一國)을 만들지 못했을 때는 끝내 인격이 법단(法團)이 되지 못하기 때문에 이를 가리켜 민족이라고 하지, 국민이라고 하지는 못한다."라고 하여 민족의 궁극적 완성 형태를 '국민'으로 상정하고 반드시 국가와 민족의 경계가 일치할 필요는 없다고 보았다. 그에 반해,

신채호는 민족을 '민족정신으로 구성된 유기체'로 보고 설령 '형식상 국가'가 망하더라도 '정신상 국가'가 존속하는 한 그 실존은 아직 소멸한 것이 아니라고 역설했다.

V 맺음말

동아시아 3국의 사회 다윈주의적 세계관과 내셔널리즘은 '천하'라는 전통적 세계관과 제도의 폐허 위에 형성된 것이었다. 동아시아 질서 내에서의 위상, 근대 이행 과정의 차이(일본: 천황제 전제국가 → 근대 제국, 중국: 천하의 중심 → 반식민지, 조공국/ 소중화 → 식민지) 등으로 인해 그 사상적 발전은 매우 다른 경로로 전개되었다. 이 권역의 심층에 자리하고 있는 '공동의 관념 체계, 공통의 개념구조, 공유의 정치의식'의 잔재를 확인하고, 그것이 오늘날 국제정치에 미치는 영향을 분석하는 작업은 여전히 미완의 과제로 남아 있다.

신채호의 내셔널리즘은 '정신주의적 국가관'이라고 할만한 대한제국 말기 내셔널리즘의 독특한 발전양상을 대표한다. '정신상 국가'의 선언을 통해 조선의 내셔널리즘은 식민 통치 아래서도 절대 굴하지 않고 끝까지 항거하는 '저항 민족주의'로 발전할 수 있는 동력을 얻게 되었다. 정신이 계승되는 한 민족은 소멸되지 않는다는 믿음은 많은 식민지 조선인에게 1910년 망국 이후에도 민족의 실존을 확신하고 민족 해방 운동에 헌신하게 하는 사상적 근거가 되었다. 이러한 관점에서 볼 때, 국가와 민족의 존립 근거를 정신의 영역으로 옮겨 놓은 '정신상 국가'의 선언은 식민지 조선의 저항 민족주의의 큰 흐름을 결정한 혁명적 발상이었다.

하지만 식민 통치가 지속되면서 정신주의적 민족 관념에는 일정한 굴절이 발생했다. '민족'과의 정신적 합일('大我')을 통해 개인의 유한성('小我')을 극복할 수 있다는 전망은 점차 사라지고, 순결한 민족정신을 보전하기 위해 '아(我)'의 안팎에서 '비아(非我)'를 계속 적발해 나가는 무한한 자기분열의 과정에 돌입한 것이다. 따라서 '아'와 대치하는 '비아'란 반드시 외부에만 존재하는 것이 아니었다. 역사를 '아와 비아의 투쟁'으로 정의한 신채호의 유명한 『조선상고사』(1931) 서문은 바로 이러한 의미를 내포한다.

이와 함께 '非我와의 투쟁' 또한 새로운 의미를 획득했다. 즉, 폭력과 투쟁이 단순히 민족 해방을 위한 수단이 아니라, 무형의 민족정신을 현실에 드러내고 또 이를 온전하게 후손들에게 계승하는 신성한 의식으로서, 그 자체가 목적의 성격을 띠게 된 것이다. 신채호는 항일 아나키스트 단체 의열단(義烈團)을 위해 기초한 「조선혁명선언」(1923)에서 폭력혁명과 파괴의 주체로 '민중(民衆)'을 재정의했다. 그리고 '민중'의 폭력혁명은 현실상의 권력관계를 불식하는 초월적 힘을 발휘할 뿐 아니라, 어떠한 세속적 도덕률에도 구애받지 않는 초월적 정당성을 가진다고 선언했다. 그리고 이는 '민족'의 핵심인 '민족정신'의 순결성과 영속성을 지키기 위해 그 내부와 외부에 모두 존재하는 '비아'와 끊임없는 투쟁을 무한히 반복해야 한다는 그의 내셔널리즘의 연장선 위에 있었다. 그리고 식민지 시대 지식인들에 의해 창조된 '민중' 개념은 1970년대 한국 사회에서 마치 마법처럼 부활하여 이후 한국의 정치 과정과 문화에 절대적 영향을 미치고 있다.

추천문헌

이용희. 2017. 『일반국제정치학(상)』. 연암문고. (동주 이용희 전집 제1권, 초판 1962)

김용구. 1997. 『세계관 충돌의 국제정치학』. 문학과지성사.

하영선 편. 2009. 『근대 한국의 사회과학 개념 형성사』. 창비.

Benjamin Schwartz. 2006. 『부와 권력을 찾아서』. 최효선 옮김. 한길사.

茂木敏夫. 2018. 『중화세계 붕괴사: 19세기 동아시아 국제질서의 재편』. 박준형 옮김. 와이즈플랜.

CHAPTER
05

현대 미합중국과 유럽연합의 발전

이 옥 연 | 서울대학교 정치외교학부 교수

I 머리말

민주주의를 표명하는 정치체제는 다양한 이익을 대변하는 절차를 마련해 균형점을 찾기 위한 심의를 통해 민의를 정책에 반영하려는 목표를 설정한다. 유권자가 정책 결정에 직접 참여하는 참여 민주주의와 대조적으로 대의민주주의는 선거를 통해 유권자의 대변인을 선출하고 이 대변인에게 한시적으로 민의에 충실한 정책 구상과 이행을 위임한다. 이에 더해 연방주의를 통치 질서의 근간으로 설정하면, 정기적 선거를 통해 복수의 단계에서 정부를 교체하는 다층 거버넌스를 구현하는 장을 제공한다. 물론 정치제도에 생명력을 부여하는 이 추동력은 국내정치에 한정되지 않고 원칙적으로 국제정치에도 적용될 수 있다. 다만 국제정치 맥락에서 책임 소재지와 행동 주체 간 간극이 상대적으로 크다. 게다가 국제정치와 국내정치가 만나는 접점에서는 이 간극이 극도로 증폭되어 정치체제에 지대한 파괴력을 가할 수도 있다.

미합중국과 유럽연합은 국내정치 맥락에서 민주주의와 연방주의를 공통 통치 이념이자 정치체제 운영수칙으로 채택한다. 비록 경우에 따라 달라지나, 이러한 선택은 국제정치 맥락에 적용되기도 한다. 다만 서로 다른 시대적 상황에 처하는 경우, 미국과 유럽은 서로 다른 속도나 다른 방향으로 발전한다. 현대 미국과 유럽에게 공동으로 다가온 과제로 예컨대 중앙과 비중앙 간 균형점 재설정이나 국가 정체성 재편성 및 국제질서 재확립 등을 들 수 있다. 현대 미합중국과 유럽연합의 발전을 짚어보는 이 장에서는 순차적으로 미국의 대통령제에서 작동하는 대통령의 대외정책 권한과 연원, 점차 미국 내 안보 이슈로 재포장되는 이민 문제, 이어 유럽 역내 지역공동체 형성과 유지, 지역통합의 심화와 확대 과정에서 드러난 브렉시트와 같은 일탈 행위 배경, 그리고 마지막으로 미국과 유럽 관계에 핵심 의제인 집단안보에 대한 발상 전환, 안보군사와 경제통상으로 나뉘어 작동하던 횡대서양 관계에 발생한 변환을 들여다보고자 한다.

II 현대 미합중국의 발전

1 대통령제 대외정책 권한 논의

미국 연방헌법은 의회와 대조해 대통령 권한을 일반적 용어로 명시한다. 이에 근거해 수평적 권력분립을 법과 정치 사이에 존재하는 "중간영역"으로 정의한다. 그러나 이에 대한 실제적 해석도 분분해 연방헌법 2조 1항에 명시된 권한에 제한된다는 주장과 명시적으로 규정된 권한을 포함해 집행에 관한 모든 권한을 포괄한다는 주장이 팽팽하게 맞선다. 전자의 관점을 수용한 주장이라도 수평적 권력분립을 협의로 해석해 상호 간 접근조차 허용하지 않는 밀봉 구역으로 규정하는 데 대체로 회의적이다. 반면 후자의 관점을 채택하면, 연방헌법 2조 수권규정(Vestiture Clause)을 대통령이 의회보다 우위에 있다는 근거로 인용한다. 따라서 대통령직을 수행하는 대통령의 집행 의지와 그 허용 범위를 둘러싼 권력 관계가 끊임없이 설정되고 재설정되는 과정에서 남겨진 수사와 선례 비중이 커진다.

수평적 권력분립에서 파생된 권력 관계에 대한 상반된 해석은 원론적으로 상호 대치된다. 형식주의적 접근을 강조하면, 국가안보를 포함해 대외정책 분야 전반에서 권력 관계를 정치적 문제로 규정해 사법심사 대상이 아니라고 단정한다. 그리고 사법부 개입 자제를 예측하는 대통령은 의회를 상대로 한 우위에 대한 요구에서 직접 행동으로 나서기보다 수사에 의존해 대통령 권한을 확대할 경향이 크다. 이와 대조적으로 기능주의적 접근을 강조하면, 수평적 권력분립을 가능하게 하는 견제와 균형 기제가 궁극적으로 제한된 정부와 밀접하게 연관된다는 건국 과정에서 합의된 원칙을 근거로 권력 관계도 근본적으로 헌법상 문제라고 규정한다. 아이러니는 연방헌법 2조가 고유한 집행 권한을 규정한다는 명분을 십분 활용한 과거 선례를 점차 공세적으로 인용할 뿐 아니라, 대통령 권한에 대한 적극적 재해석도 주도해 집행 권한의 합헌성을 강화하는 정치적 사법화로 경도된다는 데 있다.

엄밀히 말하면 헌법에 명시된 대외정책 분야 권한은 기능적으로 분리되어 있기도 하지만 수평적으로 공유하기도 한다. 예컨대 조약체결 권한은 대통령에게 부여되어 있으나 상원의 권고와 동의를 요구하는 공유 권한이다. 이에 20세기 후반부터는 일방적이고 독단적인 권한 행사가 정국 경색으로 가는 경로를 차단하기 위해, 이를 행정협정으로 대체하는 신사협정을 제도화한 공조의 전례도 등장하였다. 이 경우에도 만약 집행부가 절차 및 내용 측면에서 입법부 의견을 무시 또는 경시하면, 의회는 행정협정 시행에 필요한 입법과정에 협조하지 않을 수 있다. 특히 대외정책 분야에서 대통령에 대한 견제 기제가 불완전하고 불충분한 의회의 태생적 한계로 인해, 이러한 대치는 분점정부에만 국한되지 않으나 특히 정치적 분극화가 심할수록 악화된다. 이에 더해 대외정책 분야 대통령 권한은 헌법으로부터 독립된 "본질적 권한"이라는 유권해석이 지배적이라면, 대외정책 분야의 대통령 집행 권한 행사는 법외적 성격으로 규정될 수도 있다.

그러나 원칙적으로는 표면상 기능적으로 분리된 권한도 권한 공유를 전제한다. 그래서 전쟁을 포함해 국가적 위기 시점에 대통령의 집행 대권에 관한 헌법적 권한 논의가 더 활발해진다. 대통령의 원활한 대외정책 수행을 위해서 의회 공조가 절대적이기 때문이다. 예컨대 연방헌법은 전쟁 선포 권한을 상원에게 부여하나, 점차 군 최고 통수권자인 대통령이 개전 전후 의회에 정보를 제공하고 필요한 조치를 심의하도록 권고하는 경향이 커진다. 더불어 의회는 전쟁물자 징발이나 군대 징집, 전쟁 수행 예산 심의 및 조정 등 재정과 관련된 고유 입법 권한을 부여받지만, 효율적 전쟁 수행에 동참해야 하는 부담을 덜기 위해 대통령 요구에 최소한 명분상으로는 순응한다.

설령 대통령의 대외정책 분야 집행 권한이 의회의 재량에 의해 인정되는 것이 아니라 헌법 자체 연원을 둔다고 주장하더라도, 만약 의회가 국내 집행을 위한 법규제정에 협조하기를 거부하거나 대통령의 정책 리더십 한계가 드러나 여론이 냉담하면, 오히려 대통령에게 정치적 치명타가 된다. 따라서 입법 거부나 집행 등 대통령의 배타적 고유권한조차 공유된 입법권 행사를 암묵적으로 전제하거나 수반하곤 한다. 즉 특정 입법 과정 주기는 대통령의 펜 끝에서 종결되나, 통치행위 주기는 연쇄작용으로 이어지는 장주기에 의해 작동되기 때문에, 입법과 행정은 통치행위의 양면에 해당한다는 명제가 대외정책 분야에서도 유효하다. 다만 창업자 기질을 최대한 발휘하는 대통령은 공세적으로 광범위하게 연방헌법에 근거해 대통령과 의회에 분할된 대외정책 권한을 공세적으로 확대하는 데 성공한다.

암시적 권한을 효율적으로 활용할 수 있는 시대적 배경에 기대면서, 한편으로 비공식적 권한, 즉 잠정적이나 재임 시 선출직에 위임되는 통치 정당성을 정치적 자산으로 전환하고 다른 한편으로 집행 대권에 근거해 대외정책 분야 권한을 증대한다. 특히 대통령의 국정 수행 능력에 대한 국민의 평가에 따라 대통령의 대외정책 분야 권한에 대한 의회의 반대 여부 및 강도가 달라진다. 일반적으로 대통령은 대외정책 분야에서 의회보다 높은 국민 신뢰를 확보해 상대적 우위를 차지한다. 더욱이 대통령 권한은 의회와 달리 단일한 선출직에 집중되어 있으므로, 대통령 선거 승자인 대통령이 정책 리더십을 선점할 명분을 확보할 수 있는 우위에 있다.

역사적으로 제1차 세계대전까지 수평적 분권보다 수직적 분권, 즉 행정부와 입법부를 모두 포함한 연방정부와 주 정부 및 개인 간 권한 분산이 주요 쟁점이었다. 우선 대외정책 집행 권한에서 주 정부를 배제하고 연방정부에 광범위한 권한을 부여했다. 그리고 연방사법부는 대외정책 분야에 대해 일관되게 단일문서로서 연방헌법이 근본적으로 국내정책과 대외정책 간 법적 구별의 근거를 제공하지 않으며, 연방의회와 대통령을 총괄한 연방정부에게 제한된 권한을 부여한다고 주장했다. 그 결과 1920년대까지 헌법에 명시된 권한의 의미 자체에 대한 재해석보다 비상사태 대처를 위해 잠정적으로 초헌법적 권한 행사가 필요하다는 점이 강조되는 양상으로 미국 대통령제가 발전했다.

대통령 권한에 관한 헌법적 해석에서 해밀턴 관점은 강력한 대통령제의 목적으로 연방주의와 대외 국력 팽창을 강조하는 반면, 매디슨-제퍼슨 관점은 공화주의와 국내 복리 증진을 우선시한다. 헌법적 대권의 기반을 유추하기 위한 헌법적 재해석을 거부한다는 공통점을 지니지만, 해밀턴 관점을 수용한 역대 대통령은 매디슨-제퍼슨 관점을 취한 역대 대통령보다 진일보한 측면을 보인다. 이 헌법적 해석과 더불어 정당정치의 역할에 대한 정치적 해석에 의하면, 대통령은 유일하게 전 국민이 선출한 공직자로서 국민의 대표로서 전국가적 호소력을 지니나, 전당대회에서 대통령 후보로 지명되려면 전국 지지층보다 훨씬 편파적인 정당 지지층을 확보해야 하므로 정당 장악 성향을 지니며, 선거유세에서 최종 승자로 낙점을 받아도 통치 위임을 실행하기 위한 입법 과반을 확보해야 유리한 입지를 다질 수 있으므로 집권당의 의회 통제를 도모한다.

결국, 대통령제는 선거인단 선출에 깊숙이 침투한 정당정치의 영향력과 더불어 정당의 지지 기반을 발판으로 원내 통제를 겨냥하는 입법부와 행정부 간 힘겨루기 양상으로 변모한다. 이는 초당파적이고 거국적인 지지를 지향한 건국 시조 취지에 반한다. 더욱이 *United States v. Curtiss-Wright Export Corp.*, 299 U.S. 304 (1936) 판결을 계기로 의회 반대가 강력한 경우를 제외하고 대체로 대외정책 분야에서 대통령의 우위를 허용하는 방향으로 선회한다. 무엇보다 대외정책 권한이 헌법 이외의 원천에서 권한을 부여받은 연방정부의 고유권한이라는 전통적 관점보다 연방의회와 연방대통령 간 권한 집행의 책임소재지를 재규정하려는 정치적 관점이 우세하게 된다. 이는 대외정책 권한 집행을 비상사태에 대처하기 위한 잠정적 헌법 외 권한 행사로 규정한 헌법적 해석에서 벗어나 헌법에 명기된 권한의 의미 자체를 재해석하려는 방향 선회이다.

그 결과 1970년대 월남전과 워터게이트 사건을 기점으로, 의회는 대외정책 분야에 관한 사법부 판단에서 요구되는 법안 내용, 기술적 표현 등 최대한 분명하게 작성해야 하는 부담을 떠안으며 스스로 족쇄를 채우게 된다. 다만 의회가 일관되게 대외정책 분야 권한 재조정을 요구하는 근본적 이유는 구체적 대외정책 사안의 내용 자체보다 대외정책 결정 과정에서 대통령과의 절차상 권력 균형에 집착하기 때문이다. 즉 대통령이 대외정책을 구상하고 집행하는 경우, 의회와 더불어 심의하여 결정해야 국민의 대표성을 온전히 구현할 수 있다고 역설한다. 게다가 현대에는 테러리즘, 마약거래, 환경파괴 등 복합적 성격을 지닌 새로운 사안이 등장하며 원활한 문제해결을 명분으로 각계각층의 행위자들이 대통령의 우위에 도전한다. 이 전환점은 의회에게 지속적으로 수평적 권력분립의 균형 재조정 시도 기회를 제공한다.

대외정책 분야의 역할 분담에 관해서 헌법은 주 정부가 연방정부에게 위임하거나 제한할 수 없음을 명시할 뿐 대체로 침묵하고 있다. 이는 대외정책 분야 권한이 헌법에 기반을 두고 위임되는 게 아니라 태생적으로 부여된다는 유권해석에 기대어 대통령제에 내재화되었다. 더불어 대외정책 분야에서 역할 분담은 헌법적 문제가 아니라 정치적 문제라는 인식이 지배적으로 수용되었다. 그 결과 대외정책 분야 권한 집행에서 정치적 해결책을 모색하는 방안을 강구하려는 대통령은 의회보다 우위를 차지하는 대민 의사소통을 적극적으로 활용한다. 의회와 대통령 관계를 설정하는 데 대중과 효율적 의사소통은 정치적 생명 연장을 위해 필연적 요소다. 20세기 이후 국제사회에서 초강대국 미합중국의 주도적 역할이 증대한 결과, 연방정부의 권한, 특히 대통령의 대외정책 권한이 확대되었다. 그러나 엄격하게 말하자면, 대외정책 분야가 의회 간섭에서 벗어나는 영역이라고 선포하는 권위를 상정한다고 우길 수는 없다.

게다가 대외정책 분야의 권한 확대를 근거로 국내정책 분야와 연계한 헌법적 대권(constitutional prerogatives) 논의가 불거진다면, 이는 입헌 질서로서 대통령제 근간을 침해하는 결과를 가져올 수 있다. 대통령제를 통치체제로 헌법에 명시해도 대통령 선거가 곧 통치 위임을 부여하는 기제라고 간주하기는 무리다. 근본적으로 대통령 선거에 근거한 통치 위임 논의는 그 헌법적 근거가 모호하고 정치적 근거도 애매하다. 다만 선거결과에서 나타난 호불호가 정책 기조 및 방향 변화를 가리키는 신호라고 의회를 상대로 압박할 수 있다. 무엇보다 W. 부시 행정부를 분기점으로 정치적 분극화의 이상 징후가 대통령제 안위를 힝시 위협하고 있다. 오바마와 바이든을 거쳐 트럼프 재집권은 여전히 건재한 대통령제 위협이 극도의 정치적 분극화를 접하는 폐해에 대한 경각심을 일깨워준다. 만약 야당이 주도해 의회가 대통령 권한 확대를 저지하기 위해 인사인준권이나 국정 감독 조사권을 내세워 지나친 행정권 침해를 시도한다면, 거국적인 대외정책 분야조차 당파로 인한 해악에서 벗어나지 못하는 건국 시조의 "악몽"이 실현된다. 현대 미합중국 대통령제가 극복해야 할 시급한 문제다.

2 이민과 국경통제 담론

최초의 연방귀화법(United States Naturalization Law of March 26, 1790)은 미국 영토 내 최소 2년 이상 거주한 "자유 백인남성(free white person)"을 시민으로 규정했다. 즉 노역 계약에 송속되지 않고 "품행이 방정(方正, good character)하며" 미국 헌법에 대한 충성 서약을 시민권의 자격으로 명시했다. 그러나 연방정부가 미국 시민의 자격을 명시한 법을 제정하기 이전부터 이 업무는 주 정부의 소관이었다. 연원을 따지면 미합중국에서 건국보다 이주가 먼저였고, 따라서 이민 규제의 총괄적 정책 책임도 연방정부보다 앞서 존립한 주 정부 또는 그 하위 정부체계에 있었다. 이주 초기부터 미국으로 유입되는 이주민의 배경과 이주 동인(動因)은 다양했다. 이에 더해 이주민 출신 국가도 다양해지면서, 이민 문제는 미국 전반에 걸쳐 경제, 정치, 사회, 문화 등 여러 측면에서 큰 파장을 일으키는 안건으로 빈번하게 등장했다. 미합중국은 명실상부한 이민 국가로 명명되었다. 그러나 최근 인구 천 명 당 이민자 비율을 비교해보면, 미합중국과 유럽연합 기존 15개 회원국 간 격차는 그다지 크지 않다.

1960년대까지 미국은 서반구를 제외한 지역으로부터의 이민을 제한했으나, 유럽 국가는 각기 다른 이유에서 이민 수용에 개방적이었다. 1965년 이후 공식적으로 개방 지향적 이민 정책을 표방한 미국의 변화와 대조적으로, 대다수 유럽 국가는 경제 주기나 국내정치의 틀 전환에 따른 폐쇄적 이민 정책을 공식적으로 표명하곤 했다. 비록 미국이 이민자 국가 위상의 명맥을 유지하기는 했으나 비이민자 국가인 유럽과 실질적 격차는 오히려 줄어들었다. 무엇보다 공식적으로 표방하는 이민 정책과 그 실제 간 간극이 벌어지며 이민자 국가 미국에서도 이민 문제가 국내정치의 틀 전환에 따라 변동하기 시작했다. 그 결과 이민 문제도 일반 공공정책과 마찬가지로 이민자 총수, 출신국이나 지역별 할당의 증감 여부와 그 폭 등에 초점을 맞추어 이민의 정치적 파장이 핵심 의제로 등장했다.

흥미로운 점은 이민 문제가 원칙이든 내용이든 국경통제뿐 아니라 국가 정체성 및 시민권과 연계되는 성향이 점차 강해진다는 사실이다. 이민 정책은 출입국과 귀화를 다루는 국가 간 문제, 즉 국제관계 영역으로 시작하나, 유입된 이주민의 통합과 수용에 관한 국가 내부의 문제, 즉 국가와 민족에 대한 구상과 직결되는 문제이기도 하다. 따라서 이민 문제는 출입국 관리나 국경통제부터 시작해 유입 국가에 수용되는 과정까지 지속한다. 그러나 헌법은 이민자를 원론적으로 '열외'로 간주한다. 그렇다면 누가, 언제, 어떻게, 왜 특정 국가 시민으로서 자격을 부여받고 그에 수반되는 권리를 누리고 요구되는 의무도 수행해야 하는지, 그리고 어떤 근거에서 특정 일부는 이러한 자격에서 제외되는지에 대한 심의는 근대 민족국가 수립에 필연적 절차다.

국경통제는 근대 국가 개념, 즉 주권, 국민, 영토와 밀접하게 연동된 법제도 문제이기 때문에, 이민 문제는 근대 국가 형성과정에서 제기되었다. 다만 실질적으로 19세기 중반에 이르러서야 사법이나 행정 기제에 의존해 출입국 감독과 연계한 여권 체계가 정립되어 국경통제도 가능해졌다. 이렇게 짧은 발전 역사에도 불구하고 이민 문제의 초기 단계인 국경통제 측면은 국가안보와 직결되는 상징성을 지니므로, 국경통제에 필수적인 순찰과 검색 인력에 대한 요구는 주요 정치 쟁점으로 부상하곤 한다. 예컨대 9/11 사태 이후 국토 안보를 위협하는 외부 세력 유입을 막고 심지어 적대적 집단의 국내 침투를 차단하는 도구로서 엄격한 국경통제의 필요성을 역설하는 경향이 강해지고 있다.

다만 현실적으로 비용-효과 측면에서 육로보다 항공편을 통한 출입국에 치중한 국경통제에 그친다. 더구나 국경통제는 국경 순찰이나 검거 자체보다 출국 대상국의 사증 발급 절차를 통해 확립할 수 있다. 그렇다면 이민 문제의 해결 자체보다 불법 이민을 저지한다는 상징성이 대중영합적 정치 쟁점으로서 매력적이라고 볼 수 있다. 이는 이민 문제가 국경통제의 연장선에서 국가 정체성 문제로 확대되는 지점에서 개인 또는 집단의 권리를 보장하려는 자유주의의 이상과 이민 규제라는 현실이 충돌하는 딜레마를 낳는다. 특히 안정된 민주주의 체제에서 이민자의 인권 문제는 형평성 문제와 직결된다. 그런데 미국을 포함해 대다수 안정된 민주주의 국가의 헌법은 이민자의 법적 지위를 원론적으로 언급하거나 아예 침묵한다. 결국 사법부의 소극적 행동주의는 이민자의 사회 및 정치적 권리를 정치적 논리로 결정할 수 있는 여지를 남긴다는 아이러니가 발생한다.

속지주의(*jus solis*)나 속인주의(*jus sanguinis*)에 근거해 부여되는 시민권은 근대 민족국가의 출범 이후 정치적 공동체의 "집합 정체성(collective identity)의 초석"을 제공하며 나와 타인을 구별하는 집합적 인지 과정을 수반한다. 따라서 이민 문제는 이 정치적 공동체의 구성원으로서 요구되는 자질을 규정하는 기술, 즉 국가 정체성을 생산하는 기술(identity technology)에 따른 정체성의 정치가 탄생한다. 결국 이민 규제를 둘러싼 논란은 국가 정체성에 중대한 도전을 제기하는 문제로서 이에 어떻게 응전할지에 대한 집합적 고민, 즉 국가에 대한 구상이 중요하다. 이러한 맥락에서 이민 문제는 이민자의 통합 및 수용 방식과 밀접하게 연계되기 때문에, 이를 제대로 설명하기 위해서는 이민의 전체 주기를 총괄적으로 접근해야 한다. 즉 이민자가 입국하는 순간부터 어떻게 이주국의 구성원으로 수용될지, 그러한 대응책으로 어떤 결과가 예측되는지 등 이민 종합설계도가 필요하다. 그러나 시행 지침의 근거가 되는 이민 정책 꾸러미가 체계적으로 제시되는 경우는 이례적이라, 세련되게 포장된 공공정책보다 공공정책의 집행 방향을 제시하거나 공공 철학을 표명하는 데 그치곤 한다. 더욱이 연방이나 중앙정부가 주도적으로 이민 문제를 선점하면 이민 정책 주기의 처음과 끝에서 괴리가 발생하기 때문에 오히려 회피하려는 경향이 크다.

미국 연방헌법에 명시된 전권(plenary powers) 구절에 근거해, 이민 규제의 핵심이 출입국을 다루는 국가 간 관계에 있으므로 이민 정책의 우위 주체를 연방정부로 규정하기에 이르렀고 연방최고법원도 이에 동의하는 판결을 내렸다. 다만 이민자를 미국 사회로 실질적으로 수용하는 주체로서 주 정부가 더 적합하다는 공감대는 기저에 깔려 있다. 그 결과, 미합중국에는 건국 이래 이민법 개혁만큼 지속해서 정치 무대에 반복적으로 등장한 사안도 드물다. 예컨대 미국의 서부와 멕시코 접경지대에 근접한 주는 이민자가 창설한 동부 주와 달리 과거 서부개척 시대를 거치며 미국의 국가 정체성을 이민자 국가 개념과 결부하지 않은 채 별도의 정착과정을 거쳤다. 즉 이민자가 주축이 된 동부 주들과 대조적으로, 서부나 멕시코 접경 주는 미개척지대인 변방을 개척한다고 자부하는 토착민이 주축이 되었다. 따라서 자격요건을 충족하지 않은 불법 이민자 증가로 인한 재정적 손실도 커진다는 불만이 반이민 정서를 자극해 정치적 지각변동을 추동하고 있다.

특히 불법 이민자에게 제공하는 공공구제와 서비스 비용, 출입국 관리 위반자 감금 시설 유지비 등 주 재정에 압박을 가하는 비용을 주 또는 이하 하위 정부에서 전적으로 부담하는 데 반해, 이민자 집단 대상 각종 세금을 연방정부가 징수하는 데 대해 불만이 크다. 그 결과 이러한 불합리한 이중 압박을 능동적으로 해결하겠다는 주 정부의 입법 활동주의가 나타나기 시작했다. 따라서 노동시장과 최저임금 논의에 근거해 이민 규제 틀을 구상한 과거와 대조적으로, 1990년대 중반 이후부터 재정 건전성에 미치는 악영향에 관한 논의가 활발해졌다. 특히 1994년 중간선거를 통해 연방하원의 다수당 지위를 확보한 공화당이 재정균형 논의를 개헌 논의로 승격시키는 데 성공했다. 이민 규제도 재정 건전성 회복과 직결된다는 주장이 설득력 있게 전파되었다. 심지어 연방정부가 캘리포니아 주 법안보다 더 진일보한 형태로 이민자 총수를 제한하는 법안을 제정해, 이민자 국가로서 미국의 위상은 유지하되 실질적으로 이민의 문을 닫아 불법 이민을 근절하려는 의지를 표명했다.

연방정부 단계에서 1952년 이민국적법 이후 10년 주기로 이민법 개혁 논의를 입법화시키려는 시도는 있었다. 그러나 비교적 포괄적인 이민법 개정이라는 평가를 받는 1990년 이민법을 제외하고 이러한 시도들은 이민 규제와 거리가 멀거나 입법과정에서 소멸하는 경우가 빈번했다. 더욱이 각종 이익단체의 이합집산으로 인해 오히려 이민자 할당만 증가하고 불법 이민에 대한 근본적 해결책은 제시하지 못했다. 이러한 반쪽의 성과는 불법 이민으로 타격이 심각하다고 인지하는 주에게 연방정부의 무능력과 개혁 추진 의지 부족을 확증시켰다. 그 결과 국경지대 접경 주 정부는 과도한 비용부담을 분담하지 않는 연방정부를 대신해 독자적 입법을 포함해 자구책을 모색하려는 강경 대응으로 선회했다. 나아가 물리적 국경지대가 아니더라도 이질적 유입인구의 증가에 따른 비용부담과 연방정부의 미흡한 대처에 대한 불만이 증폭되며 '심리적' 국경지대 주 정부의 반발도 점차 늘어갔다.

다만 주 정부가 전적으로 이민자의 권한 제한에 주력하기보다, 오히려 이민자가 사회 구성원으로 정착하도록 보조하는 프로그램을 정책적으로 입안하는 보조적 입법 기능을 여전히 충실히 이행한다. 그러나 주 정부의 입법 활동주의가 단지 연방정부의 이민 정책 집행이나 보완입법에 그치지 않고 궁극적으로 연방 이민법을 대체하려는 범위로 확대되는 최근 추세도 간과할 수 없다. 유럽연합은 현재 역내로부터 이주민 수가 급격하게 늘고, 이주민 출신 성분이 이주 대상국의 국가 이념과 현저하게 다르고, 심지어 이주민 대다수가 이주 대상국의 기본 질서를 붕괴시킬 의도로 침투해 국토 안보를 위협할 정도로 국경통제를 마비시켰다는 극단주의 선동에 흔들리고 있다. 미합중국도 예외가 아니라서, 국가 간 이주와 국경통제에서 제기되는 문제를 안보 담론으로 포장해 정책 차원 해결보다 대중영합적 정치 쟁점이 더 부각하는 경향이 커진다. 그 결과, 이주-이민에 관한 사법-행정 기제를 국경통제의 연장선에서 정비하려는 조치로 인해 민주주의 국가의 자유주의 이상과 현실이 충돌하는 난관에 봉착한다.

원칙적으로 헌법 명시나 사법심사 선례가 이민을 포함한 이주자 문제를 모두 해결할 수 없다. 그러나 헌법의 침묵이나 경직된 사법심사가 이민을 포함한 이주자 문제에 대한 정책적 혼선을 악화시키고, 이 혼선을 정치 쟁점으로 비화시키는 정치 주기의 악순환에 주목해야 한다. 특히 사법-행정 차원의 실질적 행위를 통해 이민자에게 국민으로서 지위를 부여할 수 있는 근거를 마련하지 않는 사법적 공백 지대는 정치 시장에서 상징적 수사를 동원해 폄훼하는 대중영합적 흡인력을 폭증시킨다. 이 맥락에서 이민과 규제는 미합중국과 유럽연합에게 공통된 과제를 안긴다. 이에 미합중국에서는 연방정부 주도의 입법 개혁에 의존한 효율적 이민과 규제를 기대하기 어렵다고 판단한 주 정부가 과거 연방정부에 위임했거나 연방정부의 선점을 묵인한 일부 권한을 되찾겠다는 의지를 표명하며 독자적으로 "미국 찾기"에 나서는 실정이다.

그리고 보편적 민권을 극대화하려는 기득권, 특히 민주당 집권과 지지 세력에 대한 반발이 미국식 국가 우선주의를 내세우며 소위 '적개심의 정치(politics of resentment)'를 정치 시장으로 분출시킨 트럼피즘에 편승한 형국으로 나타난다. 더욱 놀라운 점은 수평적 권한 분산과 수직적 권한 분산을 통치 이상으로 보존하는 미국 대통령제와 연방주의에 이민과 이민자 문제가 균형점 재조정을 위한 주요 의제로 활용되며, 균형과 견제 기능이 작동하지 않고 심지어 제한된 정부라는 통치 원칙에 반하는 사례가 급증한다는 사실이다.

Ⅲ 현대 유럽연합의 발전

1 유럽 지역공동체 형성 과정

유럽 지역공동체는 구조적으로나 기능적으로나 복잡한 양상을 띠고 있다. 우선 연원에 있어 강대국 주도 신탁통치가 가능한 시대에 탄생해 하향식 보호-감독 체제에 기반을 두고 지역통합을 구상했다. 그 결과 지역통합 운영에서 국가 간 기구와 초국가 기구를 동시에 창설해 병용하는 방식을 도입했다. 특이하게도 정상 주권국가와 대조적으로 종전 후 독일 문제를 해결하는 방편으로 자체 역내 집단안보체계보다 미국이 주도하는 집단안보체계인 북대서양 조약기구에 자발적으로 가입했다. 그리고 독일을 끌어들여 프랑스, 이탈리아, 벨기에, 네덜란드, 룩셈부르크 5개 국가가 주축이 되어 유럽석탄철강공동체, 유럽경제공동체, 유럽원자력공동체를 창설하고 이를 연계한 유럽공동체를 결성했다. 더불어 유럽지역개발자금에 이어 유럽통화제도를 발족하고 유럽의회 의원 직선제 도입과 예산감독권 부여 등 단계적으로 내부 결속을 제한적이나 강화했다.

이렇게 복수 층에 걸쳐 복잡하게 서로 얽히는 망을 구축한 내적 심화가 외연 확대와 맞물리며, 유럽연합의 발전사는 표면적으로 입법, 집행, 사법 및 감사, 중앙은행 등 정부의 기본 기능을 수행하거나 국정운영에 필수적인 기관을 창설해 운용하는 국가체계를 근간으로 전개되고 있다. 무엇보다 유럽의회가 유럽연합의 통치 합법성을 확보하는 민의 대변기관으로 자리매김했다. 특히 직선 도입으로 유럽연합 시민의 정치참여와 유럽연합에 대한 정책 책임을 추궁할 수 있는 창구도 마련되었다. 더불어 경제통화동맹이 출범하며 단일화폐인 유로(euro)가 통용되는 유로존이 창설되었다. 헌법 조약 비준이 난항을 거듭하자, 유럽 지역공동체는 2007년 '유럽연합 조약(TEU)과 유럽연합기능 조약(TFEU)을 개정하는 리스본 조약'을 발효하는 우회로를 선택해 유럽 지역공동체 운영 방식을 다층거버넌스로 승화시키는 데 일단 성공했다.

그러나 유럽연합의 외연 확대와 심화는 기존 회원국 간 차등 의석 재조정을 필연적으로 수반해 불만도 늘어났다. 그 결과 유럽연합을 지탱하는 관세동맹, 쉥겐 지역, 유로존 등 정식 기구가 작동하는 권역에 관한 결정 과정에 거부권을 행사할 수 있는 정치적 입지를 확보하려는 회원국 간 각축전이 격화되기 시작했다. 특히 우회로를 선택하는 긴급 조치는 위기에 처할 때마다 다층 정치체제와 다층 거버넌스의 실험실로서 유럽연합의 국가 정체성과 유럽연합헌법 조약의 헌법성과 실효성을 둘러싼 논쟁을 수반한다. 예컨대 2008년 미국발 금융위기로 촉발된 유럽 국가부채위기 사태, 2011년 시리아 내전 확산으로 인한 대규모 이주민이나 난민의 유럽 유입 사태, 그리고 2022년 전면전으로 번진 러시아-우크라이나 전쟁과 그 여파로 유럽연합과 북대서양조약기구의 급속한 심화와 확대 등 돌발 상황이 발생하면서, 유럽연합을 대상으로 해결 돌파구를 제시하라는 압박도 점차 강해지고 있다.

다층 거버넌스는 궁극적으로 복수의 정체성을 허용해 복수의 층위에 권한 소재지를 분산한다. 동시에 복수의 층위를 결속할 수 있는 구속력을 지닌 상위 정부 권위의 정당성을 보전해야 한다. 따라서 다층 거버넌스 정립 단계에서는 정교한 운용 수칙에 대한 기본 합의를, 유지 단계에서는 운용의 묘를 살리는 기략을 요구한다. 만약 상위 정부가 수적 다수의 주장을 국가성으로 포장한다든지 아니면 실재와 관계없이 그리 인식되면, 중앙과 비중앙 간 '공치'가 작동하지 않을 수도 있고, 반대로 모양뿐인 '자치'를 도출할 수도 있다. 설령 다층 거버넌스를 지향하는 당사자 간 상호 차이점을 명확하게 인지했더라도, 상호 차이점을 정책에 투영하는 과정에서 중앙을 정치공동체의 상위 정부가 아니라 하위 정부에게 거추장스러운 정부로 인지하면 중앙은 국민대표 정부로 정립되지 못할 위험에 노출된다.

유럽연합의 다층 거버넌스는 인위적으로 창출한 정치 통합체 보존을 목표로 설정한다. 예컨대 유럽 단일유럽의정서는 유럽의회와 각료이사회 간 입법 활동 공조를 규정해 자유로운 자본, 노동, 용역의 왕래를 보장한 결과, 통합시장 체제 구축의 근간을 마련한 법안이 제정되었다. 마스트리히트 조약은 경제통화동맹을 통해 단일화폐 통용과 재정정책 공조를 도모하고, 유럽중앙은행의 통화-재정정책 결정권을 정립한 제1 기둥, 공동외교안보정책을 출범시켜 외교안보정책연합과 유럽대외업무부를 신설한 제2 기둥, 그리고 이민, 국경, 관세, 망명 등 주권 민감 영역에는 사안에 따라 만장일치나 공동결정을 선택하는 의결절차를 도입해 유럽 지역통합의 창구를 확대한 제3 기둥을 창설했다. 특히 제3 기둥은 수평적 권력분립의 토대를 구축하고 회원국 정상회의인 유럽이사회 감독 기능을 마련했다. 더불어 유럽연합의 다층 거버넌스는 구성원에게 각종 공식적 제도를 통해 경성 지역정서를 각인시켜 실질적으로 연성 지역정서의 의미를 부여하는 데 성공했다.

일련의 정치질서 변동은 법률 조율과 지역통합 기구의 역할 분담 조정 등 필요성을 도출한다. 이는 자원의 불균등한 안배를 해소하기 위한 변화에 대한 공감대를 형성하고, 그 과정에서 수반되는 기특권의 양도에 대해 기존 회원국들의 합의를 요구한다. 지역통합을 성공적으로 형성하고 유지하면 유럽화, 즉 유럽연합 구성원 간 상호작용의 결과물로 유럽 정체성을 창출할 가능성이 커진다. 다만 출범 이후 지역통합을 공식화하는 제도화 과정은 필연적으로 기득권 양도를 요구한다. 유럽연합은 심화와 확대 과정에서 일부 회원국에게 적용 예외나 참여 유보 등 효력 발생 유예를 허용하며, 회원국의 반발을 무마하려는 잠정적 미봉책이 결과적으로 공동체의 결집성을 저해한 부작용을 경험했다. 이는 궁극적으로 헌법에 명시된 최종적 권한의 소재지로서 주체가 누구인지, 명시된 정부체계와 권한 영역이 진정한 의미에서 헌법이 천명한 기본정신이나 국정운영 이념체계를 충실하게 반영하는지에 대한 논란을 불러일으킨다. 특히 '브렉시트'를 계기로 유럽연합으로부터 탈퇴를 이행하는 조항을 가동하는 과정에서 유럽통합에 대한 인식이 개별 회원국의 국내 정치과정에 노출되는 구조적 취약점을 통해 그 태생적 한계가 재확인되었다.

유럽 지역공동체를 건립하는 단계에서 유럽연합과 회원국 간 수직적 관계를 규정하는 보조성 원칙과 회원국 간 수평적 관계를 규정하는 비례대표성 원칙 간 조합이 그다지 조화롭지 않게 이뤄졌다. 특히 후보 회원국이 유럽연합의 공식적 또는 비공식적 기구에 가입 의사를 표명한 시점과 가입 승인이 이뤄진 시점 간 격차가 커지는 경우, 유럽연합에 대한 불만과 불신이 유럽회의주의로 격화되는 경향을 관찰할 수 있다. 따라서 유럽연합이 정부 간 협약에 의존해 지역통합을 추진하면서, 미처 완수하지 못한 과제는 지역통합 이후에도 보조성 원칙에 대한 해석에 따라 정부로서 유럽연합의 국가성을 강화하기도 약화하기도 한다.

구체적으로 회원국의 권한 일부를 유럽연합에 양도하는 정당성에 대해 회의적이라면, 리스본 조약의 권한 분류도 지역통합의 현실에 부합하지 않는다고 반발할 수 있다. 유럽연합이 현재 봉착한 위기 상황을 타파하는 돌파구를 찾으려면, 독단적 권력의 원천이 되는 수직적 차별화, 즉 정책 분야가 선별적으로 다른 속도로 통합되면서 분야마다 다른 수준의 중앙집중화가 이뤄진 파편화를 해소해야 한다. 무엇보다 유럽

다층 거버넌스가 양산한 다양한 복합적 문제를 해결하려면, 위기 상황에 드리워진 문제를 발굴하고 그에 대한 해법을 선택하는 과정에서 정책 결정 과정으로부터 민주적 접근 구조가 회원국의 이탈 유혹을 줄이는 데 전력해야 한다.

단일화폐 통용을 구현한 유로존이 창설되었으나, 실질적으로 유럽공동체 조약 122.2항에 명시된 엄격한 단일통화-재정정책 집행에 관한 자격요건을 충족하지 못하는 회원국이 속출한 이면도 주목해야 한다. 무엇보다 유럽중앙은행의 재정 보수주의는 기본적으로 회원국의 고유권한인 재정정책과 통화정책에 대한 결정권을 이양하도록 촉구하나, 실질적으로 국가정상회의에 준하는 의결방식이 지배적이다. 게다가 영국은 유로존 가입 후 시행을 유보하다가 탈퇴했다.

정리하자면, 정치경제 측면에서 유럽연합은 자원과 권한 배분이나 의사결정 과정의 불균형을 극복해 자유무역지대, 관세동맹, 사증 폐지/솅겐 조약, 단일시장, 통화동맹을 순서대로 정비하는 데 성공했다. 쉬망(Schuman) 선언에서 언급하듯, "생산의 연대성(solidarity in production)," 즉 전쟁의 원인을 제공한 철강과 석탄 등 경제협력 차원의 통합을 정치협력 및 군사안보협력 차원으로 승화시켰다. 다만 단계적으로 경제통합을 추진하며 이를 제도화하는 정치통합을 순차적으로 달성했기 때문에 회원국이 복잡하게 중첩된 기구나 조약이 많다. 더불어 자유로운 이동을 보장하는 솅겐 조약이나 단일화폐를 통용하는 유로존에 관한 한, 여전히 유럽 국가 간 이견이 선명하게 드러난다.

정치경제 측면과 대조적으로 군사안보 측면에서 유럽연합과 북대서양조약기구는 서로 다른 범위로 신입 회원국으로 가입시키며 투트랙 통합을 선택했다고 볼 수 있다. 구체적으로 유럽연합 회원국 중 아일랜드, 오스트리아, 핀란드, 스웨덴, 몰타, 키프로스 등 6개국은 북대서양조약기구 회원국이 아니다. 또한 북대서양조약기구 회원국 중 노르웨이, 아이슬란드, 터키, 알바니아 등 4개국은 유럽연합 회원국이 아니다. 탈냉전 또는 탈-탈냉전시기에도 이러한 괴리가 이어진 배경에는 유럽연합 통합 차원에서 집단안보 결집력의 공백이 여전히 존재한다. 특히 점진적, 단계적, 조건부 통합은 과도기적 현상이 아니라 군사안보 측면의 반영구적 단면으로 정착했다. 전면전으로 번진 후 장기전이 된 우크라이나 사태는 이 반영구적 성향을 강화하고 있다.

기능적 필요성에 의해 지역통합이 출범해도 지역통합 체제를 유지하기 위해서는 지역통합의 필요성을 공유하는 가치관이 구축되어야 한다. 따라서 지역통합의 성패는 결국 신뢰 구축과 더불어 위기관리 시 신뢰 유지가 관건이다. 정치적 타협으로 단행한 차별화 조치는 국가 간 협약에 의존해 지엽적으로 초국가 기능을 보완하는 데 그친다. 이러한 제약은 주권재민 원칙을 구현하는 자유민주주의 체계의 권력 구조 운용에서 필요한 상호 견제가 실질적으로 작동하지 않는다는 방증이다. 더욱이 개별 회원국에게 적용되는 실질적 법체계가 제각각이라면, 회원국 간 갈등 증폭과 더불어 약소국의 자율권이 핵심 회원국 집단의 독단적 결정으로 인해 상실될 가능성도 커진다. 현대 유럽연합의 발전이 지속하려면, 지역공동체의 존재 가치에 대한 공감대를 유동적으로 재편성하는 지략이 꾸준히 세워져야 한다.

2 브렉시트와 차별화된 통합의 암명

이민과 이주를 입국부터 수용-통합에 걸쳐 포괄적으로 관장하는 체계화된 이주-이민 분야 정책 꾸러미가 제시되는 경우는 이례적이다. 영토를 전제한 법제도적 기반을 두는 국민국가와 대조적으로, 초국가기구는 근대국가 간 위계질서를 초월하는 권위를 창출할 수 있다. 다만 구성 국가의 권력 일부가 새로운 초국가기구로 이양되어야 비로소 자체 생명력을 부여받는다. 유럽연합의 특수성은 이 둘을 모두 충족시켜야 성공적으로 운용할 수 있다는 데 있다. 전후 유럽은 국가 간 협력 강화를 통해 공동의 평화와 번영을 모색하는 새로운 지역 질서로서 지역통합을 추진한 결과, 국경 없는 쉥겐 지역(Schengen Area)과 단일화폐가 통용되는 유로존을 성공적으로 출범시키는 역사적 위업을 달성했다. 그런데 위기 상황이 반복되고 동시다발적으로 포개지며, 바로 그 두 분야가 유럽연합의 '차별화된 해체' 진원지가 되었다.

단일시장이 구축되면 자유로운 이동이 늘어나며, 이주-이민 분야가 속한 내무 및 사법 분야에서 초국가적 협력 강화와 공조 필요성에 대한 요구가 커진다. 개별 회원국은 이주-이민 분야에서 유럽 차원의 공동 대응을 위한 일부 권한을 유럽연합으로 이양하는 데 합의했다. 이는 근대 국민국가의 징표인 국가 주권을 자발적으로 포기하는 결단이다. 주목할 점은 이러한 용단을 국가 정체성의 상징인 주권 상실로 치부하며 헌법이나 기본법에 명시된 헌정 질서의 변동이라고 주창하는 정치 쟁점화가 유럽 차원과 국내 차원 정치 시장에 등장할 여지가 여전히 남아 있다는 사실이다. 즉, 유럽 지역통합을 원칙적으로 지지하면서 동시에 그 통합의 세부 사항인 이주-이민 분야 공동정책에 반발하는 이율배반적 측면이 유럽연합 회원국 국민의 이중성에 필연적으로 건재하다.

이주민-이민-난민 증가는 세계화로 인한 보편적 현상이다. 유럽은 안정된 경제 여건, 양질의 사회보장제도, 고임금직 채용 가능성, 풍부한 교육이나 직업훈련 기회 보장, 정치적 안정성, 법치주의에 입각한 통치, 다원주의를 존중하는 의사 결정방식, 인권 보장 등 좋은 환경을 제공하는 매력적 유입국이다. 게다가 유럽통합의 심화와 확대를 통해 물리적 이동의 자유가 법제도적으로 보장된다. 유럽연합의 이주-이민 분야 공동정책은 이러한 노동인구의 국제적 이동으로 생성되는 파장을 좇아 변천했다. 바로 이 변천이 유럽연합과 회원국 차원의 사회 및 경제정책에 지대한 영향을 미치기 때문에, 다층 거버넌스가 주축이 되어 공동정책이 구상되고 시행되었다.

유럽연합은 건국과 재건국을 반복해 복기하며 대외적으로 법인격을 획득한 이후에도 여전히 제도화를 되짚어야 한다. 예컨대 단기 체류 자격으로 거주하는 유입인구 다수가 영구 거주를 전제한 장기 체류 자격으로 전환하면서, 이주-이민 분야는 국경관리와 체류 규제 자체보다 점차 사회통합 방안과 더불어 사회적 갈등을 표출하고 해소하는 공공 담론장의 필요성을 강조하기 시작했다.

이주-이민 분야에서 유럽연합 차원의 공동정책이 실질적으로 정착하기까지 기간을 여섯 개 시기로 분류하면, 그 분기점마다 주요 조약체결이 이주-이민 분야에 중대한 정책 변화를 가져왔다는 사실을 확인할 수 있다. 1957년 로마 조약이 체결되기 이전 첫 번째 시기에 이민 정책은 사회 정책 일부를 차지하며 주권국가 소관에 해당했다. 그러나 점차 유럽 단일시장을 구축하기 위한 경제통합에 역점이 주어지며, 역내 노동자에 제한한 자유로운 이동의 필요성이 비로소 제기되었다. 그리고 비유럽 출신 이주자는 단기 체류 종료 이후 영구 귀국을 전제했기 때문에 합법적 이민자 통제에 이민 정책의 초점을 맞추었다. 그 결과 이민 정책은 이주국과 송출국 간 국제관계에 예속되는 국가 주권의 독자 영역이었다. 더불어 행정적으로도 이민 정책은 국경통제 자체보다 입국 후 체류지를 중심으로 이주자를 관리하는 데 주력했다. 이는 유럽 차원의 공동정책에 대한 빌싱이 태동하기 이전 시기에 해당한다.

1987년 단일유럽의정서가 채택되기까지 두 번째 시기는 30년이나 걸렸다. 마침내 유럽 역내 인적, 물적, 서비스 등 자유로운 이동이 보장되었으나, 이는 유럽공동체 소속 시민에 제한된 권리이고, 비유럽 출신 이주자는 법적으로 단기 체류 자격을 부여받아 노동력의 공급원으로 분류되며 유럽국가 시민과 동등한 정치-사회적 권리 향유에서 배제되었다. 이민 문제는 원칙적으로 개별국가 소관이며, 이민 정책의 궁극적 목표는 합법적 이민의 통제와 관리였다. 그마저 자유로운 이동이 보장된 유럽에서 육로를 통한 국경 간 이동을 단일 국가가 효율적으로 통제하는 일은 현실적으로 어렵다. 따라서 이민 정책은 이주민의 거주지 등록과 체류허가증 발부를 통한 관리에 그쳤다. 배타적 시민권을 소지하지 않은 비유럽 출신 이주자에게 유럽 국가 시민보다 법적으로 열등한 지위가 부여된 시기다. 드디어 1974년 이사회 결의안에 비유럽 출신 이주자와 유럽국가 시민 간 평등한 경제적 권리를 보장해야 한다는 주장이 담기게 된다.

그리고 1987년 단일유럽의정서 채택 이후 세 번째 시기에 이민 정책을 개별국가 차원보다 국가 간 협력을 통해 구상하고 수행할 필요성이 제기되었다. 영구 귀국을 전제한 단기 체류가 기본 이주 형태인 경우, 입국사증은 유용한 국경관리 도구다. 다만 유럽연합 차원에서는 영주권이란 개념 자체가 부재하거나 생소하다. 결국 단일유럽의정서에 명시된 가중다수결 방식이 이민 정책에도 적용되어야 한다는 논의를 시작으로, 이민 정책을 초국가 차원에서 구상하고 집행할 필요성이 핵심 논제로 부상했다. 망명 신청자의 적부 심사 권한을 최초 체류 국가에 일임하는 1990년 더블린 협정과 1985년 솅겐 조약의 두 번째 조치도 채택되었다. 다만 비공식적 경로에 의존해 국가 간 협력으로 추진되는 이민 정책은 정책 수행의 편의 도모가 주요 목표였다. 특히 냉전체제 해체로 인해 동구권으로부터 대량 이주가 시작되자, 비공식적 경로를 통한 국가 간 협력은 역외 국경통제와 망명정책의 단일화에 주력하였다. 따라서 비유럽 출신 이주자는 여전히 유럽국가 시민과 차별되어 동등한 사회적 권리 보장에서 제외되었다.

유럽시민권을 창설한 1992년 마스트리히트 조약 체결 이후 네 번째 시기에 유럽국가 시민에게 유럽시민권이 자동 부여되었다. 여전히 비유럽 출신 이주자는 법적 열외로 분류되어 그 자동적 부여가 허용되지 않았다. 유럽 차원의 공적 영역을 설정해 경제연합과 정치연합에 더해 공식적으로 사회연합을 유럽공동체의 영역으로 규정한 점은 괄목할 만하다. 특히 이민 문제를 유럽 차원의 논제로 정립하고 내무-사법 분야, 즉 제3 범주로 공식화하여, 사안의 필요에 따라 제한된 범위에 머물던 비공식적 국가 간 협력을 공식적 절차를 통한 국가 간 협력으로 제도화한 위업이 달성된다. 역내 이주와 더불어 역외 이주가 폭증하고 영구 거주를 전제한 장기 체류나 합법적 이민과 가족 결합이 증가하며, 이민 정책은 이주자의 사회적 통합을 목표로 하는 발상의 전환을 요구하기에 이른다. 그러나 동시에 이러한 정책 개입 조치는 선주민의 노동시장 보호에 대한 민감도를 자극해, 배타적 국가 정체성이나 시민권과 밀접하게 연관된 이민 정책을 초국가 차원으로 상향 조정하려는 유럽연합에 대한 저항을 촉발하게 된다.

국가 수권과 지역통합의 긴장 관계를 절충한 마스트리히트 조약과 대조적으로, 1997년 암스테르담 조약 체결 이후 다섯 번째 시기에 이민 정책은 진일보한 양상으로 발전한다. 이민 정책 권역이 유럽공동체 체제, 즉 제1축 범주로 편입되고 이민 문제도 가중다수결 방식에 의한 공동의사결정 대상으로 확정되었다. 동시에 이민자의 사회적 권리를 명문화하여 회원국 시민과 동등한 권리를 누릴 수 있게 하자는 주장이 제기되었다. 그 결과 암스테르담 조약에서 합의한 공동정책 이행을 위해 1999년 템페레 이사회 회의에서 구체적 실행안이 결의안으로 채택되었다. 이어 2004년 헤이그 프로그램에서 향후 5년간 유럽연합을 '자유, 안전, 정의의 공간'으로 구현하기 위한 공동정책 수립이 목표로 제시된다.

2010년 유럽헌법에 준하는 기본수칙을 명기한 리스본 조약이 체결되며, 유럽연합의 선점 권한을 인정하되 회원국의 우위 권한을 명시해 실질적으로 이민을 공유 영역으로 규정했다. 그 결과 이민 문제는 유럽화를 통해 유럽연합과 개별 회원국 간 공유 영역으로 법제화되어 이민 정책을 창출했다. 그러나 유럽연합과 개별 회원국 간 고유한 균형점이 별도로 설정된 성과는 대량 이주민-난민 발생 이후 정치적 차별화의 주요 공격 대상이 되었다. 다차원에 걸쳐 영향을 끼치는 이민 문제의 속성으로 인해, 유럽연합과 개별 회원국 간 균형점을 재설정하자는 요구에 그대로 노출되기 시작했다. 특히 정책 입안을 주도하는 집권 정당이나 입법부 다수당은 이민 정책에 국정운영 질서를 재편성하는 상징성을 부가해 주요 정치 쟁점으로 규정했다.

통제 불가한 위기가 빈번하고 강도 높게 발생하며, 통합체제에 대한 불신으로 번질 수 있는 정치적 위험 부담이 유럽의 이주-이민 분야에서 속속 드러난다. 예컨대 2004년 유럽연합 확대를 기점으로 유럽화에 대한 영국의 저항은 스웨덴, 네덜란드, 덴마크, 오스트리아, 포르투갈, 핀란드, 그리스보다 훨씬 큰 폭으로 증가했다. 무엇보다 이주민 유입이 폭증하며 극단주의 정치인들은 종교의 다양성과 생활방식으로서 다원주의 간 불편한 동거에 반발하던 유권자들의 분노를 활용하기 시작했다. 급기야 이질 집단 문화와 주류사회 문화 간 우위 서열을 설정해, 선거에서 국가통합 문제를 주요 쟁점으로 부각하며 반유럽연합 정서를 굳히는데 성공했다.

민주주의 대변인으로서 정치인이 묻고 유권자가 화답한 브렉시트 사례는 유럽을 '하나의 유럽'으로 정의하려는 특정 정치인 집단과 그 주도 세력에 반기를 든 정치인 집단이 유권자의 표를 빌려 전개한 알력싸움으로 파생된 부산물이다. 즉, 브렉시트 사례는 리스본 조약에서 천명한 보편적 가치를 민주주의 절차에 의존해 폐기하려는 탈

(脫)유럽연합 시도 중 하나다. 다만 주요 회원국인 영국이 유럽의 단일화 요구에 저항하며 지역통합 폐기를 빙자해 국가 체제통합을 도모한 점에서 이례적이다. 문제는 이러한 시도가 유럽 지역통합을 해체할 정도로 잠재적 파괴력을 지닌다는 점이다. 결국 조직은 초국가적이면서 실무는 국가 간 이해관계에 충실한 유럽연합의 실체에서 브렉시트의 단서를 찾을 수 있으며, 이는 1985년 단일의정서가 채택된 순간부터 내포된 취약점이다. 즉, 회원국이 개별적으로 해결하기 어려운 공동 대응 사안에 제한된 권역에서 주로 운용되는 보조성 원칙이 비례대표성과 상반된 양상으로만 구현되고 있다는 방증이 바로 브렉시트다.

IV 횡대서양 관계의 유지와 변화

1 탈냉전기 집단안보 레짐

탈냉전기가 도래한 후, 미국 주도 북대서양조약기구와 유럽 주도 유럽연합은 구소련 체제에 속한 다수 국가를 영입하는 집단안보 체제를 재편성하기 시작했다. 다만 미국 주도 북대서양조약기구의 확대와 개별적으로 유럽연합도 구 소련체제 국가를 대상으로 독자적 공동외교안보정책을 구상하기 시작했다. 그러나 창설 배경의 근본적 차이는 곧 각 집단안보 레짐의 이정표 차이로 이어진다고 볼 수 있다. 종전 후 냉전기 산물인 북대서양조약기구의 경우, 냉전 종식은 존재 가치에 대한 논란을 가져올 가능성이 크나, 범유럽 통합과정을 목표로 한 유럽연합에게 냉전 종식은 통합의 확대와 심화를 추동하는 계기다.

미국은 최소한 초기에는 구소련연방의 공화국을 영입하는 경우 러시아가 반발할 수 있다는 우려를 표명했다. 특히 폴란드 국경분쟁, 우크라이나 내전, 라트비아 인종분규 등 유럽 역내 사태에 러시아를 상대로 하는 개입에 유보적이었다. 오히려 1990년대 당시 러시아는 위협적 존재가 아니었기 때문에, 미국은 러시아까지 포함해 구공산진영 국가에게 북대서양조약기구 가입을 권유하기도 했다. 따라서 북대서양조약기구는 중부 유럽국가를 유럽연합이 규정한 발트해 연안국을 제외한 중부 유럽국가와 발트해 연안에 위치한 벨로루시, 우크라이나, 몰도바, 코카서스 공화국 등 구소련

연방의 서부지역 공화국도 포함해 규정했다. 더불어 유럽연합과 대조적으로, 북대서양조약기구는 기존 회원국의 만장일치에 의한 초대로 신입회원국으로 가입할 수 있다. 이는 탈냉전기 집단안보 레짐이 미국이 주도하는 집단안보 체제의 지속을 지향한다는 의미이기도 하다.

이러한 미국 주도 집단안보 레짐에 대항하는 유럽연합의 조직 확대는 대상과 목적에서 주요 차이점을 드러낸다. 미국과 대조적으로, 유럽연합이 규정한 중부 유럽국가는 PHARE 프로그램을 통해 서유럽의 재정지원을 받을 자격이 주어진 폴란드와 헝가리로부터 불가리아와 체코 공화국 등 중부 유럽 4개국과 슬로바키아, 알바니아, 루마니아, 에스토니아, 라트비아, 리투아니아, 슬로베니아, 마케도니아로 확대한 총 12개국으로 제한되었다. 유럽연합은 시장경제체제를 기반으로 한 민주주의적 유럽국가 구축을 전제로 한다. 따라서 가입을 신청한 국가가 유럽연합이 제시한 조건을 충족하는 경우에 한정해, 유럽연합으로 합류해 유럽 독자적 집단안보체제에 참여할 수 있었다.

유럽의 집단안보체제에 관한 근본적 재논의가 필요하다는 공감대는 원론적으로 횡대서양 관계에 건재하다. 주목할 점은 오래전부터 북대서양조약기구와 별개로 유럽 역내 군사적 협력을 제도화하려는 유럽연합의 시도다. 프랑스, 독일, 벨기에, 스페인, 룩셈부르크를 시작으로 병력을 병합해 유럽군을 창설한 후, 암스테르담 회의에서 유럽연합 회원국의 대외정책을 대변하는 단일담당자를 임명하여 유럽심의회 사무총장을 겸임하기로 결의했다. 다만 국방비 부담을 둘러싼 유럽국가 간 이견이 좁혀지지 않으며, 유럽 차원의 독자적 안보를 제공하는 군 조직으로 기능과 역할이 미흡했다. 예컨대 민족 분규가 발발한 발칸반도 사태에 제대로 대처하지 못한 책임 공방을 둘러싸고 횡대서양 관계는 악화됐다. 엄격하게 말하면, 유럽의 강력한 요청을 뿌리치고 지상군 투입을 거부한 미국이나 종국에는 미흡한 병력과 구호물자를 제공한 유럽연합 모두에게 책임이 있다.

특히 미국과 별개의 독자적 공동외교안보정책의 필요성을 절감하나, 역내 회원국 간 조율이 실질적으로 어렵다는 자체적 문제를 신명하게 인지했다. 결국 미국의 일방적 대외정책 기조에 당혹감을 표하나 오히려 미흡한 독자적 대응을 계기로 역내 사태 해결에는 미국 개입이 더 효율적이라는 사실도 재확인했다. 미국은 실질적 군사 행동보다 서구 안보동맹을 주도하겠다는 수사에 주로 의존하며 본토가 아닌 지역의 무력 사태에 병력 투입을 꺼리는 국내 여론을 달랬다. 동시에 대외적으로 탈냉전기 이후에도 북대서양조약기구의 위상을 증대해 협력적 유럽 안보공동체로 발전시킨다는 명분을 내세우며 러시아도 동등한 지위의 참가국으로 영입하고 모든 중부 유럽국가를 대상으로 조직 확대에 주력했다. 결과적으로 발칸 사태와 그에 대한 대응을 기점으로 유럽은 북대서양조약기구를 통해 유럽 내 주도권만 과시하며 지휘통제권 분담에 저항하는 미국과 세계관을 공유하는 데 한계를 심각하게 절감했다.

미국은 근본적으로 막대한 군사력과 이를 지탱하는 경제력에 의존하는 경성 권력 국가다. 비록 미국이 주창하는 공공외교는 민주주의 전파를 내세우나, 미국 주도 북대서양조약기구는 군사 동맹에 머물고 있다. 더욱이 코소보와 보스니아 사태에서 드러나듯, 그 군사 동맹조차 탈냉전기 유럽 역내 집단안보를 보장하지 못했다. 나아가 영국을 제외하고 미국의 아프가니스탄과 이라크 침공에 대해 이견을 표출하는 유럽국가를 미국의 국익실천에 장애물로 치부하며 국제정세의 지배적 지위에 집착하는 미국의 왜곡된 세계관에 반발했다. 이에 다시 미국 주도 군사작전 기구와 독립된 유럽 자체 제도 정비를 한층 강화했다.

다만 이러한 미합중국과 유럽연합 간 갈등은 인종분규, 테러 소행 등 탈냉전기 중대한 안보 위협요소를 해소하는 방안과 탈냉전기 집단안보체제의 조직 재편성을 위한 상호협력을 모색하는 노력을 지속하는 과정에서 발생했다. 이러한 횡대서양 관계의 갈등 고조는 집단안보를 둘러싼 정책 구상과 집행과정에 대한 근본적 차이라기보다 탈냉전 이후 새로운 국제질서에 대한 관념 차이가 전이된 부산물이다. 그러나 이 세계관에 대한 관념 차이로 인해 새로운 위협요소가 등장할 때마다 횡대서양 관계는 자동적 협력에 의존하기보다 갈등이 고조되고 이를 해소하려는 노력이 배가되며 실질적 협력이 구현된다. 다만 유럽의 독자적 공동외교안보정책 구축 노력은 궁극적으로 유럽연합이 민간인 기구에서 군사 기구로 도약할 가능성을 제시하나, 이러한 유럽연합의 독자적 시도에 대한 미국의 평가는 일관되게 회의적이다.

9/11 사태 발발 직후, 유럽은 테러단체와 테러분자들의 범법행위에 대한 법적 처벌을 요구하고, 테러 방지를 목표로 하는 유럽과 미국 간 협력 강화를 다짐하며 미국에 대한 전폭적 지지를 표명했다. 9/11 사태와 같은 테러 소행에 유럽도 마찬가지로 노출되어 있다는 공감대가 형성되었고, 따라서 9/11 사태를 계기로 미국이 편협한 예외주의에서 벗어나 전 세계를 포용하리라는 기대를 품었다. 그러나 곧 아프가니스탄 내 탈리반(Taliban) 정권 전복과 알 카에다 집단 소탕 등 군사작전에 관한 이견 골이 깊어지며 급기야 제2차 이라크전쟁을 둘러싸고 반테러전의 해석에 관한 상호 공방으로 이어졌다. 유럽의 관점에서, 미국은 여전히 국토방위를 목적으로 국외에서도

일방적 행동과 선제공격도 감행하겠다는 강경파 영향권에서 벗어나지 못하고 군사력에 의존해 세계관을 구상하는 경성 권력 국가다.

정리하자면, 횡대서양 관계는 변화와 유지 측면을 동시에 지니는 양가성을 띤다. 변화에 초점을 맞추는 경우, 변화는 미국의 대외정책 노선이나 구체적 외교정책의 전환, 또는 반대로 유럽 측의 변동에 기인한다고 볼 수 있다. 대체로 1980년 레이건 행정부를 분기점으로, 미국은 유럽이 표출한 이견에 대해 반박하고 심지어 유럽의 반대를 감수하며 독단적 행동도 마다하지 않는 경향이 강해졌다. 그리고 9/11 사태 이후 유럽에서는 이라크전쟁을 포함한 반테러전에서 노골적으로 드러난 미국의 일방적 대외정책 노선이 유럽의 국익을 저해할 수 있다는 인식이 확산되면서, 미국에 대한 적개심이 국내 선거 이슈로 등장했다. 그 결과 유럽은 무력 충돌 사태를 글로벌 차원보다 지엽적 규모의 내전에 역점을 두며 오히려 주요 이해관계가 걸린 경우 무력행사를 회피할 뿐 아니라 국방비 예산 책정과 집행에 관해 우유부단하기 때문에, 미국-유럽 군사 동맹은 역내 집단안보 뿐 아니라 역외 지역에서도 비효율적이라고 단정한다.

반면 지속을 강조하는 경우, 미국식 경성권력에 기반한 준거보다 대안적 권력, 특히 대안 규범을 구축하려는 구조적 권력에 기반한 준거에 따라 유럽의 세계안보 기여도를 평가해야 한다. 유럽은 전후 재건과 인도주의적 구제 사업을 총괄 지휘하고 재정지원을 선도했다. 비록 유럽 국방비 규모가 미국 대비 상대적으로 작으나, 군사비 총액에 기반한 군사적 기여도나 국방정책 유효성을 판단하기 어렵다. 오히려 우회적으로 미국이 주도하는 유럽 차원의 광역기구 강화를 정당화하는 '유럽 달래기'나 미국의 대외정책에 대한 유럽의 비판 자체를 경시하는 '유럽 질타' 모두 횡대서양 관계의 양가성을 방증한다. 횡대서양 관계에서 갈등은 유럽의 "변덕, 국수주의와 국방비 지출 회피"에 기인하므로, 미국과 세계전략 관점의 차이가 발생하나, 각기 이점이 다른 분야에 주력해 협력하는 실질적 공조가 가능하다고 볼 수 있다.

구소련 위성체제 붕괴 이후, 미국 의회는 국방비 규모를 줄이는 작업에 착수하고 동시에 유럽의 국방비 부담 증대를 꾸준히 요구하나 유럽은 미온적 반응을 보이다가 러시아-우크라이나 전쟁이 발발하면서 입장을 전환하고 있다. 유럽연합은 국제기구 성격이 강한 연합과 초국가기구를 강조하는 연방을 혼용한 3기둥 체제를 근간으로 구 동구권 국가를 지역공동체에 가입시키는 준비 작업에 착수했다. 다만 이러한 범유럽체제의 외연적 확대는 러시아의 지정학적 이해관계를 자극해 결국 유럽 대륙에서 전쟁이 발생했다. 로마 조약과 대조적으로 유럽의 독자적 집단안보를 목표로 명시한 마스트리히트 조약이 체결되었으나, 횡대서양 관계의 군사적 비대칭은 지속했고 급기야 유럽공동안보외교정책 이행 방식을 두고 미국과 이견의 골이 깊어졌다. 특히 중국 부상을 계기로, 공공외교와 군사력을 근간으로 하는 미국의 세계전략에 대해 유럽은 가시적으로 반대를 표명하기 시작했다. 이에 더해 러시아의 부상은 중동 및 북아프리카 지역에서 나타난 미국의 대외정책 행보에 대한 반발로 격화되었다. 이는 유럽이 추구하는 독자적 외교노선을 유럽연합 내부에 제도화하려는 시도로 이어졌다.

유럽의 관점에서 미국의 행보는 일방주의 조치와 미국 우선주의로 점철되었다고 판단한다. 미국은 지구 온난화 규제와 방지를 위한 기후변화협약 수정안인 교토의정서 체결을 거부했고, 이후 가입하곤 그를 번복해 탈퇴도 마다하지 않았다. 유엔 자체 사법 기관인 국제사법재판소 조약에 대한 인준을 번복했고, 철강제품에 대한 보호관세 부과, 농산품 생산에 대한 보조금 지급 배가 등에 이어 심지어 '거래주의' 원칙에 입각한 개별 관세 부과를 단행하고 있다. 이러한 일련의 일방주의 조치는 유럽의 강한 반발을 감수하더라도 국내 이해관계에 충실한 대외정책 기조를 정립하려는 미국의 아집에 대한 비판을 키웠다.

미국식 국제주의는 사실 미국 개입이 국익에 필요하다는 논리, 감성, 정치적 타당성이 성립된 경우에 선별적으로 채택되는 조건부다. 실제로 미국의 독단적 대외정책에 비판적인 진보 성향 지도층도 일방주의로 경도되는 대외정책 대신 다자주의적 접근을 주창하나, 이는 당면한 시급한 문제 해결에 제한해야 한다는 편협함을 감추지 않는다. 즉, 진보와 보수를 막론하고 미국 지도층은 당면한 문제 해결이나 공세적 선제 차단 조치보다 장기적 방안을 강조하는 유럽의 주장에 회의적이다. 심지어 유럽의 냉담한 반응을 유럽의 무능으로 해석해 유럽이 독자적 외교안보정책을 구상하는 배경을 이해하려고 하지 않는다. 그 결과 쌍방 이견은 점차 깊어지는 추세이며, 이 동맹에 대한 온도 차이는 여론에서도 나타난다. 이는 궁극적으로 군사작전을 포함해 총괄적 안보 레짐의 변화에 대처하는 횡대서양 관계 재설정에 걸림돌이 될 가능성이 크다.

2 투트랙 확대 이면

유럽 각국 여론은 제2차 이라크전쟁을 포함해 미국이 일방적으로 수행한 전쟁에 대해 비판적이었다. 특히 미국이 유럽 내 단결된 반대에 노골적으로 당혹감을 표하고 신랄한 비난을 가했으며, 심지어 유럽 국가 간 이간도 서슴지 않자, 유럽은 마침내 공식적으로 불쾌감을 표했다. 특히 고조된 반미감정이 당시 W. 부시 행정부와 일방주의적 네오콘 대외정책에 대한 반발과 포개지며, 유럽의 정체성과 독자적 공동외교안보정책에 대한 결의를 결속시키는 원동력으로 발전했다. 다만 갈등 양상이 국제사회의 원활한 문제 해결에는 기여하지 못했고, 미국은 그 책임을 전적으로 유럽의 비협조에 기인한다고 추궁하는 악순환으로 이어졌다.

과거 유럽이 중동과 주변지역의 경제적 이해관계를 추구하는 대가로 미국은 정치-군사적 이해관계를 추구하는 분업 접근이 대세였다. 횡대서양관계에서 갈등을 유발하거나 악화시키는 잠재 요소 중 중동은 미국과 유럽 간 이견이 크다. 특히 미국의 일방적 대외정책 기조를 반복해서 확인하며 유럽은 역외 지역안보, 특히 중동문제에 관한 한 미국-유럽관계를 근본적으로 재고하기에 이르렀다. 더욱이 시리아 내전이 장기화되면서 ISIS 또는 ISIL 집단이 이라크 북부를 장악하자 이를 벗어나 유럽 대륙으로 이주하는 대규모 피난민 사태로 번지며 중동 지역에서 발생한 문제가 유럽 역내 문제로 번졌다. 그러나 미국은 시리아 내전 사태에 군사적으로 연루되지 않으려 했고, 심지어 피난민 사태에 대한 개별 국가 차원과 더불어 국제사회 차원 대응책을 모색하자는 유럽의 요청에 소극적이었다.

무엇보다 미국은 시리아 내전 악화로 인한 피난민 사태와 ISIS 문제를 해결하기 위해 유럽이 구상하는 전략이나 구체적 집행 방식에 대해 무관심한 채 미국의 국내정치에 몰두하는 전형적 일방주의 색채를 유지했다. 더불어 중국의 부상에 대응하기 위해 2010년 아시아 재균형정책을 채택한 오바마 행정부를 시작으로 유럽 및 중동과 북아프리카 지역 안보 정책을 조정하기 시작했다. 그리고 트럼프 행정부에 이르러 아시아 지역 안보 정책도 거래주의에 입각해 조정하고 있다. 결과적으로 미국은 각 지역이 처한 안보 상황에 부합한다고 판단하는 방식으로 양자 또는 다자간 관계를 조정하며 미국의 국방비 부담 경감을 지향하는 데 주력하고 있다. 이러한 맥락에서 유럽의 책임 증대 및 지상군 투입 등 군사개입이나 동맹국에 대한 군사지원보다 경제, 외교 등 간접적 관계를 강조하는 방향으로 횡대서양 관계가 변화했다.

횡대서양 관계에서 경제통상 분야는 미국과 유럽 간 힘의 불균형이 역전되는 전환기를 거쳤다. 특히 유럽 지역통합이 확대와 심화를 통해 안보공동체를 넘어 세계정치의 주요 행위자로서 유럽의 정체성을 규명하는 분기점을 지났다. 유럽은 경제통상 분야의 불균형 역전을 정치적 자산으로 활용해 국제적 지위를 강화하려고 시도했다. 미국의 관점으로 보면, 과거 냉전기 세계전략의 일환으로서 부강한 유럽과 더불어 부강한 영국, 프랑스, 독일 등이 미국의 국익 증진에 도움이 된다는 공감대가 성립되어 상호 호혜적이었다. 반면에 탈냉전기 이후, 횡대서양 관계는 특수한 양자관계를 넘어서는 복합적 구도에 대한 발상의 전환을 요구한다. 예컨대 세계 무대 주요 행위자로서 재등장한 러시아와 중국에 대한 유럽의 시각은 미국의 평가와 반드시 일치하지 않는다. 그 간극이 횡대서양 관계를 재설정하는 복잡한 양상을 띠며 외교안보 분야와 경제통상 분야가 밀접하게 연계되는 21세기 지정학이 대세다.

유럽은 1994년 이전부터 지역공동체를 형성하는 과정에서 역외 국가를 대상으로 관세동맹과 인접국가정책에 기반을 두고 역내 주변 국가를 대상으로 지역통합을 확대해 공동시장을 구축했다. 비록 2006년 도하라운드 협상이 결렬된 이후 아시아를 포함해 전 세계를 대상으로 범위를 확대하는 양상을 보였지만, 유럽의 체결 대상국은 대체로 주요 교역대상국에 한정된다. 더불어 유럽은 과거 식민지 국가를 대상으로 특혜무역협정을 체결해 운영해왔다. 유럽과 대조적으로 미국은 무역 장벽 완화를 통한 자유무역 촉진이 국익에 도움이 된다는 기조에 근거해 양자 무역협정 체결에 소극적이었고 대상도 무역량 자체보다 지역 차원의 교두보 확보를 목표로 하는 전 세계적 지리적 균형을 지향했다. W. 부시 정권 이후, 범세계적 자유무역 확대를 명분으로 내세우며 시장경제 확산 방편으로 양자 무역협정 체결이 급증했다. 그러나 미국 우선주의와 거래주의를 강조하며 다자협정체제는 점차 미국의 관심에서 멀어지고 있다. 특이하게 미국의 경우 자유무역협정 체결은 의회가 대통령에게 위임한 권한이지만, 하원 세입세출상임위 및 상원의 재정상임위에서 통과되어야 국내실정법의 실질적 효력을 부여받기 때문에 국내 정치과정과 밀접하게 연관되어 있다.

2006년 도하라운드 협상 결렬 이후, 비차별적 다자주의 무역질서가 확립될 가능성이 희박하다고 판단한 유럽과 미국은 양자 간 광역 자유무역협정 확대를 통해 자유무역과 시장경제를 확산시키는 데 주력하는 대안을 택했다. 그 결과 전 세계가 이 자유무역협정 확대 경주에 동참하기 시작했고, 특히 중국은 미국이 주도하는 무역질서의 대안으로 아시아 지역부터 시작해 서서히 아프리카, 라틴 아메리카, 그리고 스위스와 아이슬란드 등 유럽연합 비회원국과 자유무역협정을 체결하는 데 성공했다. 예컨대 동아시아 포괄적 경제 파트너십(CEPEA)이 발전한 역내 포괄적 경제 동반자 협정(RCEP)은 ASEAN 회원국 10개국과 FTA를 체결한 한국, 중국, 일본, 호주, 뉴질랜드, 인도 6개국이 제안한 자유무역협정으로 중국이 주도한다. 특히 RCEP은 가입이 자유로운 형태다. 나아가 2013년 아시아 인프라 투자은행(AIIB)을 주도적으로 제안해, 전 세계를 대상으로 경제무역질서를 발판으로 새로운 안보 레짐을 형성하려는 의도를 드러내었다. 공세적으로 영향력을 확장하는 중국과 대조적으로 러시아는 2013년 유럽과 중앙아시아에 걸친 유라시아 지역공동체를 유럽 지역공동체에 대한 대안으로 유라시아 경제연합을 제안한데 그친다. 이마저도 2009년부터 유럽연합이 주도해 유럽연합 비회원국인 동부 유럽과 중앙아시아 국가 대상으로 체결한 동부 동반자협정에 반발한 부산물이다.

중국과 러시아는 유럽이 주창한 미국의 독주에 대한 대안으로 다자주의를 표명하나, 근본적으로 양자적 관계를 통해 대안적 세계질서를 전파하는데 전력을 기울이고 있다. 돌이켜보면 중국을 배제하는 데 치중해 표류하다 가라앉은 범대서양 무역-투자 동반자협정(TTIP) 협상이나 미국 주도로 중국 배제에 초점을 맞춘 환태평양 경제동반자협정(TPP)은 결과적으로 비차별적 다자주의 원칙을 파기하는 폐단을 낳았다. 그 결과 경제통상 질서를 안보군사 질서에 예속시켜 소모적 경쟁을 부추기고 심지어 공급망의 무기화를 양산하는 지경에 이르렀다. 따라서 중국을 배제하기보다 포용하는 세계질서를 재편성해 중국의 변모를 노출할 수 있는 구상이 필요하다는 경고가 나오고 있다.

투트랙으로 평행선을 긋는 횡대서양 관계에서 가장 우려되는 점은 세계질서에 대한 근본적 가치관이 건재하고 중국과 러시아를 바라보는 시선이 상호 다르다는 비관론에 더해 각기 국내 여론을 흔든다는 사실이다. 유럽은 미국이 국제사회 의견보다 자국의 이해관계에 경도되어 대외정책 현안을 결정해 통보하는 것을 당연시하는 미국 내 여론에 경악을 표하고 있다. 그 결과 유럽은 미국의 이권에 직결된 중동과 아시아 지역 정책에 동참하길 거부한다는 정책 노선을 표명하는데 주저하지 않는다. 이러한 유럽의 반발을 전투 능력이 결여된 유럽 무능력의 소치로 일축하는 강경파 주장에 국내 여론이 대체로 공감하며, 집행 구속력이 없는 일개 국제기구에 지나지 않는 유럽연합을 무시해도 좋다는 신호를 미국 정책결정자에게 부여하는 근거를 제공한다. 그렇다면, 강압 일변도인 안보 레짐은 대체로 미국이 의도한 정반대 결과를 야기했다고 판단해 반발하는 유럽도 전 세계 질서 유지에 기여한다는 '도덕적 공감대'를 다른 국가와 공유하는 데 성공해야, 비로소 유럽은 효율적으로 세계전략을 구사할 수 있다.

더욱이 중국 배제를 목표로 설정하는 광역 경제통상협정이 증가하며, 중국은 이를 자국의 부상에 대한 견제로 인식하고 이러한 견제를 제압하려는 노력을 한층 강화하고 있다. 이러한 중국의 인식 전환은 유럽에게 경제적으로나 정치적으로나 위험부담을 배가시키기 때문에, 미국과 대척점에 서는 경우가 늘고, 점차 상호 공조의 여지가 줄어든다.

특히 최근 미국의 대유럽 기조는 기존 합의를 재확인하는 최소한 범위로 횡대서양 관계를 규정하고 지역 방위 책임을 분담하려는 권역 질서를 강조하며, 동맹으로서 유럽에 대한 불만을 반영한다.

V 맺음말

다층으로 구성된 정치체제에서 단일한 상위 정체성이 독자적 하위 정체성과 상치한다고 인식되면 인위적으로 등가성을 부여하더라도 상위 차원 행위자와 하위 차원 행위자 간 갈등이 증폭되고 급기야 무력 충돌로 격화해 정치체제의 불안정을 초래할 수도 있다. 정치과정은 갈등으로 인한 불안정과 위험 부담을 줄이고 협상을 통해 절충안을 마련할 수 있는 심의의 장을 제공한다. 그러나 역설적으로 정치과정이 불안정을 배가시켜 정국경색이나 체제 붕괴도 가능하다. 특히 재정적으로 주권분립이 가능하면, 정치체제의 불안정이 증폭된 양상을 띤다. 무엇보다 정치체제 운용의 원칙과 실재 사이 간극이 커지면, 그 틈새를 파고들어 유권자의 불만과 불안을 자극해서 정치판에 동원하려는 선동가 획책에서 벗어나기 어렵다. 심지어 이 대중영합주의 성향은 대의민주주의 근간을 잠식하고 정치 시장을 피폐하게 만들어 민주주의 퇴보를 가져오고 국제관계에서 무력 충돌 발발로 이어질 수도 있다.

이 장에서는 현대 미합중국과 유럽연합의 발전을 미국, 유럽, 그리고 횡대서양 관계로 나누고 각 범주 안에서 미국 대통령제의 대외정책 권한, 미국 국가정체성에 추동되는 이민 문제, 유럽 지역공동체의 형성과 유지, 브렉시트로 대표되는 유럽 역내 차별화된 통합의 부작용, 유럽 역내와 역외에 작동하는 집단안보 레짐의 변환, 정치군사와 경제통상으로 분리된 투트랙에 내포된 이면에 초점을 맞추었다.

현대 미합중국은 수평적 권력분립을 건국 이념이자 국정운영 지침으로 명기해 대통령제를 채택하고 국제정치의 위상이 올라가며 헌법을 포함해 대통령의 대외정책 권한 연원부터 권한 확대의 근거까지 추적했다. 그리고 대통령이 주도한 이민 정책 변환 선례가 축적되며 국경통제를 넘어 미국 국가정체성 확립과 밀접하게 연관되는 주요 정치 의제로 발전한 이민의 정치 변천사가 전개되고 있다. 현대 유럽연합은 종전 후 현상 유지가 재발할지 모르는 강대국 전면전보다 이득이 크다고 판단해 침략 의도를 품은 국가를 통제하기 위한 제도화의 필요성을 강조하며 전후 평화체제 유지에 대한 공감대를 넓혀 나가며 발전했다. 그러나 이민 분야에서 유럽이 지향한 정책 꾸러미는 유럽연합이 영국을 속박한다는 명분을 제공해, 이를 정치 쟁점으로 활용한 유럽회의주의 세력 주도로 브렉시트라는 일탈을 감행했다.

미합중국과 유럽연합을 연동하는 횡대서양 관계는 일면 특수관계로 원론적으로 공통된 측면이 많으나, 세부 항목에 초점을 맞추면 복잡다단한 양상을 띤다. 특히 중동 지역과 관련된 이해관계는 과거 경제통상과 정치군사로 분리되는 경향을 보였으나, 현재는 정치군사 영역에 경제통상 영역이 예속되어 공급망의 무기화로 재편되고 있다. 그러나 중국의 부상이나 러시아의 재등장 등 문제를 풀기 위한 방안에 관한 한, 유럽은 여전히 미국의 일방주의 나아가 거래주의에 반발하며 독자 노선을 고집하고 있다. 그 결과 집단안보와 경제번영을 보장하는 신뢰 구축에 기반을 둔 횡대서양 관계에서 미국과 유럽 모두 상대방에 대한 불신을 표출하는 경우가 빈번해지고 있다. 이는 궁극적으로 국내 정치과정에 논쟁을 불을 지필 수 있는 파장 효과를 내포한다. 무엇보다 미래에 대한 불확실이 상호 불신과 결합하면, 민주주의 전파나 확대를 기치로 내세우며 미국과 유럽이 중시하는 세계질서에 대한 회의주의를 강화할 수 있다.

추천문헌

Jurgen Habermas. 2011. 『아, 유럽』. 윤형식 옮김. 나남.

이옥연. 2014. 『만화경 속 미국 민주주의: 법·제도·과정을 통한 미국 정부와 정치 분석』. 오름.

홍태영 외. 2019. 『유럽의 타자들: '구별짓기'의 역사와 정치』. 사회평론.

Jacobs, Nicholas, and Sidney Milkis. 2025. *Subverting the Republic: Donald Trump and the Perils of Presidentialism*. University Press of Kansas.

Riddervold, Marianne, Akasemi Newsome, eds. 2020. *Transatlantic Relations in Times of Uncertainty: Crises and EU–US Relations*. Routledge.

CHAPTER
06

현대 동아시아 지역질서의 변용

이 정 환 | 서울대 정치외교학부 교수

I 머리말

한반도가 속한 동아시아 지역의 국제관계는 근대 시기 이후 세계질서와 긴밀하게 연계되어 변동되어 왔다. 물론 전통 시대에도 동아시아의 경계를 넘는 교류가 존재했음은 당연하지만, 각 지역이 '권역'으로 독자적 국제관계의 지역질서를 가지고 작동해 왔다. 하지만 19세기 중반 이후 동아시아 지역의 국제관계는 근대 세계질서의 변용 속에서 직접적으로 연관된다. 제국주의, 전쟁, 냉전, 탈냉전과 세계화, 미중경쟁으로 대변되는 지난 150여년 동안 세계질서의 중심적 변화 양상은 동아시아 지역질서의 변동을 야기하는 핵심 요인이었다. 또한 동아시아 지역 자체가 이러한 세계질서 변화의 중요 대상이자 행위자였다. 이 장은 동아시아 지역질서가 세계질서와 맞물려 변용되어 온 양상을 개괄한다.

이 장에서는 동아시아 지역질서의 변용을 크게 네 시기로 나누어 기술하고자 한다. 근대 국제질서의 일부로 편입되어 제국주의에 대응하는 한편 근대 국가체제를 확립하는 각국의 노력이 전개되던 20세기 전반기 동아시아 지역질서는 제2차 세계대전의 종전과 함께 와해된다. 20세기 후반기 동아시아 지역질서는 세계 다른 지역 대부분과 마찬가지로 냉전의 세계질서가 지역질서에 구조화되었다. 1980년대 말에 찾아온 냉전 진영 구도의 와해 속에서 동아시아에서 경제적 번영 증진을 목표로 하는 지역협력의 흐름이 강화되었다. 하지만 냉전기 동아시아 지역질서의 진영 대립적 성격을 넘어 경제를 중심으로 포괄적 지역협력을 추구하던 탈냉전기 동아시아 지역질서 모색은 실현되었다고 보기 어렵다. 중국의 경제성장이 포괄적 지역협력의 제도적 발전으로 연계되지 않고 오히려 지역질서 내 경합성이 증가해 갔다. 중국의 부상이 세계질서 차원의 미중경쟁으로 전개된 2010년대 이후에 동아시아는 미중경쟁 세계질서의 핵심적 공간으로 경쟁적 성격이 강화되고 있다.

이 장에서는 안보와 경제의 구조적 차원을 중심으로 지역질서 변화를 논할 것이다. 지역질서는 구조적 차원에서 힘과 권위의 분배로 구성된다. 하지만 이 지역질서는 인식적 차원에서 역내 행위자에 의해 수용되고 거부되면서 변화를 경험하게 된다. 따라서 부분적이나마 인식적 측면에서 지역질서에 대한 관점을 포함하여 기술할 것이다.

II 제국주의 지역질서의 유산

19세기 동아시아 삼국 모두 근대 국제체제 수용의 과제에 직면했다. 서구 국가들의 근대 국제체제 수용 요구는 제국주의적 특수 이익 요구와 더불어 작동했다. 영사재판권, 편무적 최혜국 대우, 협정관세로 인한 관세 자주권 박탈은 19세기 동아시아 국가들이 서양 국가들과 맺은 조약에서 나타나는 전형적 불평등 요소였다. 국가 간 동등한 원리의 근대 국제체제 수용이 요구되었지만, 인종적 차원의 비문명 인식과 경제적 차원의 수탈적 제국주의가 근저에 깔려 있음은 분명하다.

동아시아 국가에게 이러한 제국주의적 근대 국제관계 수용 요구는 군사 물리력 행사와 연계되어 다가왔다. 청은 아편전쟁 후 난징 조약(1842)을 통해 최초로 근대적 국제관계를 맺었다. 일본의 도쿠가와 막부는 페리의 내항을 계기로 미일화친 조약(1854)을 맺고 근대 국제체제에 편입되었다. 물리력 행사와 이어지는 불평등 조약 체결을 요구받았던 일본은 1970년대 유사한 방식을 조선에 행사했고, 조선은 일본의 메이지 정부와 최초의 근대적 조약인 조일수호조규(1876)를 체결했다.

근대 국제체제로의 편입은 동아시아 국가들 사이의 관계 설정에도 새로운 과제를 부여했다. 전통적 천하질서 속에서 국가 관계라는 관념 자체가 어색했던 지역질서 관념으로부터 형식적으로 대등한 국가 간 관계로 이행하는 것은 쉽지 않았지만, 청과 일본은 일본의 메이지 신정부 수립 이후 청일수호조규(1871)를 통해 새로운 관계를 수립했다. 하지만 전통적 천하질서가 국가의 본질과 연계되어 있던 조선의 경우 청과의 전통적 관계를 버리는 것은 쉽지 않은 일이었다. 청일전쟁 패배 이후 시모노세키 조약(1895)으로 청은 조선의 근대적 독립을 공식적으로 승인하게 된다.

청일전쟁은 일본의 제국주의 국가로의 길에 있어 결정적 계기이며, 한국과 중국의 제국주의 피해 경험이 일본에 의한 침략으로 전개되는 시작점이었다. 물론 메이지 신정부 수립 이후의 정한론에서 보듯이 일본 내에서 조선에 대한 무력 행사의 필요성은 담론적으로 일찍부터 존재했다. 하지만 1870년대와 1880년대 일본이 대륙으로의 소위 진출을 국가적 핵심 목표로 삼기에는 한계가 컸다. 청일전쟁과 연계된 조선의 자주독립국 지위 확정은 조선에서 일본의 영향력 강화를 의미했다. 뿐만 아니라 시모노세키 조약을 통해 일본은 타이완을 식민지로 삼고 요동반도에 대한 조차권도 청으로부터 얻어냈다. 하지만 시모노세키 조약 체결 직후 러시아를 중심으로 프랑스, 독일은 요동반도에 대한 일본의 특수이익 확보를 철회할 것을 요구하였고(삼국간섭), 일본은 이를 수용했다.

청일전쟁 후 만주와 한반도에 대한 일본과 러시아의 갈등이 심화되는 가운데, 양국 사이에 이들 지역에 대한 제국주의적 영향권 분할 논의가 진행되었다. 하지만, 결국 양국은 1904년 전쟁의 길로 들어서게 된다. 1년여 동안 진행된 러일전쟁은 1905년 미국의 중재로 포츠머스 조약을 통해 마무리되었다. 러일전쟁의 전후를 통해 남만주와 한반도가 일본의 제국주의 영향력 하에 편입되었다. 이후 동아시아 지역질서는 한동안 일본의 제국주의 지역패권 속에 작동되었다. 의화단운동 이후 청이 국가 기능 부전 상태에 빠진 가운데, 일본은 한반도와 남만주를 넘어 중국 만몽 지역에 대한 특수 이익 확대를 모색했다.

일본의 제국주의 팽창은 19세기 확립한 일본의 근대 정치체제를 공고히 하는 효과를 낳았다. 일본은 1889년 헌법을 수립하고 1890년에 의회를 개설함으로서 입헌체제를 구축했다. 물론 청도 1908년 흠정헌법대강을 만들었고, 1897년 수립된 대한제국도 1889년 대한국국제를 제정하였다. 이 삼국의 헌법은 공통적으로 전제주권에 기반을 두고 있었다. 다만 청과 대한제국은 일본의 제국주의 팽창과 내부적 정치안정

확보 실패 속에서 국가 존립 자체의 위기에 직면했고, 일본의 전제주권 기반 헌법체제가 안정적 국가운영으로 이어지는 것과는 반대의 양상을 보였다.

청과 대한제국의 국가 실패는 오히려 국민주권적 국가 구상이 양국에서 주류적 구상으로 대두하게 만들었다. 1912년 신해혁명을 통해 난징에서 수립된 중화민국은 국민주권에 입각한 공화제 정치체제를 도모했다. 일본에 의한 주권 침탈이 이루어진 한반도에서 새로운 국가 건설 구상은 과거 왕실 복고에 대한 상상과 거리가 멀었다. 1917년 발표된 대동단결선언에서는 '융희 황제가 삼보(영토, 인민, 주권)를 포기한 경술년(1910) 8월 29일은 즉 우리 동지가 삼보를 계승한 8월 29일이니, 그동안에 한순간도 숨을 멈춘 적이 없음이라. 우리 동지는 완전한 상속자니 저 황제권 소멸의 때가 곧 민권 발생의 때요, 구한국의 마지막 날은 즉 신한국 최초의 날..'이라는 표현을 통해 국민주권에 입각한 국가 수립을 천명하였고, 그 새로운 국가는 1910년 대한제국 황제의 주권 포기 때부터 정통성을 지닌다는 선언을 내놓았다. 대동단결선언의 국민주권론과 1910년 대한제국 계승론은 이후 임시정부로 이어졌고 현재까지 대한민국 국가정통성으로 유지되고 있다. 물론 일본의 헌정질서도 의회 제도와 1910년대 후반부터 작동한 책임내각 운영을 통해서 민주적 성격을 발전시켰다. 하지만 천황주권에 입각한 헌법제도는 국민주권에 비해서 근본적 한계를 지닐 수밖에 없었고, 이 점이 이후 1920년대 말부터 두드러지는 일본의 정책결정과정 혼란의 원인이 되었다.

당초 일본의 제국주의 팽창과 서구 열강과의 협조 외교는 상호보완적이었다. 일본은 19세기부터 제국주의적 영향력 확대 시도가 서구 제국주의 국가들의 이해와 충돌하는 것을 피하고자 하였다. 러일전쟁 이후에도 중국에서의 영향력 확대 노력이 다른 서구 국가들에 의한 중국 및 동남아, 남아시아 지역에 대한 식민지화 노력과 충돌하지 않도록 조정 노력을 기울였다. 러일전쟁 이전 체결된 영일동맹(1902)은 일본의 제국주의 팽창이 영국을 중심으로 하는 제국주의적 세계질서 속에서 유기적으로 연계되어 작동하도록 하는 장치로 기능했다. 영일동맹에 기반해서 일본은 제1차 세계대전에 연합국으로 참전했고, 파리강화회의에 5대국의 일원으로 참여하게 되었다.

파리강화회의는 기존의 제국주의 세계질서관과 민족자결주의로 대변되는 새로운 세계질서 관념이 충돌하는 자리였다. 우드로 윌슨의 자유주의 국제질서 관점에 입각한 민족자결주의는 일본 제국주의에 대한 중국과 한국의 반대 목소리가 기대한 새로운 국제 사조였다. 파리강화회의에서 민족자결주의에 입각해 중국은 일본의 21개조 요구(1915)의 부당함을 호소하였고, 한국 대표단도 일본의 한반도 강권지배를 비판하였다. 하지만 결과적으로 파리강화회의에서는 열강들의 제국주의적 이해에 대한 상호 배려가 중심적이었다. 산둥반도에 대한 일본의 이권을 인정하였고, 한국 대표단은 공식적 자격을 인정받지 못했다.

1920년대 일본의 협조외교는 워싱턴회의를 중심으로 지속되었다. 워싱턴회의에서 체결된 5개국 조약으로 영국, 미국, 일본, 프랑스, 이탈리아 5개국의 해군력 균형 합의가 이루어졌다. 한편 영일동맹을 파기하고 영국, 미국, 일본, 프랑스 4개국의 협의협약을 체결하였다. 더불어 중국에서의 영토보존과 문호개방에 대한 9개국 조약에도 합의했다. 일본의 협조외교는 중국에서 일본의 영향력 확대에 대한 선결조건으로 서구 열강의 이해를 배려하는 외교적 전략 구상에 입각해 추진되었다. 하지만 일본 국내에서는 협조외교가 일본의 중국 내 만몽 특수이익에 대해 침해와 제약이 된다는 비판적 관점이 특히 군부 쪽에서 강하게 대두되었다.

협조외교를 넘어 독자 노선에 대한 군부의 주장은 중국 통일에 대한 조바심과 결부된다. 북경정부에 의한 국가 통치가 제대로 작동하지 않는 가운데, 군벌에 의한 실질적 분할 상황은 일본의 중국에 대한 영향력 확대에 유리한 여건이었다. 하지만 1920년대 중반 장제스 지도하의 국민당 정부는 북벌에 나서면서 통일 국가 수립으로 나아가고 있었다. 중국 통일과 일본 제국주의가 충돌하면서 일본 군부에 의한 독단적 행동이 진행되었다. 장쭤린 폭사 사건(1928), 류타오후 사건(1931)이 군부의 독단으로 발생했다. 류타오후 사건으로 시작된 만주사변에 대한 국제연맹 조사에 반발하며 국제연맹에서 탈퇴(1933)하면서 일본의 제국주의는 협조외교에서 선명하게 벗어나게 되었다.

만주사변으로 괴뢰국가 만주국을 설립해 만주를 중국에서 분리시킨 후에도 일본의 중국에 대한 침략은 멈추지 않았다. 1937년 노구교 사건으로 중국과 전면적 전쟁으로 돌입하기 전에도 일본은 중국 화북지방에 대한 일본의 특수이익 확립을 위한 지속적 노력을 기울였다. 중일전쟁이 장기화하고 나치 독일과의 외교관계가 공식화되면서 서구의 일본에 대한 비판론은 행동으로 점차 변화해 갔다. 일본이 인도차이나까지 군사적 확장을 추진하자, 미국의 대일본 금수가 진행되었다. 1941년 내내 진행된 미일 양국 교섭이 결론을 내지 못한 후, 일본은 진주만 공격을 선택하고 아시아에서의 전쟁을 태평양으로 확대했다.

일본의 제국주의 침략 전쟁에 대해서 중국은 국공합작과 연합국의 지원 속에서 대항을 지속했다. 대한민국 임시정부도 일본에 선전포고를 하였고, 꾸준히 일본 제국주의에 맞섰다. 미국과 영국이 1941년 내놓은 대서양헌장에는 파리강화회의 때 실현되지 못했던 민족자결주의가 전후 질서의 원리로 전면에 등장하였다. 미영 양국의 지도자들이 대서양헌장 내용이 전 세계 모든 곳에 일률적으로 적용되는 것으로 고려했던 것은 아니지만, 일본 제국주의 침략 하의 국가들은 대서양헌장에 나타난 자유주의 국제질서 진영의 일원으로 일본 제국주의와 싸우는 정당성을 확립했다. 대서양헌장에 대한 대응 차원에서 일본이 내세운 대동아공영권은 아시아의 독자적 문화가치론에 입각한 역내 질서 수립을 내세웠으나, 일본의 침략을 포장하는 이데올로기에서 벗어나지 못했다. 일본에게는 대동아공영권의 이상을 실천할 의지도 능력도 없었기 때문이다.

나치 독일이 연합국에 항복하던 1945년 5월에 동아시아에서는 오키나와 전투가 진행되던 국면이었다. 오키나와 전투가 6월에 마무리 후, 독일의 전후처리를 협의하기 위한 포츠담 회의에서 일본에 항복을 권하는 포츠담 선언이 발표되었다. 일본 정부가 포츠담 선언을 거부한 뒤, 미국의 선택은 일본 본토 상륙이 아닌 히로시마 원폭투하(8월 6일)였나. 3일 후 나가사키에도 원자폭탄이 두하되있다. 소련도 8월 9일 대일 개전을 실시했다. 이 상황에서 일본은 8월 14일 항복을 연합국에 통보하고, 8월 15일 이를 공표했다. 이는 동아시아에서 제2차 세계대전의 종전만을 의미하지 않는다. 국제정치학자 강상규가 명명한 '제국 일본의 동아시아 50년 전쟁'의 종언이기도 하다. 이는 19세기 말부터 전개되어 온 일본 주도의 동아시아 제국주의 지역질서가 끝났음을 의미한다.

III 냉전기 동아시아 국제관계

1 냉전과 전후 동아시아 지역질서

1945년 8월 일본이 연합국에 항복한 후, 동아시아 지역질서의 주도권은 압도적으로 미국에게 주어져 있었다. 유럽에서의 전쟁과는 달리 소련은 1945년 8월에서야 일본과의 전쟁에 돌입했기 때문에, 전후 질서 논의 과정에서 유럽의 경우에 비해 적극적 목소리를 내는 데 제한적이었다. 물론 군사적 영향력을 확보한 한반도 북부와 만주 지역에서 소련은 전후 동아시아 지역질서 구축에 긴밀하게 개입하게 된다. 당초 미국의 동아시아 전후 구상은 장제스의 중화민국을 핵심 파트너로 하는 것이었다. 친미적 대국 중국은 미국의 전후 구상에 가장 부합하는 파트너였고, 이를 전제로 일본에 대해서는 철저한 민주화와 비군사화를 실시하고자 계획했다.

일본에 대한 점령은 미군에 의한 단독 점령이었다. 도쿄의 연합국최고사령관 사령부는 실질적인 미군 조직으로 일본에서의 다방면의 체제 개혁을 속도 높게 이루어 냈다. 간접통치의 거버넌스 속에서 일본 정부 자체안의 형태로 진행하였지만 헌법 개정은 연합국최고사령관 사령부가 1946년 2월에 일본 정부에 제시한 안에 입각해 있었다. 헌법 개정을 통해 국민주권 원칙을 확립하고 통치구조의 민주성을 제고하고자 하였다. 또한 비군사화 맥락에서 전쟁포기와 군대 불허용의 내용도 담아 냈다. 다만 맥아더 연합국최고사령관을 포함한 미국 측 정책관여자의 상당수가 천황제의 유지와 히로히토 천황의 직위 유지에 대한 선호를 지니고 있었고, 천황을 '국가의 상징'으로 신헌법 내에 남겨 놓았다.

1947년 봄에 맥아더 사령관은 일본에 대한 점령을 마무리하고자 하고자 했다. 연합국과 일본과 평화 조약을 체결하고 연합군이 일본에서 물러나는 점령 종식 논의는 일본의 신헌법이 1947년 5월 3일에 시행되는 일정에 비추어 볼 때 타당한 관점일 수 있었다. 하지만 당시의 국제정서 속에서 평화 조약 체결을 통한 실질적 미군 조직의 일본 철수에 대한 반대 목소리가 미국에서 제기되었다. 냉전의 본격적 대두 상황 속에서 일본에서의 미군 철수는 동아시아에서 공산주의 세력의 확대를 돕는 일이기 때문이다. 냉전은 1947년에 이미 선명하게 드러나고 있었다. 유럽을 중심 대상으로 하는 내용이지만 1947년 3월에 트루먼 독트린이 6월에 마샬 플랜이 발표되었다.

일본과의 평화 조약 체결을 유보하는 미국 정책 결정에서 핵심적 고려 사항은 중국 내전 상황이었다. 중국 주둔 일본군의 무장해제에서부터 이미 충돌하던 국민당과 공산당은 연합정부수립 협상을 시도하였으나 1946년 중반 이후부터 전면적 내전으로 돌입하였다. 1947년 이후로 공산당이 유리한 위치를 점유해가는 상황에서 미국이 당초 구상했던 친미적 국민당 정부의 안정적 중국 통치는 불확실해지고 있었다. 결국 1949년에 국민당 정부는 타이완으로 이동하고, 공산당을 중심으로 하는 중화인민공화국이 1949년 10월 1일 설립되었다.

국무부 정책기획국장으로 근무하던 조지 캐넌의 1948년 일본 방문은 중국의 상황 변화 속에서 냉전기 일본 정책의 전환의 중요 계기였다. 그해 10월 NSC 13/2로 정리된 미국의 새로운 일본 점령정책은 경제안정과 보수중심의 정치 안정화에 초점을 두어 진행되었다.

동아시아에서 냉전의 진영 대결은 중국 내전 이후 1950년에 한국전쟁으로 이어진다. 1945년 미국과 소련에 의해 38선을 경계로 분할 점령이 시작된 한반도에서는 연합국의 당초 고려 사항이었던 신탁통치안이 불발된 후에도 미소 양국의 체제 차이와 연계되어 남북의 정치구도가 선명하게 차별화되었고, 통일정부 수립은 쉽지 않아졌다. 결국 1948년 유엔결의안에 따른 남한 지역에서의 총선거(5 · 10선거)가 진행되고, 이를 통해 구성된 제헌 의회에서 만든 제헌 헌법을 7월 17일 공포한 후 8월 15일 정부에 이르게 된다. 대한민국 제헌 헌법은 전문에 '기미 삼일운동으로 대한민국을 건립하여 세계에 선포한 위대한 독립정신을 계승'한다는 내용을 포함하여, 대한민국 임시정부의 계승으로의 정부 수립임을 분명히 하였다. 한편 북한에서는 이미 1947년 2월에 설립된 북조선인민회의(이후 최고인민회의)에서 논의를 진행하여 1948년 9월 조선민주주의인민공화국 헌법을 제정하고 건국에 이른다.

1948년 한반도에서 38선을 경계로 상이한 정치체제가 수립된 가운데, 1949년 중화인민공화국 창립 이후인 1950년 2월에 소련과 중국은 중소우호동맹상호원조 조약을 체결한다. 한편 동 시기에 코민포름의 일본 공산당의 의회주의 비판을 통해 소련은 보다 적극적인 혁명노선을 동아시아의 공산주의 세력에서 주문했다. 이러한 상황에서 김일성의 남침 계획이 소련에 의해 수용되고, 김일성 정권은 6월 25일 남침을 강행했다.

1950년 1월에 애치슨 국무장관의 태평양 방위구상에서 한반도가 배제되었던 것(애치슨 라인)을 고려하면, 북한의 남침에 대한 미국의 반응은 신속하고 전면적이었다. 유엔 안보리 결의안 82호(6월 25일), 83호(6월 27일), 84호(7월 7일)를 통해 북한의 남침을 비판하고, 미군 지휘하의 유엔군 편성으로 북한에 대응하는 군사력 파견을 결정했다. 미국에 의해 유엔군 사령관으로 임명된 맥아더 장군은 우선 일본에 연합군으로 주둔하고 있던 미군을 재편성해서 한국전쟁에 대한 관여를 시작했다.

일본 주둔 미군이 한반도의 군사적 충돌상황에 관여하는 상황은 냉전기 한미일 안보관계의 본질적 성격이고, 이는 1950년 7월에 시작되었다. 연합군으로 일본에 주둔하는 미군이 일본의 개혁 또는 방위를 넘어서 동아시아 안보 위기에 대한 효과적 대응 역할을 하는 것이 작동하기 시작한 것이다. 또한 그럴수록 미군의 일본 주둔을 지속하고자 하는 미국 내 특히 군사적 관점의 이해도 커져 갔다. 일본의 요시다 정권은 연합군이 아닌 미군의 자격으로 일본에 주둔하는 것을 수용하면서 평화 조약을 체결하는 방법을 통해, 평화 조약 체결과 미국의 일본 주둔 선호 사이의 딜레마를 해결하고자 했다. 한국전쟁 진행 중에 요시다와 덜레스를 중심으로 하는 협의가 진행되어 1951년 9월 7일 샌프란시스코 평화 조약과 미일안보 조약이 체결되었다.

이 두 조약을 중심으로 하는 미국 중심의 전후 동아시아 지역질서는 일반적으로 샌프란시스코 체제로 불린다. 미일안보 조약을 중심으로 하는 샌프란시스코 체제는 한미상호방위 조약(1953), 미화상호방위 조약(1954), 미필상호방위 조약(1951), 태평양안전보장 조약(Australia, New Zealand, United States Security Treaty, 1952) 등으로 연결되어, 미국과 동맹국 사이의 허브앤스포크(hub-and-spoke)의 성격을 지니고 있었다.

샌프란시스코 평화 조약으로 일본은 연합국의 점령을 끝내고 주권을 반환받을 수 있었고, 미일안보 조약으로 미국은 미군의 일본 주둔이라는 현실에 변화를 줄 필요가 없었다. 미일안보 조약으로 일본에 주둔하는 미군이 일본 방위에 도움이 주는 이점은 분명하나, 일본 주둔 미군이 동아시아 위기 상황에 관여하는 것에서 오는 연루의 문제와 미군의 기지 사용에 있어서의 일본 주권 침해 문제 등에 대한 비판론이 1950년대 일본 정치의 중요한 과제가 되었다.

1953년 한국전쟁 휴전 후에도 냉전형 진영질서는 견고하게 유지되었다. 특히 미일안보 조약을 기축으로 하는 미군의 일본 주둔은 일본뿐만 아니라 한국, 타이완, 인도차이나까지 미국 반공 전략의 중심적 요소로 기능하게 되었다. 1951년 미일안보 조약의 불평등성을 해소하려는 차원에서 1960년 미일안보 조약 개정이 추진되어, 문구상의 형평성을 개선하고 일본 정부의 미군 기지 활용에 대한 '사전협의'가 새로 포함되었다. 하지만 미군의 일본 기지 사용에 있어서의 자율성은 큰 변화 없이 지속되었다.

냉전기 진영적 대립구도 속에서도 각국이 처한 입장은 동일하지 않았다. 한국 정부와 타이완의 국민당 정부는 외교의 폭이 반공 진영에 국한되어 있었지만, 일본은 공산주의권 국가나 중립 지향의 제3세계에 대한 외교에서 상대적으로 자율적 태도를 취할 수 있었다. 재일교포 북송을 중심으로 하는 일본과 북한의 교류가 한일교섭 과정에서도 중요한 갈등 요인이 되었던 것은 냉전 구도에서 같은 진영에 속해 있더라도 한일 양국의 진영 외교에 대한 유연성에서 차이가 있었기 때문이다. 한편 스탈린 사후 중국과 소련과의 관계가 갈수록 악화하는 가운데, 중국은 비동맹노선을 통한 독자적 외교 방향성을 모색했다.

냉전기 진영구도는 1960년대 중반 베트남 전쟁의 확전 속에서 전반적 대립 구도가 강화되었다. 케네디 정권기에 시작된 미국의 베트남 관여는 린든 정권기에 크게 확대되었다. 1964년 통킹만 사건 이후 미국의 적극적 관여 속에 베트남 전쟁은 격화되었다. 베트남 전쟁에 미국의 동맹국들은 직간접적으로 관여했다. 한국은 미국의 요청을 받아 베트남에 파병하였고, 일본은 미군의 군사작전의 기지로서의 역할을 수행하였다. 베트남 전쟁 와중에 한반도에서는 북한의 도발이 강화되었다. 특히 1968년 1월에 발생한 1 · 21 사태와 푸에블로함 피랍 사건은 한반도에서의 위기를 제고시켰다.

베트남 전쟁의 장기화에서 오는 사회적 불만과 경제적 문제 속에서 미국은 동아시아 관여에 대한 전반적 재고를 고민하게 되었다. 1968년 대통령 선거를 통해 탄생된 닉슨 정권은 베트남 전쟁의 '베트남화'로 대표되는 현지화 지향성을 통해 동아시아에서의 미군 주둔 축소와 미국의 부담 완화를 지향했다. 1969년 닉슨-사토 공동성명은 이러한 흐름 속에서 일본의 동아시아 안보 상황에 대해 과거보다 진전된 관여 입장 표명을 포함하고 있다. 닉슨 정권의 관여 축소 기조에 부합해서 일본은 오키나와의 반환을 추진하였다. 오키나와 반환이 야기할 수 있는 오키나와 주둔 미군의 동아시아 지역에서의 자유로운 군사적 활동 제약 가능성에 대한 주변국의 위협 인식을 의식한 것으로 닉슨-사토 공동성명을 이해할 수 있다. 따라서 닉슨-사토 공동성명에 대한 중국, 북한, 소련 등이 강하게 반발했다.

냉전 진영 구도 속에서 전후 동아시아 지역질서가 구축되면서 전전 일본 제국주의 지역질서에서 기인한 여러 문제점들에 대한 전후 처리는 본격적으로 다루어지지 못했다. 패전국 일본이 연합국과 맺은 샌프란시스코 평화 조약은 불완전했다. 일본과 싸웠던 여러 연합국들이 샌프란시스코 평화 조약의 주체로 참여하지 못했다. 소련은 샌프란시스코 회의에 대표단을 보내왔지만 조인하지 않았다. 중국의 대표성에 대한 미국과 영국 사이의 논쟁 속에 중화민국과 중화인민공화국 모두 샌프란시스코 회의에 참여하지 못했다. 미국은 한국이 연합국 자격으로 샌프란시스코 회의에 참여하는 것을 추진하였으나, 영국 등의 반대 속에서 이루어지지 못했다. 샌프란시스코 조약은 일본의 경제성장과 정치안정에 부담을 주지 않아야 한다는 기조하에서 추진되었다. 일본의 식민지 지배와 침략 전쟁에 대한 문제의식은 당초부터 부재했다. 이는 미국의 냉전기 동아시아 전략에서 핵심적 역할을 수행할 일본에 대한 배려였다.

일본의 식민지 지배와 침략 전쟁에 대한 전후 처리는 샌프란시스코 조약 이후 양자적 문제로 처리되었다. 1955년 미얀마와의 합의 이래로 일본의 전후 처리는 배상 또는 경제협력의 틀 속에서 과거 일본 제국주의 침략의 공간에 대한 경제 지원으로 이루어졌다. 1952년 시작된 한일 교섭은 1965년에서야 국교정상화에 이를 수 있었다. 식민지 지배와 침략 전쟁에 대한 양국의 관점이 상이한 가운데, 한일국교정상화는 경제협력의 틀 속에서 역사 문제에 대한 갈등의 씨앗을 남긴 채 반공연대와 개발연대의 관점에서 이루어졌다.

2 데탕트 이후 동아시아 지역질서의 변용

냉전기 동아시아 지역질서의 진영 대립구도는 1970년대 중국의 선택으로 변화를 맞이하게 되었다. 스탈린 사후 1950년대에 이미 관계가 악화되던 중국과 소련의 관계는 1960년대 들어 이념문제와 국경문제로 악화일로로 접어들었다. 1960년대 말에는 중국의 문화대혁명에 대한 소련의 비판과 중국의 소련 유화주의 비판론이 격화되는 가운데, 1969년 우수리강 전바오 섬에서의 양국의 대규모 무력 충돌은 핵 공격을 우려하는 상호 적대적 관계로 만들었다.

더 이상 하나의 진영에 속할 수 없는 양국 관계의 훼손 속에서 중국은 미국에 대한 외교적 접근을 시도했다. 더불어 미국의 닉슨 정권 내에서도 베트남 전쟁에서의 명예로운 철수를 모색하는 가운데 중국에 대한 봉쇄 정책을 재고해야 한다는 의견이 대두되고 있었다. 양국의 전략적 이해가 맞물리는 가운데, 헨리 키신저와 저우언라이를 중심으로 하는 양국 대화가 1971년 7월 비밀리에 베이징에서 열렸고, 미국정부는 7월 15일에 1972년 초에 닉슨 대통령이 중국을 방문할 것임을 전격적으로 발표했다. 1972년 2월의 닉슨의 중국 방문은 미중 관계는 물론 냉전기 동아시아 지역질서에 큰 변곡점이 된다. 미중 양국이 일거에 국교 수립까지 이르진 못했지만, 미중 양국이 더 이상 적이 아닌 상황에서 미중소 삼각형 구도가 형성되었다.

미중 접근 속에서 한일 양국의 대응은 조건상 상이할 수밖에 없었다. 일본은 미국을 따라 중국과의 관계 개선에 나아갈 수 있었다. 중국은 일본과의 관계 개선을 위해 상당한 양보를 했다. 지속해서 비판했던 미일안보 조약에 대해 문제삼지 않고, 일본에 대한 전쟁 배상도 요구하지 않기로 했다. 이러한 중국의 양보 기조 속에서 1972년 9월에 다나카 총리와 오히라 외무대신의 중국 방문이 현실화되고, 중일국교정상화가 이루어졌다. 반면에 미일의 중국과의 관계 개선은 한국에게 안보 불안을 확대할 뿐이었다. 1972년에 한국이 중소 대립 속에서 외교적 고충을 겪고 있던 북한과 교섭을 진행해 7·4 남북공동성명을 내놓은 맥락에는 이러한 데탕트 국면의 정세 변화가 존재했다.

중소 대립이 지속되는 가운데, 베트남 통일과 인도차이나 정세 변동은 중국의 미국 경사를 심화시켰다. 베트남이 친소련화되면서 1970년대 후반 중국은 미국과의 관계 개선 노력에 보다 적극적이었다. 1976년 마오쩌둥 사망 후 결국 정치적 실권을 장악한 덩샤오핑은 미국 및 일본과의 관계 개선에 적극 나섰다. 1978년 8월 덩샤오핑의 일본 방문과 미중국교정상화와 맞물린 1979년 1월 미국 방문은 이러한 흐름을 반영하고 있다. 더불어 소련이 1970년대 후반 전 세계 각지에서 적극적 군사 공세를 펼치는 신냉전의 대두 속에서 중국과의 관계 개선에 대한 미일의 전략적 이해가 부합했다.

1970년대 후반의 소련의 공세적 태도와 결부된 신냉전 도래는 한국의 보수 정권에게 안정 요인으로 작동했다. 데탕트 국면에서 한국은 미국의 군사적 축소에 대한 우려와 일본과의 관계 약화를 경험하고 있었다. 더불어 박정희 정권의 권위주의 독재에 대한 미일 내의 사회적 반감은 미일 양국 정부가 한국에 대한 전폭적 지원에 나서는 것을 어렵게 하는 요인이었다. 박정희 정권은 1973년 김대중 납치 사건 등으로 일본과 갈등을 빚었고, 1970년대 후반 카터 정권기에 한미 관계는 크게 악화됐다. 하지만 신냉전은 미일의 한국 보수 정권에 대한 시시를 상화시켰다. 일본 오히라 정권은 1979년 신군부 구테타와 1980년 5 · 18 민주화 운동 과정에서 신군부에 대한 지지를 견지했고, 1980년 대통령 선거로 출범한 레이건 정부는 전두환 체제에 대한 확고한 지지를 보여주었다.

1982년 출범한 나카소네 정권은 미일안보체제에서 일본의 역할을 강화하려는 자세를 선명하게 보여주었다. 소련의 군사 위협에 대한 위기 의식이 증가하는 가운데, 미일 안보 협력에 대한 심화된 자세가 발현된 것이다. 또한 일본은 막강한 경제력을 활용해서 중국과 한국에 대한 ODA 지원을 확대하였다. 물론 중국과 한국에 대한 ODA가 상호연결되는 것은 아니었다. 중국에 대한 ODA는 중국 개혁개방에 대한 투자와 지원의 의미가 컸다면, 한국에 대한 ODA는 안보경협의 수사 속에 이루어 졌다. 일본의 한국과 중국에 대한 ODA가 상호 연결되는 것은 아니었지만 신냉전이라는 조건 속에서 소련의 위협에 대응 차원의 맥락으로 함께 이해될 수 있다.

신냉전 구도는 1985년 고르바쵸프가 소련 공산당 서기장으로 취임한 후 완화되었다. 개혁개방을 추진한 고르바쵸프의 등장과 함께 소련의 군사적 위협도가 낮아졌고, 미소 대결 구도도 완화되었다. 1987년 12월 조인된 중거리핵전력 조약(Intermediate-Range Nuclear Forces Treaty)이 미소 대립의 완화를 상징한다. 신냉전 대결 구도의 완화는 곧이어 1980년대 말 냉전 구도 전체의 붕괴로 이어졌다.

Ⅳ 탈냉전기 동아시아 국제관계

1 새로운 지역질서의 모색과 잠복된 갈등의 대두

고르바쵸프의 소련 개혁개방은 공산주의권 내 사회의 정치불만이 분출하는 계기가 되었다. 동유럽 공산주의 국가들의 연쇄적 체제 붕괴와 소련의 해체로 냉전은 종언되었다. 공산주의권의 몰락으로 1990년대 들어 미국 중심의 자유주의 국제질서에 대한 장밋빛 기대가 등장했다. 동아시아에서도 소련으로부터의 안보 위협이 사라진 가운데 개혁개방에 나선 중국이 한국, 일본과 경제산업을 중심으로 협력 관계를 심화시키면서 냉전의 안보위협은 누그러졌다. 하지만 북한은 탈냉전 세계질서 변동에 대한 대응책을 비대칭전력으로서의 핵무기 개발에서 찾았다. 1990년대 들어 동아시아의 안보적 위협은 북한 문제로 축소되었다. 냉전의 대립구도는 전반적으로 해소되었으나, 한반도에서는 안보적 긴장 관계가 지속되었다.

북한이 국제원자력기구(IAEA)의 사찰을 거부하고 1993년 핵확산금지 조약(NPT)를 탈퇴하면서 북핵 위기는 클린턴 정권의 북한 공격 계획까지 고려될 정도로 고조되었으나, 1994년 카터 전 대통령이 방북하여 김일성과 회담을 통해 북미 대화를 재개시켰고, 북미 대화는 그해 10월 제네바 합의를 도출해 냈다. 하지만 북한의 핵개발 동결과 이에 상응하는 경수로 건설과 대체 에너지 제공을 내용으로 하는 제네바 합의는 결국 성과를 내지 못하고 북한의 핵개발이 지속되면서 위기와 대화의 반복이 이루어졌다.

냉전기 주일 미군의 동아시아 군사 전개를 중심으로 하는 한미일 안보 체제는 1990년대에 북한의 위협을 중심으로 해서 변용되었다. 역설적이게도 북한의 위협은 탈냉전기에 한미일 안보 관계를 심화시키는 요인이 되었다. 냉전기의 한미일 안보협력에서 미국과 함께 싸우는 한국과 미국에 기지를 지원하는 일본은 상이한 역할을 수행하는 가운데 한일 양자 사이의 직접적 안보 협력 관계는 발전하지 않았다. 탈냉전기에서 한일 양자 사이의 안보 협력은 초보적 인적 교류 정도를 넘어서지 못했다. 탈냉전기에도 미국과 함께 싸우는 한국의 역할에는 변화가 없었으나, 일본의 역할에 대해서는 미일 양국에서 변화의 필요성이 제기되었다. 미일 양국은 1997년에 미일 방위가이드라인을 개정하였다. 1978년에 체결된 미일방위가이드라인에는 일본이 직접 공격받았을 때 주일 미군과 자위대 사이의 협력에 대해서만 상세하게 기술되어 있었다. 1997년 개정된 미일방위가이드라인에는 일본의 주변 지역에서 군사 충돌이 발생했을 때(주변 사태) 주일 미군과 자위대의 협력에 대한 내용이 추가되었다. 현실적으로 한반도에서의 군사 충돌이 벌어졌을 때 미군에 대한 자위대의 후방지역지원 역할에 대한 내용이 선명하게 반영된 것이다. 냉전기에 미군에 기지만 제공하는 역할에 국한되어 있고, 미군과의 군사적 협력에 대해 소극적이었던 일본이 변화된 모습을 보여주게 된 것이다.

1997년에 미일방위가이드라인에서 일본의 주변은 특정한 경계가 없이 추상적으로 기술되어 있는 가운데, 중국에서는 미일방위가이드라인의 '주변'에 중국이 포함되는지에 대한 질문을 제기한 바 있다. 1990년대에 미일 양국 모두에서 장래 중국이 위협적 존재가 될 수 있다는 중국위협론 인식이 존재했만, 미일방위가이드라인 개정이 중국의 안보적 위협에 대한 대응을 본질로 하고 있다고 보긴 어렵다. 하지만, 미일방위가이드라인 개정에 합의한 미일 양국 정상회담이 열렸던 1996년 4월은 타이완 총통선거를 앞두고 리덩후이 총통을 견제하기 위한 중국이 벌였던 군사 훈련에 대응하기 위해 미국이 대만해협에 항공모함을 파견한 한달 후의 시점이었다. 즉 타이완 해협을 둘러싼 미중 긴장의 가운데 미일 양국 사이에 합의한 안보협력 강화가 중국을 대상으로 하지 않는다고 단언하기 어렵다. 1990년대 미일방위가이드라인 개정을 통한 미일 안보 협력 강화는 이후 미중경쟁 시대 미일 안보 체제 진전의 밑바탕이 된다.

1990년대 미일 안보 협력 강화는 탈냉전기 일본의 새로운 국가정체성 고민과 연결된다. 미군의 주둔을 용인하는 가운데 평화헌법 속에서 경무장의 길을 추구했던 요시다 노선은 냉전기 내내 일본 안보 정책의 중심적 기조였다. 하지만 냉전 종식 후 경제력에 걸맞은 국제적 국가 위상 제고 고민 모색에서 안보 부분에서도 일정한 역할을 수행해야 한다는 보통국가론 담론이 정책집단 내에 상당한 설득력을 얻어갔다. 탈냉전과 맞물린 새로운 국가정체성 고민은 한국과 중국에게도 예외가 아니었다. 한국의 민주화는 탈냉전 시기 한국의 외교 공간 확대에 중요한 요인으로 작동하였다. 민주주의 국가 한국은 탈냉전기에 자유수의 국제질서에 협력 파트너로서 자연스럽게 자리매김할 수 있었다. 한편 공산당 일당 지배체제를 유지하는 가운데 시장경제 메커니즘 도입을 통한 경제성장을 추구하던 중국은 1989년 천안문 사건에서 사회의 정치참여 열기를 국가 폭력으로 제압했다.

체제적 측면에서 동아시아 국가 사이의 유사성은 여전히 없었지만, 1990년대는 동아시아 국가들 사이의 관계 개선에 대한 적극적 움직임이 상호 강하게 작동하던 시절이었다. 한국과 일본 사이에는 양국 협력을 지역 차원에서 그리고 세계 차원에서 발전시켜야 한다는 공감대가 있었다. 한국과 중국, 일본과 중국 사이에는 중국의 경제 성장에 대한 상호 이해가 맞물려 협력 지향성이 강화되었다. 중국과 일본은 1970년대부터 적극적 상호 교류를 진행해 왔다면, 한국과 중국 사이의 관계 재정립은 탈냉전이라는 조건 속에서 가능하게 되었다.

하지만 1990년대 한일 관계와 중일 관계의 진전은 역사인식 문제로 지체되었다. 역사인식 문제는 본질적으로 냉전기에 제대로 이루어지지 못했던 전후 처리의 불완성에서 기인한다. 특히 일본의 침략 전쟁에 동원되었으나 제대로 된 피해보상을 받지 못했던 피해자들의 목소리가 1990년대 분출하였다. 특히 일본군 위안부 문제는 한일 양국 관계에 핵심적 어젠다로 대두하였다. 성찰적 관점에서 또는 탈냉전기 외교전략적 관점에서 반성과 사과를 담은 일본 정부 입장이 나오곤 했으나(1993년 고노 담화, 1995년 무라야마 담화 등), 법적 문제는 이미 해결되었다는 기조에서 벗어나지 못했다. 한편 일본 보수 정치인들의 반동적 역사인식에 기반한 언설은 한일 관계와 중일 관계를 더 어렵게 하는 요인이 되었다.

이러한 역사인식 문제는 2000년대 들어 고이즈미 총리의 지속적 야스쿠니 신사 참배(2001~2006년 6회)로 악화되었다. 1998년 한일 파트너십 공동선언과 중일 파트너십 공동선언을 통해 상호 협력 관계 증진을 꾀하고자 했던 계획이 진행될 수 없었다. 2000년대 역사인식 문제는 한중 관계에서도 발생했다. 중국의 동북공정에 대해 한국은 고대사 왜곡으로 비판하며 고구려연구재단(이후 동북아역사재단)을 설립했다.

냉전기에 일본 제국주의의 식민지 지배와 침략 전쟁의 문제를 제대로 대응하지 않은 것이 1990년대 이후 역사인식 문제를 둘러싼 동아시아 국가 간 갈등 양상을 제고시키는 가운데, 이들 국가 내 민족주의 정서는 역사인식 문제 해법 모색을 더욱 어렵게 하는 요인으로 작동했다.

2 동아시아 경제질서의 변화와 동아시아 지역주의

역사인식 문제를 비롯한 갈등 사안에도 불구하고 경제 분야에서 동아시아 국가간의 협력은 1990년대와 2000년대에 견조했다. 동아시아 경제네트워크는 1990년대까지 일본의 해외투자에 의해 견인되었다. 다른 동아시아 국가들과는 달리 전후 신속한 경제재건에 성공한 일본은 1964년에 OECD에 가입하며 선진국 반열에 올랐다.

경제 규모와 산업 역량에 있어서 압도적인 우위를 상당기간 유지했던 일본은 전후 동아시아 국가들의 경제성장에 긴밀하게 연결되어 있었다. 우선 전후 처리를 위한 공적 자금, 상업 차관, 민간 투자 등을 통해 일본은 동아시아 각 국가 경제성장에 중요한 역할을 수행했다. 한편, 1985년 플라자 협정 이후의 엔고 현상은 일본 기업들의 해외 특히 동남아시아와 중국에 대한 직접 투자의 확대를 가져왔다. 1980년대 후반에는 일본 기업의 해외 직접투자를 통한 동아시아 경제 네트워크화가 크게 진전되었다. 하지만 일본 중심의 동아시아 경제 네트워크에서 주의할 점은 일본이 자본, 기술 공급과 더불어 다른 국가의 생산까지 흡수하는 역할까지 나아가지 못했다는 점이다. 일본 중심 투자로 인한 동아시아 국가 생산의 최대 수입처는 미국이었다.

1990년대 들어 일본의 자산가치 붕괴가 시작하였지만, 일본 금융기관의 부실이 표면화된 시점은 1997년경이다. 1990년대 초중반에 일본 금융기관들이 대출을 대폭 확대한 대상이 동아시아 국가에서의 설비 투자였다. 1997년 한국을 비롯한 여러 동아시아 국가들이 외환위기를 경험하였을 때, 한국 입장에서 일본 금융기관의 대출 회수가 가장 중요한 고민거리이기도 했다. 시기마다 중점적 수단은 다르지만, 전후 처리로서의 공적 자금, 상업 차관, 직접 투자, 대출 등으로 일본 중심의 동아시아 경제 네트워크화가 꾸준히 발전해 왔다.

경제 네트워크화를 자국의 영향력 강화를 위한 제도틀 구축으로 연계하려는 의지는 일본에게 전후 내내 존재했다. 하지만 미국 중심의 세계경제질서와 분리된 지역경제질서에 대한 관심은 제한적이었다. 1990년대 아시아태평양 중심의 지역협력 구상과 동아시아 중심의 지역협력 구상이 경합할 때 일본은 결국 미국이 선호하던 아시아태평양 지역협력으로 자신의 선호를 맞추어 나갔다. 또한 1997년 동아시아 금융위기 국면에서 일본의 독자적 지원에 대해 반대하던 미국의 입장을 수용해서 따랐다. 물론 당시 일본 금융기관의 부실 문제로 일본이 주변 국가들의 외환 위기 문제에 적극적으로 나설 수 있는 여건이라고 보긴 어렵지만, 미국의 IMF 중심의 대응 원칙은 일본 내 AMF 창설 구상을 봉쇄했다.

하지만 1998년에 들어 일본을 포함한 동아시아 국가들에게 지역적 협력 메커니즘을 통한 잠재적 외환 위기 대응 해법에 대한 공감대가 증가했고, 그 결과 2000년에 치앙마이 이니셔티브(CMI)가 탄생하였다. 치앙마이 이니셔티브는 아세안 국가들과 한중일 삼국의 통화 스와프 협정으로, ASEAN+3라는 지역협력 제도틀이 동아시아 지역주의의 중심 플랫폼이 되는 계기가 되었다. 이 과정에서 1998년 일본이 제안한 미야자와 플랜은 치앙마이 이니셔티브 탄생에 중요한 역할을 했다.

ASEAN+3 플랫폼 속에서 통화 협력을 강화하고 무역 자유화를 진전시켜 동아시아 지역주의 완성도를 높이자는 관점에 대해 회원국 모두 공감대가 있었으나, 2000년대 들어 ASEAN+3를 중심으로 하는 지역주의 제도화는 쉽게 진전되지 못했다. 양자 통화 스와프를 다자화하는 논의는 중일 양국 사이에 출자 비중에 대해 합의가 나오지 않아 공전되었다. 양자 FTA를 다자화하는 논의도 ASEAN+3를 범주로 하는 동아시아 자유무역협정(EAFTA)과 ASEAN+6(호주, 뉴질랜드, 인도 추가)를 범주로 하는 동아시아 포괄적 경제 파트너십(CEPEA) 구상이 중일 양국 중심으로 경합하였다. 2000년대 들어서 일본에서는 지역주의 협력에 대한 적극성이 사라진다. 과거에 지니고 있었던 지역주의 협력에 주도성을 더 이상 활용하기 어려운 가운데, 중국의 영향력에 대한 견제적 태도가 강화되었기 때문이다.

한편 동아시아 지역주의 협력에서 한국은 아세안과 더불어 중일 양자 사이를 중개할 수 있는 위치에 있었으며, ASEAN+3 플랫폼에 대한 적극적 관여를 꾸준히 보여주었다. 2000년대는 물론 2010년대에도 한국의 지역비전에서 동아시아 범주 중심성은 지속된다. 하지만 ASEAN+3 플랫폼 속에서의 무역 자유화 논의와는 별개로, 2000년대 한국은 미국과의 FTA 추진을 통해 동아시아를 넘는 세계 경제질서에 적극적으로 관여하는 선택을 하였다. 지역주의 제도 구축에서 중일 양국 사이의 경합성이 선명해지는 가운데, 지역주의에 얽매이지 않고 글로벌 규범에 선도적으로 맞추려는 도전으로 이해할 수 있다.

ASEAN+3를 중심으로 하는 동아시아 지역주의 발전의 정체는 동아시아 경제질서의 성격이 일본 중심성에서 중국 중심성으로 변동하고 있었기 때문이다. 1980년대 이래로 해외직접투자를 통한 가공무역으로 경제성장을 추구해 온 중국은 2001년 WTO에 가입한 후 글로벌 생산 네트워크에서 최종 조립처로서의 위상을 강화하였다. 물론 중국의 경제성장은 한국, 일본 등에게도 성장의 동력이 되었다. 글로벌밸류체인의 발전 속에서 중국에서의 최종 생산을 위한 중간재와 자본재 수출이 증가하였기 때문이다. 중국이 중간재와 자본재를 한국, 일본 등에서 수입하고, 최종재를 미국 등 선진국으로 수출하는 삼각 무역 구조 속에서 중국의 경제성장은 2000년대에 가속화되었다. 중국의 경제성장 속에서 동아시아 경제네트워크 중심성이 갈수록 중국으로 이동하여 갔다. 1995년의 일본 중심적 동아시아 경제네트워크가 10년만에 중국 중심으로 그 성격이 크게 변화했다.

V 미중경쟁기 동아시아 국제관계

1 경합하는 지역질서 비전

중국의 경제성장은 미래 세계질서와 지역질서에서 중국의 위상과 역할의 제고를 의미하고, 이에 대한 위협 인식은 1990년대에도 존재했다. 하지만 중국의 경제성장이 세계경제 성장을 견인하는 가운데 중국의 WTO 가입을 통한 글로벌 시장경제 질서로의 편입은 서방 세계에 의해 환영되었다. 더불어 덩샤오핑 이래 중국 공산당 지도부가 택했던 미국 주도 자유주의 국제질서에 대한 도전적 자세를 보이지 않는 '도광양회(韬光养晦)' 외교사조는 1990년대와 2000년대에 '책임대국론(責任大國論)', '유소작위(有所作为)', '화평굴기(和平崛起)'로 이어졌다. 중국의 자유주의 국제질서에 대한 수용적 태도 속에서, 중국의 체제 전환에 대한 장밋빛 전망이 존재했던 것도 사실이다.

하지만 세계질서에 대한 중국의 구상은 2010년대 들어 크게 변화했다. 2012년 11월 중국 공산당 중앙위원회 총서기로 선출된 시진핑은 '중화민족의 위대한 부흥'의 실현을 근대 이래 중화민족의 위대한 꿈(중국몽)이라 언명했다. 2013년 3월 국가주석에 취임한 그는 중국몽이 평화, 번영, 발전, 협조 등으로 타국과 윈윈할 수 있는 비전임을 강조하기도 하였다. 하지만, '중화민족의 위대한 부흥'을 위한 중국몽의 상세 계획은 자유주의 국제질서에 대한 도전적 성격을 지니고 있었다.

중국몽의 경제 측면의 핵심 계획으로 등장한 것이 '일대일로'이다. 중국 정부가 2013년에 제안한 일대일로는 유라시아 대륙을 경유해 유럽까지 이어지는 '실크로드 경제벨트'와 중국연안에서 동남아시아, 남아시아, 아라비아반도, 아프리카 동해안을 잇는 '21세기 해상 실크로드' 두 개로 구성되고, 이 지역의 인프라 정비를 중심으로 하는 자금 투여 구상이다. 전 세계 신흥국들은 항시적 자본 공급 부족 상태에 있는 가운데, 중국의 자본 투자에 대해 환영의 목소리가 컸다. 일대일로 구상은 새로운 다자개발은행 아시아인프라투자은행(AIIB, Asian Infrastructure Investment Bank)의 설립과 병행 추진되었다. 2013년에 제안되어 2016년에 결성된 AIIB는 초기에 일대일로 구상에 대한 투자 계획과 밀접하게 연계된 다자개발은행의 역할을 맡는 것으로 시작하여 차츰 그 활동 영역을 넓혀 나가고 있다.

인프라 투자를 중심으로 하는 중국의 영향력 확대 전략은 미국의 실질적 리더십하에 작동하는 국제통화기금(IMF)과 세계은행(World Bank)을 주축으로 하는 글로벌 경제질서에 대한 도전이 될 수 있다. 미국은 일대일로와 AIIB를 중심으로 하는 중국의 영향력 확대 노력에 대해 불안과 불만을 지니고 있었으나, 신흥국에 대한 자금 조달로 중국과 경쟁할 여력도 없고 이에 대한 국내적 합의도 나오기 어려운 형편이었다. 일대일로 구상이 저발전 신흥국에게 채무위기를 야기한 문제점은 분명 존재한다. 하지만 전 세계를 대상으로 하는 자금 조달 계획은 냉전 초기 미국 원조정책과 유사한 측면이 있다. 이는 중국이 패권국으로서의 면모를 갖추려 한다는 것을 암시한다.

중국 시진핑 체제의 중국몽과 일대일로 구상에 대해 가장 민감하게 대응한 국가는 일본이었다. 2012년 12월 출범한 제2기 아베 정권은 중국의 부상에 대해 다방면으로 대응하는 전략적 자세를 보여주었다. 인프라 투자에 있어서도 한때 '양질의 인프라 투자'를 내세워 일대일로 구상과 대항하는 모습을 보이기도 했으나, 인프라 투자 부분에 있어서의 경합은 크게 진전되지 않고, 2018년경에는 중일 양국 협력으로 전환하는 모습도 보였다.

중국 영향력 확대에 대한 일본 대응의 중심에는 환태평양경제동반자협정(TPP)이 존재한다. 2005년 뉴질랜드, 싱가포르, 칠레, 브루나이 4국에 의해 시작된 자유무역협정틀은 2008년에 미국이 들어온 후 확연하게 미국 주도로 움직이게 되었다. 미국은 TPP를 통해 WTO 무역규범보다 높은 수준의 자유무역 원칙을 확산시키고자 하였다. 2012년 일본의 TPP 협상 참여에는 통상 정책 차원의 고려보다 중국 견제의 성격이 강했다. 2015년에 조인된 TPP는 2017년에 출범한 미국 트럼프 정부가 TPP로부터 탈퇴하면서 위기를 직면하게 되지만, 일본의 리더십으로 포괄적 · 점진적 환태평양경제 동반자 협정(CPTPP)으로 발전했다.

TPP와 CPTPP에서 일본이 강조하는 규범 중심성은 '자유롭고 열린 인도태평양(Free and Open Indo-Pacific, FOIP)'을 통해 대표되는 일본 지역질서 비전의 핵심적 내용이다. 일본 정부는 이 용어를 2016년에 처음으로 사용하기 시작하였으나, 이미 2000년대 중반에 등장했던 민주주의, 인권, 법의 지배와 같은 보편적 가치를 외교의 중심에 놓는 가치관외교에서 그 기원을 찾을 수 있다. 가치관외교는 체제의 상이성과 별개로 공통의 이익 증진을 위한 협력에 대해 강조했던 탈냉전기 일본의 근린 외교 기조로부터의 이탈을 의미한다. 2010년대 후반에 '자유롭고 열린 인도태평양'으로 정립된 가치 지향적 일본의 외교 기조는 상황에 따라 세부 내용에 있어서의 유연성을 보이기도 하지만, 규범성을 강조하는 차원에서 용어 사용이 지속되고 있다. 나아가

'자유롭고 열린 인도태평양'은 미국에 의해 수용되어 중국 견제의 용어로 폭넓게 사용되고 있다.

2010년대 들어서 중국의 중국몽과 일대일로 구상, 그리고 일본의 TPP에 대한 적극성과 '자유롭고 열린 인도태평양' 외교 기조에서 주목할 점은 중국과 일본 모두 더 이상 동아시아 범주의 지역구상을 내놓지 않고 있다는 점이다. 반면에 한국에서는 2010년대에도 여전히 동아시아 범주의 지역구상이 지속되었다. 박근혜 정부의 동북아평화협력구상과 문재인 정부의 동북아플러스책임공동체가 그 사례다. 한국의 동아시아 지역 범주에 대한 지속된 관심은 한반도 평화번영을 위한 북한 핵문제 해결과 남북 관계 개선이라는 정책 과제가 중심적일 수밖에 없는 상황과 연결되어 있다. 물론 문재인 정부 하반기 이래로 한국도 '자유롭고 열린 인도태평양' 개념에 대한 수용적 태도를 보여왔다. 하지만 2022년 이래 한국의 인도태평양 외교는 독자색을 지니고 있다기보다는 미일 추종적 성격을 강하게 지니는 한계가 컸다.

2 위태로운 동아시아 군사 균형

중국은 1990년대 이래로 꾸준하게 군사 현대화를 추진해 왔다. 중국 군사 현대화는 냉전기에 미국에 의한 봉쇄 상태에서 벗어나 서태평양에 대한 영역지배를 실현하는 것을 목표로 한다. 중국의 서태평양 영역지배 전력은 2000년대 들어 미국에 의해 반접근 · 지역거부(A2AD, Anti-Access, Area Denial)로 불려져 왔다. 중국에서 제1도련선과 제2도련선 개념은 1980년대에 이미 등장하였으나, 중국의 해양 군사 전략에서 이 지역에서 미국 해군력의 접근 방지를 위한 군비 증강은 1990년대 들어 잠재적 적국을 미국으로 설정하기 시작한 후 본격적으로 추진되어 왔다. 반접근 · 지역거부 전략은 장기적으로는 서태평양 해상에 대한 중국의 군사적 통제를 꾀하는 목표를 지니고 있다. 이를 위해 중국은 1990년대와 2000년대에 국방비를 매년 10~25% 내외로 크게 늘려왔다.

중국은 서태평양에서의 미국에 대한 군사적 억지 능력 확대를 위해서는 해군 전력과 더불어, 핵미사일 전력을 통한 상호확증파괴 능력 보유가 중요하게 고려되어 왔다. 이를 위한 핵전력의 현대화, 다각화 등이 추진되어 왔다. 미국 국방부는 중국이 2024년 기준으로 600발 이상의 핵탄두를 보유하고 있으며, 2023년까지 1,000발 이상으로 보유량을 확대할 수 있다고 보고 있다. 특히 주목할 점은 미사일 전력이다. 중국은 미국과 러시아 사이의 중거리 핵전력 조약에 구속받지 않는다. 중거리 핵전력 조약의 규제하는 사정거리 500~5,000km의 지상 발사형 미사일 전력은 중국이 미국을 앞선다는 것이 미국 국방부의 관찰이다. 2018년 미국 트럼프 행정부가 중거리 핵전략 조약에서 탈퇴한 것은 이러한 맥락에서이다.

중국의 군비 증강에 대한 미국의 대응 전략 중 주목할 점은 인도태평양 지역에 냉전기에 형성했던 여러 동맹국 및 협력국과 개별적으로 맺었던 안보 협력 관계(허브앤스포크 시스템)를 네트워크화하는 방향에 대한 선명한 선호에 있다. 미국이 추구하는 격자형 동맹 네트워크는 대서양의 나토와 같은 집단 안보 체제로의 빠른 전환은 현실적이지 않더라도 다각적 소다자협력 네트워크를 구축해서 중국의 군비 증강에 의해 흔들리는 군사 균형에 대응한다는 전략 구상에 입각해 있다. 더불어 지역 내 여러 동맹국들에게 중국 견제를 위한 전략적 입장의 공유와 이를 위한 적극적 군비 증강을 주문했다.

중국 견제를 위한 동맹국들의 진전된 역할에 대한 미국의 기대에 가장 적극적으로 호응한 국가는 일본이다. 일본에서는 2010년과 2012년에 중국과 센카쿠 영유권 분쟁을 겪은 후 중국에 대한 위협 인식이 현격하게 제고되었다. 2012년 9월 이후 중국 해경 선박이 센카쿠 해역에 꾸준히 진입하고 있다. 기존의 센카쿠 제도에 대한 모두스 비벤디(Modus vivendi)는 깨진 상황이다. 일본은 센카쿠 제도가 미일안보 조약의 대상 지역임을 미국 정부 관계자로부터 확인받는 외교적 대응을 추구하는 한편, 오키나와 해역에서의 군사 능력 강화를 꾸준히 진행시켰다. 나아가 제2기 아베 정권은 집단적 자위권에 대한 헌법 해석을 변경하여 일본이 무력 침공을 받지 않더라도 중요한 관계국이 공격받을 때 자위대가 함께 싸울 수 있는 존립위기 사태 개념을 도입하였다. 이를 통해 미군에 대한 자위대의 후방지원을 넘어, 일본에 대한 직접 무력 공격이 아니어도 자위대가 미군과 함께 싸울 수 있는 법적 근거를 확보했다. 2022년에는 적의 공격이 예상될 때 그 적의 기지를 선제 공격하는 것은 자위의 일부라는 해석을 명확히 하며, 이를 위한 공격 능력인 미사일을 반격능력의 이름으로 보유하기로 결정했다. 일본의 반격능력 보유는 미사일 전력 측면에서 중국에 대한 미국의 열세를 보완하는 의미를 지니기도 한다.

중국의 군비 증강과 미일안보관계 강화 및 일본의 군사적 역할의 변화는 상호 작용하면서 동아시아에서 군사적 대립 관계를 강화하고 있다. 2020년대에는 타이완이 미중 경쟁이 군사적 충돌로 이어지는 핵심 지역으로 고려되고 있다. 중국의 타이완 침공에 대한 여러 시나리오 논의와 이에 대한 대응책에 있어서의 각국의 대응에 대한 논의가 동아시아 군사적 역학 관계에서 중심적이다. 한편, 1990년대 이래로 부침을 거듭하고 있는 북한의 핵개발을 둘러싼 위기는 미중경쟁의 군사적 대립 관계 강화와 반드시 일치되어 연계되어 있던 것은 아니었다. 북한의 핵개발은 그 자체로 한반도와 동아시아 전역의 안보 위협 요인이긴 하지만 미중경쟁의 구조적 요인에 의해 구속된다고 보기 어렵다. 하지만 러시아의 우크라이나 침공 맥락에서 러시아와 군사동맹을 수립하고 한국을 적대적 '국가'로 규정한 북한의 변화로 인해 북한 문제를 둘러싼 대립 구도가 미중 경쟁과 일체화될 가능성도 커지고 있다.

한편 중국 정부는 2014년에 제시한 총체적국가안보관 개념을 통해 광의적 안보 개념을 제시하고 있다. 1970년대 일본에서 등장했던 종합안전보장과 유사한 개념으로 정치, 군사, 국토, 경제 등 모든 분야에서의 안전보장을 확보해야 한다는 관점이다. 현재 이러한 흐름은 중국뿐만 아니라 글로벌 추세다. 전략적 물자와 기술에 대한 우위를 확보해서 타국과의 외교안보 관계에서 활용하고자 하는 경제안보 발상은 최근 모든 국가 행위사에 의해 적극적으로 수용되고 있다. 동아시아는 정경분리라는 용이가 어울리는 않는 국면으로 접어들고 있다. 이는 동아시아만의 현상이 아니라 글로벌적 현상이지만, 현재 동아시아는 글로벌 차원의 갈등과 대립의 중심 무대이다.

VI 맺음말

동아시아 지역은 제국주의, 전쟁, 냉전, 탈냉전과 세계화, 미중경쟁의 글로벌 구조 변화 속에서 역동적인 국제관계의 변화를 보여 왔다. 청일전쟁과 러일전쟁 이후 구축된 일본 제국주의 지역질서는 식민지 지배와 침략전쟁의 과오 속에 1945년 붕괴되었다. 그 후에 구축된 냉전기 진영 대립의 지역질서는 갈등의 강화와 이완이 오가는 가운데 1980년대 말 공산주의권의 붕괴로 막을 내렸다. 탈냉전기의 미국 주도 자유주의 국제질서 속에서 동아시아에서는 포괄적 지역협력에 대한 적극적 정책 지향성이 발견되었으나, 중국의 부상 속에서 포괄적 지역협력은 실현되지 못했다. 2010년대 이후 미중경쟁 구도는 동아시아 지역에서 대립 구도를 다시 강화시키고 있다.

미중경쟁의 핵심 무대인 동아시아 지역의 미래에 대한 전망은 그다지 밝지 못하다. 이론적 관점에서 '예정된 전쟁'으로의 귀결 전망이나, 특정 시기(2027년 또는 2035년)가 제시되는 중국의 대만 침공 시나리오 등이 회자되고 있다. 2020년대 동아시아 지역에 존재하는 갈등과 대립의 에너지를 견주어 보면 미래 군사 충돌의 가능성이 없진 않다. 하지만 모든 경쟁과 갈등이 반드시 군사적 충돌로 이어지지는 것은 아니다. 경쟁과 갈등을 관리하는 지혜에 대해 역내 행위자가 함께 고민하는 자세 자체가 더욱 중요한 시점이다.

추천문헌

신욱희. 2017. 『삼각관계의 국제정치: 중국, 일본과 한반도』. 서울대학교출판문화원.

강상규. 2021. 『동아시아 역사학 선언: 근대 동아시아에 나타난 역사적 전환들』. 에피스테메.

에즈라 보걸. 2021. 『중국과 일본: 1,500년 중일 관계의 역사를 직시하다』. 까치.

손열. 2023. 『개념전쟁: 아시아에서 인도-태평양까지, 강대국의 공간 지배 전략과 한국의 선택』. EAI.

서승원. 2024. 『우리는 어떻게 연결되어 있는가: 동아시아 국제관계와 전략적 파트너십』. 트리펍.

PART 03

쟁점

CHAPTER
07

전쟁과 평화

조 동 준 | 서울대 정치외교학부 교수[1]

I 머리말

전쟁은 인간 집단간 조직화된 폭력이 표출된 현상으로 인류의 등장 이후 상수처럼 존재한다. 기원전 2450년 일어났던 우마-라가쉬 전쟁(Umma-Lagash War)이 기록에 남은 최초의 조직화된 전쟁이지만, 인간 집단 간 전쟁은 씨족을 이루던 시점부터 항상 존재하였다. 특히 신석기 시대 인류가 정주생활을 하면서 전쟁의 빈도와 강도가 높아졌고, 인류가 과학기술을 발전시키면서 전쟁의 강도와 지리적 영역이 확대되었다. 인간의 전쟁과 관련된 최초 기록부터 20세기 중반까지 총 3,421년의 기간 동안 지구상에서 전쟁이 없던 시간은 고작 268년이다(Durant and Durant 1968, 81). 인류가 지구상 전쟁을 체계적으로 기록한 1816년부터 2014년까지 국제무력분쟁은 총

1 이 글은 저자의 몇 저작을 일부 수정하여 작성되었다(2016 "전쟁이 없는 세상을 어떻게 만들까?" in 전우택 편, 평화에 대한 기독교적 성찰, 새물결플러스; 2019 "평화 개념을 찾아가는 유네스코" in 강인욱 외, 평화를 향한 유네스코의 역할, 서울:유네스코 한국위원회; 2022 "주제 3: 지정학적 분쟁을 넘어 세계 평화와 정의" in 이경한 외, 세계시민과 지리'과목 교과서 및 교수 학습 자료 개발자를 위한 유네스코 세계 시민교육 권고안).

2,436회가 보고되었고, 1,000명 이상 전사자가 발생한 국제전도 106회 일어났다.

인류에게 평화가 가능한가? 전쟁이 없는 세상을 어떻게 만들까? 인류가 과학기술을 발전시키고 전쟁에 활용하면서, 이제 전쟁은 인류의 멸망까지 초래할 수 있게 되었다. 20세기 후반 강대국간 전쟁의 부재로 인하여 인류가 전쟁의 공포를 극복한 듯 보였지만, 2022년 이후 인류가 러시아-우크라이나 전쟁, 이란-이스라엘 전쟁, 인도-파키스탄 전쟁, 파키스탄-아프가니스탄 전쟁을 겪으면서 전쟁과 평화는 인류에게 풀리지 않는 숙제라는 점이 다시 확인된다.

전쟁과 평화에 대한 관심은 국제정치학의 탄생 배경이다. 1차대전과 같은 참상을 다시는 반복하지 말자는 규범적 목적에서 국제정치현상을 전문적으로 연구하는 교수직이 1차대전 이후 만들어졌고 1919년 애버리스트위스 대학교(Aberystwyth University)에서 최초 신설되어 국제정치학이 분과학으로 성장하였다. 20세기 전반기 국제정치학계는 전쟁의 양상에 대한 기술, 전쟁의 원인에 대한 분석, 전쟁을 막기 위한 방책 등에 연구활동을 집중했다. 1960년대 이후 다른 쟁점의 중요성이 증가하고 전쟁 위험의 부침에 따라 연구주제로서 전쟁과 평화의 지위가 변동했지만, 전쟁과 평화는 여전히 국제정치학계의 중심에 있다.

Ⅱ 국제전의 추세

지난 200년간 전쟁사는 인류가 걸어온 어두운 발자국을 보여주는 동시에 전쟁 위험이 감소된다고 해석될 수 있는 희망을 보여준다. 전체적으로 보면 국제전의 강도와 폭이 동시에 증가하는 듯 보이지만 1990년대 이후 국제전의 위험이 감소하는 경향이 있다. 이 절은 19세기 이후 국제전의 양상을 정리한다.

그림 3-1 국제군사분쟁의 추세, 1816~2014

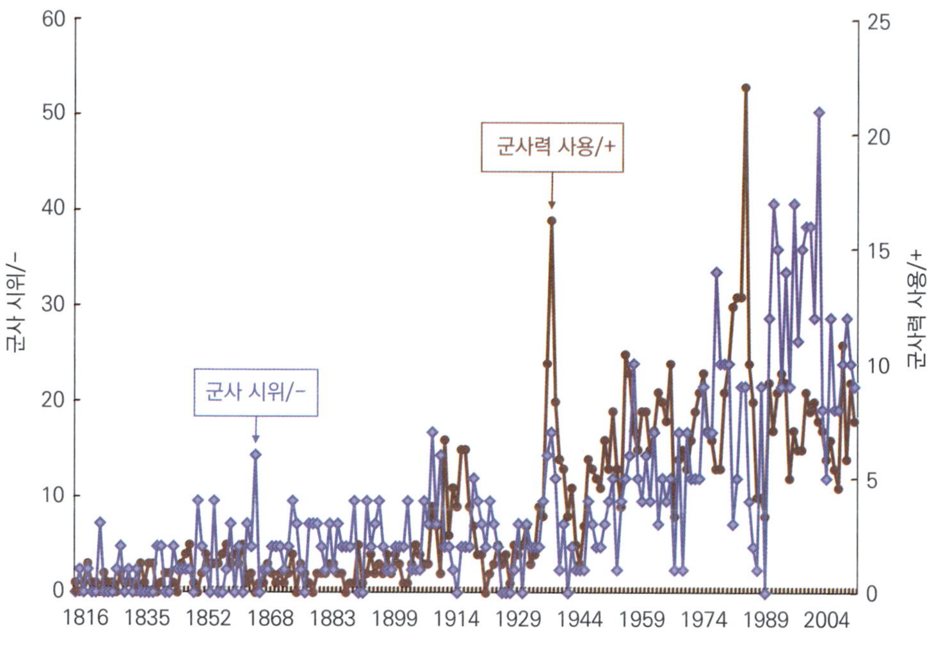

자료: Palmer et al. 2020.

1 군사분쟁의 확대 vs. 분쟁 강도의 감소

지난 200년간 전쟁의 양상은 외견상 상충적 현상을 보여준다. 첫째, 그림 1은 국제군사분쟁의 빈도가 200년간 증가하는 추세를 보여준다. 1차대전과 제2차 세계대전 사이, 제2차 세계대전 직후, 냉전 종식 직후 국제군사분쟁이 줄어드는 예외적 현상을 제외하면, 군사 위협과 시위를 포함하는 낮은 강도의 군사분쟁("군사 시위/-")과 실제 군사력 사용 이상의 높은 강도의 군사분쟁("군사력 사용/+")이 증가한다. 국제군사분쟁의 증가는 크게 두 원인으로 설명된다. 먼저 주권국가의 숫자가 증가하면서, 잠재적으로 군사분쟁을 겪을 수 있는 국가 쌍(예를 들어 한국-일본 관계)이 증가했다. 예를 들어 1816년 총 23개국이 253개 국가 쌍을 구성한 반면, 2001년 총 191개국이 18,145개의 국가 쌍을 구성하게 되었다. 국가의 숫자 증가는 군사분쟁의 절대 숫자를 늘리는 효과를 가져왔다. 또한 19세기 교통운송 능력이 비약적으로 발전하면서 원거리 군사작전을 수행할 능력이 증가했다. 증기기관선과 철도를 통하여 육상과 해상에서 대규모 인력과 장비를 수송할 수 있게 됨에 따라 국가는 멀리까지 국력을 투사해 군사분쟁을 참여할 수 있게 되었다.

둘째, 그림 3-1은 냉전 종식 후 군사분쟁의 빈도가 줄어드는 경향을 보인다. 1988년부터 2014년까지 35개 신생독립국이 등장하여, 국제지형이 냉전기보다 복합적으로 변했고 국가분리과정 중 국제분쟁이 군사분쟁으로 비화될 위험성이 있었지만, 오히려 국제분쟁의 빈도는 감소했다. 냉전 종식 후 국제전이 감소하는 추세는 2022년 우크라이나 전쟁 이전까지 공고하게 진행되는 듯 보였다.

표 3-1은 국제군사분쟁의 강도가 줄어드는 추세를 보여준다. 지난 200년을 여러 강대국이 패권적 지위에 도전하던 시기(1816~1945), 양강 구도를 형성했던 시기(1946~1989), 미국 중심의 질서가 유지되었던 시기(1990~2001)로 구분하면, 미국 중심의 질서가 유지된 시기 군사분쟁 중 실제 군사력이 사용된 군사분쟁의 비율이 감소했다. 더 나아가 군사분쟁 당 전사자 숫자는 현저하게 줄어드는 추세를 보인다. 현역군인의 숫자가 1816년 총 198만명에서 2001년 총 2,041만명으로 증가해 교전 발생 시 전사자가 증가할 위험이 현저하게 증가했지만, 전사자 숫자는 오히려 감소하는 추세다.

표 3-1 시기별 군사분쟁의 강도 변화

	1816~1946		1946~1989		1990~2001		계
군사 위협	73	(7.6%)	54	(4.4%)	27	(5.9%)	154
군사 시위	249	(25.9%)	251	(20.4%)	201	(44.3%)	701
군사력 사용	548	(57.1%)	900	(73.0%)	217	(47.8%)	1,665
전쟁	90	(9.4%)	28	(2.3%)	9	(2.0%)	127
계	960		1,233		454		2,647

2 지정학 vs. 차이

지난 200년간 국제군사분쟁은 소수 국가에 의하여 집중적으로 발생했다. 표 3-2는 국제군사분쟁에서 상위 36개 국가 쌍을 보여주는데, 36개 국가 쌍에서 발생한 군사분쟁이 전체 국제군사분쟁에서 무려 40.2%를 차지한다. 예를 들어 한국-북한 쌍은 1949년부터 2001년까지 총 47회 군사분쟁을 경험했다. 군사분쟁을 자주 겪는 국가 쌍을 비교하면 두 가지 공통점이 존재한다. 첫째, 인접한 국가 쌍이다. 상위 36개 국가 쌍 중 현재 22개 국가 쌍이 육지로 연결되어 있다. 8개 국가 쌍은 근접 해양으로 연결되어 있고, 6개 국가 쌍만이 원양으로 연결되어 있다. 둘째, 멀리 떨어진 국가 쌍은 최소 1개국 이상 강대국으로 포함한다. 인접 해양으로 연결된 국가 쌍도 강대국을 포함하는 경우가 많다. 이는 강대국이 상대적으로 쉽게 원거리로 국력을 투사할 수 있기 때문에 나타나는 현상이다.

표 3-2 군사분쟁 상위 36개 국가 쌍

국가 쌍	군사분쟁	국가 쌍 기간	국가 쌍	군사분쟁	국가 쌍 기간
일본-러시아	57	136	중국-대만	27	53
중국-러시아	54	142	이스라엘-요르단	25	54
그리스-터키	48	172	이스라엘-레바논	23	54
한국-북한	47	53	온두라스-니카라과	23	102
일본-중국	45	136	이란-러시아	22	147
에콰도르-페루	45	148	중국-인도	22	55
인도-파키스탄	40	55	미국-스페인	22	186
이스라엘-시리아	38	52	태국-미얀마	21	54
미국-멕시코	36	171	에티오피아-소말리아	21	42
이스라엘-이집트	35	54	프랑스-독일	21	141
아르헨티나-칠레	33	161	영국-터키	21	186
이란-이라크	33	70	볼리비아-파라과이	21	149
미국-러시아	32	186	태국-베트남	21	48
태국-캄보디아	32	49	독일-영국	18	142
북한-미국	31	54	미국-쿠바	18	98
영국-러시아	29	186	아프가니스탄-파키스탄	18	55
터키-러시아	29	186	프랑스-터키	19	185
미국-중국	28	142	이라크-쿠웨이트	19	41

표 3-3 영토 관련 군사분쟁

	1816~1945		1946~1989		1990~2001		계
영토 관련 군사분쟁 군사분쟁	244 808	(30.2%)	325 1,173	(27.7%)	110 350	(31.4%)	679 2,331
영토 관련 군사분쟁 (전사자 발생) 군사분쟁(군사자 발생)	53 108	(49.1%)	115 232	(50.0%)	26 57	(45.6%)	194 397
영토 관련 전쟁 전쟁(사상자 천 명+)	29 55	(52.7%)	12 22	(54.5%)	3 5	(60.0%)	44 82

자료: Frederick, Hensel, and Macaulay 2017.

인접한 국가 사이에서 군사분쟁이 자주 일어나는 현상은 보편적이다. 육지 또는 강으로 이어진 국가 쌍은 전체 국가 쌍의 3.1%에 불과한데, 전체 군사분쟁의 48.45%를 차지한다. 400마일 이내 해양으로 연결된 국가 쌍은 전체 국가 쌍의 2.1%인데, 전체 군사분쟁의 13.26%를 차지한다. 어떤 이유로 인접한 국가 사이에서 분쟁이 자주 일어나는가? 표 3-3은 전체 군사분쟁 중 29.13%가 영토와 관련되어 있다는 점을 보여준다. 전사자가 발생하는 고강도 군사분쟁의 경우에는 영토 관련 분쟁이 48.87%까지 차지한다. 영토 분할을 둘러싼 분쟁이 고강도 군사분쟁의 주요 원인임을 추정할 수 있다.

국가 간 정치체제의 차이는 군사분쟁과도 연결된다. 민주주의로 구성된 국가 쌍의 경우 국가 쌍-연수의 0.34%가 군사분쟁 상태에 있고 권위주의 국가로만 구성된 국가 쌍의 경우 국가 쌍-연수의 0.62%가 군사분쟁 상태에 있었다. 반면 민주주의와 권위주의 국가로 구성된 국가 쌍의 경우 0.69%가 군사분쟁 상태에 있다. 즉 정치체제가 유사한 국가 쌍은 정치체제가 상이한 국가 쌍에 비해서 안정적이다. 일단 군사분쟁이 일어난 상태에서 고강도 분쟁으로 비화될지 여부도 정치체제의 유사성과 관련되어 있다. 표 3-4는 정치체제와 전사자의 숫자와 연결되어 있다는 점을 보여준다. 민주주의-민주주의 국가 쌍에서는 군사분쟁 중 1,000명 이상 전사자가 나오는 고강도 분쟁이 2.5%에 불과한 반면, 권위주의 국가 쌍에서는 6.3%까지 올라간다. 민주주의 국가 쌍을 제외한 모든 유형에서 고강도 분쟁으로 귀결될 위험성이 올라간다.

표 3-4 정치체제의 유사성과 전사자 규모

국가 쌍	0명	1~25명	26~999명	천명 이상	계
권위-권위	458 76.3%	60 10.0%	44 7.3%	38 6.3%	600
민주-민주	96 80.7%	17 14.3%	3 2.5%	3 2.5%	119
민주-권위	742 83.3%	64 7.2%	53 5.9%	32 3.6%	891
그 외	287 78.4%	29 7.9%	29 7.9%	21 5.7%	366

Ⅲ 평화의 방책

전쟁 재발을 막는 목적에서 시작된 국제정치학은 전쟁의 발생 원인을 규명하는 연구작업에 기반하여 평화를 이루어내기 위한 생각을 만들어 냈다. 이 절에는 국제정치학에서 개발된 평화구축안을 공세적 대응, 방어적 대응, 평화적 방화벽 구축으로 구분하여 정리한다.

1 공세적 대응

국가 간 전쟁은 이해갈등의 정도, 전쟁을 수행하는 능력, 전쟁을 수행할 의지 등에 의하여 영향을 받는다. 폭력을 통한 공세적 대응은 상대방의 전쟁수행능력을 사전에 약화시킴으로써 상대방의 도발을 방지하는 방식이다. 상대방의 전쟁수행능력을 사전에 없앨 수 있다면, 상대방을 일방적으로 굴복시킬 수도 있다. 군부 쿠데타를 우려해 1949년 군대를 스스로 해산한 코스타리카의 결정과 같은 극단 사례를 제외하면, 어느 국가도 전쟁수행능력을 포기하지 않기 때문에, 전쟁수행능력의 사전 분쇄는 폭력 사용을 동반할 수밖에 없다. 따라서 전쟁을 막기 위하여 전쟁을 하는 모순적 상황이 발생한다.

우선 예방전쟁(preventive war)과 선제공격(preemptive war)은 아직 전쟁이 발생하지 않았지만 잠재적 적국이 도발을 한다는 예상 아래 잠재적 적국의 전쟁수행능력을 약화시키는 군사적 행동이다. 예방전쟁과 선제공격 간 차이는 공격 임박성의 정도이다. 예방전쟁은 잠재적 적국의 공격이 임박하지 않지만 상대방에 대한 공격을 의미하는 반면, 선제공격은 잠재적 적국의 공격이 임할 때 상대방에 대한 무력공격을 의미한다. 양자 간 차이는 이념형에 따른 구분에 그치며 실제 세계에서 선제공격과 예방전쟁은 연속선 위에 있다.

자위를 위한 전쟁과 국제연합 안전보장이사회가 승인하는 전쟁만 적법한 무력사용으로 규정하는 국제연합 헌장이 채택되기 전까지 선제공격은 자위권에 해당된다는 관습법이 통용되었다. 즉 잠재적 적국으로부터 공격이 임박했다는 증거를 보이기만 하면, 선제적 공격이 적법 행위로 인정을 받았다. 예를 들어 제1차 세계대전의 경우 누가 먼저 전쟁을 시작했는가 여부가 침략행위를 판단하는 데 아무런 도움을 주지 못했다. 이미 주요국이 군사동원을 진행한 상태였기 때문에, 전쟁 임박을 이유로 전쟁을 시작할 수 있는 환경이 마련되었기 때문이다. 반면 국제연합 헌장의 채택 이후 선제공격의 적법성에 대한 도전이 일어나고 있다. 무력을 먼저 사용한 국가들은 모두 임박한 위협을 사전에 제거하기 위한 자위적 선택이었다고 주장했지만, 1967년 이스라엘의 공격은 선제공격으로 인정을 받은 반면, 1981년 이스라엘이 이라크의 오시라크(Osirak) 원자로를 공격한 사건, 2007년 이스라엘이 시리아 원자로를 공격한 사건, 2001년 미국 주도 연합군의 아프가니스탄 공격, 2003년 미국 주도 연합군의 이라크 공격은 선제공격으로 인정을 받지 못했다. 미국 주도 연합군이 벌인 전쟁에서는 임박성의 정도가 부족했다고 판단되었기 때문이다.

예방전쟁과 선제공격이 전쟁을 막을 수 있는가? 잠재적 적국에 대한 예방전쟁과 선제공격은 전쟁을 막지 못하고 오히려 전쟁의 수렁으로 끌려 들어갈 수 있다. 2001년 아프가니스탄 전쟁과 2003년 이라크 전쟁은 안정화 작업의 실패 또는 미진으로 인하여 상황을 악화시켰다고 평가된다. 1981년 오시라크 원자로 공격과 2007년 시리아 원자로 공습은 국제전으로 이어지지 않고 이라크와 시리아의 핵무기제조능력을 감소시켰지만, 중동의 긴장은 해소되지 않았다. 이스라엘의 입장에서는 장기적 관점에서 안보위협이 줄어들었다고 평가할 수 있겠지만, 최소한 사건 발생 당시 긴장이 높아졌다.

2 방어적 대응

잠재적 적국의 전쟁수행능력에 맞서기 위하여 자국의 방어능력을 키워 전쟁을 막는 방책은 양국 간 국력차이를 기준으로 크게 세 가지로 구분될 수 있다. 첫째, 자국이 군사적 능력이 상대방을 압도하는 수준까지 유지하는 방식이다. 자국의 군사력이 잠재적 적국을 압도하면 상대방이 자신의 패전을 예상하기 때문에 상대방이 쉽게 전쟁을 도발하지 않는다는 논리에 기반한다. 역사적 경험에 비추어 보면, 압도적 국력을 가진 국가를 대상으로 전쟁을 일으키지 않는 추세가 확인된다. 즉, 압도적 군사력은 상대방의 도발을 막는 효과를 가진다. 하지만 반대의 경우 또한 자주 확인된다. 압도적 군사력을 가진 국가가 약한 국가를 위협하거나 약한 국가에게 불리한 조건을 강요함으로써, 정의롭지 못한 평화가 초래될 수 있다. 엄청난 파괴력을 가진 핵무기도 비슷한 효과를 가져온다. 핵보유국에 대한 도전이 줄어들지만, 핵보유국에 의한 압박 또는 도전이 증가하는 경향이 확인된다.

둘째, 잠재적 적국의 군사력에 비례하여 군사력을 유지하는 방책이다. 이 방책은 전쟁의 승패 가능성이 0.5 근처로 모이면 전쟁의 불확실성이 늘어나기 때문에, 불확실성을 피하려는 잠재적 적국이 도발을 하지 않는다고 가정한다. 균형을 유지하는 방법은 자체 무장력을 활용하는 내적 균형과 동맹을 활용하는 외적 균형으로 나뉜다. 전자는 오랜 시일이 걸리고 경제적 부담이 크지만, 세력균형을 안정적으로 유지하는 장점을 가진다. 반면 후자는 짧은 시일에 효과를 가져오고 경제적 부담이 없지만, 동맹국을 신뢰할 수 없기 때문에 세력균형을 안정적으로 유지하지 못한다. 세력균형은 정책으로써 익숙한 개념이지만, 경험 세계에서 평화보다는 갈등과 연결되는 경향을 보인다. 세력균형론의 가정과 달리 전쟁의 불확실성은 전쟁을 피하도록 하기보다는 전쟁으로 끌어들이는 효과를 가진다. 또한 균형을 유지하기 위한 노력을 공격적으로 인지하여, 안보불안이 커지는 효과도 가진다.

셋째, 적정한 억지력을 유지하는 방책이다. 잠재적 적국이 원하는 것을 얻지 못하도록 하는 저지와 달리 억지는 잠재적 적국이 도발할 때 자국이 가하는 피해 때문에 전쟁을 시작하지 못하도록 한다. 즉, 잠재적 적국이 도발을 하여 원하는 것을 얻을 수도 있지만 도발에 대한 보복으로 인하여 심대한 피해를 감수해야 하는 상황을 만듦으로써 잠재적 적국의 자제를 유도한다. 성공적 억지는 상대방이 감내하기 어려울 정도의 보복 능력의 유지와 실제 사용할 의지에 달려있기 때문에, 상대적으로 가장 적은 비용으로 상대방의 도발을 막는 방책이다. 특히 최소억지 정책을 따르면 가장 효과적으로 전쟁을 예방할 수 있다.

억지정책은 본성상 불안정하다. 억지방책을 사용하는 국가는 잠재적 적국으로 하여금 도발에 따른 이익과 손해를 계산하라고 강요하지만, 잠재적 적국이 합리적으로 행동하지 않을 때 억지정책이 효과를 가지지 못한다. 즉, 잠재적 적국이 도발에 따른 모든 피해를 감수할 의지를 보이면서, 반대로 억지정책을 쓰는 국가에게 도발에 대한 보복이 초래할 피해와 무대응 사이에 선택을 강요할 수 있다. 벼랑 끝 전술과 물귀신 작전으로 상대국이 버틸 경우 합리적 억지가 성공하지 못하게 된다.

3 평화 방화벽 설치

비폭력적 방법으로 평화를 도모하는 방책은 크게 세 가지로 나눌 수 있다. 첫째, 민주정을 채택하여 집권자가 자의적으로 전쟁을 선택하지 못하도록 한다. 왕정 국가에서는 군주가 전쟁으로 인한 이익을 전유하지만 전쟁을 치르면서 감내해야 하는 피해는 신민이 담당한다. 반면 민주정에서는 시민이 전쟁의 발생 여부를 결정하는 동시에 전쟁으로 인한 고통과 과실을 함께 경험한다. 즉 민주정에서는 다스림을 받는 자와 다스리는 자가 동일인이기 때문에, 민주 국가는 전쟁을 선택할 가능성이 낮아진다. 민주정의 권력분립, 탄핵, 법치 등은 정치권력의 자의적 사용을 막는 제도적 장치이다.

민주평화론은 경험 세계에서 타당성을 가지지만 민주정과 평화 간 인과관계가 명확하지 않다. 민주주의 국가 간 전쟁이 일어날 위험은 민주주의 국가와 권위주의 국가로 이루어진 쌍 또는 권위주의 국가로 이루어진 쌍보다 훨씬 낮다. 성숙한 민주주의 국가 간 전쟁을 경험한 사례는 아예 없다. 이런 통계 수치는 민주주의 국가와 민주주의 국가 간 관계가 다른 국가 쌍에 비해 질적으로 다르다는 점을 암시한다. 하지만 왜 민주주의 국가가 다른 민주주의 국가와 전쟁을 하지 않는지는 아직 명확한 인과관계가 확인되지 않았다. 민주주의 국가와 민주주의 국가 간 선호 일치, 경제적 관계, 규범 일치, 민주주의 국가의 제도적 장벽 등이 평화를 도모하는 요인이라는 가설이 존재할 뿐이다. 따라서 민주주의를 확산시킴으로서 국제평화를 가져오려는 정책의 타당성이 검증되지 않았다. 일본과 독일처럼 민주주의가 이식된 후 평화를 추구하는 국가가 있는 반면, 대부분은 민주주의 이식에 성공하지 못했다. 더 나아가 민주주의 확산을 둘러싼 단기 갈등을 고려해야 한다.

둘째, 무역으로 인한 이익을 공유하여 전쟁을 쉽게 선택하지 못하도록 한다. 최소한 단기적으로 비교우위에 따른 특화와 무역의 결합은 무역에 관여하는 모든 행위자에게 이익을 가져온다. 만약 비교우위가 인위적으로 창출되지 않고 부존자원에 의하여 결정된다면, 무역은 장기적으로도 무역에 참여하는 모든 국가에서 이익을 가져온다. 특정 국가가 분쟁에 연루될 경우 무역으로 인한 향유하던 이익을 포기해야 한다. 특히 무역으로 인한 이익을 정치권력을 장악한 일부 사회계층이 향유하는 것이 아니라 일반 시민이 향유할 때, 전쟁으로 인한 포기해야 할 무역의 이익에 국민들이 더 민감해질 수 있다. 무역의 파괴가 전쟁, 즉 촘촘한 무역관계에 참여하는 국가가 전쟁에 연루될 경우 포기해야 할 이익이 전쟁을 결정하는 임계점을 높일 수 있다. 통계 자료를 통하여 확인된 바에 따르면, 다른 조건이 동일하다면 무역 규모가 많은 국가 쌍은 전쟁을 하지 않는 경향이 보인다. 구체적 사례로서 델 컴퓨터에 들어가는 부품을 생산하는 공급망에 있는 국가들끼리 전쟁하지 않는 현상은 무역이 전쟁의 방화벽이 될 수 있다는 점을 암시한다.

무역평화론은 정책으로서 두 가지 난제를 가진다. 먼저, 무역이 기존에 이미 만들어진 우호적 국제관계의 산물이지 무역이 평화의 생성요인이 아닐 수 있다는 점이다. 즉, 양자 사이에 인과관계의 도치가 있을 수 있다는 점이다. 무역은 경제적 손실을 항상 수반하며 무역으로 인한 경제적 이익은 안보적 요인과 결합될 수 있기 때문에, 무역 상대국의 선정은 정치적 요인, 경제적 이익과 손실 등을 종합적으로 고려하여 결정된다. 따라서 무역량은 교역국가 간 평화에 기여하는 독립변수가 아니라 평화를 반영하는 종속변수일 가능성이 있다. 또한 무역 자체가 갈등요인이 될 수 있다. 국가 간 접촉의 부재는 이해충돌의 부재로 이어지는 반면, 국가 간 접촉의 증가는 잠재적 이해충돌의 개연성을 높인다. 실제 무역관계를 가지는 국가들은 낮은 강도의 분쟁에 더 많이 연루되는 경향을 보인다.

셋째, 평화 사상의 확산이 국가 간 평화에 기여할 수 있다. 특정 생각은 행위자의 정체성에 영향을 미치고, 행위자의 정체성은 사회적 현상으로 이어진다. 만약 평화 사상을 여러 국가들이 공유하게 될 경우, 국가 간 평화에 도움을 줄 수 있다. 생각의 변화에 따른 사회적 현상의 변화는 오랜 시간에 걸쳐 일어나지만, 생각이 개인 차원의 사회현상은 물론 국가 차원의 사회현상에 영향을 미친다는 점은 이미 확인되었다. 예를 들어, "전쟁이 다른 방식으로 나타난 정치의 연장"이고 "전쟁은 외교의 연장"이라는 표현은 전쟁을 국가정책의 수단으로 부정한 켈로그 브리앙(Kellog-Briand) 조약 이후 적실성을 잃어가고 있다. 전쟁을 국가정책의 수단으로 부정하는 생각이 제2차 세계대전 이후 점차 강화되고 있는데, 이는 평화 사상의 확산에 따라 전쟁의 임계점을 높이려는 노력이 성공할 수 있다는 점을 보여준다.

4 상호작용 관리

전쟁은 구조적 조건에 따라 영향을 받지만 상호작용 중 상대방에 대한 오해에 의하여 일어나기도 한다. 문제해결의 수단으로서 전쟁은 엄청난 피해를 가져오기 때문에, 전쟁을 수행할 수 있는 능력, 전쟁으로 인한 피해를 감수하는 결의 등 전쟁과 관련된 모든 정보가 공유된다면, 분쟁국은 전쟁이 아닌 다른 방식으로 분쟁을 해결할 수 있다. 하지만 전쟁과 관련된 모든 정보가 공유되지 않기 때문에, 상대방의 능력과 결의에 대한 과소 평가와 자국의 능력과 결의에 대한 과대 평가, 상호작용 중 상대방의 의도에 대한 잘못된 평가 등에 의하여 의도하지 않는 전쟁이 일어나기도 한다. 예를 들어 1967년 이스라엘과 아랍 국가 간 상호작용 중 이스라엘은 아랍 국가의 공격이 임박했다는 잘못된 인식에 기반하여 아랍 국가를 선제 공격했다. 이처럼 전쟁은 주어진 조건에 따른 결과가 아니라 상호작용의 결과일 수 있다.

상호작용을 관리하여 전쟁 발생을 줄이는 길은 두 가지로 나눌 수 있다. 첫째, 분쟁 당사자 간 군비통제와 같은 합의를 맺어 스스로 오해를 불러 일으키는 소지를 제거할 수 있다. 군사배치를 국경선 뒤 일정 지역으로 물리거나 군사 훈련과 이동 관련 정보를 서로 알려, 근거 없는 공포로부터 스스로 벗어날 수 있다. 또한 의도하지 않은 사건이 발생할 때 상대방의 오해를 풀기 위한 통신선을 유지하여 의도하지 않는 결과를 피할 수 있다.

둘째, 국가 간 의견을 교환할 수 있는 통로를 마련하여 국가 간 평화에 기여할 수 있다. 1차 대전 이후 국제연맹의 실패, 제2차 세계대전 이후 국제연합의 무기력이 보여주었듯이 국제기구는 주권국가의 권위에 앞선 권위를 가지지 못한다. 국제기구를 세계연방의 초보 단계로 파악하는 시각에서는 국제기구가 평화에 기여하는 바를 낮게 평가하겠지만, 국제기구는 국가 간 의견전달의 장소로써 평화에 기여할 수 있다. 의사소통이 중요한 이유는 전쟁에 관한 의지가 국제관계의 향방에 영향을 미치는 중요한 요소이기 때문이다. 현대 전쟁의 파괴력이 너무 커졌기 때문에 쟁점의 중요성, 국력의 차이, 쟁점을 무력의 사용을 통해서라도 해결하려는 진정한 의지 등이 모두 공개된다면, 전쟁을 통하지 않고 문제를 해결하는 것이 훨씬 더 경제직으로 이익이 된다. 하지만 상대방이 무력의 사용을 통해서라도 쟁점을 해결하려는 의지를 모두 모르기 때문에, 국제관계에서도 허풍과 기싸움이 전개된다. 이 상황에서 국제기구가 관련국 간 의견교환의 통로로 사용되어 전쟁과 관련된 정보가 서로 전달된다면, 쟁점을 평화적 방법으로 해결할 개연성이 높아진다.

IV 국제연합교육과학문화기구의 평화 시도

국제연합교육과학문화기구(United Nations Educational, Scientific and Cultural Organization)는 제2차 세계대전의 참화를 되풀이하지 않으려는 인류의 노력에서 출범한다. 당시 세계 인구의 3%가 전쟁과 관련하여 사망할 정도로 치명적 결과를 초래한 제2차 세계대전으로 인하여 인류가, 평화를 이루는 방식을 심각하게 모색하던 UNESCO는 사회적 구조가 아니라 사람의 마음에 평화의 방어막을 만들려는 독특한 시도를 하였다. 이 절은 제2차 세계대전과 UNESCO 출범 간 관계, UNESCO 안에서 평화 개념이 변용되는 과정을 소개한다.

1 UNESCO 헌장에 투영된 제2차 세계대전의 경험

제2차 세계대전의 경험은 문화, 과학, 예술을 평화 쟁점과 긴밀하게 연결시켰다. 제2차 세계대전을 일으킨 독일을 비롯한 추축국은 인종적 우월성을 주장했다. 추축국의 인종적 우월성은 문화와 연결되어 있었는데, 추축국은 인류의 지적 창작 활동의 종합으로 과학, 예술 등 다양한 지적 활동을 포함한 문화가 "아리안족"에서 유래했다고 주장했다. 추축국에게 문화는 문명인과 야만인을 구분하는 경계 지표였다.

> 인간의 문화는, 현재 우리가 보는 예술, 과학, 기술의 총합인데, 아리안족이 거의 독점적으로 생산한 창작물이다. ... 그(아리안족)는 인류에게 (불을 처음으로 가져온) 프로메테우스이다. 그의 빛나는 이마(지적 활동)로부터 불꽃과 같은 천재의 신성한 영감이 항상 유

> 래하였고, 고요한 신비의 밤을 밝히는 지식의 불꽃을 새롭게 피웠고, 인류가 지구에 존재하는 다른 존재를 지배하는 계단을 오를 수 있게 했다. ... 그(아리안족)가 인류 문화의 기초와 구조물을 세웠다 (Hitler 1939[1927], 286).

추축국에게 문화적 우월성은 제2차 세계대전의 개시와 제2차 세계대전 중 잔혹 행위를 정당화시키는 근거였다. 추축국은 "아리안족"이 창조한 문화가 "열등 인종"과의 혼혈로 인하여 타락한다고 보았기 때문에, "열등 인종"과 "아리안족"의 혼혈을 막는 방어적 행위는 물론 "열등 인종"에 대한 멸절까지를 포함한 공세적 행위를 정당화하였다. 추축국에서 유행했던 유사과학인 인종론, 제2차 세계대전 중 추축국이 자행한 '인도에 반하는 죄'(crimes against humanity)는 아리안 문화의 우월성에 대한 신념에서 비롯되었다.

추축국에서 진행되었던 정치선전의 경험으로 교육과 대중매체가 평화 쟁점으로 부각되었다. 추축국은 교육을 정치선전(propaganda)의 과정으로 파악하고 대중매체를 정치선전의 도구로 활용하였다. 과학에 근거하지 않은 인종론, 문화 우월성, "열등 인종"에 대한 편견과 증오, 정치적 잔혹 행위에 대한 정당화, 대중동원이 교육과 대중매체를 통하여 이루어졌다. 추축국에서 교육과 대중매체는 전쟁 기계에 포함되었다.

UNESCO의 설립은 제2차 세계대전 중 추축국이 전쟁 부품으로 전락시킨 교육, 과학, 문화, 대중매체를 평화를 위하여 복원시키려는 연합국의 노력을 반영한다. UNESCO의 직접적 모체는 1942년 11월 16일 연합국 교육장관 회의(The Conference of Allied Ministers of Education)인데, 이는 제2차 세계대전 중 중 독일의 선전전에 대응하고, 전후 나치즘의 영향을 교육 분야로부터 제거하기 위한 연합국의 협력체였다. 연합국 교육장관회의는 장기적으로 나치즘과 파시즘의 출현을 막는 교육 환경을 조성하기 위한 협의체로 발전하는 방안을 논의했었다. 연합국 교육장관 회의가 진행되면서 탈나치화가 단순한 교육 영역의 과제가 아니라는 합의에 도달했고, 문화, 과학, 대중매체, 지적 교류를 포괄하는 국제기구의 설립을 제안하게 되었다.

UNESCO 창설국은 전쟁이 "사람의 마음"에서 시작된다고 선언한다. 사람의 마음에서 전쟁이 배태되는 과정에서 먼저 (인간 집단 간) 차이가 선험적으로 존재한다. (인간 집단 간) 차이의 원인이 명확하지 않지만, (인간 집단 간) 삶의 양식이 동일하지 않음이 차이로 이어진다. (인간 집단 간) 차이는 갈등의 소지가 될 수 있지만, 차이 자체가 갈등으로 이어지지는 않는다. 차이가 갈등으로 이어지는 중간 지점에 다른 집단의 생활 방식에 대한 무지가 있다. 다른 집단에 대한 무지는 의혹과 불신을 배태할 수 있고, 다른 집단을 향한 의혹과 불신으로 이어질 수 있다. 이는 궁극적으로 전쟁으로 비화될 수 있다. 이런 과정을 거쳐 인간 집단 간 차이에 대한 무지가 전쟁으로 이어진다.

구체적으로 UNESCO 헌장은 제2차 세계대전의 발생 원인을 두 가지로 지목한다. 첫째, 인간의 존엄성, 평등, 상호존중의 민주주의 원칙에 대한 부정이다. 추축국은 유사과학으로서 인종론에 기반하여 "열등 인종"의 존엄성을 인정하지 않고 인간 집단 간 평등을 인정하지 않는다. 집단 수준의 인종론은 개인 수준에도 적용되기 때문에 사람의 존엄성, 평등, 상호존중 등 민주적 원칙을 부정한다. 제2차 세계대전 중 추축국에 의한 잔혹행위는 개인 차원에서 민주적 원칙의 부정이 집단 차원으로 확장된 결과이다. 둘째, 인간 집단과 인종 간 불평등에 관한 추축국의 교리가 선전되었기 때문이다. 나치즘과 파시즘을 기획한 집단은 대중매체와 교육을 통하여 유사과학으로서 인종론을 적극적으로 퍼뜨렸다. 추축국은 합리적 판단을 하지 못하며 여러 생각 사이에서 흔들리는 대중에게 원초적 감성을 자극하는 편향된 정보를 제공함으로써 정권을 장악하였고 대중을 동원하여 제2차 세계대전을 수행했다(Hitler 1939[1927], ch.6).

도표 3-1 UNESCO의 전쟁관

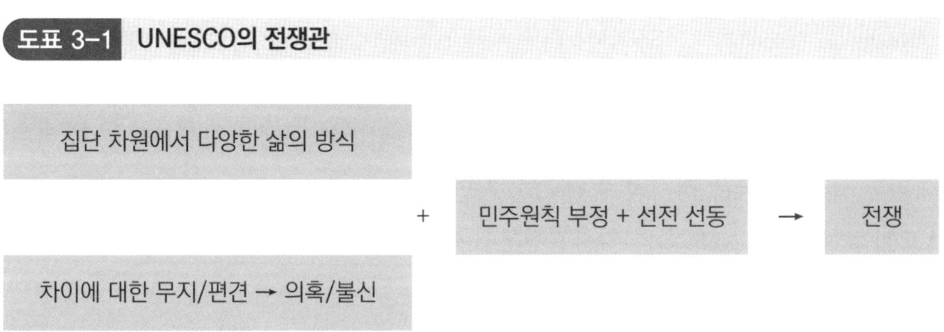

무지와 편견은 제2차 세계대전이 일어날 수 있는 환경적 요인이었다. 대중이 상대방에 관한 충분한 정보를 가지지 않고 합리적 판단을 하지 않기 때문에, 선전을 수행하는 사회세력에게 쉽게 넘어갔다. 나치즘과 파시즘은 진실이 아니라 정치적 목적에 부합하는 감성적 정보를 무지하고 편견에 사로잡힌 대중에게 전달하여 대중의 지지를 획득했고 대중의 지지라는 절차적 정당성에 근거하여 민주성을 무력화시켰다. 무지와 편견으로 인하여 대중이 추축국의 전쟁 기계에 동조하게 되었다.

UNESCO는 사람의 마음에 평화의 방어막을 세움으로써 전쟁을 방지하려고 했다.

평화의 방어막은 선험적으로 존재하는 인간 집단 간 삶의 방식의 차이를 상호 이해하고 존중하고, 진실에 대한 객관적 탐구와 교육으로 무지와 편견을 극복하고, 다양성과 민주적 가치를 적극적으로 교육하고, 대중매체가 선전·선동의 도구로 사용되지 않도록 막고, 지적 성과물을 공유하고 상호 이해를 높이기 위한 지적 협력을 통하여 사람이 합리적 판단을 함으로써 전쟁을 막으려 하였다. 추축국이 교육, 과학, 문화, 대중매체를 전쟁 기계의 일부분으로 활용했던 경험과 정반대로 연합국은 문화 영역에서 다양성 존중, 과학 영역에서 진리 탐구와 지적 협력으로 무지와 편견 극복, 교육 영역에서 상호 이해 추구와 포용성 증진을 목표로 세계시민 양성, 대중매체에서 객관적 정보의 교류가 이루어질 수 있도록 하였다. 이런 노력은 궁극적으로 사람의 마음에 전쟁을 반대하는 평화의 방어막을 목표로 하였다.

2 UNESCO 평화 개념의 변용

1960~70년대 신생독립국의 등장은 UNESCO의 지형을 변화시켰다. 1940년대 중반부터 과거 식민통치를 경험했던 정치단위체가 독립하고 UNESCO에 들어왔다. 1960년 말 기준으로 UNESCO의 회원국이 100여 국에 근접하였는데, 제2차 세계대전의 경험을 공유하지 못한 신생독립국이 과반수를 차지하게 되었다. UNESCO 창립국 대부분이 자유민주주의, 제2차 세계대전 승전, 발전된 경제를 공통분모로 한 반면, 대부분 신생독립국은 정치적 권위주의, 식민지 경험, 저발전을 공통분모로 한다. 1국 1표제를 채택한 UNESCO의 의사결정구조 아래에서 신생독립국은 수적 우세에 기반하여 자신들의 의제를 투영하기 시작하였다.

신생독립국과 공산권은 사회적 불평등과 불의에 관련된 쟁점을 의제로 삼으려 하였다. 신생독립국의 입장에서 발전 지역과 저발전 지역 간 차이, 식민 통치의 주체와 객체 간 차이에 집중한 반면, 공산권에서는 자본주의와 식민지 간 갈등에 주목하는 미세한 차이가 있었지만, 양 진영은 사회적 불평등과 불의의 원인을 지목하는 지점에서 공통 대상을 찾았다. 양 진영은 평화 쟁점을 구조적 폭력과 연결시키려 하였고, 구조적 폭력을 제거하기 위한 협력을 언급하기 시작하였다. 1950년부터 UNESCO는 전쟁의 선행지표로서 사회적 긴장을 연구할 필요성을 언급하며 평화 쟁점을 구조적 폭력과 연결시키기 시작하였다. 1960년대에 이르면, UNESCO 창설 당시 화두가 명목적으로 언급되지만 경제 쟁점으로 포장되었다.

1962년 UNESCO가 '국제연합 개발 10년'[United Nations Development Decade, United Nations Development Decade: A Programme for International Economic Co-operation, UNGA Res 1710(XVI,19 December 1961)]에 참여하기를 결의한 문구는 UNESCO의 변화를 상징적으로 보여준다.

> 모든 형식과 방식으로 드러나는 식민주의의 사회적, 경제적 결과를 빠르게 극복하기 위하여 가장 결정적 조건이 문명퇴치이며 국가 경제의 발전을 위하여 최단 시간 안에 교육을 시키는 것임을 고려하여,
> UNESCO가 상기 목표를 달성하기 위하여 복무할 지속적 필요성을 염두에 두며,
> 사무총장이 상기 목표를 달성하기 위하여 노력을 지속하고 강화하는 것을 승인한다. ...
> 최근 독립했거나 독립을 위하여 노력하는 국가의 교육적, 과학, 문화적 저발전을 극복하기 위한 문제에 특별한 관심을 두어야 한다 (UNESCO 1962, 79).

1970~80년대 UNESCO 안에서는 '신국제경제질서'(New International Economic Order)가 화두였다. 신생독립국과 남미의 일부 국가는 불공정 교역조건으로 인하여 발전과 저발전이 구조적으로 심화된다고 주장하면, 선진국과 개발도상국 간 교역조건의 변경에 초점을 맞추는 '신국제경제질서'를 수적 우세에 기반하여 국제연합의 결의안으로 만들었다(UNGA A/Res/S-6/3201, 1 May 1974). 신국제경제질서는 (1) 개발도상국이 자국 안에서 활동하는 다국적 기업의 활동을 통제하고 규제할 권리를 가지며, (2) 자국에 유리한 조건으로 다국적 기업의 자산을 국유화할 수 있으며, (3) 석유수출국기구와 같이 1차 상품 생산국이 협의제를 만들 수 있으며, (4) 1차 상품과 공업품 간 교역 조건이 변경되어야 하며 선진국에서 개발도상국으로 기술이 이전되어야 한다는 내용을 담았다. UNESCO도 1974년 제18차 총회에서 '신국제경제질서'의 수립에 기여한다는 결의안을 만들었다. 1980년대까지 '신국제경제질서'는 UNESCO의 화두였다. 이처럼 신생독립국은 UNESCO의 평화 개념을 바꾸어 구조적 폭력의 제거에 초점을 맞춘 평화를 강조했다. 즉, 경제개발로 평화를 이룬다는 새로운 생각을 만들어냈다.

냉전 종식 후 테러, 기후변화, 생태계 파괴 등 신흥 위기의 가시성이 냉전 후 증가하자, UNESCO는 평화 개념을 다시 한 번 변용했다. 국제사회가 신흥 위기로 인한 피해와 대책에 관하여 완전한 합의에 이르지는 못했지만, 최소한 전쟁의 공포에 필적하는 위험으로 부상했다. 불꽃과 같이 짧은 시간 안에 큰 피해를 남기는 전쟁과 달리 신흥 위기는 오랜 기간 진행되어 상대적으로 주목을 받지 못하지만, 신흥 위기의 누적

피해는 전쟁보다 더 클 수도 있다. 예를 들어, 2021년 6월 10일 기준 COVID-19와 직접 연관된 사망자가 380만 명에 근접하는데, 제2차 세계대전 이후 이 정도 피해를 초래한 전쟁이 없었다. 6.25 전쟁의 전상자 숫자도 3백만 명 수준으로 추산된다. 국제환경이 이처럼 변화하자, UNESCO는 "전략적 전환"을 언급하며 기후변화, 국내 불평등, 보건 위기, 폭력적 극단주의를 평화 쟁점과 연결시켰다.

V 맺음말

전쟁과 평화는 21세기에도 인류에게 중심 화두이다. 특히 미국이 세계경찰로서 역할을 중단하면서 전쟁 위험이 증가하고 있다. 노예제가 사람의 노력으로 인하여 폐지되었듯이 전쟁도 사람의 노력에 의하여 사라질 수 있다는 낙관적 견해가 냉전 후 등장했었지만, 21세기 초반 인류는 대규모 국제전을 목도하고 있다. 국가지도자 간 직접 통화를 할 수 있을 만큼 통신기술의 발전으로 의도하지 않는 대형충돌을 막을 수 있는 상황에도 불구하고, 인류에게 전쟁이 다시 돌아왔다. 사실상 모든 국가에서 국내정치에 의하여 대외정책이 영향을 받음에 따라 국내정책발 국제전의 위험이 증가했다.

한반도를 둘러싼 상황은 더욱 심각하다. 지구상에서 대규모 전쟁이 일어날 위험 순위에서 항상 앞에 있는 한반도에서 북한의 핵무기 고도화로 인한 갈등이 무력충돌로 악화될 위험, 중국-대만 간 갈등에 한국이 끌려 들어갈 위험, 미중패권경쟁에 휘말릴 위험 등이 높아졌다. 또한, 한반도는 물론 주변국에서 대외정책이 국내정치의 논리에 따라 영향을 받는 정도가 커짐에 따라 불확실성이 증가하고 있다. "세계의 화약고"(Powder Keg) 1위 중동과 4위 동유럽에서 이미 전쟁이 발생한 상황에서 2위 동아시아에서 전쟁 위험성이 우려된다.

전쟁과 평화에 대한 국제정치학계의 탐구는 단순한 지적 호기심의 차원을 넘어 우리에게 실천적 함의를 제공한다. 희망적 사고에 기반한 평화안이 쉽게 무너지는 현상을 경험한 우리는 전쟁과 평화와 관련된 쟁점을 냉철하게 분석하는 동시에 경험적 세계에 부합하는 해법을 찾아가야 한다. 경쟁하는 여러 주장의 장점은 물론 단점을 보고, 우리의 현실에 가장 부합하는 길을 찾아야 한다.

추천문헌

박건영. 2022. 『국제관계사』. 사회평론.

전우택 편. 2017. 『평화에 대한 기독교적 성찰』. 새물결플러스.

Mitchell, Sara McLaughlin and John A. Vasquez. 2024. *What Do We Know about War?* Bloomsbury Publishing.

조동준. 2018. "신호이론으로 분석한 2013년 한반도 위기." 『평화학연구』 19(1): 123-148.

Jordan, David, James D. Kiras, David J. Lonsdale, Ian Speller, Christopher Tuck, and C. Dale Walton. 2016. *Understanding Modern Warfare*. Cambridge University Press.

본문 주에 들어간 참고문헌

Palmer, Glenn, Roseanne W. McManus, Vito D'Orazio, Michael R. Kenwick, Mikaela Karstens, Chase Bloch, Nick Dietrich, Kayla Kahn, Kellan Ritter, and Michael J. Soules. 2020. "The MID5 Dataset, 2011-2014: Procedures, Coding Rules, and Description." *Conflict Management and Peace Science* 39(4): 470-482.

Frederick, Bryan A., Paul R. Hensel, and Christopher Macaulay. 2017. "The Issue Correlates of War Territorial Claims Data, 1816-2001." *Journal of Peace Research* 54(1): 99-108.

Durant, Will and Ariel Durant. 1968. *The Lessons of History*. Simon & Schuster.

Hitler, Adof. 1939[1927]. Mein Kampf. Stackpole Sons.

UNESCO. 1962. *Records of the General Conference of the United Nations Educational, Scientific and Cultural Organization 12th Session*, Paris, France-Resolutions. UNESCO.

CHAPTER
08

내전과 국내분쟁

브랜든 아이브스 | 서울대학교 정치외교학부 부교수

I 내전 및 기타 정치적 폭력

1 내전의 개념화

내전, 분쟁, 테러리즘 등 다양한 정치적 폭력을 더욱 정교하게 유형화하는 것은 여러 정량적 정치학 연구에서 시도되어 왔다. 폭력의 형태를 개념적으로 명확히 구분하는 것은 측정의 타당성과 이론화 작업에 있어 필수적이다. 통상 내전과 분쟁은 정부나 영토, 혹은 그 둘 모두를 둘러싸고 벌어지는 국내 행위자 간의, 즉 정부군과 하나 이상의 조직화된 비국가행위자 간의 무력 충돌로 정의된다. 대다수의 데이터는 관측가능성과 이론적 의의 간 균형을 위해 전투 관련 사망자 수를 기준으로 내전과 분쟁을 조작화한다.

널리 사용되는 Uppsala Conflict Data Program (UCDP) 데이터는 두 조직화된 행위자 간 무력사용의 결과로 인해 한 해(역년; calendar year)에 25명 이상의 전투 관련 사망자가 발생한 경우를 무력분쟁으로 정의한다.[2] 이때 두 행위자 중 최소 한 행위자는

2 Gleditsch et al., (2002); Davies et al., (2025).

정부군이어야 하며, 그 상대방은 조직화된 비국가행위자여야 한다. 또한, 여기서 무력은 산업적으로 생산된 무기부터 기초적인 도구까지 사망을 초래할 수 있는 모든 물적 수단을 포괄한다. 동일한 양립불가능성(incompatibility)과 전투행위자가 유지되는 한, 복수의 사건 사이에 시간적 단절이 있더라도 하나의 분쟁으로 취급한다. UCDP는 연간 전투 관련 사망자 수가 25명 이상, 999명 이하인 경우 소규모 국내분쟁(minor civil conflict), 1,000명 이상인 경우 내전(war)으로 구분한다. 또한, 국가 간 분쟁(국가 대 국가), 국내분쟁(국가 대 반군), 그리고 외국의 군사적 지원 혹은 개입이 있는 국제화된 국내분쟁을 구분한다. 일반적으로 내전(civil war)은 이러한 국내분쟁 혹은 국제화된 국내분쟁 중 전쟁 수준의 강도를 보이는, 즉 1,000명 이상의 사망자 수가 발생한 경우를 가리킨다.

2 그 외 정치적 폭력

비국가 행위자가 더 많은 대중에 영향을 미칠 의도로 민간인을 대상으로 폭력을 가하는 경우 테러리즘으로 분류된다. 테러리즘의 정의 전반에 공통되는 핵심 요소는 의도성, 표적 선택, 정치적 목적, 그리고 공포의 도구적 사용이다. 테러 전술은 반군이 사용할 수 있는 전술 중 하나로, 실제로도 빈번하게 이용된다. 사건 단위 데이터세트인 Global Terrorism Database 등은 이러한 기준에 따라 사건을 코딩하지만, 공포의 도구적 사용을 위한 폭력과 다른 전략적 목적의 폭력을 관측만으로 구분하는 데에는 어려움이 있다.[3]

비국가 폭력은 정부군이 직접 교전 당사자로 참여하지 않는, 둘 이상의 비국가 집단 간 발생하는 조직화된 폭력을 의미한다. 집단 간 폭력(communal violence)은 대체로 국가의 뚜렷한 개입 없이 민족적, 혹은 종교적 집단 경계를 따라 발생하는 집단 간 충돌을 가리킨다. 폭동(riots)은 대개 돌발적인 혹은 준(準)조직적인 집단 폭력으로, 흔히 도시에서 발생하며 반군이나 테러 조직이 갖는 지휘통제 구조가 결여된 경우가 많다.

때때로 조직적 범죄행위에 수반되는 폭력(범죄 폭력)은 멕시코 등의 사례와 같이 몹시 심각할 수 있으나, 동기가 명시적으로 정치적이지 않기에 일반적으로는 정치적 폭력으로 분류되지 않는다. 다만 조직적 범죄가 정치적 영향력을 행사하는 취약 국가

3 National Consortium for the Study of Terrorism and Responses to Terrorism [START],(2022).

의 맥락에서는 경계가 흐려질 수 있다. 본 장에서는 범죄 폭력을 논의에서 제외하고, UCDP의 정의에 따라 국제화된 국내분쟁을 포괄해 국가 기반(state-based) 국내분쟁에 초점을 맞춘다.

3 개괄

폭력의 종류를 구분하는 것은 측정과 인과 메커니즘 식별에 핵심적이다. 내전을 설명하는 이론은 폭동이나 단독 실행 테러리즘(lone-actor terrorism)과 같은 다른 형태의 폭력에 그대로 적용되지 않을 수 있다. 지면의 한계로 본 장은 국내분쟁과 국제화된 국내분쟁에 초점을 맞추며, 테러리즘과 비국가 폭력, 그리고 범죄 폭력은 상대적으로 간략히 다룬다.

Ⅱ 시간적 추이와 지역적 동학

아래의 그림 3-2은 UCDP 정의에 따른 국가 기반 분쟁의 연간 횟수와 그 세부유형의 시간적 추이를 보여준다. 국내분쟁을 포함한 국가 기반 분쟁의 연간 횟수는 냉전기 동안 증가했다가, 1990년대 중반부터 감소한 뒤, 다시 2010년대 초부터 늘어났고, 2020~2023년 무렵 급증했다. 최근의 증가는 에티오피아, 팔레스타인 가자지구, 우크라이나, 수단, 예멘 등의 분쟁이 반영된 결과이다. 한편 국가 간 분쟁과 같은 다른 유형의 분쟁은 감소 추세를 보인다.

그림 3-2 Number of state-based armed conflicts by conflict type, 1946~2023.

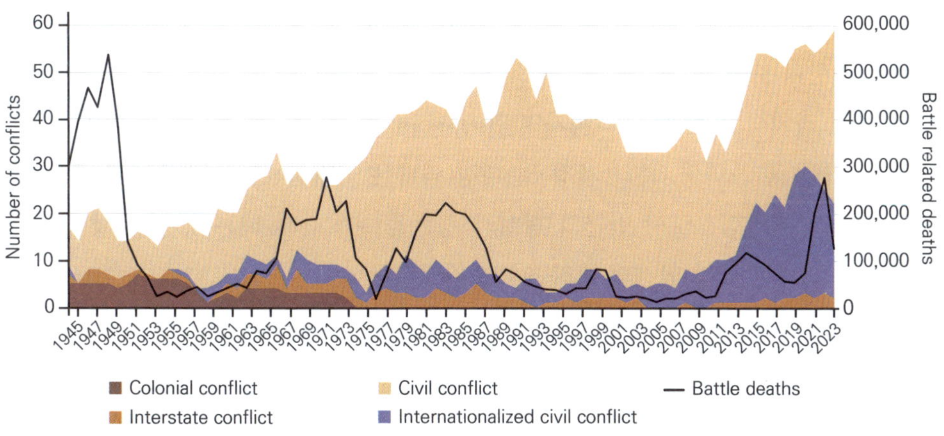

출처: Rustad (2024, fig. 1), Conflict Trends: A Global Overview, 1946-2023 (PRIO). Licensed under CC BY 4.0 (https://creativecommons.org/licenses/by/4.0/). No changes.

Ⅲ 국내분쟁에 대한 기존 연구

전체 분쟁에서 국가 간 분쟁(전쟁)에 비해 내전의 비중이 커진 결과, 지난 20년간 국내 폭력이 연구의 초점으로 부상했다. 최근의 정량적 분쟁 연구는 주로 1) 경제적 여건, 2) 민족성(ethnicity)과 불만, 3) 제도와 국가 역량, 4) 국제적 영향, 5) 반군의 조직적 특성 등을 중심으로 그 원인과 동학, 결과를 설명한다

1 경제적 여건

경제적 여건, 특히 소득 수준과 분쟁을 연결하는 연구에서 일반적으로 1인당 GDP가 낮은 국가일수록, 혹은 1인당 GDP에 충격이 있는 경우 내전 발발 가능성이 높다는 점에는 대체로 합의가 있지만, 그 이론적 메커니즘은 상이하다. 첫째로, 기회비용 이론은 열악한 경제적 여건이 개인이 분쟁에 참여할 때 포기해야 하는 몫을 줄인다고

본다. 따라서 강우로 인한 성장 둔화와 같은 소득 수준에 부정적인 영향을 주는 외부 충격은 분쟁 참여의 기회비용을 낮춰 분쟁 위험을 높일 수 있다. 관련되어 외부 충격으로 광범위하게 노동 수요가 증가하고, 이로 인해 소득 수준이 높아지면 폭력이 감소하는 경향이 보인다.

둘째로, 정치적 기회 이론은 국가역량(state capacity)을 매개로 한 정치적 기회를 강조한다. 약한 국가 역량, 특히 재정 및 행정 역량은 국가의 치안, 감시, 회유, 서비스 제공 능력을 제약함으로써 반군의 형성과 생존을 용이하게 하는데, 이때 낮은 소득 수준은 종종 약한 국가 역량의 대리변수로 취급된다.

셋째로, 물질적 유인 이론은 분쟁에서 국가가 곧 전리품(state prize)임을 강조한다. 연구에 따르면, 약탈 가능한 자원이나 국가 운영에서 발생하는 지대 수익은 분쟁의 동학에 중요한 영향을 미친다. 높은 원자재 및 상품 지대는 반군이 국가 권력 중심을 장악할 때 돌아오는 수익을 높일 수 있는 반면, 통치자가 도전 세력을 회유하거나 강압 역량을 구축하는 것을 돕는다.

인과식별의 문제는 경제적 여건과 국내분쟁의 관계에 대한 연구에서 핵심적인 과제이다. 내전은 경제를 악화하고 투자, 인적자원, 그리고 인프라를 훼손하기 때문에, 1인당 GDP와 내전의 관계는 양방향성을 띠며 인과추론을 어렵게 한다. 연구자들은 상품가격 변동이나 기상에 따른 농업 생산 변동 등 외생적 충격을 도구변수로 활용하여 내생성 문제를 해결하고자 한다. 이 방법은 사용된 도구변수의 강한 배제가능성(exclusion restriction)과 연관성(relevance)에 의존한다.

도구변수를 활용한 분석들은 상이한 결과를 보여준다. 예를 들어 커피와 같은 노동집약적 무역재의 가격 상승은 임금과 고용을 늘려 분쟁 위험을 줄이는 경향이 있는 반면, 원유와 같은 자본·지대 집약적 자원의 호황은 광범위한 소득 증가 효과 없이 국가장악 유인을 강화하여 분쟁 위험을 높이는 것으로 나타난다. 최근의 종합적 연구 역시 농산물 가격 상승은 평균적으로 분쟁 위험을 낮추지만 석유와 가스 가격 상승은 위험을 높이는 경향이 있음을 확인한다. 또한, 천연 자원은 조세에 기반한 광범위한 조세국가를 구축하기보다 비조세 지대에 의존하게 함으로써 국가역량을 약화해 반란을 용이하게 하는 거버넌스·통제 문제를 야기할 수 있다. 이러한 도구변수의 사용은 인과적 주장을 강화할 수 있지만, 소득을 통해서만 분쟁에 영향을 미친다는 강한 식별 가정에 의존한다는 점과 그에 대한 정당화가 필요하다는 점을 유념해야 한다.

2 민족성과 불만

불만(grievance) 이론은 민족 집단 구성원들이 집단적인 정치, 경제적 불이익을 인지하고 그 주장에 기초해 동원될 때 내전이 발생할 가능성이 높아진다고 설명한다. 상대적 박탈 이론을 제시한 고전적 연구는 사람들이 자신이 마땅히 받아야 한다고 믿는 것과 실제 경험 사이의 인지된 격차가 클수록 정치적 폭력의 발생 가능성이 커진다고 주장했다. 이후 연구들은 개인 간 수직적 불평등과 정체성 집단 간 수평적 불평등이 구별되며 집단 간 지위 · 자원 · 권력 등이 다른 후자의 경우가 특히 분쟁을 유발한다는 점을 밝혔다. 이 가설은 가용 데이터의 제약으로 인해 체계적으로 검증되지 못했으나, 민족 집단과 그들의 연간 행정부 참여 여부를 1946년부터 기록한 Ethnic Power Relations 데이터의 등장 이후, 민족 집단의 정치적 배제가 더 높은 민족 분규(ethnic rebellion)의 위험과 연관되었음이 확인되었다.[4] Ethnic Power Relations 데이터의 구축은 분석 단위를 국가-연도에서 민족 집단-연도로 전환시켰고, 폭력 사건을 시 · 공간적으로 매핑하여 국내 수준의 동학과 변이를 연구할 수 있게 해주는 UCDP Candidate Events Dataset 및 Armed Conflict Location & Event Data의 활용 확대와 맞물려 국내 혹은 사건 수준 분석으로의 전환을 촉진했다.[5]

불만 이론에서 집단의 상대적 규모는 중요한 조절 변수이다. 대규모 집단의 경우 정치적 접근이 제한되었을 때 무력 충돌에 걸린 이권이 크고 동원 잠재력이 커 반란 위험이 높아지는 반면, 매우 작은 집단은 배제로 인해 불만이 생기더라도 무력 충돌을 수행할 능력이 부족할 수 있다. 분쟁과 불만 간 관계는 외부의 지원에 의해서도 영향을 받는다. 배제된 집단이 초국가적 민족집단의 일부이거나 외국의 후원을 받는 경우 분쟁 동원 및 분쟁 지속 가능성이 더 크다. 경제적 차원의 수평적 불평등 역시 중요하다. 많은 연구가 자산 · 교육 · 야간조도 등 객관적 지표와 설문을 통해 수집된 인식 수준 등을 활용해 집단 간 경제적 불평등이 국내 분쟁과 민족 분규의 위험을 높이며, 주변화된 집단이 전투를 지속하여 물질적 이득을 기대할 수 있을 때 분쟁이 장기화됨을 보여주었다. 종합하면, 집단적 불만(group grievance) 이론은 정치적으로 조직된 민족 집단 간 권력과 부의 격차에 주목하되, 그 효과가 집단의 규모, 지리적 요인, 그리고 초국가적 지원의 유무에 따라 상이하다는 점을 확인한다.

4 Vogt et al., (2015).

5 Raleigh et al., (2010); Sundberg & Melander, (2013); Pettersson & Öberg, (2020).

3 제도와 국가 역량

정치 제도는 반란의 유인과 기회를 모두 형성할 수 있다. 일반적으로 논의되는 "중간에서의 폭력"은 권위주의 체제는 억압을 통해, 민주주의 체제는 제도화된 평화적 경로를 통해 반란을 억제하는 반면, 혼합 · 이행기 체제(아노크라시, anocracies)는 강한 강제력도, 신뢰할 만한 비폭력적 출구도 부족해 위험이 높아진다고 주장한다. 분쟁과 정치 체제의 관계에 대한 연구에서는 이러한 역(逆) U자형 패턴이 나타나는 메커니즘뿐만 아니라, 실증적 결과의 강건성 또한 논쟁의 대상이다.

문제는 Polity5 점수나 V-Dem의 Polyarchy지표 등 일반적으로 사용되는 정권 지표가 정치 체제의 여러 제도적 구성요소를 한 번에 집계한다는 점이다.[6] 때문에 어떤 체제의 특정 제도적 구성요소가 아노크라시를 분쟁에 취약하게 만드는지 정확하게 식별하는 데 어려움이 따른다. 최근 연구는 행정부에 대한 제약, 구체적으로는 선거, 정당, 미디어 등으로부터 발생하는 수직적 제약이나 의회, 법원 등으로부터 발생하는 수평적 제약 등의 제약조건에 집중한다. 이러한 제약은 법체계 바깥에서 발생하는 경쟁의 비용을 높이기 때문에 정치 체제에서의 분쟁 위험을 완화할 수 있음을 보여준다.

국가는 각기 다른 탄압능력(repressive capacity)과 탄압의지(willingness to repress)를 가지고 있다. 연구에 따르면 어떤 정부는 강력한 억압기구를 보유하고도 그 행사를 절제하는 반면, 다른 정부는 조직적 · 재정적 역량 부족으로 반란을 효과적으로 억지하지 못한다. 국가 탄압(state repression)은 단기적으로 반대 세력을 약화시킬 수 있지만, 과도한 강경책은 장기적으로 반발을 낳아 테러리즘을 포함한 폭력 재발 위험을 높일 수 있다는 점도 지적된다. 따라서 분쟁의 동학을 이해하려면 국가 역량과 정치적 의지가 어떻게 상호작용하는지에 주목할 필요가 있다.

탄압-저항의 상호의존성은 국가 탄압을 분석하기 어렵게 만드는 중요한 요인이다. 연구에 따르면 내전은 고강도의 국가 탄압을 강하게 예측하며, 이는 국가 탄압 연구가 기존의 분쟁 위험을 통제하거나 동태적 접근을 취해야 함을 시사한다. 국가는 실제로 발생한 소요나 발생할 것으로 예상되는 소요에 대응해 강제 조치를 택하곤 하지만, 그러한 조치는 추가적 동원이나 역풍으로 이어질 수 있다. 이런 양방향성은 동시성 문제로 이어지기에 관찰자료에 기반한 인과추론을 어렵게 한다. 또한 경미한 탄압의 과소보고나 시위의 가시성에 의한 선택편향 등의 측정 문제가 국가 행태와 사회적

6 Marshall, Gurr, & Jaggers, (2019); Coppedge et al., (2025).

갈등 간의 관계를 파악하기 더욱 어렵게 만든다.

권력분점에 관한 연구는 다원적 사회의 통치를 위한 제도적 설계를 다루며, 대연정이나 상호거부권, 분권화 및 지방자치, 비례성 등의 원리를 토대로 발전해 왔다. 초기 연구는 비공식적인 엘리트 간 타협을 강조했지만, 점차 정책에 영향을 주는 공식적 제도로 초점이 옮겨졌다. 이후 연구의 상당수는 제도가 엘리트 행태를 변화시키며 발생하는 간접적 효과가 아니라, 제도가 갈등에 미치는 직접적 효과를 검증하는 데 주력했다. 이들 중 분쟁 발발(onset)에 관한 연구는 선거제도, 정권 유형, 연방제도의 효과에 집중하였고, 분쟁 재발(recurrence)에 관한 연구는 평화협정 내 정치, 군사, 그리고 영토 관련 조항이 미치는 영향에 집중한다.

권력분점이 분쟁해결에 긍정적인 영향을 준다고 보는 옹호론은 포괄적인 행정부 구성이 경쟁의 대가를 낮추고 불만을 완화하며 평화정착에 방해가 되는 행위자를 포섭한다고 주장한다. 반면 회의론은 집단 역할의 제도화가 정체성을 고착화하고 민족 간 초과경쟁을 자극하여 평화를 취약하게 만든다고 본다.

2003년 이후 이라크는 민족 기반 권력분점의 효과를 둘러싼 정책적 논쟁의 대표적인 사례이다. 권력분점 제도의 옹호자들은 주요 집단의 제도적 포용이 불만을 완화하고 정치를 안정화할 수 있다고 보았다. 반면 회의론자들은 정체성 고착과 거부권자 확대, 초과경쟁을 통해 오히려 민족 간 갈등 및 분쟁의 위험을 높일 수 있다고 우려하였다. 이 논쟁 당시에는 권력분점이 갈등을 완화할지, 재발로 이어질지에 대한 불확실성이 컸다. 변수 조작화 방식 및 사용된 표본의 상이함, 그리고 실제 제도적 협력과 사실상의 협력에 대한 혼동이 연구마다 상반된 결과를 내는데 기여했다.

최근 연구는 옹호론과 회의론을 모두 일정 부분 지지하는 증거들을 제시하며, 기존 연구에서 구분하지 않았던 새로운 갈등 유형인 연정 구성 확대에 따른 연정구성원 간의 갈등을 포착한다. 포괄적 제도는 배제된 집단을 정부에 참여하도록 유도하고, 이는 해당 집단에 대한 폭력을 줄이는 것으로 이어지지만, 집권 연정 내부의 갈등 위험은 높일 수 있다.

정리하자면 권력분점 연구는 집단 수준에서 이들의 연정 참여와 이행을 측정하고, 제도가 실제 엘리트 간 협력이나 붕괴로 이어지는 과정을 추적하며, 집단 간 갈등과 연정 내부 갈등의 효과를 분리해 규명하는 데에 집중한다.

4 국제적 영향

최근 콩고민주공화국, 리비아, 시리아에서 발생한 내전은 국제 환경에 의해 분쟁의 동학이 어떻게 형성되는지를 보여 주며 연구의 초점을 국제화된 국내분쟁으로 이동시켰다. 많은 기존 연구들이 국내분쟁과 내전의 여러 단계에서 외부 개입이 연관되어 있음을 보여준다. 즉 외부 개입은 분쟁의 발발, 지속·장기화, 국가 간 분쟁으로의 확전, 그리고 협상 역학과 결과와 관련된다. 또한 외부 지원은 종전, 분쟁 재발, 그리고 민주화와 같은 전후 정치 양상과 연계된다. 나아가 연구들은 정치 경쟁의 양상, 치명성, 민간인 대상 폭력, 성폭력 등 폭력의 형태와 강도에도 영향을 미친다는 점을 보여준다.

최근의 연구는 이러한 외부 지원의 영향력을 인식해 국가가 어떤 조건에서 반군 조직을 지원하는지에 주목한다. 외부 지원과 분쟁의 관계에 대한 설명은 국제적 경쟁과 대립, 그리고 그 연장선 상에 있는 수혜국 내에서 벌어지는 대리전(proxy warfare)뿐만 아니라 후원국 내부의 국내 정치, 즉 동일한 민족 정체성이나 종교 정체성을 공유하는 집단을 선호하는 유권자나 엘리트의 존재 등을 강조한다. 요컨대, 최근 많은 연구들은 외부 후원이 외교정책 목표의 추구나 국내적으로 발생하는 이념 및 정체성 압력에 대한 대응의 결과일 수 있음을 시사한다.

이러한 연구에서는 측정이 핵심적인 개념적·실증적 문제이다. 일부 연구들은 금전, 무기, 훈련, 피난처 등 다양한 형태의 외부 지원이 은밀하거나 대체 가능하기 때문에 그 유형과 규모를 계량화하기 어렵다고 지적한다. 때문에 연구자들은 지원 유형을 이항/범주형으로 코딩하며, 최근 그 시간적 범위와 세부성의 확장을 시도하고 있다. 이러한 데이터의 제약은 우리가 서로 다른 유형과 규모의 외부 지원이 내전의 동학에 미치는 영향을 이론적으로 얼마나 이해하고 있는가에 대한 우려를 불러일으킨다.

국제 개입은 반군 후원에만 국한되지 않는다. 유엔(UN; United Nations)을 포함한 국제기구는 중재, 감시, 평화강제, 제재, 평화유지 등 다양한 수단을 활용해 개입한다. 이러한 수단은 이론적으로 감시 역량을 높이고 불확실성을 낮추며 의무 불이행에 수반되는 비용을 증가시켜 폭력을 줄일 것으로 예상된다. 다수의 실증연구가 유엔 평화유지 활동은 전장에서의 폭력과 민간인 대상 폭력의 수준을 낮추고 평화협정의 지속성이 높아짐을 보여준다. 다만 파병은 무작위로 발생하지 않기 때문에 편의에 의한 선택편향(selection)이 발생할 수 있다. 즉 개입 기구가 의도적으로 쉬운 사례를 선택해 개입하면 편향으로 인해 폭력 수준이 낮게 추정될 수 있다. 그러나 여러 연구가 평화

유지군이 어려운 사례에도 자주 파병되며, 그럼에도 낮은 폭력 수준과 관련이 있음을 보여준다.

국제 원조와 국내분쟁의 관계에 대한 연구는 상반된 결과를 보여주며, 또한 메커니즘에 의존적이다. 원조는 국가나 영토 장악의 가치, 즉 국가라는 전리품의 가치를 키워 투쟁 유인을 높일 수 있다. 또한 연구들은 반군이 유입 자원을 전용하거나 약탈, 과세를 통해 스스로에 대한 제약을 완화하여 분쟁을 장기화할 수 있다고 지적한다. 반대로 원조가 기회비용을 높이고 서비스 제공을 개선하며 국가 역량을 강화해 분쟁 기간을 단축하거나 폭력 수준을 낮추는 경우도 있다는 점도 보고된다. 그러나 최종적인 효과는 원조의 유형, 시기, 대상, 그리고 안보 환경 등 맥락에 따라 달라질 가능성이 높다.

마지막으로 국내분쟁은 지역적으로 군집하는 경향이 있다. 연구들은 한 국가에서 분쟁이 발생하면 지리적으로 인접한 이웃 국가에서 분쟁 위험이 높아진다는 점을 보여준다. 이는 무기나 전투원, 난민의 이동, 국경 너머 피난처의 존재, 변하는 지역 권력구도 등에 의해 확산과 파급효과가 나타나기 때문이다. 또한 반정부 세력이 인근 분쟁의 진술과 프레임을 차용하는 모방과 학습 역시 중요한 요인으로 지적된다. 동시에, 이웃 국가들을 일제히 분쟁에 취약하게 만드는 공통 지역 요인, 즉 역내 국가 간 공유된 구조적 위험에 의해 군집이 관찰될 수도 있다. 이는 실제로 분쟁 위험이 전염되는 것인지, 공통 위험 요인에 의해 발생하는 것인지를 구분하는 식별 문제로 이어진다.

5 반군의 조직적 특성

국내분쟁은 국가 행위자뿐 아니라 반군 조직과 반대파의 내부적 특성에 의해서도 좌우된다. 양면게임(two-level game) 이론에 따르면 협상 결과는 정부-반군 간 협상뿐 아니라 각 진영 내부의 협상에 따라 달라진다. 연구에 따르면, 여러 경쟁 파벌이 느슨하게 조직된 "분열된 반대파(fragmented opposition)"는 초과경쟁(outbidding)과 거부권자(veto players)를 만들어 협상을 복잡하게 하고 전쟁을 장기화하며 폭력의 강도를 높일 수 있다.

이념과 정체성 역시 무장집단의 행태에 중요한 영향을 미친다. 종교는 정체성과 이념의 다차원적 특성을 동시에 가진다. 우선 종교 정체성은 불만을 조직화하고 동원을 촉진하는 기반을 제공한다. 종교 이념은 신념 체계를 통해 조직의 전술과 결의를 규정하며, 특히 내세관과 같은 교리는 죽음의 비용에 대한 인식을 낮춰 전투 의지를 강화하고 정보 수용을 변화시킬 수 있다. 연구들은 종교 정체성과 종교 이념이 외부 지원 접근성에 영향을 미쳐 분쟁의 동학을 변화시킨다고 지적한다. 이러한 효과는 특히 유사한 집단 간 초과경쟁 압력이 존재할 때 두드러진다. 일부 이슬람주의자들의 초국가적 네트워크는 해외 전투원의 유입과 국경 간 자원 조달을 용이하게 하여 지역적 세력 균형을 바꾸기도 한다. 이 같은 외부 지원은 당사자가 전투를 지속하거나 협상에서 강경한 입장을 취하도록 만들 수 있지만, 동시에 당사자와 현지 주민 간에 특수한 관계를 형성하는 결과를 낳기도 한다.

정체성, 이념, 그리고 신념 자체가 정치 및 경제 환경에 내생적이기 때문에, 이들의 인과효과에 관해 강한 주장을 하기 위해서는 분쟁과의 양방향적 관계와 선택적 탄압, 조직 진화(organizational evolution), 외부 후원 간 피드백 효과 등의 교란 요인을 고려해야 한다.

민족주의적 자결에 관련되었던 조직의 목표가 초국가적 종교에 관련된 목표로 변화하는 경향은 조직의 정체성과 이념의 변화를 잘 드러낸다. 예를 들어, 사헬 지역의 자마아 누스라트 알이슬람 왈무슬리민(Jama'at Nusrat al-Islam wal-Muslimin; 이슬람과 무슬림 지원단)의 지도자 이야드 아그 갈리(Iyad Ag Ghaly)는 알카에다에 충성을 맹세하며 조직의 목표를 아자와드 민족주의에서 초국가적 이슬람 국가 수립으로 전환했다. 또한 태국 남부에서 전통적으로 무슬림 말레이족의 자결권을 주장하던 행위자들이 점차 소구의 범위를 넓혀 이슬람 정치체제를 목표로 표명한 사례처럼 사헬 외의 지역에서도 유사한 경향을 확인할 수 있다. 조직의 목표가 민족주의적 요구에서 보다 보편적인 종교적 요구로 전환되는 것은 모집, 표적 선정, 타협 가능성에 중요한 함의를 지니기에 분쟁 연구의 핵심적인 연구 분야이다.

이슬람주의 무장조직은 지속적인 연구의 대상이 되었는데, 이는 "다른 이념 유형의 무장조직과 상이한 행태를 보이는가"라는 질문을 포함한다. 탈냉전기 무력 분쟁은 대부분 무슬림 다수 국가에서 발생해 왔다. 식민주의 유산, 경전, 혹은 서방 국가의 정치적 지배만을 강조하는 역사적 설명은 국가 내부 변이가 거의 없어 제한적인 설명력을 가지기에, 조직 메커니즘과 기회 구조가 더 변별력 있는 분석 틀을 제공할 수 있다.

협상 모형은 종교 이념이 분쟁의 기간과 종결에 영향을 미치는 경로를 제시한다.[7] 실증적으로 종교적 요구를 내세우는 행위자가 관여한 분쟁은 대체로 더 오래

7 Fearon, (1995).

지속되는 경향이 있으며, 공산주의와 같은 일부 세속주의 이념의 경우도 유사한 지속성을 보인다. 또한 연구들은 종교 이념이 신뢰성 있는 양보를 어렵게 만드는 이행 문제(commitment problems)를 통해 분쟁을 장기화할 수 있다고 지적한다. 관련하여 예루살렘과 같은 사례에서 보듯, 종교적 요구에서 야기되는 쟁점 불가분성(issue indivisibilities)은 타협을 어렵게 만들 수 있다.

6 기타 연구 분야

상기한 연구 분야는 상호 독립된 연구 분야로 보아서는 안 되며, 오히려 상호 간, 그리고 여타 다른 분야와 일정 수준의 내생적 관계에 있다. 예를 들어 많은 연구가 기후적 요인이 경제 성장 경로를 통해 분쟁에 영향을 미치는 방식을 검토하였을 뿐만 아니라, 가뭄이나 이상기후와 같은 기후 충격이 다른 경로를 통해서도 폭력을 유발할 수 있음을 보였다. 설문자료를 이용해 미시적 태도를 탐구한 연구들은 개인의 폭력 경험이 정치적 선호와 폭력에 대한 지지에 영향을 줄 수 있음을 발견하였고, 이는 경로의존성과 개인의 선택이 중요함을 시사한다.

또한 많은 연구가 국내분쟁과 연관된 다른 결과에도 초점을 맞추어 왔다. 민간인 희생의 정도, 성폭력, 5세 미만 아동 사망률 등을 포함한 인간 개발척도들, 그리고 반군 통치 등이 그 예이다. 이러한 결과들은 그 자체로 중요한 연구 의제이며, 별도의 장(章)으로 다룰 가치가 충분하다.

IV 맺음말 및 향후 연구

내전과 분쟁에 관한 정량적 연구의 많은 진전에도 불구하고, 여전히 다수의 이론과 연구설계는 복합적 과정을 부분적으로 포착하는데 머물고 있다. 특히 국가 내 분석을 가능하게 한 개념적 혁신 및 데이터 혁신은 이론적 발전을 촉진했으나, 이질성은 극복해야 할 핵심적인 과제로 남아 있다. 이론적 메커니즘은 행위자, 공간, 그리고 시기에 따라 항상 동일하게 작동하는 것이 아니며, 상호작용하기도 한다. 때문에 경제적 조건, 집단 간 차이, 국가의 억압, 반군의 조직적 특성 등 기존 연구에서 파악한 주된 동인이 언제, 어디서, 왜 어떤 때에는 분쟁을 설명할 수 있고 어떤 때에는 그럴 수 없는지, 그 조건을 명확히 하는 것이 향후 연구에 필요하다. 이를 위해서는 정교한 이론화와 개념화, 사례에 대한 면밀한 관찰, 그리고 충분한 양의 양질의 데이터가 필요하다. 나아가 이러한 이질성은 연구자와 학생 모두에게 기회이며, 아직 탐구하고 축적해야 할 지식이 풍부함을 의미한다.

또한 분쟁과 그에 영향을 주는 요인 간 관계성에 비해 어떻게 이들이 분쟁에 영향을 주는지 그 과정에 대한 이해는 부족하다. 예컨대 불만 이론은 흔히 집단 간 격차와 분쟁 결과를 연관 짓지만, 불만이 실제로 그리고 어떻게 동원으로 이어지는지를 추적하는 경우는 드물다. 국내분쟁을 시위 등의 다른 정치적인 집단행동과 같은 틀 안에서 통합적으로 분석하는 체계가 마련된다면, 폭동, 집단 간 충돌, 암살, 테러리즘, 반란 등의 전술 간 대체 혹은 보완 관계를 비용, 조정, 가시성, 기대 보수(payoffs), 국가의 대응, 제삼자의 개입, 그리고 구조적 동학 등을 중심으로 명료하게 확인할 수 있을 것이다.

마지막으로 예측은 설명과 더불어 과학의 핵심 목표이지만, 동시에 이론을 가혹하게 시험하기도 한다. 한편, 연구들은 설명적 모형이 예측의 정확성을 개선할 수 있음을 보여준다. 설명과 예측을 긴밀하게 통합하는 것은, 내전이 언제, 어디서, 왜 발생하고, 그리고 어떤 과정으로 발생하는지, 그 이해의 깊이를 더해줄 것이다.

참고문헌

Coppedge, Michael, John Gerring, Carl Henrik Knutsen, Staffan I. Lindberg, Jan Teorell, David Altman, Fabio Angiolillo, Michael Bernhard, Agnes Cornell, M. Steven Fish, Linnea Fox, Lisa Gastaldi, Haakon Gjerløw, Adam Glynn, Ana Good God, Sandra Grahn, Allen Hicken, Katrin Kinzelbach, Kyle L. Marquardt, Kelly McMann, Valeriya Mechkova, Anja Neundorf, Pamela Paxton, Daniel Pemstein, Johannes von Römer, Brigitte Seim, Rachel Sigman, Svend-Erik Skaaning, Jeffrey Staton, Aksel Sundström, Marcus Tannenberg, Eitan Tzelgov, Yi-ting Wang, Felix Wiebrecht, Tore Wig, and Daniel Ziblatt. 2025. "V-Dem Codebook v15" Varieties of Democracy (V-Dem) Project.

Davies, S., G. Engström, T. Pettersson, and M. Öberg. 2025. "Organized Violence 1989-2024 and the Prevalence of Organized Crime Groups." *Journal of Peace Research* 61(4).

Fearon, James D. 1995. "Rationalist Explanations for War." *International Organization* 49(3): 379-414.

Gleditsch, N. P., Wallensteen, P., Eriksson, M., Sollenberg, M., & Strand, H. 2002. "Armed conflict 1946-2001: A new dataset." *Journal of Peace Research*, 39(5), 615-637.

Marshall, M. G., Gurr, T. R., & Jaggers, K. 2019. *Polity5: Political regime characteristics and transitions, 1800–2018. Dataset users' manual.* Center for Systemic Peace. http://www.systemicpeace.org/inscrdata.html

Pettersson, T., & Öberg, M. 2020. "Organized violence, 1989-2019." *Journal of Peace Research*, 57(4), 597-613.

Raleigh, C., Linke, A., Hegre, H., & Karlsen, J. 2010. "Introducing ACLED: An armed conflict location and event dataset." *Journal of Peace Research* 47(5), 651-660.

Rustad, S. A. 2024. *Conflict trends: A global overview, 1946–2023.* Peace Research Institute Oslo (PRIO).

START (National Consortium for the Study of Terrorism and Responses to Terrorism). 2022. *Global Terrorism Database 1970 – 2020.* https://www.start.umd.edu/gtd

Sundberg, R., & Melander, E. 2013. "Introducing the UCDP Georeferenced Event Dataset." *Journal of Peace Research* 50(4), 523-532.

Vogt, Manuel, Nils-Christian Bormann, Seraina Rüegger, Lars-Erik Cederman, Philipp Hunziker, and Luc Girardin. 2015. "Integrating Data on Ethnicity, Geography, and Conflict: The Ethnic Power Relations Data Set Family." *Journal of Conflict Resolution* 59(7): 1327-42.

CHAPTER
09

패권의 국제정치경제

박 종 희 | 서울대학교 정치외교학부 교수

패권(hegemony)은 국제질서를 구축하고 유지하는 압도적 힘을 가진 국가를 의미한다. 이 장은 국제정치경제학(International Political Economy)의 핵심 개념인 패권과 관련된 제반 이론을 소개하고 이에 대한 쟁점을 설명한다. 핵심 질문은 패권국이 어떻게 국제경제질서—개방된 무역체제, 안정적인 통화체제, 위기 시 유동성 공급—를 만들고 유지하는지, 패권의 쇠퇴가 어떤 결과를 가져오는지, 그리고 패권 없이도 국제협력이 가능한지이다. 국제정치의 역사는 패권을 둘러싼 경쟁사이다. 19세기 말 영국 패권이 쇠퇴하고 독일과 미국이 부상하면서 경제권력과 정치권력의 불일치가 발생했고, 이는 결국 두 차례 세계대전으로 귀결되었다. 전간기(1918~1939)에는 패권국이 부재한 상황에서 각국이 보호무역과 경쟁적 평가절하로 치달았고, 대공황이 장기화되며 제2차 세계대전의 경제적 배경이 되었다. 반대로 제2차 세계대전 후 미국 패권하에서는 브레튼우즈 체제가 확립되고 전례 없는 경제 번영이 이루어졌다. 1970년대 이후 미국 패권이 상대적으로 쇠퇴했음에도 미국 중심의 국제제도는 유지되었고 심지어 심화되었다. 그러나 21세기 들어 중국의 급속한 경제적 부상은 국제관계에서 새로운 패권 전이의 가능성을 제기하고 있다. 구매력 평가 기준 중국의 GDP는 이미 미국을 추월했고, 첨단기술 분야에서도 중국은 미국에 도전하고 있다. 더욱이 중국은 과거 일본이나 서유럽과 달리 권위주의 체제를 유지하고 있어, 미중 경쟁은 단순한 경제력 경쟁이 아니라 체제 경쟁의 성격을 띤다. 이 장은 패권안정이론, 패권순환론, 자유주의 제도주의, 민주평화론 등 주요 이론들을 살펴보면서 21세기 미중경쟁에 대한 함의를 추론해 본다.

I 패권과 국제경제질서

국제정치의 발전과정은 정치권력과 경제권력, 이 두 가지 권력이 끊임없이 부딪히면서 진화하는 과정이라고 할 수 있다. 정치권력은 국제질서를 구축하고 유지하는 힘을 의미하며 군사력과 외교력 등을 포함한다. 정치권력은 본질적으로 위계적(hierarchical) 성격을 지니며, 단속적 과정(punctuated process)의 특징을 갖는다. 즉, 한 번 특정한 질서가 들어서면 그것이 붕괴할 때까지 상당 기간 지속되는 속성이 있다. 이런 이유로 국제질서는 장기간 안정성을 보이다가 전쟁이나 혁명과 같은 결정적 사건을 통해 새로운 질서로 전환되는 양상을 띤다.

경제권력은 시장에서 결정되는 경제적 영향력을 반영한다. 경제권력은 연속적이고 유동적인 조정 과정(continuous and fluid adjustment process)의 특징을 보이며, 불안정성과 불균등발전의 속성을 가진다. 쉽게 말해, 시장경쟁의 논리 속에는 어제의 1등이 오늘의 1등이 된다는 보장이 없다. 기술혁신, 생산성 향상, 무역수지, 금융발전, 자본축적의 속도는 국가마다 다르며, 이로 인해 경제적 지위는 끊임없이 변동한다.

이 두 권력의 길항관계가 국제정치경제의 핵심 배경을 구성한다. 정치권력의 위계적이고 안정적인 질서와 경제권력의 유동적이고 불균등한 발전 사이의 긴장은 국제체제에 지속적인 도전을 제기한다.

표 3-5 철강 생산량 (1890~1938년)

단위: 백만 톤

국가	1890	1900	1910	1913	1920	1930	1938
미국	9.3	10.3	26.5	31.8	42.3	41.3	28.8
영국	8.0	5.0	6.5	7.7	9.2	7.4	10.5

국가	1890	1900	1910	1913	1920	1930	1938
독일	4.1	6.3	13.6	17.6	7.6	11.3	23.2
프랑스	1.9	1.5	3.4	4.6	2.7	9.4	6.1
오스트리아-헝가리	0.97	1.1	2.1	2.6	—	—	—
러시아	0.95	2.2	3.5	4.8	0.16	5.7	18.0
일본	0.02	—	0.16	0.25	0.84	2.3	7.0
이탈리아	0.01	0.11	0.73	0.93	0.73	1.7	2.3

출처: 1890년은 선철(pig-iron) 기준, 이후는 강철(steel) 기준. Kennedy (1988), 200쪽.

19세기 말부터 20세기 중반까지 지속된 영국과 독일의 갈등은 경제권력과 정치권력의 불일치가 초래한 가장 극적인 사례다. 19세기 말까지 영국은 막강한 해군력과 광대한 식민지를 바탕으로 정치 · 군사적 패권을 유지했다. 그러나 경제적으로 영국은 독일과 미국에 의해 추격당하고 있었다. 〈표 3-5〉이 보여주듯, 1870년대 철강 생산량에서 영국은 독일의 두 배를 생산했지만, 1910년에는 독일이 영국의 두 배 이상을 생산했다. 산업생산력에서 영국을 앞지르기 시작한 독일은 기존의 국제질서—영국 중심의 유럽 세력균형, 영국이 지배하는 해상 교역로, 영국 파운드화 중심의 국제금융 체제—에 불만을 품었다. 독일은 "태양 아래 자신의 자리(a place in the sun)"를 요구하며 해군력을 증강하고 식민지 확보에 나섰다. 경제권력과 정치권력의 불일치는 결국 제1차 세계대전이라는 파국으로 이어졌다.

제1차 세계대전 후 상황은 더욱 복잡했다. 미국은 이미 세계 최대의 경제력을 보유했고, 영국과 프랑스는 여전히 상당한 군사력과 식민지를 갖고 있었다. 이론적으로는 이들이 협력하여 안정적인 국제질서를 만들 수 있었다. 그러나 실제로는 정반대의 일이 벌어졌다. 미국은 자신이 만든 국제연맹(League of Nations) 가입을 거부하고 고립주의로 후퇴했다. 영국과 프랑스는 독일에 대한 가혹한 배상금을 강요하면서도 자국의 제국적 이익을 우선시했다. 각국은 대공황에 대응하여 관세 인상, 평가절하, 무역블록 형성 등 근린궁핍화 정책(beggar-thy-neighbor policy)으로 맞섰다. 근린궁핍화 정책이란 한 국가가 자국의 경기 회복을 위해 수입 억제(관세 인상)나 통화 평가절하 등을 단행함으로써, 그 피해를 다른 국가로 전가하는 정책을 말한다. 단기적으로는 자국의 수출 경쟁력을 높일 수 있으나, 다른 국가들의 보복 조치로 이어져 국제 무역 전체가 위축되는 악순환을 초래한다.

권력이 분산된 상황에서 협력이 실패하자, 집단행동의 문제(collective action problem)가 발생했고 모두가 원하지 않던 최악의 결과—대공황의 장기화, 파시즘과 군국주의의 부상, 제2차 세계대전—를 맞이했다. 집단행동의 문제는 여러 행위자가 공동의 이익(예: 자유무역 질서 유지)을 위해 협력해야 하는 상황에서, 자신만의 협소한 손익계산을 우선시하여 '무임승차(free-riding)'와 같이 모두가 손해를 보는 상황이 발생하는 것을 뜻한다.

경제권력과 정치권력이 한 국가에 집중되고, 그 국가가 협력적 질서 구축에 나서면 안정이 찾아올 수 있다. 제2차 세계대전 후 미국이 바로 그러한 위치에 있었다. 1945년 미국은 전 세계 GDP의 약 42%, 제조업 생산의 절반 이상을 차지했고, 압도적인 군사력으로 소련을 제외한 대부분의 지역에서 정치적 영향력을 행사했다. 더 중요하게는, 미국이 전간기의 교훈을 학습하고 국제제도 구축과 동맹국 지원에 적극 나섰다는 점이다. 그 결과 자본주의 진영은 전례 없는 번영을 누렸다.

21세기 들어 중국이 미국을 위협하는 새로운 경제권력으로 급속히 부상하면서 경제권력과 정치권력 사이의 불균형은 새로운 전환점을 맞이했다. 1980년 세계 GDP의 5%에 불과했던 중국 경제는 2020년대 약 19%를 차지하며 미국(14%)을 추월했다(〈표 3-6〉 참조).

표 3-6 중국과 미국의 GDP 및 세계 GDP 비중 (1955~2022년, 5년 단위)

단위: 백만 달러, %

연도	중국 GDP (백만 달러)	중국 비중 (%)	미국 GDP (백만 달러)	미국 비중 (%)
1955	681	5.97	2,882	25.28
1960	705	5.03	3,262	23.26
1965	896	4.96	4,156	22.99
1970	1,144	4.92	4,913	21.11
1975	1,461	5.17	5,606	19.85
1980	1,894	5.39	6,743	19.21

연도	중국 GDP (백만 달러)	중국 비중 (%)	미국 GDP (백만 달러)	미국 비중 (%)
1985	2,753	6.86	7,875	19.64
1990	3,385	7.25	9,250	19.80
1995	4,810	9.28	10,489	20.23
2000	5,953	9.48	12,947	20.62
2005	8,603	11.03	14,674	18.82
2010	12,859	13.47	15,240	15.97
2015	18,301	16.17	16,938	14.96
2020	24,152	19.27	18,027	14.38
2022	26,966	19.67	19,493	14.22

출처: Maddison Project Database 2023 구매력 평가 기준

중국은 1970년대 일본이나 서유럽과 근본적으로 다르다. 일본과 서유럽은 미국과 정치체제(민주주의)와 안보동맹을 공유하는 자유주의 국제질서의 일원이었다. 반면 중국은 공산당 기반의 권위주의 체제를 유지하며 미국과 체제 경쟁을 벌이고 있다. 경제권력과 정치권력의 불일치가 단순히 동맹국 간의 조정 문제가 아니라, 체제 간 경쟁이라는 더 근본적인 긴장으로 나타나고 있는 것이다.

이러한 구조적 긴장 속에서 어떻게 국가 간 협력을 이끌어낼 것인가? 패권국의 리더십이 필수적인가, 아니면 제도가 독자적으로 협력을 유지할 수 있는가? 역사가 반복된다면, 경제권력과 정치권력의 불일치는 다시 한번 파국으로 이어질 수 있다. 하지만 역사로부터 배운다면, 우리는 새로운 협력의 경로를 찾을 수 있을 것이다.

II 패권안정이론: 패권국의 역할

국제정치경제학에서 가장 영향력 있는 이론 중 하나인 패권안정이론(Hegemonic Stability Theory)은 흥미롭게도 국제정치학자가 아닌 경제사학자에 의해 탄생했다.

MIT의 경제학자 찰스 킨들버기(Charles P. Kindleberger)는 1929년 대공황이 왜 그토록 깊고 오래 지속되었는가를 연구하면서, 그 원인을 단순히 경제적 요인—주식시장 붕괴, 은행 파산, 통화 긴축—에서만 찾을 수 없다는 것을 깨달았다. 그는 1973년 출간한 『세계 대공황 1929-1939』(The World in Depression)에서 전간기 경제 위기의 진정한 원인은 국제경제 리더십의 부재에 있다고 주장했다. 영국은 더 이상 세계경제를 안정시킬 능력이 없었고, 미국은 아직 그럴 의지가 없었다. 이 '권력 공백'이 각국의 근린궁핍화 정책을 초래했고, 대공황을 장기화시켰다는 것이다.

킨들버거의 통찰은 국제정치학에 혁명적이었다. 그는 국제경제를 집단행동의 문제로 바라보았다. 맨슨 올슨(Mancur Olson)의 집단행동이론을 국제관계에 적용한 것이다. 특히 중요한 개념은 바로 공공재(public goods)인데, 킨들버거는 안정적인 국제경제질서—개방된 무역체제, 안정적인 통화체제, 위기 시의 유동성 공급—를 국제관계의 공공재로 간주했다. 모든 국가가 이로부터 혜택을 얻지만, 아무도 그 비용을 부담하려 하지 않기 때문이다.

킨들버거의 이론은 국제정치를 보는 완전히 새로운 렌즈를 제공했다. 전통적 현실주의가 무정부상태에서의 국가 간 권력투쟁과 안보 딜레마에 초점을 맞췄다면, 패권안정이론은 국제관계를 공공재를 둘러싼 협력문제로 간주했다. 국제체제는 단순히 약육강식의 정글이 아니라, 집단행동의 문제가 발생하는 사회적 공간이라는 것이다. 이런 관점에서 공공재 문제를 해결할 수 있는 행위자로 패권국의 존재가 주목을 받았다. 패권국은 압도적인 경제력과 군사력을 바탕으로 장기적으로는 안정된 국제질서로부터 가장 큰 이익을 얻기 때문에 기꺼이 공공재 제공의 비용을 감수할 수 있다는 것이다.

1 국제경제의 공공재

킨들버거는 금융학자인 민스키(Hyman Minsky)의 영향을 받아, 국제경제질서를 근본적으로 불안정한 것으로 파악한다. 국가들이 자율적으로 주고받는 상품의 교환과 화폐의 교환체계는 그 중심에 중앙은행과 같은 안정자(stabilizer)가 없기 때문에 근본적으로 불안정하다는 것이다. 마치 중앙은행이 등장하기 전 은행위기가 만연했던 것처럼, 국제관계는 중앙은행 등장 이전의 경제상태와 같은 처지에 있다는 것이다.

킨들버거가 제시한 바에 따르면, 국제경제질서를 위한 공공재에는 다섯 가지 핵심 기능이 포함된다.

① 개방된 시장 유지: 경제위기 시 시장을 찾지 못하는 다른 국가들의 수출품(distress goods)을 받아들이는 상대적으로 개방된 시장 유지

② 안정적 대출 제공: 경기역행적(countercyclical) 또는 최소한 안정적인 장기 대출 제공

③ 환율 안정: 상대적으로 안정적인 환율체제의 관리

④ 정책 조정: 거시경제정책의 국제적 조정 보장

⑤ 최종대부자 역할: 금융위기 시 할인이나 유동성 공급을 통한 최종대부자(lender of last resort) 역할 수행

이러한 공공재는 비배제성(non-excludability)과 비경합성(non-rivalry)을 지니기 때문에 무임승차(free-riding)의 문제가 발생한다. 비배제성이란 비용을 부담하지 않은 국가를 공공재의 혜택에서 배제할 수 없다는 의미다. 예를 들어 패권국이 해적을 소탕하여 해상 교역로를 안전하게 만들면, 해군 비용을 전혀 부담하지 않은 국가도 그 안전한 바닷길을 이용할 수 있다. 19세기 영국 해군이 지중해와 인도양의 해적을 소탕했을 때, 독일이나 이탈리아 상선들도 영국에 아무런 비용을 지불하지 않고 안전한 항해를 할 수 있었다. 비용을 내지 않은 국가를 바다에서 쫓아내기 어렵기 때문이다. 비경합성이란 한 국가가 공공재를 사용한다고 해서 다른 국가가 사용할 수 있는 양이 줄어들지 않는다는 의미다. 해적이 소탕된 교역로를 한 국가가 많이 사용한다고 해서 다른 국가의 사용가능성이 크게 줄어들지 않는 것이 그 예이다. 여러 국가가 동시에 안전한 해상 교역로의 혜택을 누릴 수 있다.

이 두 특성 때문에 무임승차 문제가 발생한다. 모든 국가가 공공재의 혜택을 누리지만 그 비용을 부담하려 하지 않는 것이다. 왜냐하면 공공재 제공의 비용(예: 해적 소탕)이 평균적인 개별 국가에게는 이득(예: 안전한 해상 교역로를 통한 이익)을 상회하기 때문이다. 모두가 다른 나라가 비용을 부담하기를 기다리면서 무임승차를 희망하면, 결국 공공재는 아무리 필요하다고 해도 등장하기 어려워진다.

이런 관점에서 패권국은 자신의 압도적인 경제력과 군사력으로 인해 공공재 제공의 이득이 비용을 상회하는 국가로 정의될 수 있다. 특히 안정된 국제질서를 구축한 신생 패권국은 공공재 제공의 단기적 비용이 상당히 크더라도 공공재 제공으로 인한 장기적 이익(예: 안정적인 국제질서에서의 무역과 투자 확대)이 이를 상쇄한다고 판단할 수 있다.

2 전간기 실패의 구체적 양상

킨들버거는 전간기의 대혼란은 패권국의 부재가 가져온 파국적 결과라고 설명했다. 특히 세 가지 측면에서 실패가 두드러졌다.

첫째, 국제무역체제의 붕괴이다. 1929년 대공황이 발생하자 각국은 자국 경제를 보호하기 위해 경쟁적으로 보호무역 조치를 취했다. 1930년 미국의 스무트-홀리 관세법(Smoot-Hawley Tariff Act)을 시작으로 각국은 관세를 대폭 인상하고 수입쿼터를 도입했다. 1929년부터 1933년 사이 세계 무역량은 약 66%나 감소했다.

둘째, 국제통화체제의 와해이다. 금본위제는 제1차 세계대전 중 중단되었다가 1925년에 복원되었으나 매우 불안정했다. 대공황의 압력 속에서 각국은 경쟁적으로 평가절하를 단행했고 금태환성에 대한 시장의 신뢰는 매우 낮았다. 끝내 못버티던 영국이 1931년 금태환을 포기하고 파운드화를 평가절하하자, 다른 국가들도 잇따라 통화가치를 절하했다. 이러한 경쟁적 평가절하는 무역을 더욱 위축시키고 국제금융 불안을 가중시켰다.

셋째, 경제블록의 형성이다. 국제협력이 실패하자 각국은 배타적인 경제블록을 형성했다. 영국은 영연방 특혜관세제도를 강화했고, 프랑스는 프랑 블록을 구축했으며, 독일은 중부 유럽에서 자급자족적 경제권을 추구했다. 일본은 대동아공영권을 내세우며 아시아에서 세력권을 확대하려 했다. 경제블록화는 자원의 무기화(weaponization)를 촉발시켰다. 대표적인 예가 미국의 일본에 대한 석유금수조치였다. 일본이 1941년 프랑스령 인도차이나 남부까지 진출하자, 미국은 일본에 대한 석유 수출을 전면 금지했다. 당시 일본은 석유의 80% 이상을 미국으로부터 수입하고 있었기에, 이 조치는 일본 경제와 군사력에 치명적 타격이었다. 일본은 동남아시아의 석유 자원 확보를 위해 전쟁을 확대하는 길을 선택했고, 이는 1941년 12월 진주만 공격으로 이어졌다.

전간기의 실패는 명확한 교훈을 남겼다. 국제경제 협력의 메커니즘이 작동하지 않으면, 국가들은 모두에게 해로운 선택을 하게 된다는 것이다. 이러한 인식은 제2차 세계대전 후 새로운 국제질서 설계의 기초가 되었다. 전간기 경험을 토대로 한 킨들버거의 패권안정이론은 이후 로버트 길핀(Robert Gilpin), 스티븐 크래스너(Stephen Krasner), 로버트 코헤인(Robert Keohane) 등 정치학자들에 의해 정교화되고 확장되었지만, 그 핵심 통찰—국제정치를 집단행동의 문제로 보고, 패권국을 공공재 공급자로 이해하는 관점—은 오늘날까지도 국제정치경제학의 기초를 이루고 있다. 한 경제사학자의 대공황 연구가 우연히 국제정치이론의 가장 중요한 기여 중 하나가 된 것이다.

III 패권 이후의 협력: 자유주의 제도주의

제2차 세계대전 후 미국은 전간기의 실패를 반복하지 않겠다는 명확한 의지를 가지고 새로운 국제질서 구축에 나섰다. 1944년 브레튼우즈(Bretton Woods) 회담에서 국제통화기금(IMF)과 국제부흥개발은행(IBRD, 후에 세계은행)이 창설되었고, 1947년에는 관세 및 무역에 관한 일반협정(GATT)이 체결되었다. 이들 제도는 자유주의 국제질서의 경제적 기둥이 되었다.

GATT는 전간기의 경제블록화와 차별적 무역관행을 방지하기 위해 비차별 원칙(non-discrimination)을 핵심으로 삼았다. 가장 중요한 것이 최혜국대우(Most Favored Nation, MFN) 원칙으로, 한 국가에 부여한 무역상의 이익을 모든 회원국에 동등하게 적용해야 한다는 것이다. 이는 전간기에 만연했던 배타적 특혜무역블록을 해체하고, 모든 국가가 평등하게 무역 기회를 누릴 수 있는 다자무역체제를 구축하려는 시도였다.

IMF는 전간기의 경쟁적 평가절하와 통화 불안을 방지하기 위해 설립되었다. 브레튼우즈 체제하에서 미국 달러를 금에 고정시키고(1온스당 35달러), 다른 국가 통화들은 달러에 고정시키는 고정환율제(금태환본위제, gold-exchange standard)가 채택되었다. IMF는 이 체제를 유지하기 위해 단기적 국제수지 불균형을 겪는 국가에 유동성을 제공하고, 환율 조정이 필요한 경우 질서 있는 변경을 감독하는 역할을 맡았다.

세계은행은 전쟁으로 파괴된 유럽의 재건을 돕고, 이후에는 개발도상국의 경제발전을 지원하는 역할을 담당했다. 장기 개발 프로젝트에 필요한 자금을 제공함으로써 인프라 구축, 산업화, 생산성 향상을 지원했다.

이러한 협력이 가능한 배경에는 냉전이라는 정치적 맥락이 특히 중요했다. 소련의 위협에 대응하기 위해 미국은 서유럽과 일본의 경제 재건을 적극 지원했다. 마셜플랜(1948~1952)을 통해 서유럽에 막대한 경제원조를 제공했고, 일본에는 전후 복구와 산업화를 위한 지원을 아끼지 않았다. 미국은 또한 자국 시장을 동맹국들에게 개방함으로써 이들의 수출주도 성장을 가능하게 했다.

이러한 미국의 리더십하에서 자본주의 진영은 눈부신 경제성장을 달성했다. 1950년부터 1973년까지 이어진 이른바 황금기 동안 서유럽 국가들은 연평균 5% 이상의 성장률을 기록했고, 일본은 10%에 가까운 고도성장을 이루었다. 세계 무역량은 매년 8% 이상 증가하며 전례 없는 팽창을 보였다. 이러한 성공은 전간기의 실패와 극명한 대조를 이루었다.

1970년대 들어 미국 패권에 변화가 나타났다. 서유럽과 일본의 경제적 부상으로 미국의 경제적 우위가 상대적으로 약화되었다. 미국의 GDP 비중은 1945년 약 42%에서 1980년 약 19% 수준으로 하락했다.

브레튼우즈 체제도 도전에 직면했다. 1960년대 후반부터 미국의 무역수지가 악화되고 달러에 대한 신뢰가 흔들리기 시작했다. 베트남 전쟁과 복지 지출 확대로 재정적자가 늘어나면서 달러가치는 하락 압력을 받았다. 프랑스를 비롯한 유럽 국가들은 보유한 달러를 금으로 교환하기 시작했고, 미국의 금 보유고는 급격히 감소했다. 1971년 8월, 닉슨 대통령은 달러의 금 태환을 일방적으로 중단한다고 발표했다. 이른바 '닉슨 쇼크'였다. 브레튼우즈 체제의 핵심인 고정환율제가 붕괴되었고, 세계는 변동환율제 시대로 접어들었다.

그럼에도 불구하고 미국이 구축한 국제경제제도의 기본 틀은 유지되었다. IMF, 세계은행, GATT는 계속 작동했고, 1990년대에는 GATT가 WTO(세계무역기구)로 발전했다. 경제권력의 분산에도 불구하고 정치 · 군사적 영향력은 여전히 미국이 압도적이었고, 공산주의라는 공동의 위협을 미국과 자본주의 국가들이 공유하면서 협력은 지속되었다.

로버트 코헤인의 『패권 이후』(After Hegemony, 1984)는 이러한 시대적 변화를 설명하기 위해 등장하였다. 코헤인은 미국 패권의 쇠퇴에도 불구하고 브레튼우즈 체제의 주요 제도들이 그대로 유지되고 심지어 GATT 협상 라운드들이 성공적으로 진행되는 '이론과 현실의 괴리'를 설명하기 위해 새로운 이론적 틀을 제시했다. 그의 핵심 질문은 명확했다: 패권국 없이도 협력이 가능한가? 그렇다면 어떻게?

1 패권 없는 협력의 가능성

1960년대 중반 이후 미국의 지배력은 유럽의 경제 회복과 통합, 그리고 일본의 급속한 경제성장으로 도전받기 시작했다. 현실주의 관점에서 보면 권력의 분산은 질서 창출 능력을 약화시켰어야 했다. 그러나 실제로는 국제제도들이 계속 작동했고 협력이 유지되었다. 어떻게 이것이 가능했는가?

코헤인은 패권안정이론의 두 가지 핵심 명제를 비판적으로 검토한다. 첫 번째 명제는 "국제 레짐의 형성은 일반적으로 패권에 의존한다"는 것이고, 두 번째 명제는 "질서 유지는 지속적인 패권을 필요로 한다"는 것이다. 코헤인은 첫 번째 명제에 대해 제한적 타당성만을 인정한다. 패권은 특정 유형의 협력을 촉진할 수 있지만, 협력의 필요조건도 충분조건도 아니다. 두 번째 명제는 명백히 오류라고 본다. 국제 레짐이 일단 수립된 후에는 협력이 패권국의 존재를 반드시 필요로 하지 않는다.

1960년대 중반 이후 미국의 지배력은 유럽의 경제 회복과 통합, 그리고 일본의 급속한 경제성장으로 도전받기 시작했다. 현실주의 관점에서 보면 권력의 분산은 질서 창출 능력을 약화시켰어야 했다. 그러나 실제로는 국제제도들이 계속 작동했고 협력이 유지되었다. 어떻게 이것이 가능했는가?

2 국제제도의 역할

코헤인의 핵심 통찰은 국제 레짐의 창출 조건과 유지 조건이 다르다는 것이다. 코헤인은 제도는 일단 등장하면 관성을 가지고 지속되는 "경로의존성(path dependence)"을 갖는다는 점에 주목했다. 이런 관점에서 볼 때, 국제 레짐을 유지하는 것은 국제 레짐을 창출하는 것보다 훨씬 용이하다.

이러한 주장을 이론적으로 뒷받침하기 위해 코헤인은 독창적인 전략을 사용했다. 바로 "코즈정리 뒤집기"(Inverting the Coase Theorem)다. 로널드 코즈(Ronald Coase)는 특정 조건—법적 책임 체계(특히 명확한 재산권), 완벽한 정보, 거래비용의 부재—이 충족된다면 외부효과(externalities)가 있더라도 독립적 행위자들 간의 협상을 통해 파레토 최적의 해결책에 도달할 수 있다고 주장했다. 코즈정리는 종종 국제정치에서 낙관적으로 해석되었다. 즉, 국가들 간의 협상과 상호 조정을 통해 집단행동 문제가 쉽게 극복될 수 있다는 것이다.

그러나 코헤인은 이 정리를 뒤집었다. 그는 코즈가 명시한 조건들이 부재할 경우, 집단행동의 딜레마로 인해 독립된 행위자들의 협성은 최적 해결책에 도달하지 못한다. 국제정치 영역에서는 세계정부가 없기 때문에 법적 책임을 강제할 체계가 없고,

국가들의 의도와 능력에 대한 정보는 불완전하며, 국제 협상과 합의 이행에는 막대한 거래비용이 든다. 따라서 코즈가 가정한 이상적 조건이 충족되지 않는 국제체제에서는 자발적 협상만으로 효과적인 조정이 매우 어렵다.

바로 이 지점에서 국제제도의 필요성이 등장한다. 코즈정리를 뒤집으면 국제제도를 재산권 문제, 불확실성, 그리고 거래비용에 대한 대응으로 분석할 수 있다. 국제제도는 코즈가 명시한 조건들을 부분적으로 충족시킴으로써 협력을 가능하게 한다. 코헤인은 제도를 통한 코즈정리 뒤집기를 다음과 같은 기능으로 설명한다.

첫째, 제도는 규칙과 절차를 통해 누가 무엇에 대한 권리를 갖는지를 명확히 한다. 예를 들어, 유엔해양법협약(UNCLOS)은 각국의 배타적 경제수역(EEZ)을 200해리로 정의하여 어업권과 해저자원 개발권을 명확히 했다. 이전에는 공해에서 누구나 자유롭게 고기를 잡을 수 있었지만, 남획으로 어족자원이 고갈되는 '공유지의 비극'이 발생했다. UNCLOS는 연안국에 EEZ 내 자원관리 책임을 부여함으로써 이 문제를 완화했다. 마찬가지로 교토의정서와 파리협정은 각국에 탄소배출 감축 목표를 할당하고, 탄소배출권 거래제를 도입하여 대기의 탄소흡수 능력이라는 공유 자원에 대한 권리를 사실상 배분했다.

둘째, 제도는 정보 공유와 감시를 통해 국가들의 행동에 대한 불확실성을 줄인다. WTO는 회원국들에게 농업보조금, 수출보조금 등 무역왜곡적 정책을 상세히 통보하도록 의무화한다. 예컨대 한 국가가 자국 철강산업에 막대한 보조금을 지급하면, 이는 WTO 보조금 및 상계조치 협정(SCM Agreement)에 따라 다른 회원국들에 통보되어야 한다. 이를 통해 피해를 입을 수 있는 국가들은 조기에 문제를 인지하고 대응할 수 있다. 또한 무역정책검토제도(Trade Policy Review Mechanism)를 통해 주요국들은 2년마다, 다른 국가들은 4~6년마다 자국의 무역정책을 투명하게 공개하고 다른 회원국들의 질문에 답해야 한다. 이러한 투명성 제고는 상대국이 무엇을 하고 있는지 모른다는 불확실성을 크게 감소시킨다.

셋째, 제도는 표준화된 협상 틀과 분쟁해결 절차를 제공하여 거래비용을 낮춘다. WTO 분쟁해결절차(Dispute Settlement Mechanism)가 대표적이다. 만약 이 제도가 없다면, 무역분쟁이 발생할 때마다 양국은 새로운 협상을 시작해야 하고, 합의에 실패하면 무역전쟁이나 보복관세로 치달을 수 있다. 그러나 WTO 분쟁해결기구는 표준화된 절차—패널 설치, 증거 제출, 판정, 항소, 이행—를 제공한다. 예를 들어 2000년대 미국과 EU 간 항공기 보조금 분쟁(보잉 vs 에어버스)은 양측이 WTO 분쟁해결절차를 통해 해결을 모색했다. 비록 분쟁이 오래 걸렸지만, 제도화된 절차가 없었다면 양측은 무한정 보복관세를 주고받으며 무역전쟁으로 치달았을 것이다. 분쟁해결절차는 게임의 규칙을 제공함으로써 협상 비용을 줄이고 예측가능성을 높인다.

넷째, 제도는 반복적 상호작용을 촉진한다. 국제제도 내에서 국가들은 장기적이고 반복적인 관계를 맺게 되며, 이를 통해 국가들은 점차 단기적 배신이나 불이행보다 협력을 합리적 선택으로 간주하게 된다. 일회성 죄수의 딜레마에서는 배신이 합리적이지만, 게임이 무한정 반복된다면 협력의 유인이 증가한다. 오늘 상대를 배신하면 내일 보복당할 것을 알기 때문이다. WTO, IMF, 세계은행 같은 국제제도는 국가들이 수십 년에 걸쳐 반복적으로 만나고 협상하는 장을 제공한다. GATT/WTO의 여러 협상 라운드—케네디 라운드, 도쿄 라운드, 우루과이 라운드—는 수년에 걸쳐 진행되며, 한 라운드가 끝나면 다음 라운드가 예정되어 있다. 이러한 반복성은 국가들로 하여금 단기적 이득보다 장기적 관계를 중시하게 만든다.

다섯째, 제도는 이행(compliance) 메커니즘을 제공한다. 국제제도는 보복, 선례 효과, 평판과 같은 메커니즘을 통해 국가들이 규칙을 준수하도록 유도한다. WTO는 한 국가가 규칙을 위반할 경우 피해국이 승인된 보복조치를 취할 수 있도록 허용한다. 예컨대 EU가 미국산 쇠고기 수입을 부당하게 금지했을 때, WTO 분쟁해결기구는 미국이 EU산 치즈와 와인에 보복관세를 부과하는 것을 승인했다. 이러한 보복 메커니즘은 규칙 위반의 비용을 높인다. 또한 규칙을 반복적으로 어기는 국가는 나쁜 평판을 얻게 되고, 향후 협상에서 신뢰를 잃어 협력의 기회를 상실할 수 있다. 좋은 평판을 유지하는 것은 장기적으로 국제사회에서 협력의 이득을 누리기 위해 필수적이다.

마지막으로 코헤인은 국제경제 공공재의 일부가 실제로는 진정한 공공재가 아니라 배제가능한 클럽재(club goods)로 제공될 수 있다는 점을 강조했다. 예를 들어, IMF에서 긴급 유동성을 차입할 수 있는 것은 회원국뿐이고, GATT/WTO의 최혜국대우 혜택을 받으려면 규칙을 수용해야 한다. 규칙 수용을 거부하는 국가는 혜택에서 배제될 수 있다. 이 경우 패권국 하나가 모든 비용을 부담할 필요 없이, 소수 주요 국가들이 비용을 분담하면서 클럽재를 제공할 수 있다. 1970년대 G7(주요 7개국)의 등장이 이를 보여준다. 미국, 일본, 독일, 영국, 프랑스 등 주요국들이 정기적으로 만나 거시경제정책을 조정하고 환율 안정을 논의함으로써, 패권국 하나 없이도 국제경제 조정이 가능했다.

3 패권, 국제제도, 그리고 협력

제도주의적 설명을 통해 코헤인은 패권안정이론을 제도에 의한 협력을 설명하는 체계적인 국제정치이론으로 발전시켰다. 국제제도는 단순히 패권국의 힘을 반영하는 도구가 아니라, 재산권 명확화, 정보 제공, 거래비용 감소, 반복적 상호작용 촉진, 이행 메커니즘 제공이라는 독자적 기능을 통해 패권 쇠퇴 이후에도 협력을 유지할 수 있는 메커니즘인 것이다.

자유주의 제도주의는 1980년대 이후 미국의 상대적 쇠퇴에도 불구하고 브레튼우즈 체제의 주요 제도들이 유지되고, 심지어 WTO 출범(1995)과 같은 제도적 심화가 이루어진 현상을 설득력 있게 설명한다. 유럽통합의 지속적 심화, 다양한 지역무역협정의 확산, 그리고 기후변화 협약과 같은 새로운 국제 레짐의 등장 등도 제도의 독자적 역할을 보여준다. 패권국이 없거나 약화되어도, 잘 설계된 국제제도는 협력의 기반을 제공할 수 있다는 것이 자유주의 제도주의의 핵심 메시지다.

코헤인의 이론적 기여는 단순히 패권안정이론을 비판하는 데 그치지 않았다. 그는 국제정치학의 패러다임 자체에 도전했다. 현실주의는 무정부 상태의 국제체제에서 국가들은 권력 극대화를 추구하며 협력은 일시적이고 불안정하다고 보았다. 국가 간 협력은 오직 패권국의 강제나 공동의 적에 대한 동맹을 통해서만 가능하다는 것이었다. 그러나 코헤인은 국제제도가 국가 행위를 근본적으로 변화시킬 수 있다고 주장했다. 국제제도는 단순히 국가 간 권력관계를 반영하는 수동적 산물이 아니라, 정보 제공, 거래비용 감소, 반복적 상호작용 촉진을 통해 국가들의 전략적 선택을 바꾸는 독자적 영향력을 가진 구조라는 것이다.

코헤인의 이론은 패권 쇠퇴 이후에도 국제협력이 지속될 수 있는 메커니즘을 제시함으로써, 단순히 '패권 있음/없음'이라는 이분법을 넘어서는 새로운 패권이론의 지평을 열었다. 패권국은 질서를 '창출'하는 데는 필수적일 수 있지만, 일단 수립된 질서를 '유지'하는 데는 제도가 패권국을 대체하거나 보완할 수 있다는 것이 코헤인 이론의 중요한 함의이다.

Ⅳ 미국 패권의 국내정치경제

패권안정이론의 정교화에도 불구하고 많은 학자들은 패권의 성격과 지속가능성을 이해하기 위해서는 패권국 내의 국내정치제도, 정치연합, 이념과 같은 국내적 요인을 이해할 필요가 있다고 생각했다. 패권국이 국제경제질서를 구축하고 유지하는 것은 단순히 압도적인 경제력과 군사력 때문만은 아니기 때문이다. 패권국 내부의 지배연합(ruling coalition)이 어떤 경제적 이익을 추구하는지, 어떤 이념과 비전을 공유하는지, 그리고 어떤 국내정치 제도를 통해 정책이 결정되는지가 패권국의 대외정책을 근본적으로 규정한다.

19세기 영국 패권의 사례가 이를 잘 보여준다. 영국이 자유무역을 옹호하고 금본위제를 유지한 것은 단순히 영국의 '국가이익'이 그러했기 때문이 아니다. 그 배경에는 구체적인 국내정치적 동학이 있었다. 1846년 곡물법(Corn Laws) 폐지는 지주 귀족의 보호무역 연합을 무너뜨리고 산업자본가와 도시 중산층 중심의 자유무역 연합이 승리한 결과였다. 휘그당(Whigs)으로 대표되는 이 새로운 지배연합은 자유무역이 영국 제조업의 수출 확대와 값싼 식량 수입을 가능하게 한다고 믿었다. 영란은행(Bank of England)의 금본위제 유지 역시 런던 금융계의 이익과 파운드화의 국제적 지위 유지라는 구체적 목표를 반영했다. 즉, 영국 패권의 자유주의적 성격은 영국 내 특정 계급과 이익집단의 승리, 그들의 경제적 이념, 그리고 그들이 구축한 정치제도의 산물이었다.

마찬가지로 미국 패권의 성격과 변화를 이해하려면 미국 내 무역정치의 동학을 살펴보아야 한다. 누가 자유무역을 지지하고 누가 보호무역을 선호하는가? 이들의 이익은 어떤 제도를 통해 정책으로 전환되는가? 그리고 이러한 국내정치적 균형이 어떻게 변화하는가? 이 장에서는 미국 패권의 국내정치경제적 기반을 세 가지 측면에서 살펴본다. 첫째, 1934년 제도 혁신이 어떻게 미국을 보호무역 국가에서 자유무역 패권국으로 전환시켰는지, 둘째, 21세기 글로벌 가치사슬의 확산이 무역정치의 행위자를 어떻게 바꾸었는지, 그리고 셋째, 최근 보호주의의 부활이 미국 패권의 미래에 어떤 의미를 갖는지를 분석한다.

1 1934년 상호무역협정법의 혁명

마이클 베일리(Michael Bailey), 주디스 골드스타인(Judith Goldstein), 배리 웨인개스트(Barry Weingast)는 1934년 상호무역협정법(Reciprocal Trade Agreements Act, RTAA)이 미국 무역정치를 근본적으로 변화시켰다고 분석한다. RTAA 이전에는 의회가 직접 개별 품목의 관세율을 결정했다. 이는 로그롤링(logrolling)과 보편주의(universalism)를 초래했다. 각 의원은 자기 지역구 산업을 위한 보호관세를 지지하는 대가로 다른 의원의 보호관세 요구를 지지했다. 결과는 전반적으로 높은 관세였다. 1930년 스무트-홀리 관세법이 그 대표적인 예이다.

미국 무역정치를 근본적으로 변화시켰다고 평가받는 RTAA는 세 가지 핵심적 제도 혁신을 도입했다. 첫째, 의회가 관세 협성권을 대통령에게 위임했다. 의회는 헌법에 부여된 관세에 대한 권한을 대통령에게 위임하고 최대 50%까지 관세를 인하할 권한을 부여했다. 이에 따라 대통령은 외국 정부와 쌍무적 협상을 통해 상호 관세 인하를 추구한다. 다만 이 권한은 한시적으로, 대통령은 주기적으로 의회를 통해 재신임을 받아야 했다. 둘째, 단순 다수결로 무역협정을 승인한다. 기존의 조약 비준(상원 2/3 찬성 필요)과 달리, RTAA는 행정협정 형식을 취해 단순 다수결로 충분했다. 마지막으로 무역협정에 대한 개별적 내용을 의회가 수정할 수 없었다. 의회는 대통령에 의해 제출된 무역협정안에 대해 승인 혹은 불승인만을 택할 수 있었다.

이러한 제도 변화는 새로운 정치적 균형을 창출했다. 수출업자의 이익이 가시화되어 자유무역 동맹이 강화되었다. 외국 시장 접근이라는 이익이 명확해졌기 때문이다. 관세 인하 협정은 상호적이므로, 일방적 보호무역 복귀가 어려워졌다. 한번 인하한 관세를 다시 올리면 외국도 보복하여 수출 시장을 잃게 된다. 대통령은 자신의 재선을 결정하는 선거구가 전체 국민인만큼 지역구 이익에 얽매인 의원들과 달리 소비자와 수출업자의 이익을 더 중시했다.

RTAA 통과 이후 미국 평균 관세율은 지속적으로 하락했다. 1930년대 40%대에서 1960년대 10%대, 1990년대 5% 이하로 떨어졌다. 한번 수립된 자유무역 제도는 정치적 지지 기반을 스스로 강화하여 장기 지속되었다.

2 미국 무역정치의 변천: 생산요소에서 포퓰리즘까지

제도의 선택과 변화는 외생적인 것이 아니다. 결국 채택된 제도는 제도를 선택할 수 있는 권한을 가진 세력의 이익을 반영한다. 따라서 미국 무역정치의 변화를 이해하기 위해서는 제도와 함께 누가 자유무역을 지지하고 누가 보호무역을 선호하는지, 그리고 이러한 정치동맹이 어떻게 변화해 왔는지를 살펴보아야 한다. 이에 대한 몇 가지 설명을 살펴보자.

생산요소 중심 설명

로널드 로고프스키(Ronald Rogowski)의 『Commerce and Coalitions』(1989)는 국제무역이 국내 정치동맹에 미치는 영향을 생산요소(토지, 노동, 자본)의 관점에서 분석했다. 그는 헥셔-올린(Heckscher-Ohlin) 무역이론과 스톨퍼-사뮤엘슨(Stolper-Samuelson) 정리를 정치학에 적용했다. 이론의 핵심 논리는 간단하다. 헥셔-올린 이론에 따르면, 국가의 요소부존도(factor endowment)—토지, 노동, 자본의 상대적 풍요도—가 무역개방에 대한 각 생산요소의 선호를 결정한다. 스톨퍼-사뮤엘슨 정리에 따르면, 무역개방은 풍요로운 요소의 실질소득을 증가시키고 희소한 요소의 실질소득을 감소시킨다. 따라서 풍요로운 요소는 자유무역을 지지하고, 희소한 요소는 보호무역을 선호한다.

19세기 미국의 경우를 보자. 미국은 토지가 상대적으로 풍요롭고 자본과 노동이 희소한 국가였다. 로고프스키 이론에 따르면, 무역개방은 농민(토지소유자)에게 이익을 주고 노동자와 자본가에게 손해를 입힌다. 실제로 19세기 미국 정치는 이러한 패턴을 보여준다. 남부의 면화 농장주들과 서부의 곡물 농민들은 자유무역을 지지했다—그들의 생산물을 유럽에 수출하기를 원했기 때문이다. 반면 동부의 산업자본가와 노동자(주로 수공업 장인들)들은 보호관세를 요구했다—유럽의 선진 공산품과 경쟁할 수 없었기 때문이다.

그러나 20세기 들어 미국의 요소부존도가 변화했다. 자본축적이 진행되면서 미국은 자본 풍요 국가가 되었다. 로고프스키 이론에 따르면, 이제 풍요로운 생산요소 소유자인 자본가들은 희소한 생산요소 소유자인 노동자들과 결별해서 자유무역을 선호해야 한다. 실제로 20세기 중반 이후, 미국의 대기업들은 자유무역을 선호한 반면 미국 노동조합은 강한 보호무역 선호를 가졌다. AFL-CIO(미국노동총연맹-산별노조회의)는 1960~70년대부터 수입규제를 요구하기 시작했고, 1990년대 NAFTA 반대운동을 주도했다.

로고프스키 이론은 미국 무역정치의 장기적 변화를 잘 설명한다. 산업화 시기 계급(class) 중심의 무역정치가 특히 로고프스키 이론의 적실성을 잘 보여준다. 그러나 이 이론은 20세기 후반의 선진국 무역정치를 제대로 설명하지 못하는 모습을 보인다. 왜 같은 계급(예: 노동자) 내에서도 산업에 따라 무역정책 선호가 다른가? 왜 철강 노동자는 보호무역을 지지하지만 항공기 노동자는 자유무역을 지지하는가? 이 질문에 답하기 위해 등장한 것이 히스콕스의 이론이다.

산업/부문 중심 설명

마이클 히스콕스(Michael Hiscox)의 『International Trade and Political Conflict』(2002)는 로고프스키 이론의 핵심 가정—생산요소의 완전한 산업 간 이동성—에 의문을 제기했다. 그는 요소이동성(factor mobility)이 시간에 따라 변화하며, 이것이 무역정치의 동맹 구조를 근본적으로 바꾼다고 주장한다.

히스콕스는 리카도-바이너(Ricardo Viner) 특정요소모형(Specific Factors Model)을 사용한다. 단기적으로 자본과 숙련노동은 특정 산업에 고착되어 있다. 철강 공장의 설비는 섬유 생산에 사용될 수 없고, 철강 노동자의 기술은 전자산업에 바로 적용되기 어렵다. 이 경우 무역개방은 산업별로 승자와 패자를 만든다. 수출산업(미국의 경우 항공기, 소프트웨어, 농산물)의 자본가와 노동자 모두 이익을 보고, 수입경쟁산업(철강, 섬유, 신발)의 자본가와 노동자 모두 손해를 본다.

히스콕스의 핵심 통찰은 산업 간 요소이동성이 역사적으로 변화한다는 것이다. 19세기 말~20세기 초에는 자본과 노동 모두 산업 간 이동이 용이했다. 대규모의 미숙련 노동이 산업을 넘나들어 이용될 수 있었고 제조기술 역시 비교적 단순하여 다른 부문으로 이전이 어렵지 않았다. 그러나 20세기 중반 이후 산업화가 고도화되면서 요소이동성이 점차 감소했다. 기술이 산업별로 고착되었고, 노동자의 숙련도 특정 산업에 고착되어 갔다.

요소이동성이 낮아지면 무역정책을 둘러싼 갈등이 산업/부문 라인을 따라 전개된다. 수입품에 맞서기 어려운 섬유산업의 자본가와 노동자는 함께 보호무역을 요구하고, 수출산업인 반도체산업의 자본가와 노동자는 함께 자유무역을 지지한다. 정치적 동맹은 산업별로 형성된다.

히스콕스 이론은 미국 무역정치가 왜 계급중심의 무역정치가 산업/부문 중심으로 옮겨갔는지를 잘 설명한다. 그러나 히스콕스 이론은 최근 미국 무역정치의 변화를 쉽게 설명하지 못한다. 왜 2000년대 이후 같은 산업 내에서도 기업별로 무역정책 선호가 크게 다른가? 왜 애플은 자유무역을 열렬히 지지하지만 같은 기술산업의 작은 기업들은 그렇지 않은가?

기업 중심 설명 - 신신무역이론의 적용

경제학자 마크 멜리츠(Marc Melitz) 등은 동일 산업 내에서도 기업들의 생산성이 크게 다르며, 오직 고생산성 기업만이 수출에 필요한 고정비용을 감당할 수 있다고 주장했다. 이로 인해 무역자유화는 같은 산업 내에서도 기업별로 승자와 패자를 만든다. 생산성이 높은 기업은 수출 기회를 얻어 이익을 보지만, 생산성이 낮은 기업은 수입 경쟁으로 인해 손해를 본다. 더 나아가 21세기 글로벌 가치사슬(Global Value Chains, GVCs)의 확산으로, 기업들의 국제화 정도가 극도로 다양해졌다. 어떤 기업은 해외에 생산시설을 두고, 어떤 기업은 수입 중간재에 의존하며, 어떤 기업은 여러 나라에 수출한다. 이들 GVC 참여 기업은 자유무역에 대한 강력한 선호를 갖는다—보호무역이 자사의 복잡한 공급망을 교란하고 보복관세를 초래할 것을 우려하기 때문이다. 김인송(In Song Kim)과 이언 오스굿(Iain Osgood)은 이러한 신신무역이론(New New Trade Theory)을 정치학에 적용했다.

이들의 주장에 따르면 2000년대 이후 미국 무역정치는 명확히 기업 중심이 되었다. 애플, 나이키, 월마트, 보잉 같은 GVC 기업들은 TPP(환태평양경제동반자협정)를 강력히 지지하며 로비했다. 반면 전통 제조업 기업들—특히 중소 철강, 섬유, 가구 기업—은 반대했다. 흥미롭게도 같은 산업 내에서도 분열이 나타났다. 대형 첨단 철강회사(특수강 생산, 수출 지향)는 자유무역을 지지했지만, 소형 일반 철강회사는 보호무역을 요구했다. GVC에 깊이 통합된 기업일수록 자유무역 로비에 더 많이 지출하며, 이들 기업이 있는 선거구의 의원들은 자유무역 법안에 찬성표를 던질 확률이 높다. 계급이나 산업보다 개별 기업의 특성—생산성, 수출 의존도, 수입 중간재 사용, 해외 투자—이 무역정책 선호를 더 잘 설명한다. 노동조합의 영향력도 감소했다. 조합원 수가 줄어들었고, 많은 노동자들이 고용주인 GVC 기업의 자유무역 선호를 따라가게 되었다. 보잉 노동자들은 보잉이 수출에 의존한다는 것을 알기에 자유무역을 지지한다.

기업 중심 설명은 미국 패권의 자유무역 지향이 소수 초대형 다국적 기업들의 이익에 의해 유지되고 있음을 시사한다. 이들 기업은 막강한 로비력을 가지고 있고, 의회와 행정부에 큰 영향력을 행사한다. 1990년대~2000년대 초반 미국의 공격적 자유무역 정책—NAFTA, 중국 WTO 가입 지지, 수많은 자유무역협정 체결—은 이들 GVC 기업의 이익과 일치했다.

포퓰리즘의 등장 - 경제적 · 문화적 반발

2016년 도널드 트럼프의 당선은 미국 무역정치에 대한 기존 설명에 중대한 질문을 던졌다. 트럼프는 자유주의적 국제주의를 거부하고 보호주의를 전면에 내세운 최초의 전후 대통령이기 때문에 베일리 등의 제도주의적 설명에 부합하지 않으며 트럼프를 지지하는 세력이 계급이나 산업, 혹은 기업으로 정의되기 어렵기 때문에 로고프스키나 히스콕수, 신무역이론 등으로 잘 설명되지 않는 트럼프 현상은 경제적 요인과 문화적 요인이 복합적으로 작용한 결과로 이해해야 한다. 트럼프 현상은 경제적 요인과 문화적 요인이 복합적으로 작용한다. 그런 측면에서 폴라니(Karl Polanyi)가 말한 시장에 대한 사회의 반격에 더 가까운 현상이다.

트럼프 현상은 먼저 그동안 누적되어 왔던 세계화의 패자들—제조업 일자리를 잃은 노동자, 경쟁력을 상실한 중소기업, 쇠퇴하는 지역사회—의 불만이 트럼프 후보에 대한 지지를 통해 분출된 것으로 설명할 수 있다. "중국 충격"(China Shock) 연구들은 2000년대 중국의 WTO 가입 이후 미국 제조업 고용이 200만 개 이상 감소했고, 이것이 특정 지역에 집중되었음을 보여준다. 러스트 벨트의 많은 도시들이 공동화되었고, 실업률 상승, 마약 중독, 자살률 증가 등 "절망의 죽음"(deaths of despair)이 만연했다.

이들 지역의 유권자들은 자유무역이 자신들을 배신했다고 느꼈다. "엘리트들은 세계화로 부자가 되었지만 우리는 일자리를 잃었다"는 인식이 팽배했다. 트럼프는 이러한 분노를 정치적으로 동원했다. 그는 자유무역협정을 "최악의 거래"라고 비난하고, 공장을 해외로 이전한 기업들을 공격하며, 일자리를 미국으로 되돌려오겠다고 약속했다.

많은 연구들이 보여주듯, 트럼프 지지자들은 단순히 경제적 곤경만이 아니라 사회적 다수로서의 자신들의 지위가 약화될 것이라는 불안을 공유했다. 구체적으로 이민 증가(특히 비유럽계), 다문화주의의 확산, 전통적 가치관의 도전 등이 백인들에게 공통된 위협으로 인식되었다. 이 과정에서 "정체성 정치"(identity politics)가 무역정책과 결합되었다. 자유무역은 단순히 경제정책이 아니라 코스모폴리탄 엘리트 문화의 상징으로 간주된 것이다. 세계화는 대도시의 고학력 엘리트들(월스트리트, 실리콘밸리, 대학교수, 언론)과 이민자들에게만 축복인 것으로 치부되었다. 결국 트럼프의 "위대한 미국 만들기"(Make America Great Again)는 단순히 경제 보호가 아니라 문화적 주권—"미국 다움을 되찾자"—의 선언이었다.

트럼프는 경제적 포퓰리즘과 문화적 포퓰리즘을 결합하여 주류 정치인과 구분되는 자신만의 독특한 정체성을 만들어냈다. 그는 "부패한 엘리트"(워싱턴, 월스트리트, 다국적 기업, 개입주의적/자유주의적 외교정책 엘리트)가 "순수한 국민"(미국 백인, 노동자)을 배신했다고 주장하며, 자유무역협정과 이라크 전쟁을 그 배신의 상징으로 제시했다. 동시에 이민과 외국(특히 중국, 멕시코)을 미국의 일자리와 문화를 위협하는 존재로 묘사했다. 무역정책은 경제정책이자 정체성 정치가 되었다.

이러한 변화는 미국 패권의 국내정치적 기반이 흔들리고 있음을 의미한다. 1934년 RTAA 이후 약 80년간 미국 엘리트들 사이에는 자유무역에 대한 초당적 합의가 있었다. 민주당과 공화당 모두 자유무역이 미국의 국익에 부합한다고 믿었다(비록 구체적 정책에서는 차이가 있었지만). 이 합의가 브레튼우즈 체제, GATT/WTO, 수많은 자유무역협정을 가능하게 했다.

그러나 2016년 트럼프의 등장과 2024년 재선은 이 합의가 깨졌음을 보여준다. 더 이상 자유무역이 자동적으로 좋은 것으로 간주되지 않는다. 바이든 행정부조차 트럼프의 대중국 관세를 대부분 유지했고, 새로운 자유무역협정 체결에 소극적이었다. "중산층을 위한 외교정책"(foreign policy for the middle class)을 내세우며, 무역정책이 미국 노동자에게 도움이 되어야 한다고 강조했다.

패권국의 국내정치적 기반이 약화되면, 국제적 리더십 발휘도 어려워진다. 영국 패권도 19세기 말 국내에서 자유무역 합의가 깨지면서 약화되기 시작했다. 21세기 미국도 20세기 초 영국과 유사한 경로를 걷고 있다.

V 패권의 동학: 미중 경쟁과 국제질서의 전망

21세기 국제정치의 가장 중요한 질문은 아마도 "중국의 부상은 어디로 향하는가? 미국 패권은 어떻게 변화할 것인가? 그리고 두 강대국 간의 경쟁은 평화적 전환으로 귀결될 것인가, 아니면 파국적 충돌로 이어질 것인가?"일 것이다. 이 장에서는 패권질서의 변화에 관한 두 가지 이론—패권순환론, 세력전이이론—을 통해 현재의 미중 경쟁을 이해하고 가능한 미래 시나리오들을 검토한다.

1 패권순환론: 전쟁을 통한 질서 재편

로버트 길핀(Robert Gilpin)은 패권안정이론을 국제정치사에 투사한 새로운 이론을 제시하고 이를 패권순환이론(hegemonic cycle theory) 또는 패권전쟁이론(hegemonic war theory)이라고 불렀다. 패권순환이론의 핵심 주장은 경제력의 불균등 발전으로 인해 패권국의 상대적 쇠퇴는 불가피하며, 이러한 패권의 교체 시점이 패권전쟁으로 이어지는 국제질서의 불안정을 야기한다는 것이다.

길핀은 패권교체가 일정한 변증법적 순환 과정을 따라 전개된다고 본다.

① 정립(thesis): 초기 단계는 패권국이 위계적으로 조직한 비교적 안정적인 국제체제다. 패권국은 자신의 정치적 · 경제적 · 전략적 이익에 따라 국제질서를 구축하고 유지한다. 국제규범, 제도, 무역체제, 통화체제가 모두 패권국의 이익을 반영하여 설계된다. 19세기 영국의 자유무역 체제와 금본위제, 20세기 후반 미국의 브레튼우즈 체제와 자유주의 국제질서가 그 예이다.

② 반정립(antithesis): 시간이 지나면서 국가들의 성장 속도에 차이가 발생하고 그 중에서 패권국의 국력에 근접하는 부상 국이 등장한다. 이 부상국은 자신의 증가된 국력에 걸맞게 국제체제를 변화시키려 하며, 이는 패권국과의 갈등을 불러온다. 도전국은 기존 질서가 자신의 이익을 불공정하게 제약한다고 느낀다. 반면 패권국은 기존 질서를 수호하려 한다. 부상국과 패권국 간의 투쟁은 체제의 양극화를 초래한다. 동맹이 형성되고 국제체제는 점점 더 제로섬 게임의 성격을 띠게 된다—한쪽의 이득은 다른 쪽의 손실을 의미한다.

③ 종합(synthesis): 마지막으로 패권전쟁을 통해 갈등이 해결되고, 새로운 권력 분포를 반영하는 새로운 국제체제가 수립된다. 승리한 측이 새로운 패권국이 되어 국제질서를 재편하고, 새로운 위계, 세력권, 그리고 경제적 규칙을 확립한다. 그리고 새로운 순환이 시작된다.

길핀은 역사적 사례들을 통해 이 패턴을 입증한다. 19세기 말 영국 패권이 독일과 미국의 경제적 부상으로 도전받았고, 이는 결국 제1차 세계대전과 제2차 세계대전이라는 두 차례 패권전쟁으로 귀결되었다. 전쟁 후 미국이 새로운 패권국으로 등장하여 브레튼우즈 체제를 구축했다.

패권순환론의 관점에서 보면, 현재의 미중 경쟁은 매우 위험한 단계라고 볼 수 있다. 중국의 GDP는 구매력 평가 기준으로 이미 미국을 추월했고, 첨단기술 분야에서도 미국을 따라잡고 있다. 중국은 "일대일로"(One Belt One Road) 구상, 남중국해 영유권 선언, 아시아인프라투자은행(AIIB) 설립, 위안화 국제화 추진 등을 통해 미국 주도의 국제질서에 도전하고 있다. 미국은 이를 자국 패권에 대한 직접적 위협으로 인식하며, 동맹 강화, 기술 수출통제, 공급망 재편 등으로 중국을 견제하고 있다. 양국 간 긴장은 무역전쟁, 기술전쟁, 그리고 대만 해협과 남중국해에서의 군사적 대치로 나타나고 있다.

그러나 길핀은 핵무기의 등장이 패권순환에 근본적 변화를 가져올 수 있다고 지적한다. 핵무기 시대에 패권전쟁은 양측 모두에게 받아들일 수 없는 파괴를 초래할 것이기 때문이다. 따라서 전통적 의미의 패권전쟁은 비합리적인 것이 되었다. 그럼에도 불구하고 길핀은 경고한다. 펠로폰네소스 전쟁도, 제1차 세계대전도 당사자들이 예상하거나 원했던 전쟁이 아니었기 때문이다. 오판, 우발적 충돌, 제3국의 개입 등으로 인해 의도하지 않은 전쟁이 발생할 수 있다.

2 세력전이이론: 권력 이동과 전쟁의 가능성

세력전이이론(Power Transition Theory)은 A.F.K. 오르간스키(A.F.K. Organski)가 제시하고 여러 학자들이 발전시킨 이론으로, 패권순환론과 유사하지만 더 구체적인 조건을 명시한다. 이 이론의 핵심 주장은 권력 분포의 변화 자체가 아니라, 부상국이 기존 질서에 불만을 가질 때 전쟁 위험이 높아진다는 것이다.

세력전이이론은 국제체제를 피라미드 구조로 본다. 정점에는 패권국이 있고, 그 아래 강대국들, 중견국들, 약소국들이 위계적으로 배열되어 있다. 패권국은 국제질서의 규칙을 만들고 유지하며, 다른 국가들은 이 규칙을 따른다. 중요한 것은 이 체제가 차별적이라는 점이다. 패권국과 그 동맹국들은 기존 질서로부터 불균등하게 많은 이득을 얻는다.

세력전이이론은 세력 전이가 일어나는 과도기, 특히 도전국이 패권국을 막 추월하려는 순간이 가장 위험하다고 본다. 패권국은 "지금 싸우지 않으면 나중에는 더 불리할 것"이라고 계산하여 예방전쟁(preventive war)을 고려할 수 있다. 반대로 도전국은 기다릴수록 예방전쟁의 여지만 줄 것이라고 생각하여 더 대담하게 행동할 수 있다. 양측 모두 현상유지보다 위험을 감수하려는 유인을 갖게 되는 것이다.

제1차 세계대전이 전형적 사례다. 독일은 영국을 경제적으로 추격하고 있었고, 기존의 유럽 질서—영국 중심의 해양 지배, 식민지 배분—에 불만을 가졌다. 독일은 "태양 아래 자신의 자리"를 요구했다. 1914년 여름 위기에서 독일은 러시아가 더 강해지기 전에 싸워야 한다고 판단했고, 이는 전쟁으로 이어졌다.

세력전이이론의 관점에서 보면, 미중 관계는 매우 위험한 조건들을 충족하고 있다. 첫째, 세력전이가 진행 중이다. 중국의 GDP는 이미 미국과 비슷하거나(구매력 평가 기준으로는) 추월했고, 향후 10~20년 내에 명목 GDP에서도 추월할 가능성이 있다. 둘째, 중국은 미국 주도의 자유주의 국제질서에 불만을 가진 것으로 보인다. 중국은 브레튼우즈 체제, 동맹 네트워크, 인권과 민주주의 규범이 서구 중심적이며 자국의 정당한 이익을 제약한다고 인식한다. 셋째, 중국이 특히 민감하게 간주하는 사안이 존재한다. 중국은 대만 통일을 핵심 국가이익으로 간주하며, 시진핑 주석은 "통일을 영원히 미룰 수 없다"고 선언했다. 미국은 (전략적 모호성을 유지하지만) 대만에 방어 공약을 제공하고 있다. 만약 중국이 대만에 대한 무력사용을 시도하고 미국이 개입한다면, 두 핵보유 강대국 간의 직접 전쟁으로 비화할 수 있다. 세력전이이론은 이것이 단순한 가능성이 아니라 역사적으로 반복된 패턴이라고 경고한다.

3 체제의 차이와 협력의 한계: 민주평화론

미국과 중국 사이의 패권경쟁이 특히 우려스러운 것은 두 국가가 가진 체제의 근본적 차이 때문이다. 19세기 말 영국 패권에 도전한 미국은 영국과 언어, 문화, 그리고 무엇보다 정치체제(의회민주주의)를 공유했다. 1970년대 미국 패권에 도전한 일본과 서유럽 역시 미국과 민주주의 체제와 시장경제를 공유하며 안보동맹으로 묶여 있었다. 이들 간의 경쟁은 격렬했지만 관리 가능했고, 결국 평화적으로 조정되었다.

그러나 중국은 근본적으로 다르다. 중국은 공산당 일당독재 체제를 유지하며, 국가자본주의와 권위주의 통치를 결합한 모델을 발전시켰다. 마치 미국과 소련의 냉전처럼, 미중 경쟁은 단순한 경제적·군사적 경쟁이 아니라 체제 경쟁의 성격을 띤다. 그러나 미중 경쟁은 미소 냉전과 달리 경제적 상호의존 상태에서의 체제 경쟁이기 때문에 더 복잡한 양상을 띠고 있다. 민주평화론(Democratic Peace Theory)은 체제 차이가 왜 협력을 어렵게 만들고 갈등 위험을 높이는지를 설명하는 렌즈를 제공한다.

민주평화론의 핵심 주장은 민주주의 국가들 간에는 전쟁이 거의 일어나지 않는다는 것이다. 이는 국제정치학에서 가장 강력하게 지지되는 경험적 발견 중 하나다.

경험적 증거는 민주평화론의 단원적 버전(monadic version)—모든 민주주의 국가가 본질적으로 평화적이라는 주장—을 강하게 지지하지 않는다. 실제로 민주주의 국가들도 권위주의 국가들과는 빈번히 전쟁을 벌여왔다. 미국은 베트남(권위주의), 이라크(권위주의), 아프가니스탄(권위주의)과 전쟁을 했다. 주목받는 점은 민주평화론의 쌍방적 버전(dyadic version)이다. 민주주의 국가 쌍(democratic dyad) 사이에서는 전쟁보다 평화가 더 유지될 가능성이 높다는 가설이다. 이는 두 가지 메커니즘으로 설명된다.

첫째, 제도적 제약(institutional constraints)이다. 민주주의 국가에서는 전쟁을 일으키기 위해 의회, 여론, 이익집단 등의 동의를 얻어야 한다. 이러한 제도적 장치가 성급한 전쟁 결정을 억제한다. 지도자는 전쟁의 비용을 국민에게 설명해야 하고, 실패하면 선거에서 패배한다. 상대방도 민주주의 국가라면, 양측 모두 제도적 제약을 받기 때문에 전쟁보다는 협상을 통한 평화적 해결 가능성이 높아진다.

둘째, 규범적 메커니즘(normative mechanism)이다. 민주주의는 평화적 분쟁해결, 타협, 법의 지배, 대화를 중시하는 정치문화를 만든다. 민주주의 국가들은 서로를 정당한(legitimate) 체제로 인식하며, 공유된 가치를 바탕으로 신뢰를 구축한다. "상대방도 우리와 같은 민주국가니까 신뢰할 수 있다"는 인식이 협력을 촉진한다. 반면 권위주의 국가는 민주주의 국가에게 정당성 없는 체제로 인식될 수 있고, 따라서 신뢰가 약하다.

미국은 자유민주주의와 시장경제를 결합한 체제를 대표하고, 중국은 공산당 일당 체제와 국가자본주의를 결합한 체제를 대표한다. 양측은 서로의 체제를 근본적으로 다르고 양립하기 어려운 것으로 인식한다. 미국은 중국의 권위주의 체제가 본질적으로 팽창적이고 수정주의적이라고 본다. 민주적 제약이 없는 시진핑은 국내 권력 강화를 위해 대외 모험주의를 추구할 수 있다고 우려한다. 중국의 국내 억압—신장 위구르족 탄압, 홍콩 민주화 운동 진압, 인터넷 검열, 언론 통제—은 국제질서에서도 자유주의적 규범을 약화시키려는 의도를 보여준다고 해석한다. 중국이 UN 인권이사회에서 권위주의 국가들과 연대하여 인권 규범을 약화시키고, 개발도상국에 감시 기술을 수출하며, 디지털 권위주의 모델을 확산시킨다고 본다.

바이든 행정부는 미중 경쟁을 명시적으로 "민주주의 대 독재"의 싸움으로 규정했다. 2021년 첫 외교정책 연설에서 바이든은 "21세기를 규정할 싸움은 민주주의가 작동할 수 있음을 증명하는 것"이라고 선언했다. 미국은 "민주주의 정상회의"(Summit for Democracy)를 개최하고, 동맹국들과 "민주주의 대 권위주의" 프레임으로 중국 포위 전략을 구축하고 있다. 반면 중국은 미국의 민주주의 증진이 실제로는 체제 전복을 위한 도구라고 본다. 색깔혁명(조지아, 우크라이나), 아랍의 봄, 홍콩 민주화 시위는 미국이 권위주의 정권을 무너뜨리기 위해 민주주의를 무기화한 사례로 간주된다. 중국 공산당은 미국의 궁극적 목표가 중국 공산당 체제를 붕괴시키고 서구식 민주주의를 강요하는 것이라고 믿는다. 따라서 미중 경쟁은 생존의 문제가 된다—중국 체제의 생존이 걸린 투쟁인 것이다.

중국은 "각국은 자국에 맞는 정치체제를 선택할 권리가 있다"며 주권과 내정불간섭 원칙을 강조한다. 시진핑은 문명의 다양성을 내세우며, 서구 민주주의가 유일한 정당한 체제가 아니라고 주장한다. 중국은 자국 모델을 "전과정 인민민주주의"(whole-process people's democracy)라고 부르며 서구 민주주의와 동등하거나 우월하다고 선전한다. 미국의 민주주의 외교를 신냉전적 이념 대결이자 제로섬 게임으로 규정하고, 개발도상국들에게 발전 모델의 다양성을 인정하라고 호소한다.

이러한 체제 차이는 상호 불신을 심화시키고 협력을 근본적으로 어렵게 만든다. 민주평화론의 두 메커니즘이 작동하지 않기 때문이다. 첫째, 중국에는 제도적 제약이 약하다. 시진핑은 국가주석 임기 제한을 폐지하고 권력을 집중시켰다. 의회(전국인민대표대회)는 고무도장에 불과하고, 언론은 검열되며, 시민사회는 억압된다. 미국은 중국 지도자가 국내 정치적 압력 없이 대담하거나 무모한 결정을 내릴 수 있음을 우려한다. 반대로 중국은 미국의 민주주의가 오히려 예측불가능성을 만든다고 본다. 대통령이 바뀔 때마다 정책이 완전히 뒤집히기 때문이다.

둘째, 규범적 공유가 없다. 양측은 서로를 정당한 체제로 인식하지 않는다. 미국은 중국을 억압적 독재로 보고, 중국은 미국을 위선적 제국주의로 본다. 공유된 가치가 없으니 신뢰가 형성되기 어렵다. 모든 상호작용이 제로섬 게임으로 해석된다—상대방이 강해지면 우리 체제가 위협받는다.

민주평화론은 비관적 전망을 제시한다. 1970년대 미국과 일본·서유럽 간의 경제 마찰은 공유된 민주주의 가치와 동맹 관계 덕분에 관리될 수 있었다. 그러나 미중 간에는 이러한 공유된 가치가 없다. 체제 차이는 상호 불신을 심화시키고, 타협을 더욱 어렵게 만든다. 경제협력조차 "상대가 더 강해지는 것을 돕는 것"으로 인식될 수 있다.

VI 맺음말

정치권력의 위계적이고 단속적인 속성과 경제권력의 유동적이고 불균등한 발전 사이의 긴장은 국제체제에 지속적인 도전을 제기한다. 국제정치경제학은 이러한 긴장을 연구하고 그 안에서 협력의 가능성을 모색하는 학문이다. 이 장에서 살펴본 패권이론들은 각기 다른 관점에서 현재의 미중 경쟁을 이해하고 미래를 전망하는 도구를 제공한다.

패권안정이론은 안정적 국제경제질서를 위해 공공재를 제공할 수 있는 패권국의 필요성을 강조한다. 킨들버거가 보여주었듯, 전간기의 실패는 패권국 부재가 가져온 파국이었다. 영국은 더 이상 세계경제를 안정시킬 능력이 없었고, 미국은 아직 그럴 의지가 없었다. 이 권력 공백 속에서 각국은 근린궁핍화 정책으로 치달았고, 결국 제2차 세계대전으로 이어졌다. 반대로 전후 미국 패권하의 성공은 패권국의 리더십이 협력을 촉진할 수 있음을 입증했다.

길핀의 패권순환론은 경제력의 불균등 발전이 패권국의 쇠퇴와 도전국의 부상을 초래하며, 이것이 결국 패권전쟁으로 귀결될 수 있다고 경고한다. 세력전이이론은 권력 전이 자체보다 도전국이 기존 질서에 불만을 가질 때, 특히 추월 시점에 전쟁 위험이 가장 높아진다고 지적한다.

자유주의 제도주의는 보다 낙관적인 전망을 제시한다. 코헤인이 보여주었듯, 패권국 쇠퇴 이후에도 국제제도가 정보 제공, 거래비용 감소, 반복적 상호작용 촉진을 통해 협력을 유지할 수 있다. 1970년대 이후 미국의 상대적 쇠퇴에도 불구하고 브레튼우즈 체제의 주요 제도들이 유지되고 WTO 출범과 같은 제도적 심화가 이루어진 것은 제도의 독자적 역할을 입증한다.

민주평화론은 미중 경쟁의 특수성을 강조한다. 19세기 말 영국에서 미국으로의 패권 전이는 비교적 평화로웠다. 공유된 민주주의 가치와 동맹 관계가 협력을 가능하게 했다. 그러나 미중 간에는 이러한 공통점이 없다. 체제 경쟁은 상호 불신을 심화시키고, 경제협력조차 안보 위협으로 인식되게 만들며, 타협을 근본적으로 어렵게 한다.

미국 패권의 국내정치경제적 기반도 중요한 변화를 겪고 있다. 1934년 RTAA는 제도 설계를 통해 보호무역 동맹을 자유무역 동맹으로 전환시켰다. 그러나 2016년과

2024년 트럼프의 당선은 이러한 국내정치적 합의가 깨졌음을 보여준다. 80년간 유지되었던 자유무역에 대한 초당적 합의가 약화되면서, 미국이 자유주의 국제경제질서의 리더로서 역할을 계속할 수 있을지 의문이 제기되고 있다.

이 장에서의 이론적 논의를 바탕으로 미래의 패권 질서에 대한 세 가지 시나리오를 제시할 수 있다. 첫 번째 시나리오는 패권전쟁과 파국이다. 패권순환론과 세력전이이론이 경고하는 비관적 시나리오다. 미중 간 세력전이 계속되고 중국이 기존 질서 변경을 시도하며, 미국이 이를 용인할 수 없다고 판단하면 충돌로 향할 수 있다. 대만이나 남중국해가 도화선이 될 수 있다. 핵무기가 전면전을 억제하더라도 경제 블록화가 진행되면 세계 무역과 투자는 급감하고, 기술 표준과 공급망이 분리되며, 국제 공공재 공급이 중단된다. 민주평화론이 경고하듯 체제 경쟁은 오판과 확대의 위험을 증폭시킨다. 전간기가 제2차 세계대전으로 귀결되었듯, 신냉전도 파국으로 이어질 수 있다.

두 번째 시나리오는 패권 공백과 무질서이다. 미국 패권이 쇠퇴하지만 중국이 새로운 패권국이 되지 못하는 시나리오다. 중국은 경제 규모는 크지만 군사적 투사 능력, 소프트파워, 동맹 네트워크, 통화 신뢰성 등에서 한계를 갖는다. 전간기처럼 주요국들이 권력을 나누어 가지지만 협력 메커니즘이 작동하지 않는다. 집단행동의 문제가 발생하고, 국제 공공재 공급이 부족해진다. WTO 분쟁해결기능 마비, IMF 위기 대응 실패, 기후변화 협약 무력화 등이 나타난다. 지역별 미니 블록들이 형성되거나 무력에 의한 세력권 구축이 등장하지만 이에 대한 국제적인 조정은 실패한다. 세계는 1930년대처럼 분열되고 불안정해진다—전면적인 전쟁은 없을지 몰라도 국지적인 무력충돌이 빈번하고 근립궁핍화정책이 난무한다.

세 번째 시나리오는 관리된 경쟁과 제한적 협력이다. 현재로서는 가장 희망적이면서도 현실적인 시나리오다. 미중이 전면 충돌도 피하고 완전한 협력도 아닌 관리된 경쟁을 유지한다. 자유주의 제도주의가 제시하듯 기존 국제제도들이 소통과 협상의 플랫폼을 제공한다. 핵무기의 억지력, 경제적 상호의존, 글로벌 도전에 대한 협력 필요성, 그리고 과거의 실패(예: 전간기, 두 번의 세계대전, 미소냉전 등)로부터의 학습이 충돌을 억제한다. 미중은 기술과 지정학에서 경쟁하지만 기후변화와 핵확산 방지 등에서는 협력한다. 세계는 완전히 분열되지도 통합되지도 않는 느슨한 양극 체제가 된다.

이 장에서 살펴본 바와 같이 국제정치경제학의 패권에 대한 논의는 "무정부상태에서 경제권력의 불균등한 발전으로 인해 정치적 패권이 지속적으로 도전받는 속에서 국가들은 어떻게 협력을 이루어나갈 것인가?"라는 질문에 답하기 위한 다양한 지적 도구를 제공한다.

참고문헌

Gilpin, Robert. 1981. *War and Change in World Politics*. Cambridge University Press.

Hiscox, Michael J. 2002. *International Trade and Political Conflict: Commerce, Coalitions, and Mobility*. Princeton University Press.

Kennedy, Paul. 1988. *The Rise and Fall of the Great Powers*. Unwin Hyman.

Keohane, Robert O. 1984. *After Hegemony: Cooperation and Discord in the World Political Economy*. Princeton University Press.

Kindleberger, Charles P. 1973. *The World in Depression, 1929–1939*. University of California Press.

Kim, In Song, and Iain Osgood. 2019. "Firms in Trade and Trade Politics." Annual Review of Political Science, vol. 22: 399-417.

Rogowski, Ronald. 1989. *Commerce and Coalitions: How Trade Affects Domestic Political Alignments*. Princeton University Press.

CHAPTER 10

다국적 기업의 국제정치경제

이 나 경 | 서울대학교 정치외교학부 부교수

I 전통적 국제정치연구의 국가 중심적 시각과 그 한계

국제정치경제론을 비롯한 국제관계학 연구는 전통적으로 1648년 베스트팔렌 조약 이후 확립된 주권 국가 중심의 패러다임에 입각하여 발전해 왔다. 이 패러다임에서 주권 국가는 국제정치의 기본 단위로 간주되었으며, 냉전 시기 국가 안보가 최우선 과제로 부상하면서 이러한 경향은 더욱 심화되었다. 달리 말해, 최근까지 다국적 기업이나 국제기구의 역할은 극히 제한적인 것으로 여겨져 왔다.

국제정치학의 주요 이론인 현실주의와 자유주의 모두 분석 단위로 국가를 핵심으로 상정했다. 현실주의(realism) 이론에서는 무정부 체제하에서 국가의 생존이 가장 중요하며, 이로 인해 국가는 권력 극대화를 추구하게 된다. 이런 관점에서 다국적 기업이나 국제기구는 국가의 정책 변화에 따라 수동적으로 반응하는 존재에 불과하다. 자유주의(liberalism)나 신자유주의 제도주의(institutional liberalism) 접근 역시 개별 국가 간의 상호의존 관계와 국제 제도의 중요성을 강조하지만 여전히 국제 협력과 제도 형성의 토대가 각 주권 국가의 자발적인 동의에 있다는 점에서 국가 중심적 시각을 공유하는 한계를 보였다. 물론 자유주의 전통은 비국가 행위자의 가치를 부각해 왔다.

국제기구 · NGO가 국가 난독으로 해결하기 어려운 문제를 공동으로 풀고, 전통적 베스트팔렌 질서가 지구적 시민사회로 전환될 수 있다는 전망도 제기되었다. 그럼에도 국제 질서의 최종 권위가 국가의 동의에 있다는 전제는 유지되었다.

그러나 최근 세계화가 진전되고 글로벌 공급망(GVC) 이 확대되면서 이러한 전통적 시각에 근본적인 도전을 제기하는 계기가 되었다. 오늘날 거대 다국적 기업의 경제적 규모는 많은 주권 국가의 국내총생산(GDP)을 압도하며, 이는 기업이 국가와의 관계에서 불균형적인 정치적 영향력을 행사하는 근본적인 토대가 된다. 예컨대 2021년 애플(Apple)의 시가총액(2조 달러 이상)은 당시 중견 유럽국 다수의 GDP를 상회했다. 막대한 규모와 더불어, 자본 · 생산 · 지식재산 · 데이터를 신속히 이전하는 이동성(mobility)은 기업의 초국경 교섭력을 극대화했다. 기업은 더 이상 국가에 종속된 수동적 존재가 아니라, 국내외 정책결정과 규범 형성에 적극적으로 관여하는 능동적 행위자가 되었다. 이들은 여러 국가에서 정부와 협력해 정책 방향에 영향력을 행사하고, 국제 무역 협상 등 글로벌 규칙 제정 과정에도 깊숙이 개입한다. 나아가 때로는 정부가 아닌 현지의 특정 정치 세력을 지원함으로써 정책 결정에 직접적 영향을 미치기도 한다. 이러한 활동은 기업의 영향력 확대를 보여줄 뿐 아니라, 국제사회의 권력 관계 자체를 변화시키는 계기가 되었다. 이러한 현실은 '기업 중심 전환(Firm-Centric Turn)'이라는 새로운 이론적 흐름을 낳았다.

이 장은 기업 중심 전환을 설명하기 위해 분석을 국제체제-국가-기업 집행 거버넌스의 세 층위로 배열한다. 먼저 국제체제 차원에서는 글로벌 가치사슬과 무역 레짐, 기술 · 데이터 표준 같은 규칙과 네트워크가 기업의 투자 · 협력 · 경쟁을 통해 어떻게 형성 · 변형되는지, 그리고 그 결과가 무역정치의 분배와 패권 경쟁의 실효성(예: 미 · 중 기술경쟁)에 어떤 영향을 미치는지 제시한다. 이어 국가 차원에서는 의회 · 위원회 · 규제기관 등 정치제도와 로비의 정보 · 접근 · 타이밍을 통해 기업의 선호가 정책 문구와 집행 관행으로 번역되는 경로를 설명한다. 마지막으로 기업 집행 거버넌스 차원에서는 기업이 민간표준 · 플랫폼 규칙(사적 권위)과 장기공급계약 · 구매규정(계약 거버넌스), 그리고 국제투자협정 · ISDS와 같은 법적 채널을 활용해 규칙을 현장에 정착시키고, 그 과정에서 투자 보호-정책 여지의 균형과 국제정치의 동학을 어떻게 재편하는지 정리한다. 이와 같은 체제의 제약 → 국가의 제도적 번역 → 기업의 집행 거버넌스(표준 · 계약 · 법)의 연쇄를 따라 구성함으로써, 기업이 규칙을 설계하고 네트워크를 조직하며 정책을 구현하는 전체 경로를 일관되게 설명한다.

Ⅱ IPE: 국가 중심에서 기업 중심으로

1 순수한 국가 중심 이론의 한계

전통적인 국제정치경제(IPE) 이론은 거의 전적으로 국가를 1차적 행위자로 상정해 왔다. 그러나 냉전 말, 학자들은 국가 중심 모형으로는 설명하기 어려운 현상들을 관찰하기 시작했다. 다국적기업(MNC) 이 국가의 완전한 통제 범위를 넘어 활동하는 경우가 늘어나면서, 정부가 전적으로 통제할 수 없는 영역이 드러난 것이다. 예컨대 유력 기업들은 조세피난처와 규제 차익거래를 활용해 조세 부담을 최소화하며 개별 국가의 재정 규칙을 우회했다. 동시에 각국 정부는 투자 유치를 놓고 경쟁하면서 규제와 법인세를 낮추는 이른바 바닥을 향한 경쟁(race to the bottom)에 뛰어들었다. 이런 경쟁적 자유화는 종종 환경 · 노동 규제의 완화나 외국인 투자자에 대한 과감한 보조금 제공처럼, 국내 정책을 기업 친화적으로 조정하는 결과를 낳았다. 글로벌 금융시장의 부상도 국가의 한계를 부각했다. 민간 금융회사와 투자자에 의해 좌우되는 투기적 자본 흐름은 아시아 외환위기와 같은 사건에서 보듯, 각국 규제 당국의 역량을 단숨에 압도했다. 더불어 기업 로비는 법률과 무역협정을 설계하는 강력한 동력으로 부상했고, 대기업 다수는 지속적 옹호 활동을 통해 규제의 문구 자체를 자신들에게 유리하게 바꾸는 데까지 영향력을 행사했다. 이러한 발전은 순수한 국가 중심의 시각만으로는 글로벌 경제 거버넌스의 현실을 온전히 포착하기 어렵다는 점을 보여준다. 기업은 국가 권력의 수동적 객체가 아니라, 국가 정책을 제약하고 재형성할 수 있는 능동적 행위자라는 인식이 확산되었다.

2 기업을 핵심 행위자로 포함하려는 초기 시도

이 한계가 분명해지자, IPE 학자들은 점차 분석에 기업을 포함하기 시작했다. 1970년대 후반 로버트 코헤인과 조지프 나이는 복합 상호의존 이론을 제시해, 국가만이 상호작용의 주체라는 현실주의 가정을 수정했다. 그들은 국가가 다중 채널을 통해 연결되어 있으며, 그 안에는 다국적기업과 국제기구를 매개로 한 초국가적 연결도 포함된다고 지적했다. 이러한 연결은 군사안보를 넘어 민감성(sensitivity)과 취약성

(vulnerability)을 만들어낸다. 나이는 더 나아가 MNC의 역할을 세 가지로 구분했다. (1) 국내 행위자와 연합해 유리한 정책을 밀어붙이는 사적 외교정책(직접 역할), (2) 의도하든 아니든 국가 권력의 도구가 되는 비의도적 직접 역할, (3) 기업 활동이 갈등을 유발해 정책 의제를 바꾸는 간접 역할(의제 설정)이 그것이다. 이러한 통찰은 MNC가 국가와 협력도 하고 제약도 한다는 사실을 인정함으로써, 이후 기업 중심 분석의 토대를 놓았다.

또 다른 영향력 있는 연구자인 수전 스트레인지는 1980~90년대 내내 IPE의 베스트팔렌 편향을 비판했다. 그는 시장과 기업이 세계경제에서 구조적 권력—즉, 국가가 그 안에서 작동할 수밖에 없는 틀 자체를 형성하는 힘—을 행사한다고 주장했다. 세계화가 진전되면서 금융 · 생산 · 지식과 같은 핵심 권력 기반은 더 이상 국가의 전유물이 아니게 되었고, 자본 이동성은 글로벌 은행과 투자자가 각국의 정책 선택을 사실상 좌우하게 만들었다. 1990년대 외환위기 사례처럼, 시장 행위자가 하룻밤 사이에 국가경제를 붕괴시킨 사건은 국가보다 기업 · 금융 주체가 구조를 좌우하는 장면을 선명하게 드러냈다. 이 관점은 기업(과 금융 행위자)을 주변이 아닌 IPE 구조의 핵심 요소로 격상시키며, 국제체제에서 누가 권력을 쥐는가에 대한 학계의 인식을 바꾸었다.

1990년대 초, 존 스톱포드와 수전 스트레인지는 삼각외교(triangular diplomacy) 개념을 제시해 모국 정부-유치국 정부-다국적기업 간 진화하는 협상 구도를 설명했다. 한 다국적기업이 두 정부를 맞상대하며 더 나은 조건을 끌어내는—예컨대 유치국과는 세제 · 규제 완화를 협상하고, 동시에 모국에는 외교 · 금융 지원을 요청하는—모습을 체계화했다. 이 틀은 기업이 더 이상 수동적 정책 수용자가 아니라, 관할권 사이를 기민하게 오가며 외교적 행위를 수행할 수 있음을 보여주었다. 외국인 직접투자를 놓고 국가 간 경쟁이 격화될수록, 정부는 자본 유출을 막기 위해 법인세 인하 · 규제 완화 등 기업 요구를 수용하도록 압박받았다. 국가와 기업의 상호의존은 레버리지와 양보의 게임이 되었고, 국가가 규칙을 만들고 기업이 따른다는 기존 위계는 도전을 받았다.

핵심은 이러한 초기 이론 변화가 기업을 자율적 행위자로 인정하기 시작했다는 점이다. 다만 코헤인 · 나이 · 길핀처럼 주류 학자 상당수는 여전히 국가를 가장 중요한 글로벌 행위자로 보았고, 기업의 힘은 주로 국가 제도 내부의 로비를 통해 행사된다고 보았다. 그와 달리, 더 급진적 관점은 일부 영역에서 국가가 글로벌 기업이 정한 제약 속에서 움직인다고 주장하기 시작했다. 이 긴장은 이후 기업 중심 접근이 본격화되는 배경이 되었다.

3 현대 IPE의 기업 중심 관점

21세기에 들어 IPE 연구는 기업(특히 MNC)을 분석 단위로 직접 포함하는 기업 중심 모형으로 빠르게 이동했다. 촉매 중 하나는 경제학의 뉴-뉴 무역이론(Melitz 2003)이었다. 이 이론은 기업 간 이질성이 매우 크며, 극히 일부의 높은 생산성 기업만이 수출하고 다수는 내수에 남는다는 사실을 보여주었다. 이는 같은 산업 내부에서도 기업의 정책 선호가 갈라질 수 있음을 뜻한다. 정치경제학자들은 산업을 단일 행위자로 보던 관행을 넘어, 정책 균열이 기업 단위에서 형성된다고 예측했다. 최근 기업 중심 분석은 실제로 글로벌 지향 대기업과 국내 지향 중소기업 간에 무역정치가 분열된다는 점을 보여준다. 전자는 자유화 · 세계화를 옹호하는 반면, 후자는 내수 시장을 보호하기 위한 보호무역을 선호하는 경향이 강하다. 이 새로운 선호 지도는 계급 · 산업 단위로 승자와 패자를 가르던 전통 모형을 수정하며, 세계화의 핵심 승패가 기업 단위에서 나타난다는 점을 부각한다.

이와 관련한 실증연구가 급증했다. Kim & Osgood는 기업 이질성이 무역정치의 구조 자체를 바꾼다는 점을 종합적으로 정리했다. 수출 중심 MNC는 종종 같은 산업의 중소기업과 충돌하더라도, 무역협정 · 시장 개방을 위한 로비에 나선다. 또 다른 연구는 기업이 다국적화(해외 직접투자)를 시작하면 로비 지출을 늘리고, 국제 규칙의 조화와 개방을 지지하는 정책을 추구한다고 보였다. 이는 MNC가 국경을 넘는 낮은 장벽과 규칙의 통일성에서 이익을 얻고, 이를 밀어붙일 자원과 동기를 지닌다는 점을 뒷받침한다. 결과적으로 기업 중심 접근은 이익집단 연합과 정책 결과에 대한 예측을 수정하도록 만들었다. 더 이상 산업 전체가 한목소리로 세계화를 지지/반대하는 것이 아니라, 대기업 · 수출기업이 주도하는 친세계화 연합과 국내 지향 중소기업 연합이 교차적으로 형성된다. 이러한 미세한 시각은 무역뿐 아니라 투자협정, 이민, 자본이동, 환율정치 등 다양한 IPE 분야에서 기업의 정치 활동(로비 · 기부 · 홍보 등)이 정책의 핵심 동인임을 드러냈다.

또 하나의 현대적 틀은 글로벌 생산네트워크(GPN) 관점이다. 2000년대 초 경제지리 · IPE 연구자들은 국가 중심 사회과학과 결별을 선언하고, 재화 · 서비스 생산을 위해 기업들이 구축하는 초국경 네트워크를 분석의 중심에 놓았다. 이는 글로벌 가치사슬(GVC) · 글로벌 상품사슬(GCC) 논의의 연장선으로, 오늘날 생산이 더 이상 국가 경계 안에 갇혀 있지 않고, 다국적 기업 전략에 의해 초국경적으로 조직됨을 보여준다.

스마트폰 공급망—연구 · 설계 · 부품 · 조립 · 마케팅—이 각기 다른 국가 · 기업에 분산된 전형적 사례다. 이렇게 핵심 노드(예: 반도체 파운드리 · 핵심 부품)를 쥔 소수 기업은 비대칭적 영향력을 행사한다. 최근 추정에 따르면, MNC는 전 세계 산출의 약 1/3, 세계무역의 약 2/3를 차지하며, 상당 부분이 기업 내부 또는 네트워크 무역이다. 특정 핵심 공급업체의 차질이 다수 국가에 연쇄 충격을 주는 이유다. 많은 IPE 연구자들은 선도기업(lead firms)이 공급업체 표준을 정하고, 가치 포착을 설계하며, 유치국의 발전 경로까지 국경 넘어 구조적 권력으로 좌우한다고 분석한다. 이는 기업 중심 정치모형과 상호 보완적이며, 국가 간 협상만으로는 결과를 설명하기 어렵고, 기업 행태와 기업 간 관계를 이해해야 한다는 점에서 수렴한다.

4 국제정치에서의 기업 행위성

이론 발전과 더불어, 기업의 행위자성(agency)이 어디까지인가를 둘러싼 논쟁도 이어졌다. 1990년대 일부는 MNC가 국가 주권을 잠식할 수 있다고 보았다. 미국의 기술 · 금융 기업이 현지 정부에 정책 변화를 압박하거나, 법 · 환경 · 조세의 관할권 간 틈새를 이용해 국가법을 회피하는 고프로필 사건들이 논점을 키웠다. 이는 기업이 단순 경제 행위자를 넘어, 관할권을 맞대응시키거나 투자 철회를 지렛대로 삼는 정치적 교섭력을 가진다는 점을 시사했다.

앞서 언급한 스톱포드-스트레인지의 삼각외교는 이러한 기업 행위성을 가장 먼저 체계화한 틀 중 하나다. 다국적기업은 복수의 국가와 동시 교섭을 벌이며 사실상 자체 외교를 수행한다. 예를 들어 대형 석유기업은 개발도상국에 투자 · 고용을 제공하는 조건으로 유전 접근권과 우대 계약을 요구하는 한편, 모국 정부에는 외교적 지원 · 자산 보호를 요청할 수 있다. 이 삼자 상호작용에서 기업은 독립된 권력 중심으로 기능하며, 결과는 단일 정부가 아닌 두 국가와 한 기업 간 협상의 산물이 된다. 특히 무역 · 투자 영역에서는 기업-국가 외교가 전통적인 국가-국가 외교 못지않게 중요해진다. 많은 정부가 대규모 투자 유치를 위해 세제 · 인프라 등 상당한 양보를 택했고, 그만큼 정책 자율성의 제약을 감수해야 했다. 경우에 따라 대기업의 국가 내 영향력이 너무 커서 공공의 이익과 기업의 이익 경계가 흐려지기도 한다.

물적 교섭을 넘어, 기업은 규범 설정과 의제 설정을 통해서도 영향력을 행사한다. 특히 기술 · 금융 분야의 글로벌 기업은 신흥 이슈 영역의 규칙 제정에 전문가로 참여하고 글로벌 로비를 펼쳐 왔다. 인터넷 거버넌스에서는 주요 ICT 기업이 다자 이해관계자 포럼에서 국가와 어깨를 나란히 하며, 표준과 프로토콜 작성에 기여한다. 데이터 프라이버시, 사이버 보안, 디지털 무역에서도 기업 제안 · 자율 규범이 정부 간 합의를 선행하거나 대체하는 일이 잦다. 자원 채굴 분야에서는 거대 기업이 유치국 정부와 긴밀히 결합해 외교 노선 · 발전 우선순위에 직접적 영향을 미치기도 한다. 이처럼 기업은 국내-국제 경계를 가로지르며 전문성 · 영향력 · 규범 집행을 수행하는 정치 행위자로 분석되고 있다.

기업-국가 역학을 설명하는 고전 개념인 소멸하는 거래(obsolescing bargain)도 여전히 유효하다(Vernon). 초기 투자 제안 단계에서는 기업이 막강한 레버리지를 갖고, 유치국은 자본 · 일자리를 이유로 관대한 조건을 약속한다. 그러나 투자 완료 후 자본이 매몰되고 자산이 현지화되면, 정부의 협상력이 상대적으로 커진다. 기업의 철수 위협이 약해지기 때문이다. 이 모형은 기업 권력이 절대적이 아니라 맥락 의존적임을 보여준다. 실제로는 산업별로 양상이 다르며, 대체 공급자가 적은 첨단 산업에서는 기업의 장기 레버리지가 유지되기도 한다. 예컨대 TSMC처럼 독보적 역량을 가진 기업 앞에서 국가는 정책 선택지에 제약을 받는다. 많은 국가가 TSMC 유치를 위해 막대한 인센티브를 제시한 것은, 구조적 중요성을 가진 기업이 정책 양보를 이끌어낼 수 있음을 보여주는 사례다.

물론 기업의 국제정치적 영향력은 대단히 불균등하다. 기술 · 금융 · 에너지 · 제약 등 핵심 부문의 소수 슈퍼스타 기업 또는 과점 기업만이 비례 이상의 권력을 행사하고, 다수 중소기업은 그러한 영향력을 갖기 어렵다(kim and osgood). 기업의 국제정치 행위자성은 규모, 초국경 범위, 전략적 중요성과 밀접히 연동된다. 핵심 자원 · 기술 · 공급망을 통제한 기업은 규제 레짐이나 지정학적 의제를 직접 흔들 수 있지만, 지역 시장 중심의 기업은 그 지렛대가 없다. 또한 대기업이라고 해서 모두 같은 전략을 택하는 것도 아니다. 일부는 모국 정부와 긴밀히 공조(특히 국방 · 인프라)하며 사실상 국가정책의 확장으로 움직이는 반면, 일부는 모국 정부와 상대적으로 독립적이거나 심지어 상충하는 목표를 추구한다.

이러한 복합성을 고려할 때, 국가만을 유일 단위로 보거나, 국가를 기업으로 대체하는 것이 아니라, 국가-기업-시장-국제제도가 함께 결과를 만들어내는 상호작용을 보는 다원적 접근이 중요하다. 글로벌 거버넌스는 복합적 교섭과 연합의 체계다. 국가는 주권 권위를 보유하지만, 기업은 자본과 기술을 장악하고, 시장은 규율과 회피의 경로를 제공하며, 국제 레짐은 모두가 형성하려 애쓰는 규범적 틀을 제시한다. 이 관점은 국가 중심 이론을 보완하는 기업 중심 이해로서, 국가의 역할을 폐기하지 않으면서 현실 설명력을 높인다. 최근 분석이 주장하듯, MNC를 국제체제의 강력하고 자율적인 행위자로 취급하고, 국가와 영향력 경쟁을 벌이는 주체로 보아야 한다. 그 결과 국제질서는 순수 무정부가 아니라, 슈퍼스타 MNC와 국가가 구조화된 상호의존 네트워크 안에서 경쟁 · 교섭하는 위계적 성격을 띤다. 이 업데이트된 이론 렌즈는 왜 국가가 때때로 빅테크 · 빅파이낸스에 종속되는 것처럼 보이는지, 또는 정부 간 협력이 정체될 때 민간 기업이 표준 · 기후 약속 같은 글로벌 이니셔티브를 어떻게 조정하는지 설명하는 데 유용하다.

Ⅲ 현대 기업국제정치경제 연구

1 국제 체제 차원: 국제무역과 패권 경쟁

오늘날 국제체제는 국가 간 조약과 국제기구만이 아니라, 기업들이 얽혀 만드는 글로벌 가치사슬(GVC)과 그 위에서 집행되는 무역 · 투자 · 데이터 규칙으로 작동한다. 이 층위에서 중요한 변화는 두 가지다. 첫째, 기업 이질성(생산성 · 규모 · 해외 네트워크 보유 여부)에 따라 글로벌 규칙의 수혜와 부담이 산업이 아니라 기업 단위로 갈라진다. 둘째, 반도체 · 클라우드 · AI 같은 전략 기술에서 표준과 공급망의 거점을 선점한 기업들이 사실상 규칙의 설계자로 기능하며, 그 결과가 미 · 중 경쟁의 효과와 각국의 전략 공간을 좌우한다. 다시 말해, 기업은 단순히 체제에 순응하는 수동적 존재가 아니라, 상호의존의 구조를 새롭게 구축하고 규범을 설계 · 변형하며, 궁극적으로 국력의 분포를 변화시키는 적극적 행위자이다. 이 절에서는 두 가지 주제를 중심으로 기업이 국제체제 수준에서 어떻게 영향력을 행사하고 체제 변화를 유도하는지를 분석한다. 첫째는 국제무역 정치에서 기업들이 만들어내는 정치경제적 재배열이고, 둘째는 미 · 중 기술경쟁 속에서 동아시아 국가들이 전개하는 기술-경제적 국력행사이다.

1) 기업 이질성과 무역정치의 체계적 재배열

무역의 이익과 비용은 산업 전체에 균등하게 분배되지 않는다. 기업들은 생산성, 규모, 제품 차별화, 해외 네트워크 보유 여부에서 크게 다르다. 이처럼 이질적인 기업들 사이에서, 국제시장 진입과 확장에는 상당한 고정비용이 든다. 시장 개척, 규정 준수, 파트너십 구축 등에 필요한 이 비용을 감당할 수 있는 소수의 대기업이 주도권을 쥐게 된다. 바로 이 지점에서 기업은 단순한 정책 수혜자를 넘어 능동적인 정치 행위자로 변화한다.

Kim & Osgood의 리뷰 논문에 의하면 글로벌 참여도가 높은 대기업일수록 자유화, 역외 이전, 수입중간재 활용에 우호적이다. 이들은 산업협회가 아닌 개별 기업 단위로 로비에 나서 무역규범의 세부 조항에 자신의 이해관계를 직접 반영한다. 여기에는 원산지, 통관, 표준, 지식재산, 분쟁해결 등이 포함된다. 그 결과 무역자유화 혜택의 분배구조는 "산업 간"에서 "기업 간"으로 이동한다. 정부가 협상 테이블에 가져가는 의제도 산업의 평균적 선호보다는 세계화가 가능한 소수 기업의 선호를 더 강하게 반영하게 된다. 이는 GATT/WTO 체제가 촉발한 무역의 확산이 수출 산업이 아닌 수출 기업을 중심으로 재정렬되었음을 보여준다. 또한, 자유무역의 점진적 발전이 전 지구적 대기업의 이해관계에 의해 뒷받침되어 왔음을 시사한다.

보다 미시적으로 보면, 글로벌 참여도가 높은 기업은 일반적으로 제품의 차별화 수준이 높다. 또한 수입 중간재가 기업의 수익 구조와 긴밀히 연계되어 있으며, 투자된 고정비용 또한 크다. 이러한 특성은 해당 기업이 단독으로 로비에 나서게 만드는 핵심 요인으로 작용한다. 결과적으로 막대한 고정비용을 부담한 소수의 글로벌 기업만이 세계화의 이익을 집중적으로 흡수하고, 동일 산업 내에서도 이익 분배의 불균형이 심화된다. 무역정치의 쟁점이 단순한 관세율에서 벗어나 원산지 규정, 표준, 통관 절차 등 기술적 세부사항으로 이동하는 이유도 바로 여기에 있다. 이러한 규칙의 미세 조정이 곧 기업 가치사슬의 수익성과 리스크를 결정하기 때문이다

핵심은 기업이 단지 정부를 설득하는 차원을 넘어, 규범의 내용 자체를 형성한다는 점이다. 투자자-국가 간 분쟁해결(ISDS) 제도나 국제적 지식재산권(IPR) 보장 강화는 해외자산과 글로벌 IP를 집중적으로 보유한 소수 초대형 다국적기업의 수요와 역량을 지점 반영한 결과이다. 즉 투자 · 경쟁 · 노동 · 환경 · 데이터 규범 등의 분야에서 국제적 협력이 이뤄지는 이른바 깊은 통합 현상은 산업 전체의 요구라기보다 소수의 다

국적기업이 가진 이해관계에서 비롯된 경우가 많다. 따라서 국제적 협력 과정에서의 규칙 형성은 결국 어떤 기업들이 글로벌 네트워크를 구축한 상태인지, 그리고 그러한 기업들이 새롭게 탄생한 국제 조항의 이행에 따른 비용을 감당할 수 있는가에 따라 결정된다.

이 과정에서 기업은 두 방향으로 국제 체제에 영향을 미친다. 첫째는 국내 연합 구조의 재편이다. 대기업 중심의 친개방 연합은 자신들이 가진 정치자금, 전문 지식, 국제적 네트워크를 활용해 제도 형성에 대한 접근성을 높인다. 이로 인해 대중 · 정당 · 이익집단의 이익과 기업의 이익이 결합하여 무역정책의 세부 조항에 기업의 선호가 더 강하게 반영될 수 있다. 다만, 자유화의 혜택이 소수 대기업에 집중된다는 인식이 확산될 경우 대중적 반발이 발생하여 기업의 영향력을 제약할 수도 있다.

둘째는 국제 규범의 확산이다. 동일 산업 내에서도 글로벌화에 성공한 기업과 그렇지 못한 기업 간의 선호가 갈라지면서, 자유화의 진전은 반개방 산업연합의 단일대오를 해체시킨다. 그 결과 WTO 다자협상이 정체되어도 지역무역협정(RTA)과 양자 FTA는 오히려 규범의 깊이와 범위 모두에서 확장되는 경향을 보였다. 세계적 기업의 부상은 “누가 규범을 만들 수 있는가”라는 질문에 대해 새로운 답을 제시한다. 과거 이 질문에 대한 답은 당연히 주권 국가였다. 하지만 현재 기업 네트워크를 중심으로 구축된 국제규범은 국가 간 상호의존의 양태를 바꾸는 체제적 변수로 작용한다. 국가가 국제체제에 적응하는 방식과 그들이 선택하는 전략의 내용은 점점 더 기업 네트워크에 의해 제약되고 있다. 즉 국제체제의 권력 분포는 군사력이나 GDP만이 아니라, 가치사슬 상에서 어떤 기업이 규칙을 설계하고 이를 통제하는가에 의해 결정되는 구조로 전환되고 있는 것이다.

2) 미 · 중 기술경쟁과 동아시아의 기술-경제적 국력행사

한편, 현재 진행 중인 미 · 중 기술경쟁은 기업이 체제 수준에서 행사하는 힘을 보다 직접적으로 보여준다. 미국과 중국 모두 반도체 기술에서 완전한 독자성을 확보하기는 불가능한 구조에 놓여 있다. 이러한 구조 속에서, 미중 양국은 자신들의 취약성을 줄이기 위해 첨단기술을 경제와 안보가 결합하는 지점으로 재정의하고, 이를 통해 양자적 · 지역적 · 다자적 차원에서 새로운 지정학 전략을 전개하고 있다. 이때 반도체 산업의 핵심 부분을 구성하는 한국 · 일본 · 대만의 기업과 그들이 가진 생산 네트워크는 단순한 외적 변수가 아니라, 두 강대국 간 경쟁의 성패를 좌우하는 핵심 매개

변수가 된다. 동아시아 기업들이 형성한 파운드리, 장비, 소재, 설계의 복합적 구조는 미·중 간 상호의존의 지형을 재편하며, 그 위에서 기술-경제적 국력행사가 제도화되어 국제질서 전반에 파급된다.

이러한 현상이 강조하는 바는 세 가지다. 첫째, 미중 양국은 첨단기술을 안보의 영역으로 전환하여 구조적 취약성을 줄이고, 동시에 동아시아 파트너와의 협력 범위를 새로 정한다. 둘째, 이러한 경쟁은 동아시아에서 기술-경제적 국력행사의 확산을 가속화했다. 셋째, 동아시아 국가들의 접근법은 각국마다 서로 다르며, 이 차이가 누적되면서 지역 질서의 재편이라는 국제체제 수준의 변화가 발생한다. 이 과정에서 발생하는 기술-안보의 구체적 결합 방식은 국가의 정책이 아닌 그 국가에 속한 세계적 기업의 설비·표준·조달 결정을 통해 실현된다. 그리고 그 집합적 결과가 국제체제 수준의 상호의존 구조를 변화시킨다.

국가 간 힘의 분포를 단순 군사력이나 GDP로 읽던 방식은 더 이상 유효하지 않다. 이제는 누가 어느 공정·장비·소재에서 대체 불가능한지에 따라 달라지는 공급망의 구조적 위치가 국가 역량의 분포를 실질적으로 측정하는 지배적인 변수로 부상한 것이다. 이 변화는 3단계 구조로 작동한다. 최상위 단계에서는 미·중이 직접 부딪히며 수출통제·투자심사·표준 설정 영역에서 치열하게 경쟁한다. 중간 단계에서는 미·중과 동아시아 국가 간 상호작용이 발생한다. 여기서 한국·일본·대만의 기업들은 기술주권을 내세운 자국 정부의 보조금·세액공제·인허가 정책의 도움을 받아 리쇼어링과 프렌드-쇼어링 전략의 실질적인 방향성을 결정한다. 최하 단계에서는 동아시아 국가들 사이에서 반도체·배터리 공급망 협력 및 경쟁이 일어나고, 동아시아 지역 내부의 제도적 발전이 전개된다.

이 다층적 과정의 핵심은 기업이다. 기업의 의사결정이 어떤 제도와 규범이 탄생할지를 결정지으며, 기업의 상황에 따라 국가는 자신들의 지정학적 전략을 결정한다. 구체적인 사례들을 보면 기업의 영향력은 더욱 명확하게 드러난다. 일본의 경우, 자신들의 반도체 산업을 부흥시키기 위해 대만 기업인 TSMC가 구마모토에 투자하도록 대규모 보조금을 지급했다. 이는 기업의 설비 결정이 국가 전략의 성패에 지대한 영향을 미칠 수 있음을 보여준 대표적 예시이다. 한국의 경우, 파운드리·메모리에서 보유한 역량을 활용해 5G·AI 인프라 구축을 시도했다. 그러면서 한국은 미국과의 동맹 관리, 중국과의 시장·공급망 의존을 동시에 고려하는 헤징 전략을 시도했다. 하지만 이 과정은 한국 정부가 혼자서 할 수 없었다. 헤징 전략의 미시적 구현은 기업의 설비 투자, 공급계약, 표준 채택을 통해 이뤄졌으며, 그 결과가 쌓여 동맹·파트너 네트워크의 깊이와 유연성, 즉 국제체제의 상호의존 구조를 실질적으로 바꿨다.

이런 맥락에서 “무기화된 상호의존”이 발생한다. 반도체 공급망의 핵심 거점을 장악하는 것은 다른 국가를 제재하거나 그 국가의 성장을 통제하는 효과를 기하급수적으로 키운다. 그러나 그 핵심 거점의 중요성과 지속성은 글로벌 반도체 기업의 역량에 따라 달라진다. 공정 전환 속도, 재고 처리 전략, 원자재 수급 경로의 다변화 같은 기업의 역량이 이를 결정한다. 다시 말해 국가는 전략을 설계하지만, 전략의 실현가능성과 비용은 결국 기업의 기술·운영 역량이 형성하는 제약 조건에 의해 규정된다. 미·중 모두 고도화된 혁신 생태계를 혼자서 완비할 수 없기에, 동아시아 기업을 끌어들이는 연결 전략이 곧 패권경쟁의 성패를 좌우하는 결정변수로 부상했다. 이는 곧 기업 네트워크의 지도가 국제체제의 전략공간을 규정하며, 패권국과 도전국 간 대결 양상도 결정짓는다는 뜻이다.

3) 소결: 기업은 어떻게 국제체제를 바꾸는가

앞선 연구들을 종합하면, 기업은 세 가지 경로로 국제체제의 작동 방식에 직접적으로 개입한다. 첫째, 국가의 국력 분포가 측정되는 방식을 근본적으로 변화시킨다. 과거 국가의 국력은 그들이 보유한 경제력(GDP)과 군사력(군사비 지출)으로 계산되었다. 그러나 이제는 세계 시장에 뛰어들 수 있는 소수 초대형 기업의 로비, 그리고 그 과정에서 그들이 고정비용을 감수하며 달성한 제품의 차별화와 글로벌 생산망이 국가의 새로운 권력 자원이 되었다. 과거와 달리 ‘누가 무엇을 만들 수 있는가’는 더 이상 국가 간 경계에 따라 결정되지 않는다. 오히려 핵심 기업들이 어떤 국가들을 배경으로 활동하는지에 지대한 영향을 받는다. 반도체 공급망의 사례에서 보듯이, 핵심 공정에서 기업이 가진 힘은 그 기업의 본점이 위치해 있는 국가의 힘으로 연결된다. 따라서 더 이상 국력 분포는 국가 수준의 변수로만 측정하기 어렵고, 기업 차원의 변수 역시 고려에 넣어야 한다. 국력의 분포가 기업 네트워크 단위로 재정의되는 순간, 국가가 어떤 지정학적 전략을 취해야 하는지에 대한 계산도 달라진다.

둘째, 상호의존 구조의 재설계다. 미·중은 동아시아 기업을 매개로 취약성을 줄이고 우군 네트워크를 강화하려 한다. 이 과정에서 기업의 설비, 표준, 조달 결정이 공급망의 허브와 초크포인트를 재배치하고, 그 결과 국제체제의 상호의존 지도 자체가 새롭게 그려진다. 같은 제재라도 어느 공정을 누가 보유하고 있느냐에 따라 효과가 달라지는 이유가 여기에 있다.

셋째, 규범과 제도의 내재화이다. 투자보호, 지식재산, 노동, 데이터 같은 깊은 통합 조항은 해외활동 밀도가 높은 기업들의 요구와 역량을 반영하여 설계된다. 규범은 국가가 승인하지만, 그 초안(agenda)은 기업이 작성한다고 볼 수 있다. 이때 규범의 미세설계가 곧 기업의 현금흐름과 리스크를 좌우하므로, 기업은 규범의 집행 파트너이자 실질적인 설계자가 된다.

이 세 경로는 서로 맞물려, '국가 대 국가'의 힘겨루기 서사만으로는 설명되지 않는 체제 변화의 동학을 낳는다. 기업은 국가를 대체하는 주권자가 아니다. 그러나 기업 네트워크가 재배열한 역량과 상호의존, 그리고 기업 주도 규범이 누적되면, 국가가 체제에 적응하고 전략을 선택하는 공간 자체가 변화한다. 이것이 바로 "기업이 체제에 미치는 힘"의 핵심이다.

한국처럼 기술과 제조에서 체계적 위치를 가진 중견국에게, 기업 중심의 체제 변화는 도전이자 기회다. 첫째, 정책과 기업의 정렬이 필수적이다. 기술주권을 명분으로 한 연구개발, 인력, 세제, 인허가 정책은 기업의 자본적 지출, 연구개발, 표준 의사결정을 국가전략과 정렬시키는 장치다. 둘째, 공급망 포트폴리오의 과학화가 필요하다. 탈중국이나 탈미국의 이분법이 아니라, 공정별 대체가능성과 전환 속도를 기준으로 자산, 계약, 재고를 설계해야 한다. 셋째, 규범 주도권을 확보해야 한다. 반도체, 배터리, 디지털 통상의 조항 설계는 국가 간 타협만으로 결정되지 않는다. 글로벌 참여도가 높은 국내 기업의 세부 수요를 집약하여, 다자 · 지역 · 양자 차원에서 깊은 통합의 내용을 선제적으로 제안하는 것이 중요하다.

이러한 정책 방향은 단순히 산업정책의 개선이 아니라, 체제 수준의 지형—누구에게 의존하고 무엇을 통제하는가—을 유리하게 재배치하려는 시도다. 국제무역의 정치에서 기업 이질성은 누가 글로벌화의 과실을 가져가는가를 변화시키며, 그 결과가 규범 설계와 국내 연합에 누적되어 체제의 규칙을 바꾼다. 미 · 중 기술경쟁에서는 동아시아 기업의 공급망 위치가 국가전략의 실현가능성을 뒷받침하며, 그 집합적 효과가 상호의존 지도를 새로 그린다. 기업은 역량 분포의 재측정, 상호의존 구조의 재설계, 규범의 내재화를 통해 국제체제의 구조 변수에 직접 개입하는 행위자다. 그러므로 오늘날 패권경쟁과 무역질서의 향배를 이해하려면 국가의 의도뿐만 아니라 기업이 설계한 네트워크와 규범을 함께 읽어야 한다. 그 지점에서 비로소 왜 같은 제재가 다르게 작동하고, 왜 같은 자유화가 서로 다른 국내외 결과를 낳는지가 설명된다.

2 국가 차원: 로비와 정치체제

국가 차원은 사회의 다양한 선호가 제도를 거쳐 정책 문구와 집행 관행으로 변환되는 단계다. 단순히 정부의 의지나 지도자의 성향을 가리키지 않는다. 이는 의회와 행정부, 사법부가 어떻게 권한을 나누고, 정당체계와 선거제도가 어떤 유인을 만들며, 위원회 제도 · 규칙 · 절차가 정보의 흐름을 어디서 어떻게 거르느냐 같은 제도적 배열을 뜻한다. 다시 말해, 국가 수준은 사회 속 수많은 선호가 정책으로 번역되는 "기관적 번역기"의 설계와 작동을 가리킨다. 기업을 국제정치경제의 행위자로 보려면, 이 번역기의 구조가 기업의 정보 · 자원 · 네트워크와 어떻게 만나 정책을 낳는지를 봐야 한다. 3.1절에서 기업 네트워크가 상호의존의 지도와 규범을 체제 차원에서 바꾸는 모습을 보았다면, 국가 수준은 그 기업들이 제도적 문턱을 통과해 구체적 세부 규칙으로 정책을 만들어내는 경로를 보여준다.

이 지점에서 로비는 핵심적인 역할을 한다. 로비는 "돈으로 정책을 산다"는 단선적 은유가 아니다. 오히려 정치가들이 자신의 목표(재선, 승진, 이념 실현)에 비추어 어떤 입장을 취할 때의 득실을 계산하도록 사적인 접촉을 통해 정보를 이전하는 과정에 가깝다. 정보는 통계, 사실, 논거, 전망, 신호, 약속 등 다양한 형태를 취하며, 이 정보가 제도적 관문과 맞물릴 때 정책의 내용과 타이밍이 달라진다. 이러한 정의는 선거자금과 구별되는 로비의 본질, 즉 정책 설계를 위한 정보시장으로서의 기능을 드러낸다.

1) 로비: 정보, 연결과 국내 정책변환

현대 실증연구는 먼저 로비의 규모와 주체에서 분명한 규칙성을 확인해 왔다. 미국을 사례로 보면 로비 지출은 선거자금보다 훨씬 크고, 선거주기를 평균해도 약 5배 규모로 관측된다. 이 활동은 대체로 대기업과 업종협회가 주도하고, 큰 기업일수록 협회를 통하지 않고 자사 명의의 직접 로비를 선택할 가능성이 높다. 반대로 소규모 기업은 고정비를 감당하기 어려워 협회를 통한 집단 로비로 모이는 경향이 강하다. 쟁점의 사회적 주목도가 높거나 예산 · 조세가 걸린 사안일수록 로비 투입이 늘고, 의회 일정이 몰리는 시기에는 로비 지출이 체계적으로 상승한다. 이런 사실들은 단순한 상식이 아니라 누적된 데이터가 보여준 합의이며, "정보의 사적 시장"으로서의 로비에 지속적 수요가 있음을 뜻한다. 그리고 이 수요는 제도와 만날 때 비로소 정책으로 환원된다.

그렇다면 왜 큰 기업이 직접 로비를 택하고, 어느 때 더 많은 자원을 투입하는가.

로비는 일회성 설득이 아니라 관계형 자본과 전문성을 축적하는 장기 활동이다. 한 번 로비를 시작한 기업이 다음 해에도 로비를 이어갈 높은 관성을 보이는 까닭은, 접촉 경로를 열고 신뢰를 쌓으며 이슈 지식을 축적하는 데 고정투입이 필요하기 때문이다. 이 고정투입은 대기업에게 상대적으로 가벼운 비용이므로, 기업 규모가 클수록 독자 로비를 택하는 경향이 강화된다. 국가 수준의 제도가 위원회 권한을 쥔 소수에게 의제설정권을 집중시키거나, 예산 심의 창구를 좁혀 결정의 순간을 만들수록, 관계와 전문성이 결합된 고품질 정보의 가치는 더 높아진다. 이런 제도적 설계는 대기업이나 협회가 언제 어디에 로비를 집중할지 전략을 짜도록 구조화한다.

다음으로 누구를 표적으로 삼는지가 중요하다. 축적된 연구는 이해집단이 강력한 의제설정자(지도부, 핵심 위원회 의원)와 동시에 입장이 유동적인 의원들을 집중 공략한다는 사실을 반복해서 보여준다. 확고한 반대파를 설득하려 들기보다는, 논거와 자료가 의사결정에 영향을 미칠 가능성이 큰 지점을 겨냥하는 것이다. 이 과정에서는 상대 진영의 공세를 상쇄하기 위한 대항 로비도 빈번하다. 결국 로비는 설득만이 아니라 동원, 소정, 서시의 기능을 포괄한다. 이러한 기능의 효과는 다수결 규칙, 위원회 권한, 의제상정 절차 같은 제도 설계가 어디에 "좁은 길목(초크포인트)"을 만들어 두었느냐에 따라 달라진다.

그렇다고 로비가 만능열쇠인 것은 아니다. 가장 어려운 질문은 여전히 "로비가 실제로 정책을 바꾸었는가?"이다. 단순한 상관관계는 많이 발견되지만, 성공 가능성이 높을 때만 로비가 늘어나는 문제나 보이지 않는 변수들 때문에 인과관계를 추정하기는 어렵다. 이 난제를 돌파하기 위해 최근 연구는 준실험적 방법을 광범위하게 활용한다. 예컨대 로비 대상 의원의 갑작스러운 퇴임이나 낙선 같은 외부 충격을 이용한 분석은 "누구를 아느냐"의 가치를 계량화했다. 그 결과 정치적 연결이 끊긴 뒤 기업의 로비 효과가 유의미하게 감소하는 효과를 포착했다. 결과적으로 "로비의 효과는 항상 니디니는 것이 이니라, 언제, 어디서, 누구를 겨냥했을 때 강하게 나타난다"는 결론이 굳어졌다. 이는 곧 국가 수준의 제도가 정치적 접촉의 효과를 시간과 장소에 따라 다르게 만든다는 뜻이다.

로비의 내용을 뜯어보면 "무엇을 아느냐(전문성)"와 "누구를 아느냐(연결)"가 서로 다른 기능을 한다. 연결은 폐쇄적인 의제설정의 관문을 여는 힘이고, 전문성은 조항의 문구, 계수, 예외를 설계하는 힘이다. 의회가 위원회 중심으로 분업화되어 있고 보좌진의 전문성이 높을수록, 정교한 자료와 모델, 조항 대안 텍스트를 제시하는 전문 로비의 효과가 커진다. 반면 지도부 중심으로 의제 권한이 집중된 상황에서는 연결의 효과가 상대적으로 커진다. 따라서 같은 기업이라도 제도 환경에 따라 "연결 편향" 또는 "전문성 편향"의 로비 포트폴리오를 조정한다.

로비의 효과는 관세 판정, 규제 강도, 예산 배분, 조세 혜택, 법안 통과 가능성 등 다양한 정책 분야에서 보고된다. 이를 종합하면 로비의 효과는 제도적 수용 능력, 쟁점의 주목도, 이해관계의 집중도와 결합될 때 조건부로 크고 다르게 나타난다. 예를 들어, 대학의 의회 로비는 지역구 의원이 예산 관련 위원회에 있을 때에만 의미 있는 예산 증액을 얻는 경향을 보인다. 이는 정보가 흡수될 제도적 그릇이 있을 때 결과가 나타난다는 것을 보여준다.

이 모든 점은 앞서 다룬 기업 중심 무역정치와도 맞물린다. 동일 산업 내부의 이질적 기업이 각기 다른 선호를 갖고, 큰 기업일수록 비용이 큰 로비를 감당하며 개별 기업 단위 로비를 선호한다는 사실은 중요하다. 이는 국가 수준의 제도, 특히 로비와 정치자금에 대한 규율이 어느 목소리를 증폭시키는지를 좌우함을 시사한다. 로비와 기부에 관대한 제도일수록 국내의 프로무역 연합에서 매우 큰 기업들의 비중이 커진다. 그 결과 무역, 투자, 지식재산권, 데이터 같은 깊은 통합 조항이 정책의 최전선으로 이동할 가능성이 높다.

요컨대, 국가 수준 분석에서 로비는 기업의 선호를 정책으로 번역하는 정보, 연결, 표적, 타이밍의 체계다. 기업과 협회는 전문성과 네트워크를 동원해 의회와 관료제의 결정 순간에 정보를 주입하고, 제도는 그 정보를 선별, 증폭, 억제한다. 그 결과는 관세율의 소수점, 원산지 규정의 문구, 조세의 공제 항목 같은 미시적 규정으로 남아 국가의 대외정책 선호를 형성한다. 그리고 이 미시적 규정들은 다시 체제 수준으로 상향식 되먹임을 일으켜, 상호의존의 지도와 국제규범의 내용을 바꾼다. 따라서 기업 중심 국제정치경제를 이해하려면, "국가 내부의 번역기"로서의 로비를 제도 설계와 결합해 읽어야 한다.

2) 정치체제와 다국적 기업의 국제화: 민주주의와 권위주의의 차이

로비의 번역력이 안정적으로 작동하려면, 번역기 자체-즉 정치체제와 제도 품질-가 신뢰 가능해야 한다. 정치체제는 다국적 기업의 국제화 결정에 중요한 영향을 미치는 국가 수준 요인 중 하나이다. 투자 유치국의 정치체제가 민주주의인지 권위주의인지에 따라 기업이 직면하는 정치적 환경과 리스크가 크게 달라진다. 이는 기업의 진입 여부, 진입 방식, 투자 규모 등 전반적인 국제화 전략에 영향을 준다. 전통적으로 국제정치경제 연구는 권위주의 국가의 정치적 불안정성과 예측 불가능성이 외국인 투자를 저해한다고 가정해 왔다. 권위주의 체제에서는 정치 지도자에 대한 견제와 균형이 약하기 때문에, 정책이 예고 없이 급변하거나 외국 기업의 자산이 수용될 위험이 높다는 것이다. 반면 민주주의 국가에서는 권력이 분산되어 있고 정책 결정 과정이 투명하며 법치주의가 확립되어 있어, 외국 기업에게 보다 안정적이고 예측 가능한 투자 환경을 제공한다고 여겨졌다.

그러나 최근 실증 연구들은 이러한 단순한 이분법을 재고하게 만드는 결과들을 제시하고 있다. 여러 연구를 종합한 메타분석에 따르면, 투자 유치국의 정치체제(민주주의 대 권위주의)가 다국적 기업의 국제화에 미치는 영향은 통계적으로 유의미하지 않은 것으로 나타났다. 다시 말해 일부 다국적 기업들은 권위주의 국가에서도 적극적으로 투자하며, 오히려 특정 조건하에서는 권위주의 체제를 선호하기도 한다. 이러한 현상은 몇 가지 메커니즘을 통해 설명될 수 있다.

첫째, 정치적 연결의 가치 차이이다. 권위주의 국가에서는 소수의 정치 엘리트가 경제 정책을 독점적으로 결정하기 때문에, 이들과 긴밀한 관계를 구축한 다국적 기업은 상당한 특혜를 누릴 수 있다. 예를 들어 인허가 절차의 신속한 처리, 조세 감면, 독점적 시장 접근권 등이 제공될 수 있다. 반면 민주주의 국가에서는 권력이 분산되어 있고 투명성 요구가 높아, 특정 기업에 대한 특혜 제공이 상대적으로 어렵다.

둘째, 모국 정치체제와의 상호작용 효과이다. 권위주의 국가 출신의 다국적 기업들은 본국에서 불투명한 규제 환경과 부패에 대응하는 능력을 개발했다. 이 때문에 유사한 제도적 환경을 가진 다른 권위주의 국가에 투자할 때 오히려 경쟁 우위를 가질 수 있다. 이를 '제도적 친숙성' 또는 '부정적 제도 차익거래'라고 부른다. 반대로 선진 민주주의 국가 출신의 다국적 기업들은 권위주의 국가의 정치적 불확실성에 더 민감하게 반응하는 경향이 있다.

셋째, 정책 결정과 정책 집행의 분리이다. 투자 유치국의 정치를 두 가지 차원, 즉 '정치적 의사결정 체계'와 '정치적 행정'으로 구분할 수 있다. 전자는 법과 규제가 어떻게 만들어지는지를, 후자는 그러한 법과 규제가 실제로 어떻게 집행되는지를 의미한다. 흥미롭게도 다국적 기업의 국제화에 더 큰 영향을 미치는 것은 정치체제 그 자체보다 규제의 질과 부패 통제 같은 행정적 차원인 것으로 나타났다. 즉 민주주의 국가라 하더라도 행정 효율성이 낮고 부패가 만연하다면 외국인 투자 유치에 어려움을 겪을 수 있다. 반대로 권위주의 국가라도 관료제가 효율적이고 정책 집행이 예측 가능하다면 상당한 외국인 투자를 유치할 수 있다.

실제 사례를 보면, 중국은 공산당 일당 독재라는 권위주의 체제임에도 불구하고 지난 40년간 세계 최대의 외국인 직접투자 유치국 중 하나였다. 이는 중국 정부가 경제특구를 통해 예측 가능한 투자 환경을 조성하고, 거대한 내수시장에 대한 접근권을 제공했으며, 효율적인 관료제를 통해 정책을 일관되게 집행했기 때문이다. 반면 일부 민주주의 개발도상국들은 정권 교체 시마다 정책이 급변하고, 다양한 이익집단 간 갈등으로 정책 집행이 지연되어 외국 기업들이 오히려 더 큰 불확실성을 경험하기도 한다.

결론적으로, 정치체제가 다국적 기업의 국제화에 미치는 영향은 단선적이지 않다. 민주주의가 항상 외국인 투자에 유리한 것도, 권위주의가 항상 불리한 것도 아니다. 오히려 중요한 것은 정책의 일관성과 예측 가능성, 행정 효율성과 규제의 질, 부패 통제 수준, 모국 기업의 제도적 역량, 산업별 특성 등 복합적 요인들의 상호작용이다. 국제정치를 공부하는 학생들은 이러한 미묘한 차이를 이해함으로써, 기업의 국제화 전략과 국가의 투자 유치 정책을 보다 정교하게 분석할 수 있을 것이다.

3 기업의 초국적 법적 권력: 국제투자법과 국가 규율

앞선 절들이 기업이 국제체제 수준에서 상호의존의 지도를 재설계하고, 국가 내부에서 제도를 통해 정책을 형성하는 과정을 보였다면, 이 절은 기업이 국가를 넘어 자신들의 이익을 직접 관철하는 가장 강력하고 제도화된 경로, 즉 국제투자법 체제에 주목한다. 이 체제는 단순히 외국인 투자자의 재산을 사후적으로 보호하는 소극적 장치에 머무르지 않는다. 오히려 기업에게 국가 주권에 직접 도전하고 정책 결정에 개입할 수 있는 막강한 법적 권한을 부여함으로써, 기업을 국제정치의 독립적 행위자로 격상시키는 핵심 기제이다. 수천 개의 국제투자협정(IIA)과 그 핵심 집행 장치인 투자자-국가 분쟁해결(ISDS) 제도는 기업이 자신의 행위자성을 관철하기 위해 활용하는 가장 날카로운 전략적 도구라고 할 수 있다.

1) 국제투자협정과 투자자-국가 분쟁해결의 구조

국제투자법의 핵심은 기업에게 전통적인 국제법의 틀을 깨는 혁명적 권리를 부여했다는 점이다. 과거 국제법에서 분쟁의 주체는 오직 국가였으나, ISDS는 민간 기업이 투자유치국 정부를 국제 중재 법정에 직접 제소할 권리를 창설했다. 이는 기업을 단순한 경제 주체에서 국가와 대등한 법적 지위에서 다투는 행위자로 변모시킨 결정적 전환점이었다.

기업은 이 권리를 활용하여, 단순히 계약 위반을 넘어 환경, 보건, 노동 등 주권 국가의 고유한 공공정책 영역까지 문제 삼으며 금전적 배상을 요구할 수 있게 되었다. 특히 공정하고 공평한 대우(Fair and Equitable Treatment, FET)나 간접 수용(Indirect Expropriation)과 같은 조항들은 중재판정부에 의해 매우 광범위하게 해석되면서 기업의 무기를 더욱 강력하게 만들었다. 예를 들어 정부의 정책 변경으로 인해 투자자의 정당한 기대가 침해되었다고 판단되면 FET 위반으로 인정될 수 있으며, 이는 사실상 기업에게 미래의 규제 환경이 안정적으로 유지될 것이라는 기대를 법적으로 보호받을 권리를 부여한 셈이다. ISDS에서 패소한 국가는 해당 정책을 철회할 의무는 없지만, 때로는 국가 예산을 심각하게 위협하는 수십억 달러의 배상금을 지불해야 하므로 사실상 정책 변경을 강제하는 강력한 압박으로 작용한다.

기업은 ISDS라는 법적 무기를 여러 전략적 방식으로 활용하여 국가의 정책 공간을 제약하고 자사의 이익을 극대화한다. 가장 직접적인 방식은 실제 제소를 통해 정부의 특정 정책을 응징하는 것이다. 개발도상국이 피소되었을 때 투자자가 승소하거나 유리한 합의를 이끌어내는 비율이 51.2%에 달한다는 사실은 이 전략의 유효성을 보여준다.

그러나 ISDS의 진정한 위력은 소송 그 자체보다 소송의 '위협'을 통해 발휘되는 경우가 많다. 이것이 바로 학자들이 '규제 냉각 효과(regulatory chill)'라고 부르는 현상으로, 기업이 장래의 이익에 반하는 정책이 도입될 것을 우려하여 ISDS 제소 가능성을 암시함으로써 정부가 공익 목적의 규제 도입을 스스로 포기하거나 완화하도록 유도하는 것을 말한다. 소송에 드는 막대한 법률 비용과 패소 시의 천문학적 배상액에 대한 부담만으로도 정부는 정책 추진을 망설이게 된다.

대표적 사례로 스웨덴 에너지 기업인 바텐팔(Vattenfall)이 독일 정부를 상대로 제기한 두 건의 소송을 들 수 있다. 첫 번째 소송에서 바텐팔은 함부르크 인근 화력발전소 건설 허가 과정에서 독일 정부가 부과한 환경 기준이 과도하다며 ISDS를 제기했고, 결국 독일 정부가 기준을 완화하는 방향으로 합의했다. 두 번째 소송에서는 독일 정부가 후쿠시마 원전 사고 이후 탈원전 정책을 결정하자, 바텐팔이 이를 간접수용이라 주장하며 약 47억 유로의 배상을 요구했다. 이 소송들은 독일의 에너지 및 환경 정책 결정에 직접적인 제약을 가했으며, 다른 국가들에게도 주권적 정책 결정이 얼마나 큰 비용을 초래할 수 있는지 보여주는 강력한 신호가 되었다. 담배회사 필립모리스(Philip Morris)가 우루과이와 호주의 담뱃갑 경고 그림 강화 정책(plain packaging)을 상대로 제기한 소송 역시 마찬가지다. 비록 국가가 최종 승소했지만, 뉴질랜드와 같은 다른 국가들은 소송의 부담 때문에 유사한 공중보건 정책 도입을 수년간 지연시키는 등 명백한 규제 냉각 효과가 관찰되었다. 이처럼 기업은 ISDS를 지렛대로 삼아 개별 국가의 정책을 넘어 국제적 규범 형성 과정에까지 영향력을 투사하는 것이다.

2) 국제투자법의 원래 목적과 실제 성과의 괴리

국제투자법 체제는 투자유치국의 정치적 리스크를 줄여 외국인 직접투자(FDI)를 촉진하고, 분쟁의 외교 문제화를 막는다는 명분으로 설계되었다. 그러나 수많은 실증 연구들은 이러한 목표가 달성되지 못했음을 보여준다. 여러 연구를 종합 분석한 결과 국제투자협정이 FDI에 미치는 효과는 "거의 무시할 수 있는 수준 또는 제로"로 나타났으며, 오히려 ISDS 제소는 해당 국가의 투자 환경에 대한 부정적 신호로 작용해 FDI 유입을 감소시킨다는 강력한 증거도 제시되었다.

이러한 성과의 괴리는 기업이 이 제도를 본래 목적과 다르게, 즉 단순한 투자 '보호'의 수단을 넘어 기업의 이익을 선제적으로 '확보'하고 국가의 규제 주권을 잠식하는 능동적 공세 도구로 활용했기 때문에 발생했다고 볼 수 있다. 기업은 잠재적 투자 대상국 정부와 협상할 때, 유리한 세제 혜택, 규제 완화, 환경 기준 면제 등을 요구하며 만약 미래에 이러한 조건이 변경될 경우 ISDS를 통해 막대한 배상을 청구할 수 있음을 주지시킨다. 이는 정부로 하여금 미래의 정책 자율성을 스스로 제약하는 '족쇄 계약'을 맺도록 유도하는 효과를 낳는다. 일부 연구는 개발도상국이 글로벌 가치사슬에 깊숙이 편입된 강력한 외국 기업의 ISDS 제기 위협에 직면할 경우, 민주적 절차를 거쳐 만든 규제조차 철회할 가능성이 높다는 점을 실증적으로 보여주었다. 이는 기업이 국제법을 매개로 한 국가의 민주적 의사결정 과정에 직접 개입하고 있음을 의미한다.

기업의 막강한 법적 행위자성에 대한 도전이 없었던 것은 아니다. 분쟁 해결 과정의 편향성, 천문학적인 배상액, 그리고 규제 냉각 효과에 대한 비판이 커지면서 기업의 권력에 대한 반발이 조직되기 시작했다. 특히 개발도상국들은 이 체제가 자국의 주권을 부당하게 제약한다고 인식하고 에콰도르, 볼리비아처럼 ICSID에서 탈퇴하거나, 인도, 남아프리카공화국처럼 기존 투자협정 네트워크를 전면 재협상하는 방식으로 대응에 나섰다. 브라질처럼 ISDS를 원천적으로 배제하고 분쟁 예방과 국가 간 중

새에 초점을 맞춘 새로운 형태의 협정을 추진하는 대안적 모델도 등장했다.

흥미롭게도 이러한 반발은 개발도상국에만 국한되지 않는다. 과거 체제의 설계자였던 미국이나 유럽연합(EU) 같은 선진국들조차 자국이 ISDS의 피소 대상이 되어 공공정책이 위협받는 경험을 하면서 회의적인 입장으로 돌아서고 있다. EU는 회원국 간 ISDS를 금지했으며, 미국 역시 북미자유무역협정(NAFTA)을 대체한 미국-멕시코-캐나다 협정(USMCA)에서 ISDS 적용 대상을 대폭 축소했다. 이러한 새로운 협정들은 공중보건이나 환경보호와 같은 정당한 공공 목적을 위한 정부의 '규제할 권리(right to regulate)'를 명시적으로 포함하는 등, 과거 기업에게 일방적으로 유리했던 균형을 되찾으려는 시도를 담고 있다. 이는 국가들이 기업에 의해 잠식당했던 규제 공간을 회복하기 위한 중요한 반격으로 해석할 수 있다.

3) 소결: 기업의 법적 권리와 국제정치의 재편

국제투자법 체제, 특히 ISDS는 기업이 어떻게 국제법을 전략적으로 활용하여 국가를 규율하고 국제정치의 독립적 행위자로 자리매김했는지를 보여주는 가장 극명한 사례이다. 기업은 이 법적 장치를 통해 소송과 위협을 넘나들며 각국 정부의 규제 주권을 제약하고, 자사의 이익에 부합하는 정책 환경을 전 지구적으로 조성해왔다. 그러나 그 과정에서 발생한 심각한 불균형과 주권 침해 문제는 체제 자체의 정당성을 위협하며 국가들의 강력한 저항을 불러일으켰다. 현재 진행 중인 국제투자법 개혁 논의는 단순히 법 기술적 조정을 넘어, 기업에 부여된 초국적 법적 권력을 어느 수준에서 제어하고 국가의 정책 공간을 어떻게 회복할 것인가를 둘러싼 치열한 권력 투쟁의 장이다. 이는 기업-국가 관계가 얼마나 역동적이며, 한때 기업의 강력한 무기였던 제도가 어떻게 다시 정치적 협상의 대상으로 전환될 수 있는지를 명확히 보여준다.

IV 맺음말

본 장에서는 국제정치경제 분석에서 기업을 핵심 행위자로 설정하는 새로운 시각을 다각도로 살펴보았다. 기업은 이제 더 이상 정부 정책에 수동적으로 따라가기만 하는 존재가 아니며, 국가와 전략적으로 협력하거나 경쟁하는 능동적 행위자로 부상하고 있다. 작은 국가의 GDP를 뛰어넘는 순이익을 올리는 거대 다국적 기업들이 등장하고 각국 정부도 이들과 복잡한 협력·경쟁 관계를 맺고 있는 오늘날의 상황을 고려했을 때, 기업을 국제정치의 중요한 행위자로 인식할 필요성은 자명하다. 특히 기업들은 상대하는 주체에 따라 상이한 전략을 구사하는데, 모국 정부, 투자 유치국 정부, 그리고 경쟁 기업을 상대로 할 때의 행동 논리가 달라질 수 있다는 점에 주목해야 한다. 기업이 정부를 대상으로 활용할 수 있는 특유의 전략은 무엇인지, 그리고 정치 지도자들이 이를 어떻게 받아들이고 대응하는지에 대해 면밀히 고민하는 것이 매우 중요하다.

물론 그렇다고 국제정치 현상을 오직 기업의 시각에서만 바라보자는 것은 아니다. 기업 중심 국제정치경제 관점은 국가 중심 분석을 대체하기보다 보완하는 역할을 한다. 기업의 궁극적 목표(이윤 추구), 기업을 둘러싼 이해관계자들(주주, 소비자, 로비스트 등), 그리고 기업의 행동 논리(비용-편익 계산)를 다른 국제정치 행위자들의 속성과 대비하면서, 기업 활동이 국제정치에 미치는 영향을 체계적으로 분석하는 것이 국제정치학 연구에서 중요한 과제가 된다. 또한 기업을 중심에 놓고 사고하더라도 그 배후에는 항상 모국과 투자 대상국 간의 상호작용이 이루어지고 있음을 인식해야 한다. 다시 말해 기업 중심의 국제정치경제란 국제정치학이라는 큰 틀에 기업이라는 행위자를 추가하여 분석 지평을 넓히는 작업이지, 국가라는 행위자를 배제하려는 시도가 아님을 분명히 할 필요가 있다.

앞으로 국제정치학을 학습하고 연구하는 과정에서 '기업 중심의 국제정치경제'는 하나의 유용한 분석 시각으로 받아들여질 수 있을 것이다. 이 장에서 다루지 않은 다양한 주제들도 기업의 관점에서 재조명해 보면 새로운 통찰을 얻을 수 있는 경우가 많다. 예를 들어, 앞선 장들에서 다룬 '안보', 그중에서도 특히 '경제안보' 문제는 기업 중심 시각으로 볼 때 더욱 풍부하게 이해될 수 있다. 국가 안보 위주의 시각에서는 주로 국가 간 갈등이나 정부 대응의 적절성만 논의되기 쉽지만, 기업을 행위자로 포함하면 그 이면의 경제적 동학과 전략을 함께 파악할 수 있다.

예컨대, 한국에서 경제안보 이슈로 부각되었던 '라인(LINE) 사태'를 살펴보면 이러한 관점 차이가 두드러진다. 국가 중심 시각에서는 당시 한국과 일본 정부 사이의 외교적 대립 구도나 한국 정부의 미온적 대응에만 주목하기 쉽다. 그러나 기업의 입장에서 이 사태를 분석하면, 라인과 야후 재팬의 합작 구조와 형성 배경, 그리고 네이버의 전략적 의사결정 등이 사건 전개에 미친 영향을 보다 정확하게 이해할 수 있다. 실제로 라인 메신저의 설립과 확산 과정에서 일본 시장을 공략하기 위해 라인의 한국 기업 투자 배경을 의도적으로 드러내지 않는 마케팅 전략, 그리고 이후 네이버의 전략적 결단에 따른 라인 지분 조정이 이 사태의 핵심 요인으로 작용했다. 이러한 경영 전략적 요소들은 전통적인 국가 중심 국제정치 분석에서는 간과되어 왔으나, 현재의 경제안보를 논의하는 데 있어서는 필수적으로 고려되어야 하는 측면이다. 기업 차원의 전략과 이해관계를 고려함으로써 비로소 '라인 사태'의 전말과 그 국제정치적 함의를 온전히 파악할 수 있다.

나아가, 기업 중심의 국제정치경제는 국제정치학계에서 부상하고 있는 신흥 주제로서 독자적인 연구 방법론을 갖추고 있다는 점도 주목해야 한다. 특히 기업들이 정기적으로 공개하는 각종 경영 지표나 데이터는 기존의 국가 단위 중심 데이터에 비해 관측 빈도가 높고 구체적이므로, 특정 정책 변화나 국제 정세 변동에 대한 미시적 분석을 수행하기에 용이하다. 이처럼 기업을 국제정치경제 분석의 중심에 놓는 접근법은 거시적 구조와 미시적 동학을 아우르며 분석의 지평을 한층 넓혀줄 수 있다. 궁극적으로 기업 중심 국제정치경제 연구의 확대는 국제정치 분야에 새로운 질문과 통찰을 제시하고, 국가와 기업 간 상호작용에 대한 더욱 정교한 이해를 가능케 함으로써 이 분야의 이론 발전에도 크게 기여할 것으로 기대된다.

참고문헌

Kim, In Song, and Iain Osgood. 2019. "Firms in Trade and Trade Politics." Annual Review of Political Science, vol. 22: 399-417.

Lee, S. 2024. "US-China technology competition and the emergence of techno-economic statecraft in East Asia: High technology and economic-security nexus." *Journal of Chinese Political Science* 29(3): 397-416.

De Figueiredo, J. M., and B. K. Richter. 2014. "Advancing the Empirical Research on Lobbying." *Annual Review of Political Science* 17(1): 163-185.

Cuervo-Cazurra, A., P. Duran, J. L. Arregle, and M. van Essen. 2023. "Host Country Politics and Internationalization: A Meta-Analytic Review." *Journal of Management Studies* 60(1): 204-241.

Yackee, J. W. 2013. "Political Risk and International Investment Law." *Duke Journal of Comparative & International Law* 24: 477.

CHAPTER
11

디지털 전환의 국제정치

김 상 배 | 서울대 정치외교학부 교수

I 머리말

최근 '디지털 전환(DX)', 즉 디지털 기술이 확산하면서 발생하는 다양한 변화가 시대적 화두로 부상했다. 특히 인공지능(AI) 기술이 초래하는 '인공지능 전환(AX)'에 대한 관심이 크게 높아졌다. 2016년 '알파고 쇼크'에서부터 2022년 '챗GPT 쇼크'에 이어 2025년 초에 발생한 '딥시크 쇼크'에 이르기까지 AI 기술이 몰고 온 충격이 세상을 떠들썩하게 하고 있다.

국제정치학의 시각에서 볼 때도, 디지털 · AI 전환은 국제정치의 저변에 깔린 물적 · 지적 조건의 변화와 거기서 비롯되는 파장을 의미한다. 지난날 근대 국제정치가 산업기술을 바탕으로 한 군함과 대포, 기차와 자동차 등으로 상징되었다. 이에 비해 오늘날의 국제정치는 디지털 기술의 급속한 발달을 바탕으로 한 새로운 혁신과 정보 · 데이터 · 소통 역량의 증대, 그리고 더 나아가 이를 활용하는 인류의 지적 역량의 획기적 향상을 바탕으로 큰 전환을 겪고 있다. 우리 삶의 물적·지적 조건이 향상된 만큼, 그 위에서 이루어지는 국제정치의 양상도 크게 달라질 수밖에 없는 것은 당연한 일일 것이다. 디지털 전환과 연동하여 최근 부쩍 '국제정치 전환(IX)'을 거론하게 되는 것은 바로 이러한 맥락이다.

디지털 전환기를 맞은 현실의 현란함에 비해서 이를 분석하고 해법을 마련할 과제를 안고 있는 국제정치학 연구는 그리 민첩하게 대응하고 있지 못하다. 전통적으로 국제정치학의 주요 연구 분야는 '죽고 사는 문제'를 다루는 전쟁과 평화의 탐구를 중심으로 형성되었다. 제2차 세계대전 이후에는 '먹고 사는 문제'를 탐구하는 국제정치경제학이 새로운 연구 분야로 자리를 잡았다. 21세기 국제정치에서도 군사안보와 정치경제 문제는 여전히 우리 삶에서 중요하게 남아 있을 것이다. 그런데 최근 디지털 전환기를 맞이하여 국가적으로 '똑똑해지는 문제'가 전례 없이 중요한 어젠다로 떠오르고 있다. 이른바 '스마트 국제정치'가 부상하는 이면에 AI 기술의 발달로 대변되는 디지털 전환이라는 변수가 자리 잡고 있음을 명심해야 한다.

국제정치학의 시각에서 본 디지털 전환은 단순한 기술의 문제가 아니라는 점을 명심할 필요가 있다. 우선 디지털 전환은 경제와 산업의 문제일 뿐만 아니라, 좀 더 넓게 보아 외교와 안보, 국방 등의 분야에까지 복잡하게 영향을 미치는 문제다. 특히 국가안보의 시각에서 디지털 기술을 '안보화(securitization)'하는 문제가 최근 크게 부각되고 있다. 이렇듯 기술과 안보를 논할 경우에도 단순히 국가 행위자에만 국한된 '전통안보'의 문제를 논하는 것이 아니다. 다양한 민간 행위자들까지도 관여하는 새로운 안보의 패러다임, 즉 '신흥안보(emerging security)'의 쟁점을 거론하게 되었다. 이렇게 넓게 이해된 디지털 전환은 크게 세 가지 차원에서 국제정치 전환을 초래하고 있다.

첫째, 국제정치의 '권력전환'이다. 디지털 전환기의 권력 게임은 군사력과 경제력과 같은 자원권력을 놓고 벌이는 기존 부국강병 게임의 양상에다가 네트워크와 플랫폼의 표준설정에 대한 주도권을 노리는 새로운 권력 게임이 중첩되고 있다. 둘째, 국제정치의 '국가전환'이다. 디지털 전환기 국제정치의 주요 행위자는 과거 근대 국제정치에서 지배적 위상을 차지했던 국민국가의 형태를 넘어서, 영토적 경계의 안과 밖으로 확장되는 '네트워크 국가' 또는 '플랫폼 국가'로 모습이 전환되고 있다. 끝으로, 국제정치의 '질서전환'이다. 디지털 전환기의 국제질서는 과거 지구화 시대의 국제협력과 오늘날 지정학 시대의 국가경쟁이 서로 복잡하게 얽히는 양상으로 전개되고 있다. '플랫폼 지정학'이 전개되는 와중에도 기존의 국가 행위자 중심의 질서를 보완하는 다양한 글로벌 디지털 거버넌스의 노력이 펼쳐지고 있다. 이러한 디지털 전환기 국제정치의 '삼중 전환'에 대응하는 우리의 국가전략이 과거와는 다른 양상으로 펼쳐져야 함은 더 말할 필요가 없을 것이다.

이러한 국제정치의 디지털 전환을 제대로 탐구하기 위해서는 무엇보다도 기존 국제정치학의 이론적 전제를 넘어서려는 새로운 노력이 필요하다. 근대 국민국가가 주도하여 부국강병이라는 물질적 권력자원을 추구하는 모습으로 그려졌던 전통 국제정치이론의 지평에만 시야를 고정해서는 새로운 전환을 겪고 있는 국제정치의 모습을 제대로 그려낼 수가 없다. 이런 점에서 국민국가의 관계를 파악하는 기존의 국제정치(國際政治, international politics) 연구의 지평을 넘어서는 새로운 상상력이 필요하다. 일국적 기반에서 작동하는 국가 행위자 외에도 다양한 비국가 행위자들이 참여하여 구성하는 네트워크 형태의 복합체 간에 벌어지는 '네트워크 간의 국제정치', 즉 '망제정치(網際政治, inter-network politics)' 시각의 개발 필요성이 제기되는 것은 바로 이 대목이다.

여기에 더해 지구화의 확산을 거쳐서 지정학의 부상으로 이어지는 최근 국제정치 환경의 변화에 좀 더 적극적으로 적응하는 이론적 시각의 필요성도 지적하지 않을 수 없다. 사실 네트워크 국제정치와 그 대응 전략을 다룬 기존의 연구는, 지구화 시대의 국제협력을 벌이는 네트워크 환경을 상정하고 그 안에서 '틈새'와 '연대'를 모색하는 '개방적 프레임'을 전제로 했다. 그런데 최근의 변화는 과거보다는 좀 더 '제로섬 게임'에 가까운 각자도생의 양상으로 전개되고 있다. 이른바 '신냉전'의 시대까지도 거론케 하는 이러한 변화는, 개방성을 상징하는 네트워크 프레임보다는 자신이 속한 진영 내로 좀 더 응집되고 진영 밖에 대해 문을 걸어 잠그는 다소 '폐쇄적 프레임'을 떠올리게 된다. 최근 네트워크 국제정치이론의 연장선에서 그 하위 개념으로서 '플랫폼 간의 국제정치', 즉 '대제정치(臺際政治, inter-platform politics)'에 대한 논의가 출현하는 것은 바로 이러한 이유 때문이다.

네트워크 기반의 협력보다는 지정학적 경쟁을 더 많이 강조하는 시대를 맞아 중견국으로서 한국의 전략적 운신의 폭은 점점 더 협소해지고 있다. 최근 '문명사적 전환'까지도 거론되는 디지털 · AI 전환에 대응하는 '디지털 국가책략(statecraft)'에 대한 고민이 깊어지는 것은 바로 이 때문이다. 특히 앞서 언급한 몇 차례의 'AI 쇼크'는 이 분야 국가책략에 대한 논의에 제대로 불을 지폈다. 이 과정에서 향후 디지털 국가책략은 단지 기술 역량을 기르는 데만 그치는 것이 아니라, 강대국들 사이에서 외교·안보·국방 분야의 전략적 난제도 풀어야 하고, 우리 나름의 제도와 규범 및 담론도 세워야 하는 문제이다. 특히 국가역량의 규모나 지정학적 위치, 국제사회적 역할 등에서 우리가 중견국이기에 겪을 수밖에 없는 구조적 딜레마에 가까운 현실을 타개할 방안을 찾아야 한다.

Ⅱ 디지털 전환의 국제정치학적 이해

1 첨단기술 발달과 디지털 전환

최근 AI와 반도체, 데이터 등과 관련된 디지털 기술의 급속한 발달은 '기술혁명'이라는 말이 무색하지 않을 정도로 획기적으로 전개되고 있다. 그 파급력도 대단해서 이들 디지털 기술은 여러 분야의 기술혁신을 이끌어가는 첨단부문(leading sector)의 역할을 톡톡히 담당하고 있다. 또한 이들 디지털 기술은 모두 그 외연과 내포가 명확하지 않은 신흥기술(emerging technology)이어서 일반적으로 알려진 디지털 기술의 범위를 넘어서 사이버와 우주 및 바이오 기술 등과 같은 여러 분야로 확장되면서 그 전략적 중요성을 높여가고 있다. 국제정치학의 시각에서 볼 때, 무엇보다도 이들 디지털 기술은 미래 국력을 구성하는 핵심 요소로 인식되고 있다. 역사적으로도 해당 시기 첨단부문의 신흥기술은 경제 · 산업 · 정치 · 군사적 차원에서 국가의 명운을 가른 요소였다. 디지털 전환기에도 첨단기술의 확보와 적용은 국력의 우위를 보장하고 더 나아가 글로벌 패권에 다가서는 결정적인 요소가 될 것으로 예견된다.

첨단부문의 디지털 기술이 불러온 사회적 변화를 지칭하는 용어로서 디지털 전환이라는 말이 자리를 잡았다. 디지털 전환은 단순히 기술의 혁명적 발달만을 의미하는 것은 아니다. 새로운 디지털 기술의 도입으로 인해서 발생하는 업무수행 방식이나 조직, 제도, 문화 등의 변화를 포함하는 개념이다. 특히 디지털 전환은 주로 기업 행위자가 디지털 기술을 활용하여 기존의 경영 방식과 서비스 등을 근본적으로 바꾸고, 생산성과 경쟁력을 높임으로써, 변화하는 비즈니스 환경과 시장 요구에 적응하는 과정을 의미한다. 이러한 디지털 전환의 개념은 최근 기업 영역뿐만 아니라 사회 전반으로 확장되어, 전통적인 정치 · 경제 · 사회 · 안보 · 국방 · 문화 분야의 구조와 관행을 혁신하는 과정으로 이해되고 있다.

이러한 디지털 전환을 유발하는 기술 중에서 최근 주목을 받는 것은 단연코 AI다. AI는 인간의 사고 프로세스를 모방하여 인간의 인지 및 추론 능력을 구현하는 디지털 기술이다. 이러한 AI의 핵심은 미리 정해둔 규칙, 일련의 절차, 명령에 따라 입력자료를 처리하고 결과를 출력하는 프로그램인 알고리즘에 있다. 디지털 기술이 컴퓨팅 파워와 소프트웨어, 데이터의 셋으로 요약된다면, 이들을 엮어내는 것이 AI 알고리즘이다. AI 기술은 4차 산업혁명의 핵심을 이루는 '사이버-물리 시스템(Cyber-Physical System, CPS)'에서 이를 엮어내는 '사이버(cyber)'의 '메타(meta) 기능'과도 통한다. 다시 말해, 다양한 하드웨어가 상호 작동할 수 있게 엮어주는 소프트웨어 프로그램의 기능을 AI가 담당한다. 이러한 AI에 대한 개념 규정은 매우 다양하고 다층적이다. 특히 AI는 그 외연과 내포가 명확하지 않은 신흥기술의 대표적인 사례여서, '개체'로 보느냐 '시스템'으로 보느냐, '환경'으로 보느냐에 따라서 다양한 개념적 이해가 가능한 것이 사실이다.

지금의 'AI 혁명'은 지난 60년 동안 두 차례의 '인공지능(AI) 겨울'을 이겨내고서 이룩한 성과다. 2010년대 중반 이후 SNS의 활성화로 인한 데이터의 양적 · 질적 증대와 컴퓨팅 능력의 획기적 향상, 그리고 AI 알고리즘의 지속적 개선을 바탕으로 비약적 발전이 이루어졌다. 또한 오늘날 'AI 혁명'의 기저에는 AI 학습과 관련된 발상의 전환이 있다. 인간이 선별한 지식을 부호화해 기계에 입력하는 방식에서 기계에 학습 과정을 일임하는 방식으로 전환이 이루어졌다. 쉽게 말해 '설명'에서 '학습'으로 초점이 바뀌면서, 지도학습에서 비지도학습과 강화학습으로 진화했다. 이 과정에서 2012년에 인간의 뇌를 모방한 '심층 인공신경망' 구조를 활용한 딥러닝의 도입이 중요한 의미를 지닌다. 이는 '식별형 AI'를 넘어서 '생성형 AI'로의 전환을 의미하는데, 이 과정에서 인간의 언어를 이해하는 AI, 즉 거대언어모델(LLM)의 부상이 큰 주목거리가 됐다. 또한 텍스트 기반 언어모델을 넘어서 이미지 · 음성 · 동영상 등과 같은 다양한 데이터를 동시에 처리하는 '멀티모달(multi-modal)' AI의 등장도 중요한 의미를 지닌다.

이러한 AI는 어느 한 분야에만 국한된 기술이 아니라 거의 모든 분야에서 쓰이는 '범용기술'이다. 인간의 육체적 능력뿐만 아니라 지적 능력을 높여주는 '증강기술'이기도 하다. 또한 경제와 산업 및 기타 사회 시스템 전반의 성장을 이끌어 가는 '선도기술'이라는 특징도 지닌다. 이러한 AI의 영향력이 커지면서 우리 삶 전반의 패러다임 변화가 촉발되고 있다. 인간이 수행하는 지적 작업의 생산성 향상은 물론, 수많은 기업이 AI 기술을 자사의 제품과 서비스에 통합하기 시작하면서, AI 관련 투자와 연구도 크게 늘었다. 최근에는 AI 기술의 범용인공지능(AGI)으로의 전환이라는 전망이 부상하고 있다. 이러한 AI 전환은 국제정치 분야에도 큰 영향을 미쳐서 AI를 활용한 국제정치 전환이 주요 연구 어젠다가 되었다. 이러한 과정에서 AI 기술은 미래 국가책략의 성패를 가름할 핵심 대상이자 수단이고 목표로 인식되고 있다.

2 첨단 디지털 기술의 안보화

오늘날 거론되는 첨단부문의 디지털 기술은 국가안보에 주는 함의가 매우 큰 기술이다. 최근 미국과 중국을 비롯한 주요국들이 모두 첨단기술의 개발과 적용을 국가안보의 프레임으로 이해하는 경향을 드러내고 있다. 사실 역사적으로도 강대국들의 패권경쟁이 격화되는 시기에는 첨단기술이 지닌 민군겸용(dual-use) 기술로서의 성격이 강조되면서 그 개발과 유통을 국가안보의 시각에서 통제하곤 했다. 20세기 전반 영국과 독일이 전기공학, 내구소비재 자동차 산업 등 당시의 첨단부문에서 경쟁을 벌일 때도 그랬으며, 20세기 중후반 냉전기 우주·항공·핵 분야의 미국과 소련의 경쟁도 그러했다. 미국과 일본이 기술패권 경쟁을 벌인 20세기 말에도 가전, 반도체, 컴퓨터 기술 분야에서 국가안보를 들먹이며 갈등했다. 당시 미일은 동맹국이었음에도 반도체와 같이 민군겸용 성격이 강한 첨단기술 분야에서 갈등을 겪었다.

21세기 초반 미국과 중국이 글로벌 패권경쟁을 벌이는 상황에서도 기술과 안보의 결합은 여지없이 나타났다. 디지털 전환기를 맞아 첨단기술이 미래 국력의 핵심으로 인식되면서, 이들 기술은 단순한 기업경쟁력의 변수에만 그치는 것이 아니라 미중 양국의 국가안보를 좌지우지할 지정학적 경쟁의 핵심 변수로 자리매김하고 있다. 최근 기술안보 이슈는 좀 더 확장되어, 디지털 인프라의 사이버 안보와 공급망 안정성 확보를 위한 경제안보 문제 등이 불거졌다. 좀 더 직접적으로 군사안보와 관련된 분야에서 AI를 탑재한 무기체계, 양자(Quantum) 기술의 군사적 활용, 극초음속 미사일의 도입 등과 같은 첨단 군사기술의 개발과 도입이 국가안보를 우려케 하는 핵심 쟁점이 되었다. 첨단 디지털 기술의 도입은 군사혁신을 촉진할 뿐만 아니라 미래 전쟁의 승패를 가를 변수로 자리매김해 가고 있는데, 그중에서도 특히 AI가 국가안보 및 군사안보에 던지는 함의가 크게 부각되고 있다.

그런데 여기서 유의할 것은 디지털 전환의 국가안보 이슈가 단순히 전통안보의 시각에서만 그 중요성이 부여되는 사안은 아니라는 점이다. 오늘날 디지털 기술이 지닌 안보적 함의는 전통안보의 경계를 넘어서 신흥안보의 관점에서 중요한 함의를 갖는다. 다시 말해 겉으로 보기에는 전통적인 군사안보와 큰 관련이 없어 보이는 기술이라도 그것이 개발되고 도입되어 활용되는 과정에서 개발자조차도 인식하지 못했던, 숨어 있던 국가안보 관련 패턴이 드러나기도 한다. 국가 행위자에 의한 군사화·무기화 과정뿐만 아니라 비국가 행위자에 의해 이러한 기술들이 악용될 가능성은 첨단기술의 신흥안보적 성격을 더욱 증폭시킨다. 이러한 과정에서 이들 기술이 초래할 미래의 위협을 주관적으로 구성하고 강조하는 '안보화'가 국가적 차원의 주요 대책으로 강조되고 있다.

실제로 첨단기술을 둘러싼 미중 디지털 패권경쟁은 초창기에는 부문별 기술경쟁 정도로만 이해되기도 했지만, 양국 갈등의 대상이 되는 기술 분야가 양적으로 증가하면서 국가안보의 문제로서 명시적으로 거론하는 질적 변화가 발생했다. 그야말로 '양질전화(量質轉化)'의 과정이 발생하고 있다. 또한 첨단기술 안보의 문제가 오프라인 공간의 무역이나 금융과 같은 경제안보 문제와 만나고, 더 나아가 사이버 공간의 데이터 안보 문제 등과 결합하면서 국가안보의 사안으로서 그 잠재력을 키워가고 있다. 이른바 '이슈연계'의 메커니즘이 작동하는 것이다. 결국 이러한 첨단기술 안보의 양적 · 질적 창발 과정이 군사나 외교와 같은 전통안보의 '지정학적 임계점'을 넘게 되면, 이는 명실상부한 국가 간 갈등의 이슈로 간주하기에 이른다.

최근 쟁점이 된 디지털 전환의 안보화 이슈는 디지털 인프라, 개인정보 및 데이터, 인터넷 플랫폼, 전략물자의 수출입 통제 등에 이르기까지 매우 다양하다. 특히 2010년대 말 중국 기업 화웨이 5G 이동통신 장비의 기술안보 문제가 미중 갈등의 소재로 부상했던 적이 있었다. 이른바 '화웨이 사태'라고 불린 사건이다. 이 과정에서 미중 양국의 갈등 전선은 특정 기술 제품의 안보 문제를 넘어서 네트워크 환경에서 제기되는 사이버 · 데이터 안보의 문제로 비화되었다. 화웨이의 5G 장비에 백도어가 숨겨져 있어 미국의 국가안보에 치명적으로 중요한 데이터가 빠져나간다는 '안보화'가 제기되었다. 이후 이러한 사이버 · 데이터 안보의 논란은 여타 중국산 제품 및 서비스로 확산해 갔으며, 최근에는 틱톡, 테무 등과 같은 중국산 디지털 플랫폼이나 딥시크와 같은 중국산 AI 모델에까지 확장되고 있다. 반도체, 전기차, 보건의료 분야의 공급망 안정성 문제도 첨단기술과 연계된 경제안보 문제로 다루어지고 있으며, 더 나아가 우주전 · 드론전 · 인지전 등과 같은 미래전의 이슈와도 연계되고 있다.

Ⅲ 디지털 전환과 국제정치의 권력전환

1 디지털 부국강병 경쟁의 가속화

전통적으로 국제정치 권력은 주로 군사력과 경제력을 뒷받침하는 물질적 자원의 잣대로 이해되었다. 물질적 권력자원의 양적 확보를 넘어서 그 질적 우세를 보장하는 방책으로서 첨단기술의 활용은 매우 중요한 요소였다. 첨단기술은 상대방에 대한 영향력으로 전환될 수 있는 가장 중요한 권력자원이 분명했다. 그러기에 역사적으로도 당시의 첨단기술은 부국강병을 달성하는 핵심 수단으로 인식되었다. 특히 국제정치의 전환기에 이러한 경향은 더 두드러졌다. 그럼에도 요즘처럼 국력의 요소로서 첨단기술 변수의 중요성이 절박하게 강조된 적도 없었던 것 같다. 첨단기술은 국제정치 행위자들에게 새로운 물적·지적 수단을 제공함으로써 국제정치 권력의 내용을 변화시키고, 더 나아가 미래 국제정치의 새로운 목표를 제시하는 역할을 하고 있다. 이러한 맥락에서 최근 경제와 군사 분야에서 벌어지는 디지털 부국강병 경쟁의 가속화를 이해할 수 있다.

'디지털 부국'의 차원에서 경제력을 판별하는 잣대로 첨단기술 변수의 중요성은 커졌다. 또한 첨단기술은 군사력, 즉 '디지털 강병'의 핵심으로 인식되고 있다. 단순히 기업 차원의 국제경쟁력 확보나 국가 간 군비경쟁 차원의 함의를 넘어서, 디지털 기술 그 자체가 지니는 전략적 함의가 커졌다. 특히 최근 이들 첨단기술의 민군겸용 성격이 부각되면서 첨단 방위산업 경쟁에 이목이 쏠리고 있다. 이 과정에서 군사 분야의 기술혁신이 민간 분야를 이끌었던 과거 냉전기의 '스핀오프(Spin-off) 모델'에서 기술혁신의 방향이 반대로 형성되는 '스핀온(Spin-on) 모델'로의 전환이 거론되기도 한다. 이 과정에서 정부·군과 방산기업의 역할 관계의 변화가 발생함은 물론이다. 동시에 기대 군산복합체들이 중심이 되었던 기존의 글로벌 방위산업 질서도 변동을 겪고 있다. 특히 AI 기술 분야의 빅테크 기업이나 스타트업들의 행보가 빨라지고 있다. 이러한 과정에서 첨단 방위산업 분야 글로벌 패권 구조의 변동도 전망된다.

이러한 디지털 부국강병 경쟁의 과정에서 첨단기술로서 AI 기술이 차지하는 비중은 점점 더 커지고 있다. 사실 AI 기술은 디지털 부국강병을 위한 디딤돌 역할을 한 대표적인 첨단기술이다. 이러한 인식을 바탕으로 미중 양국은 모두 국가적 차원에서 AI

기술혁신을 위한 투자에 매진하고 있다. 현재 상황을 살펴보면, 미국 빅테크 기업들이 컴퓨팅 파워의 핵심인 AI 반도체 분야에서 압도적 우위를 차지하고 있으며, AI 모델의 기술혁신에서도 선두를 달리고 있다. 또한 미국은 AI 분야의 우수한 인력과 생태계 인프라 면에서도 크게 앞서가고 있다. 그러나 최근 중국이 미국의 패권을 추격하기 위해 벌이는 이른바 '기술굴기'도 매섭게 전개되고 있다. 중국은 AI 모델 개발뿐만 아니라 그 기반이 되는 로컬 데이터의 규모와 가용성 면에서 미국에 도전할 정도로 큰 잠재력을 지닌 것으로 평가된다.

이 과정에서 AI 기술의 군사적 함의가 강조되고 있음은 물론이다. 특히 최근 미국 정책서클을 중심으로 상업용 AI 기술이 군사용으로 전용되어 적성국인 중국의 군사역량을 강화할지도 모른다는 우려가 제기되었다. AI 기술혁신이 대학과 기업에서 이루어지고 있으나 군사 분야로 빠르게 전용되고 있어, 민군겸용의 성격을 지닌 첨단기술인 AI 기술격차의 축소가 국가안보 차원의 우려를 낳고 있다. 예를 들어, 민간 분야의 AI 기술이라도 인식 · 인지 증강 분야에서 급속도로 군사화되고 있고, 이것들이 무기 · 정보 · 감시 · 정찰 시스템과 결합하면 그 군사 · 정보적 파괴력이 막대하게 증대될 것으로 예견된다. 드론 · 로보틱스 기술도 AI 기술의 발전과 더불어 그 정밀도가 크게 향상되었는데, 이를 활용한 군용 무인장비가 널리 보급되고 있을 뿐만 아니라, 군용 드론과 AI가 결합한 자율살상무기의 실전배치도 점점 더 현실화되고 있다.

이러한 맥락에서 AI는 군사적 관점에서 안보화되고 더 나아가 군사화되면서 실제 무기체계로 개발될 가능성이 높다. 실제로 이러한 AI의 군사화 추세 속에 미중 AI 군비경쟁이 본격화되는 모양새다. AI 기술은 특정 무기체계의 역량을 증강할 뿐만 아니라, 재래전, 핵무기전, 사이버전, 우주 · 전자기전, 드론전, 데이터전, 인지전 등의 수행에도 큰 영향을 미친다. 이러한 맥락에서 미중을 포함한 주요국들은 첨단무기 개발에 AI를 적극 활용하고 있으며, 이를 지원할 자국 기반의 첨단 방위산업 육성에 주력하고 있다. 최근 미국에서는 과거 원자탄 개발을 위해 진행했던 '맨해튼 프로젝트'에 착안하여 'AI 맨해튼 프로젝트'라는 초거대 프로젝트를 만들어야 한다는 얘기가 나오고 있다.

디지털 부국강병 경쟁의 시각에서 본 AI 경쟁은 기술혁신과 산업 경쟁력에서만 앞서는 것이 아니라, 조금 더 넓은 분야를 포괄하는 패권경쟁의 성격을 띤다. AI 경쟁은 표준과 플랫폼, 혁신생태계도 주도하고, 정치외교 차원에서 관련 정책과 규제 및 제재를 동원하며, 외교안보 차원에서 담론과 규범 형성도 주도하는 다층적 양상을 보인다. 최근 주요국들 사이에서 디지털 전환을 배경으로 한 AI 패권경쟁의 부상을 극명하게 보여주는 사례들이 늘어나고 있다. 특히 최근 미중 AI 기술경쟁의 불꽃이 무역, 관세, 환율, 자원, 전쟁, 동맹, 외교, 국제규범 등의 분야로 번져가고 있음에 주목할 필요가 있다. 이러한 과정에서 첨단기술을 둘러싼 미중경쟁은 일부 분야에 국한된 이해갈등이 아니라 양국의 사활을 건 중대 사안으로 진화하고 있다. 그야말로 국가적 부유와 생존을 좌우할 첨단기술 분야를 둘러싼 패권경쟁이 벌어지고 있다.

이러한 연장선에서 첨단 과학기술 분야에서 수행되는 외교활동의 전환에도 주목할 필요가 있다. 이제 첨단 과학기술 외교는 단순히 국제적으로 교류하고 협력하는 문제에만 국한된 것은 아니다. 최근 과학기술 외교는 국가적 차원에서 미래 경쟁력을 확보하고 국가 간 이해 갈등을 조정하는 핵심 분야로 진화하고 있다. 지난날 지구화 시대 과학기술 외교의 패턴은 국가브랜드 홍보, 첨단기술 분야 국제 공동연구, 기술원조, 신흥국 R&D 지원, 국제표준 주도 등에 주력하는 '협력의 외교'였다. 그야말로 과학기술 외교는 외교정책의 수단으로 국제협력, 국가 위상 강화, 글로벌 이슈 해결 등에 활용하는 '윈윈 게임'의 발상을 바탕으로 했다. 그러나 지정학의 부활을 거론하게 된 오늘날의 첨단 과학기술 외교는 전략기술 육성과 글로벌 인재 확보를 통한 국가 경쟁력 확보를 지원하는 양상으로 전환하고 있다. 첨단 과학기술 역량이 미래 국력과 직결된다는 인식을 바탕으로 전략자산으로서 과학기술 자원과 인재를 확보하려는 '제로섬 게임'의 차원에서 첨단 과학기술 외교가 전개되고 있다.

2 네트워크 권력게임의 디지털 전환

디지털 전환이 국제정치 권력전환에 주는 일차적 함의는 첨단 디지털 기술의 확보를 통해서 국제정치의 목표를 달성하는 데 필수적인 새로운 권력자원을 확보하는 데서 발견된다. 그런데 여기서 우리의 인식을 한 단계 더 발전시킬 필요가 있다. 디지털 전환은 국제정치에서 새로운 물질적 권력을 보유하는 차원을 넘어서, 새로운 성격의 권력 게임이 부상하여 전개되는 과정도 전환하고 있기 때문이다. 다시 말해 디지털 전환은 첨단기술을 생산하는 과정뿐만 아니라, 이미 생산된 기술을 전파하고 이를 활용하는 과정에서 기술 분야의 '게임의 규칙'뿐만 아니라 국제정치 권력정치 전반과 관련된 새로운 성격의 표준과 제도, 규범, 담론을 둘러싼 권력 경쟁을 활성화하고 있다.

디지털 기술 분야에서 기술 변수가 게임의 규칙이나 표준, 제도, 규범, 담론을 설정하는 데에 영향을 미치는 포괄적 양상은 이른바 '표준경쟁'을 통해서 극명하게 나타난 바 있다. 역사적으로 컴퓨터 운영체계나 모바일 표준경쟁이 이러한 시각에서 이해할 수 있는 대표적 현상이었다. 최근에는 전자상거래, 핀테크, SNS, 콘텐츠 등의 분야에서 전개되는 디지털 플랫폼 경쟁이 이러한 표준경쟁의 양상을 띠고 있다. 조금 더 넓은 의미에서 보면, 오늘날 표준을 장악하기 위한 경쟁은 단순한 제품과 기술의 표준을 넘어서, 국제정치의 제도와 규범, 더 나아가 담론과 정체성을 프로그래밍함으로써 이른바 '글로벌 스탠더드'를 세우는 영역에까지 퍼져 나가고 있다.

사실 표준이라는 말은 기준을 제시하고 평균을 재는 행위에서 우러나오는 권력의 의미를 내포하고 있다. 표준은 아무나 세울 수 있는 것이 아니고 권력을 가진 소수나 공인된 다수에 의해서 설정되는 것이 상례이다. 기준에 부합하는 것을 선택하고 평균에 미달하는 것을 배제하는 메커니즘 자체가 권력을 의미하기 때문이다. 이러한 점에서 표준은 '게임의 규칙'을 부과하는 권력의 대표적인 사례이다. 그렇지만 표준의 권력이 일방적인 방식으로만 작동한다고 생각해서는 결코 안 된다. 표준을 수용하는 사람들도 표준의 권력이 작동하는 데 중요한 역할을 담당한다. 예를 들어 표준은 그 표준을 수용하는 사람의 수가 많을수록, 즉 더 큰 네트워크를 형성할수록 그 가치가 커지는 성격을 지니고 있다. 표준의 권력은 궁극적으로 그 표준을 인정하는 사람들의 행동과 생각을 움직일 수 있을 때 제대로 발휘된다.

이러한 맥락에서 볼 때, 표준의 장악을 놓고 벌이는 권력 게임은 행위자 자체의 속성이나 행위자가 보유하고 있는 자원이 아니라, 행위자들이 구성하는 관계적 맥락에서 이해해야 하는 권력 현상이다. 이러한 표준의 권력은 주로 네트워크 맥락에서 발생하는 권력이라는 점에서, 통칭하여 '네트워크 권력(network power)'이라고 부를 수 있을 것이다. 네트워크 권력은 그야말로 행위자들이 벌이는 상호작용의 맥락에서 작동하는 권력이라고 할 수 있다. 사실 이러한 시각에서 보면, 국제정치의 권력 게임 자체가 모두 이러한 네트워크 권력 게임의 성격을 띠고 있다고 해도 과언은 아닐 것이다.

최근 디지털 전환기를 맞아 국제정치에서 작동하는 네트워크 권력 게임에서 새로운 전환이 발생하고 있다. 특히 사이버 공간을 매개로 하여 디지털 플랫폼 기업들이 발휘하는 네트워크 권력의 새로운 형태로서 '플랫폼 권력'의 게임이 부상하고 있다. 표준 권력 일반과 마찬가지로 최근 플랫폼으로 대변되는 디지털 경제 분야의 행위자들은 상호작용의 규칙을 설계함으로써 새로운 성격의 권력을 발휘하고 있다. 이러한 플랫폼 권력은 플랫폼 사용자의 숫자가 많아질수록 그 플랫폼이 지닌 가치가 더 커지는, 이른바 '네트워크 효과'를 바탕으로 작동한다. 오늘날 미국과 중국의 빅테크 기업들이 글로벌 차원에서 초국적으로 발휘하는 권력은 바로 이러한 네트워크 권력, 특히 플랫폼 권력의 관점에서 이해되는 대표적 현상이다.

최근 미국과 중국의 글로벌 플랫폼 비즈니스는 이러한 권력 메커니즘을 바탕으로 그 활동을 초국적으로 확장하고 있다. 점점 더 미중 기업들의 플랫폼 권력이 해당 국가의 주권적 통제를 받지 않는 방식으로 행사되는 것이다. 예를 들어 미국의 실리콘밸리나 중국의 상하이와 항저우, 선전 등에 소재한 민간 기업들에 의해 취해진 특정 키워드의 검열이나 특정 사용자 그룹의 금지 결정은 글로벌 차원에서 영향력을 발휘한다. 이렇듯 기존의 영토 기반 권력은 점점 더 디지털 플랫폼에 특화된 운영 관행에 의해서 침식된다. 각국의 플랫폼 시장은 점점 더 광대역으로 작동하는 미중의 거대 플랫폼에 흡수되고 지배된다. 이러한 권력의 행사는 미국과 중국이 장악한 해외 거대 플랫폼과 각국 정부들 간의 마찰로 나타나기도 한다. 이들 플랫폼은 점점 더 탈영토적 디지털 인프라를 통제하기 위한 강대국 간 지정학 경쟁의 대상이 되고 있다.

영토 경쟁을 벌인 이전의 강대국 경쟁과 달리, 미국과 중국은 자국의 탈영토적 영향력을 확보하기 위해 경쟁한다. 이러한 경쟁은 디지털 인프라와 시장을 장악하기 위한 목적으로 주로 비군사적 영역에서 진행되지만, 이를 통해서 출현하는 각국의 사회경제적 이권 경쟁은 지정학 경쟁의 대상이 되고 있다. 미중은 누가 플랫폼 경제로부터 경제적 가치를 추출할 수 있는지, 누가 방대한 사회공학적 시스템을 통해 법과 규범을 제정하고 이념적 영향력을 행사할 수 있는지, 그리고 누가 디지털 데이터와 인프라에 대한 통제 또는 접근에서 파생되는 전략적 영향력을 발휘할 것인지를 놓고 경쟁한다. 이런 점에서 미국과 중국이 벌이는 디지털 플랫폼 경쟁은 단순한 '기업 간 경쟁'만을 의미하는 것은 아니다. 미중 양국의 국가 행위자가 거대 플랫폼 기업들을 규제할 뿐만 아니라 그 규제의 논리 자체가 순수한 경제 논리가 아닌 지정학의 논리에 기반을 두고 있기 때문이다.

IV 디지털 전환과 국제정치의 국가전환

1 글로벌 빅테크 기업의 부상

최근 디지털 전환기를 맞아 초국적 민간 행위자들의 활동이 많이 늘어났다. 사실 디지털 기술이 창출하는 네트워크 환경에서 국가는 가장 효율적인 행위자, 말하자면 적자(適者)는 아니다. 오히려 디지털 전환이라는 환경 변화 속에서 생존하는 문제를 거론하면 초국적 민간 행위자들이 오히려 더 적합한 행위자이다. 디지털 경제 분야를 보더라도 디지털 전환의 시대를 제일 먼저 앞서 나간 행위자는 구글, MS, 애플 등과 같은 글로벌 빅테크 기업들이었다. 그야말로 글로벌 차원에서 국가의 경계를 넘나들며 이들이 구축한 초국적 네트워크는 기존의 국가 행위자들이 행사하던 관리능력과 주권적 권위에 도전하고 있다. 사실 이들의 초국적 네트워크 활동이 증대되면서 이미 웬만한 개도국의 정부들은 이들 빅테크 기업의 영향력을 무시할 수 없게 되었다.

점차 확대되고 있는 사이버 공간의 전자상거래는 근대 이래 영토국가에 의해 행사되어 온 주권에 도전하는 가장 눈에 띄는 사례이다. 초국가적으로 발생한 전자상거래의 물리적 소재를 밝히는 것이 쉽지 않다는 점은 이미 잘 알려져 있다. 디지털 통화의 등장도 기존의 화폐 수단에 단순한 유동성을 첨가한다는 차원을 넘어서 영토국가 단위의 화폐 정책에 대한 잠재적인 도전으로 떠오르고 있다. 인터넷상에서 전개되는 통화의 흐름에 대한 디지털 정보는 국가가 규제자로서 나서서 통제하기에는 너무 복잡한 상호작용의 양상을 띠고 있다. 특히 최근 다양한 기법을 활용해 진화하고 있는 핀테크의 부상과 관련하여, 점점 더 국민국가의 정부들이 민간 행위자들의 활동을 효과적으로 규제하는 것은 쉽지 않아졌다.

디지털 플랫폼 분야에서도 GAFAM으로 불리는 구글(G), 아마존(A), 메타/페이스북(F), 애플(A), MS(M)와 같은 미국 기업들이 막대한 영향력을 행사하고 있다. 최근에는 BAT로 알려진 중국의 바이두(B)(또는 바이트댄스), 알리바바(A), 텐센트(T)와 같은, 이른바 '차이나 플랫폼'의 약진이 괄목할 만하다. 최근 AI 기술 분야의 혁신 주체로 오픈AI, 구글, 메타 등과 같은 미국 AI 기업들이 떠올랐으며, 딥시크, 센스타임 등과 같은 중국 AI 기업들도 대단한 활약을 펼치고 있다. AI 반도체 분야에서도 미국의 엔비디아와 AMD가 앞서가는 가운데 이를 추격하는 화웨이 등 중국 기업의 잠재력도 만만치 않다. 이들 빅테크 기업이 행사하는 영향력은 미국과 중국의 정부도 쉽게 무시할 수 없는 수준으로 커졌다.

군사안보 분야에서도 전쟁 수행의 디지털 전환을 바탕으로 민간 기업들의 역할이 증대되고 있다. 사이버 안보 분야에서 지난 십여 년간 맨디언트, 파이어아이, 클라우드스트라이크 등과 같은 민간 정보보안업체들의 역할이 커졌다. 사이버 안보 분야의 첨단기술 확보와 해킹 공격 등의 위협에 효과적으로 대응하기 위해서 정부와 군도 이들 민간 업체에 의지할 수밖에 없게 되었다. 예를 들어, 러-우 전쟁 초기 미국의 빅테크 기업인 MS는 우크라이나를 공격하는 러시아발 악성코드의 발견에 결정적 역할을 담당했으며, 구글과 메타 등도 적극적으로 관여한 것으로 알려져 있다.

러-우 전쟁의 우주전 분야에서도 미국 민간 기업들의 역할이 컸는데, 러시아의 맹공 속에서도 우크라이나의 인터넷이 건재하는 데 미국 기업 스페이스X의 위성 인터넷 서비스인 스타링크가 큰 역할을 담당했다. 또한 민간 위성을 활용한 이미지 분석에 맥사테크놀로지나 플래닛랩스 같은 실리콘밸리의 미국 기업들이 크게 기여했다. 미국의 지구관측위성 제작기업 카펠라스페이스는 진친후 정찰이 가능한 위성영상레이더(SAR) 군집위성을 운영했다. 또한 구글맵을 통해서 러시아 전차부대의 진군, 우크라이나 피란민 행렬, 도로 폐쇄 상황 등을 실시간으로 파악한 것은 유명한 일화이다.

미국 AI 방산업체들도 러-우 전쟁에서 명성을 얻었다. 특히 팔란티어는 러-우 전쟁을 거치면서 첨단 방산 분야의 신흥강자로서 굳건히 자리를 잡았다. 2025년 2월 기준으로 팔란티어는 그 시가총액이 무려 2,050억 달러에 달해, 세계 1위 방산업체인 록히드마틴(1,100억 달러)의 2배가 됐다. 팔란티어의 주력 제품은 전장 분석용 소프트웨어 고담과 AI 기반 의사결정 시스템 AIP 등인데, 최근 이러한 AI 기술을 전장 데이터를 통합·분석하여 지휘관들의 의사결정을 지원하는 지휘통제체계 구축에 적용하고 있다.

이 뒤를 바짝 쫓는 기업이 미국의 안두릴이다. 자율 감시 서비스 센트리 타워, 감시·정찰용 고스트 드론, 레이더 통합 운영체제 래티스 등이 대표 제품이다. 그 주력 분야는 AI를 활용한 유무인 복합체계인데, AI 기술을 접목해 성능이 향상된 자율주행 전투차량, 무인 정찰드론, 자율 감시로봇 등을 개발한다. 미국의 쉴드AI도 AI 기반 자율드론, 소프트웨어 플랫폼 등으로 유명한 기업이다. 최근 러-우 전쟁에서 크게 활약한 다목적 수직 이착륙 무인기 V-BAT로 명성을 높였다.

2 네트워크 국가의 디지털 전환

글로벌 빅테크 기업들의 부상은 국가 행위자와 비국가 행위자 간의 역관계를 변화시킬 뿐만 아니라 국가 행위자의 역할과 형태의 전환도 야기하고 있다. 디지털 전환의 과정에서 국가가 여타 민간 행위자들에 의해 대체되어 완전히 도태된다고 볼 수는 없다. 또한 국가가 적응력을 가지고 국가에 유리한 방향으로 반격하는 시나리오를 예상할 수도 있다. 결국 디지털 전환은 국가의 소멸보다는 부단한 '제도조정'의 과정을 통해서 일정한 정도로 국가의 형태가 변화하는 방식으로 귀결될 가능성이 크다. 국민국가가 그 경계의 안과 밖에서 네트워크의 형태로 변환을 겪는 '네트워크 국가'에 대한 논의가 출현하는 것은 바로 이 대목이다. 이렇게 해서 부상하는 네트워크 국가는 국가적 경계의 안과 밖으로 확장해 가면서 그 역할을 유연하게 조정하는 '국가-비국가 행위자 복합체'로 개념화된다.

지구화 시대부터 거론돼 온 네트워크 국가전환의 양상이 최근 지정학 시대를 맞아 새로운 전환을 겪고 있음에 주목할 필요가 있다. 특히 강대국 간 이익갈등, 보호무역주의, 국지적 무력충돌, 테러리즘의 발생, 민족주의의 발흥, 주요국 국내 정치의 보수화 등의 현상이 발생하면서 국가전환의 과정에서 새로운 또 한 번의 굴곡이 발생하고 있다. 이는 지구화의 진전 과정에서 국가이익보다는 신자유주의적 글로벌 질서 구축을 옹호하는 글로벌주의 경향이 지나치게 득세한 것에 대한 반발이라고 할 수 있다. 그간 성장과 발전을 창출했던 신자유주의에 대해 개혁을 요구하는 외생적 충격도 새로운 국가전환 과정에서 한몫을 담당했다. 특히 2008년 글로벌 경제위기나 코로나19 팬데믹 등과 신흥위기를 거치면서 이른바 '강한 국가'가 나서서 경제위기와 지정학적 긴장에 대응해야 한다는 논리가 정당화됐다.

이러한 국가전환은 디지털 분야에서 '플랫폼 국가'의 부상으로 나타났다. 플랫폼 국가의 부상은 영토 공간을 넘나들며 작동하는 거대 디지털 플랫폼 기업들의 권력 비대화라는 새로운 도전에 대응하는 성격이 강하다. 실제로 세계 각국에서 거대 플랫폼 기업들의 각종 독과점 남용 행위가 논란거리가 되고 있다. 이에 대해 주요국의 정부들이 규제의 칼날을 꺼내 들었다. 초거대 플랫폼 기업들에 대한 강력한 규제와 개입이 가해지면서 플랫폼 대기업들과 국가의 충돌이 발생하기도 한다. 주로 경제·경영학 분야의 연구는 규제정책을 집행하는 국가와 디지털 플랫폼 기업의 관계를 상호 대척의 구도로 바라보는 경향이 있다. 그러나 이러한 국가-기업 갈등 구도의 설정은 규제 주체인 국가와 플랫폼 기업 간에 형성되는 이해관계의 중첩 양상을 놓칠 우려가 있다. 오히려 최근 플랫폼 분야에서는 국가의 역할 확대와 플랫폼의 활동 증대가 상호 이익에 맞추어 교묘하게 결합하는 현상이 발생하고 있다고 보는 것이 맞다.

플랫폼 분야의 국가와 기업의 밀착은 최근 '국가 플랫폼 자본주의(State Platform Capitalism, SPC)'의 부상으로 개념화되고 있다. 디지털 플랫폼은 표면적으로 민간기업을 통해 행사되는 탈영토적 권력 투사의 새로운 장을 구성한다. 그러나 초국적 기반을 둔 플랫폼 기업들이지만 자국 국가기관 및 제도에 기대어 활동하면서 기업과 국가가 서로 긴밀하게 의존하는 양상이 나타나고 있다. 국가적 차원의 정치경제적 목적을 위해 플랫폼 거버넌스에 영향을 미치려는 국가의 명령이 점점 더 영향력을 발휘하고 있다. 플랫폼 기업도 수익 창출의 인센티브를 확보하고 징벌적 규제를 회피하기 위해서 점점 더 국가에 순응한다. 이러한 과정에서 국가는 주요 인프라와 시장에 대한 통제권을 행사함으로써 구조적 권력을 발휘하게 된다.

최근 가속화되는 미중 패권경쟁은 국가 플랫폼 자본주의가 지정학적 맥락에서 대외적으로 투사되는 현상을 극명하게 보여준다. 이 과정에서 플랫폼 국가의 관념은 새로운 경쟁 양식의 출현을 의미하는데, 경제적 혼란과 가속화되는 지정학적 긴장에 대응하여 국가가 디지털 경제에 직접 개입하여 상호 결합하는 양상을 잘 보여준다. 미국과 중국에서도 국가는 국내 플랫폼 기업에 대한 통제를 행사하고 국가이익에 점점 더 구조적으로 의존하게 만드는 다양한 전략을 추구해 왔다. 미국과 중국은 모두 지정학적 목표를 추구하기 위해서 국내 플랫폼 기업들을 도구적으로 동원하는 한편, 플랫폼 기업들은 해외에서의 지원과 국내에서의 데이터 및 시장에 대한 특권적 접근을 대가로 점점 더 국가의 조치에 기꺼이 응하고 있다.

이러한 '국가-기업 복합체'로서 플랫폼 국가가 미국과 중국에서 출현하는 양상은 다르게 나타나고 있다. 특히 미중 양국에서 플랫폼 국가의 양상은 국가전략적 계획과 관련하여 내부적으로 다르게 나타난다. 미국과 중국에서 나타나는 플랫폼 국가의 다양성은 세 가지 변수의 영향을 받는데, i) 국가기관, ii) 초국적 지향성을 갖지만 국내에 기반을 둔 플랫폼 기업, iii) 국내 및 글로벌 금융자본과의 관계 등이 그것이다. 미국은 국내적으로는 상대적으로 느슨한 규제와 인센티브를 바탕으로 거대 플랫폼 기업과 민간 벤처 및 금융자본을 결합하는 반면, 해외에서는 글로벌 시장에서 플랫폼 기업을 지원하기 위해 점점 더 정치적 개입을 강화한다. 이에 비해 중국은 플랫폼 기업에 대한 국내 규제를 강화하게 부과하는 것이 특징인데, 대외적으로는 국가 지원 금융과 민-관 파트너십 등을 통합하여 상업적 기반의 해외 진출 전략을 추구하고 있다.

V 디지털 전환과 국제정치의 질서전환

1 디지털 전환과 플랫폼 지정학의 전개

디지털 전환을 배경으로 전개되는 지정학적 패권경쟁은 국제정치의 질서전환도 부추기고 있다. 특히 지구화 시대의 개방형 협력 질서에서 지정학 시대의 폐쇄형 경쟁 질서로의 전환이 눈에 띈다. 이 과정에서 디지털 기술, 특히 AI는 '오늘의 경쟁'에서 이기지 못하면 '내일의 패자'가 된다는 경각심을 불러일으키는 키워드이다. AI 기술패권을 둘러싼 강대국 경쟁의 가속화는 20세기 후반 핵무기를 기반으로 형성되었던 국제질서가 AI를 활용한 무기라는 새로운 변수를 매개로 재편될지도 모른다는 전망을 낳고 있다. 더 나아가 AI 전환은 인간의 이성에 기반을 둔 근대 국제질서의 질적 전환까지도 거론케 하고 있다.

특히 디지털 전환기 미중 패권경쟁과 관련하여 제기되는 질문은 오늘날의 강대국 패권경쟁이 과거와 같은 '세력전이'의 패턴으로 귀결될 것인지, 아니면 과거와는 다른 새로운 양상의 질서전환을 초래할 것인지의 문제다. 오늘날의 국제정치가 과거 국민국가들이 벌이던 자원권력 게임의 양상을 넘어서 네트워크 국가들이 벌이는 새로운 권력 게임의 양상으로 전환되고 있다면, 강대국 패권경쟁의 미래를 과거와는 다른, 더 새롭고 복합적인 질서전환의 프레임에서 파악하는 것이 맞을지 모른다. 사실 현재 미국과 중국이 벌이는 패권경쟁은 국민국가 간 경쟁이라기보다는 두 개의 네트워크 국가들이 벌이는 경쟁의 성격이 강하다. 특히 '플랫폼 간 정치'의 관점에서 보면, 최근 미중이 벌이는 디지털 패권경쟁은 두 개의 플랫폼 국가가 벌이는 경쟁으로서 '플랫폼 지정학'의 모습을 보여주고 있다.

플랫폼 지정학의 전개 과정에서 플랫폼 국가는 국경을 넘어서는 데이터의 유통에 대해서 디지털 무역장벽을 세우고, 중앙은행을 통해서 디지털 통화를 발행하며, 소셜 미디어와 디지털 콘텐츠까지도 규제하는 행보를 보이고 있다. 다시 말해 인프라, 각종 네트워크, 초국경 경제통합을 통제함으로써 상대국의 영토 공간을 자신들의 영향권 내로 통합하려는 플랫폼 국가 간의 경쟁, 즉 '플랫폼 간 정치'가 진행되고 있다. 특히 여기서 주목할 점은 새로운 플랫폼 국가는 지정학적으로 자급자족 시스템을 전제로 작동하지 않는다는 사실이다. 오히려 이는 주요 인프라와 물류 네트워크를 통해 각각의 영향권으로 영토 공간을 통합하고 국경을 초월한 경제통합 과정에 영향력을 발휘하는 복합적인 경쟁을 전개한다. 궁극적으로 플랫폼 국가는 미국과 중국 두 강대국이 '디지털 제국'을 구축하고 탈영토적 권력을 행사할 수 있게 하는 새로운 토대를 제공한다.

이러한 과정에서 글로벌 가치사슬은 어느 한 국가의 차원을 넘어서 국가군(群) 단위로 재편되고, 글로벌 사용을 전제로 출현한 인터넷마저도 외교적 동맹과 이념적 진영의 구도로 분할될 모습을 드러내고 있다. 이른바 '분할인터넷'(Splinternet)의 우려는 코로나19 팬데믹으로 인한 디지털 전환이 가속화되면서 더욱 부각되었고, 공급망의 디커플링, 데이터 국지화, 이커머스와 핀테크 시스템의 분할, 콘텐츠 검열제도의 갈등 등으로 입증되었다. 최근에는 미국이 대중국 견제의 전선에 민주주의 가치와 인권 규범의 변수까지 동원하면서 '신냉전'이라는 말이 무색하지 않은 상황이 창출되고 있다. 이러한 플랫폼 지정학의 양상은 디지털 분야를 넘어서 디지털 전환기 국제정치와 국가책략 일반에서도 발견된다.

최근 벌어지는 중국의 '일대일로' 이니셔티브와 미국의 인도·태평양 동맹 전략이 모두 플랫폼 지정학의 양상을 보여주는 사례들이다. 중국은 자국이 추구하는 일대일로 선상의 국가들을 모아서 이 지역에서 '신형 국제관계'를 적극적으로 모색하여, 네트워크의 연결성과 새로운 애플리케이션을 지원하는 플랫폼을 구축하려는 전략을 구사하고 있다. 중국은 광범위하게 국가가 지원하는 인프라, 투자, 개발금융 등을 통해서 유라시아, 아프리카, 라틴아메리카에까지 영향권을 확장하고 있다. 이러한 일대일로 구상의 중요한 구성 요소는 '디지털 실크로드'인데, 디지털 인프라의 제공과 자금조달을 통해 중국 하드웨어 및 소프트웨어 플랫폼 기업의 영향력을 해외로 확대하는 것을 목표로 한다.

이러한 중국의 공세적 행보는 미국 정부가 인프라 경쟁에 뛰어들게 자극했으며 인도·태평양 전략을 추진케 하는 동기를 제공했다. 미국은 디지털 기술 분야에서 실리콘 밸리의 글로벌 리더십이 직접적인 위협을 받고 있다고 주장하며 중국의 기술 추격에 경종을 울리기 시작했다. 중국 플랫폼의 증대되는 존재감과 실력을 인식한 미국은 제3국에서 자국의 국가 스택(stack), 즉 디지털 플랫폼의 인프라-하드웨어-소프트웨어에 대한 지배력을 확보하기 위해 중국 기업들과의 직접적인 경쟁에 돌입했다. 미국은 가치와 규칙 기반 질서에 바탕으로 둔 보편적 플랫폼의 구축을 지향하고 그 플랫폼 위에 동맹국들과 파트너 국가들의 정치, 안보, 기술, 안보 애플리케이션의 개발을 시도했으며, 최근에는 인프라와 금융 분야에서도 주도권을 발휘하기 위해서 고군분투하고 있다.

이러한 플랫폼 지정학의 양상은 최근 AI 분야의 글로벌 생태계 구축 경쟁으로도 나타났다. 이와 관련하여 2025년 7월 미국이 내놓은 'AI 액션플랜'은 좋은 사례다. 미국의 이른바 '풀스택(full-stack) AI 패키지'의 구상은 중국 견제를 목표로 미국의 AI 생태계를 동맹국들에 부과하려는 패권적 의도를 담고 있다. 과거 1980~90년대 미국 컴퓨터 기업들이 컴퓨터 운영체계와 이에 기반을 둔 풀스택을 장악하여 위세를 떨치던 시절을 연상케 한다.

이러한 미국의 패권적 행보에 중국이 반기를 들었다. 중국 상하이에서 개최된 2025년 7월 '세계AI대회'(WAIC)에서 중국도 '중국판 AI 액션플랜'을 발표했다. 자체 개발한 '오픈소스 AI'를 내세워 글로벌 사우스(Global South) 국가들을 돕겠다는 제안이 눈에 띈다. 이를 위해 중국은 개도국들을 옹호하는 글로벌 AI 거버넌스의 구축을 주장했으며, 그 일환으로 'AI 분야 유엔'을 연상시키는 '세계AI협력기구(WAICO)'의 설립을 제안했다. 그러나 다른 한편으로는 중국도 '디지털 실크로드' 선상의 개도국들에 대해서 자국의 주권을 확장하려는 '사실상 패권'의 역설적 행보를 펼치고 있음을 놓치지 말아야 한다.

2 글로벌 디지털 거버넌스의 모색

디지털 전환의 파급력이 커지는 만큼 지정학적 경쟁의 추세는 지속될 것으로 보인다. 특히 AI와 관련된 디지털 기술은 미국과 중국이 벌이는 디지털 패권경쟁의 핵심으로 자리 잡을 것으로 예상된다. 그러나 이러한 과정에서 국가 행위자 차원을 넘어서는 글로벌 디지털 거버넌스의 모색을 위한 국제적 협력도 계속 모색될 것이다. 그 결과 나름 새로운 디지털 국제질서도 부상할 것으로 예견된다. 현재로서는 강대국 패권경쟁을 비롯한 지정학적 갈등의 양상이 주류를 이룰 것으로 예상된다. 따라서 전 세계 국가들을 모두 아우르는 질서 형성을 위해서는 시간이 좀 더 걸릴 것이다. 그렇지만 다소 파편적이고 그룹화되는 경향 속에서도 시급한 분야를 중심으로 새로운 글로벌 디지털 거버넌스를 모색할 필요성도 제기되고 있음에 주목해야 한다. 현재 아래와 같은 다섯 가지 차원에서 글로벌 디지털 거버넌스가 모색되고 있다.

첫째, 최근 디지털 거버넌스 모색은 글로벌 차원보다는 양자 · 소다자 차원의 동맹 외교에 힘이 실리는 모양새이다. '화웨이 사태'를 계기로 중국에 대한 미국의 방어적 대응은 동맹 이슈로 비화됐으며, 미국의 정책에 파이브 아이즈(Five Eyes) 국가들이 동참하는 양상을 보였다. 이후 미국의 인도 · 태평양 전략과 중국의 일대일로 이니셔티브가 경합하는 양상으로 발전했음은 잘 알려진 사실이다. 사이버 안보 분야에서 시작된 동맹 외교의 추세는, 이후 반도체 분야로 확장되어 이른바 '칩-4 동맹'이 거론되기도 했다. 이외에도 미국은 동맹 · 파트너 국가들과 협력하여 쿼드(Quad), 오커스(AUKUS), 나토(NATO) 등에서 디지털 기술 분야의 협력과 연대를 모색하고 있다. 사이버 안보 분야에서도 여러 국가가 양자 차원에서 다층적인 사이버정책협의체를 가동 중이다.

둘째, 서방 선진국들을 중심으로 한 정부 간 협의체를 통해 국제협력을 모색하려는 움직임이다. 아직 디지털 분야의 국제규범이 없는 상황에서 서방 국가들의 정부 간 정책 공조가 그 역할을 대신하고 있다. 최근 AI 분야의 협의체가 주목받고 있는데, 초기 사례로는 2020년 6월 발족한 AI 전담 협의체인 GPAI(Global Partnership on AI)가 대표적이다. 서방 진영의 AI 거버넌스 구축 노력은 2023년 5월 G7 정상회의에서 '히로시마 AI 프로세스'로 결실을 보기도 했다. 이외에도 2024년 서울에서 열린 AI 규범 국제회의가 시선을 끌었다. 미국, 영국, 네덜란드 등에 이어 3월에는 'AI · 디지털 기술과 민주주의'를 주제로 민주주의 정상회의 장관급 회의가 열렸으며, 5월에는 'AI 서울 정상회의'와 'AI 글로벌 포럼', 그리고 9월에는 'AI의 책임있는 군사적 이용에 관한 고위급회의(REAIM)'가 개최되었다.

셋째, 지역 내 또는 지역 간 협력체를 통한 다자협력 움직임도 진행되고 있다. 유럽연합(EU)은 사이버 안보 분야에서 네트워크 · 정보보안지침, 사이버 보안법, 사이버 복원력법 등의 입법을 추진했다. AI 분야에서는 2024년에 제정된 'AI 법'이 유명한데, 이는 세계 최초의 종합적 AI 규제 법안으로, 리스크 기반 접근을 통해 AI 시스템을 다단계로 관리 · 감독하고. 디지털 전환에 따른 지역 격차 해소와 사회적 포용, 지속 가능한 발전을 위한 다층적 협치를 강조한다. 동아시아 지역 차원에서도 AI, 사이버 안보, 디지털 기술을 둘러싼 지역 거버넌스 논의가 최근 급속하게 확대되고 있다. 각국

정부, 아세안(ASEAN), 한-아세안 협력체, 그리고 한 · 중 · 일 등 주요국 간의 협력이 중첩적으로 이뤄지면서 포괄적 정책, 거버넌스 모델, 지역적 위험 대응 체계의 구축이 진전되고 있다.

넷째, 유엔으로 대변되는 국제기구에서도 디지털 기술의 국제규범 마련을 위한 논의가 진행되고 있다. 사이버 안보 분야는 제5차 정부자문가그룹(GGE)이 보고서 채택에 실패한 이후 2020년 총회 결의에 따라 5년(2021~25) 회기의 개방형워킹그룹(OEWG)을 출범시켰으나, 그 한계가 드러난 바 있다. 이에 비해 최근 유엔 차원에서 AI 규범을 마련하려는 노력은 오히려 더 활발해졌다. 그러나 AI 규범의 필요성에 대한 포괄적 공감대는 있지만 아직 그 내용에 대한 명확한 합의가 없는 상태이고, 자신들의 이해관계를 새로운 규범에 반영하려는 경쟁이 펼쳐지고 있다. 유엔의 자율살상무기체계(LAWS) GGE에서 진행된 국제규범에 대한 논의에도 기술 선도국과 개도국 그룹 간의 견해 차이가 극명하게 드러나고 있다.

끝으로 글로벌 시민사회나 글로벌 빅테크 기업들과 같은 민간 차원에서 진행되는 글로벌 디지털 거버넌스의 모색에도 주목할 필요가 있다. 특히 AI를 활용한 자율살상무기에 대한 규제 담론은 글로벌 시민시회 운동 차원에서 생성되어 전파되었으며, 유엔 등의 국제기구들이 이를 수용하면서 확산되었다. 그런데 자율살상무기의 금지를 위한 윤리 · 규범적 문제제기가 거세게 제기되고 있음에도, 각국은 AI나 로봇과 같은 디지털 분야의 첨단기술 개발을 위한 노력을 멈추지 않고 있다. 이러한 과정에서 자율로봇으로 대변되는 포스트 휴먼(post-human) 행위자의 부상이 인간의 정체성에 근본적인 문제를 제기한다는 경계의 목소리도 커지고 있다. 이러한 과정에서 '기술안보'에 대한 담론을 넘어서 '기술평화'를 다루는 담론의 필요성도 제기되고 있음을 놓치지 말아야 한다.

이상의 AI 국제규범 논의에서 제기된 자율살상무기의 금지를 위한 윤리적 행보가 AI나 로봇 기술 자체의 원천적 금지를 의미하지는 않는다는 사실을 인식하는 것은 중요하다. 이러한 규범 마련의 행보는 '안보화'의 정치 논리를 내세우며, 군사적 목적을 위해서 특정 기술을 적용하려는 군사적 관행에 대한 반대의견을 표출하는 성격이 강하다. 사실 자율살상무기 금지의 논의에 이르면 모든 국가는 비슷한 처지에 있다. 몇몇 나라들이 기술적인 면에서 앞서가고 있는 것은 사실이지만, 아직 그 보유국과 비보유국 간의 구별이 명확하지 않다. 이러한 상황에서 자율살상무기 금지 논쟁은 아직 본격적으로 불붙지 않았고, 특히 강대국들의 지정학적 이해관계로 인하여 본격적인 문제제기 자체가 심히 제한되고 있다.

그럼에도 이러한 윤리규범 논의의 이면에는 AI를 탑재한 자율로봇으로 대변되는 포스트 휴먼 행위자의 부상이 인류의 운명을 위협할지도 모른다는 고민이 자리 잡고 있다. 특히 디지털 전환의 진전은 인간이 아닌 행위자들이 벌이는 전쟁의 가능성을 우려케 한다. 이러한 과정에서 인간 중심의 지평을 넘어서는 포스트 휴먼 국제정치의 부상마저도 거론된다. 아직은 '먼 미래'의 일일지도 모르지만. AI 기반 자율로봇은 인류의 물질적 조건을 변화시킬 뿐만 아니라, 인간을 중심으로 짜였던 근대 전쟁의 기본 전제를 완전히 바꾸고, 근대 국제정치의 기본 골격에 의문을 제기할 수도 있다. 이러한 과정에서 자율무기체계로 대변되는 기술 변수는 단순한 환경이나 도구 변수가 아니라 엄연히 자율성을 가진 주체 변수로서 미래 국제정치의 조건을 새로이 규정할 가능성도 없지 않다.

VI 맺음말

오늘날 디지털 전환은 국제정치 분야에서 권력 · 국가 · 질서의 '삼중 전환'을 야기하고 있다. 그 결과 지난 백여 년 전과는 다른 국제정치의 새로운 지평이 펼쳐지고 있으며, 이에 대응할 새로운 과제를 제기함은 물론이다. 디지털 전환기 국제정치가 우리에게 부과하는 도전은 19세기 구한말 우리 선조들이 당면했던 근대적 도전보다도 좀 더 눈에 보이지 않는 형태로 우리에게 밀려오고 있다. 이에 적극적으로 대응하지 않고 방심하고 있으면, 그 결과는 과거의 전철을 다시 밟는 것이 될지도 모른다. 19세기 문명표준을 따라잡지 못해 식민지가 되었던 아픈 역사를 21세기의 미래 국제정치에서도 되풀이할 수는 없다.

역사적으로 기술의 충격이라고 하면, '대포와 군함'으로 대변되는 구한말 서양 근대기술의 충격이 훨씬 더 컸을 것이다. 당시 우리 선조들은 '동도서기(東道西器)'의 시각에서 이러한 충격에 맞섰다. 일례로 흥선대원군은 쇄국정책을 고수하면서도 '이이제이(以夷制夷)' 발상을 바탕으로 서양 무기기술을 받아들이려 했다. 1866년 침몰한 제너럴셔먼호를 인양하여 이를 모방한 철갑증기선을 건조했고, 프랑스 대포를 모방

제작하기도 했으며, 러시아의 남진을 견제하려고 무기가 우수한 프랑스와 동맹을 맺으려 시도한 적도 있었다. 이외에도 중국의 서양 기술서인 『해국도지(海國圖志)』를 참조하여 서양식 무기를 제작하려는 다양한 시도를 펼쳤다.

이러한 노력이 그리 성공적이지 못했음은 잘 알려진 사실이다. 서양 근대 기술문명의 본질을 이해하지 못하고 당장 필요해 보이는 무기기술만 도입하려는 한계가 있었다. 사실 '대포와 군함'은 서양 근대 과학기술의 종합적인 산물로서 단숨에 베낄 수 있는 대상이 아니었다. 그 이면에는 무기기술 개발과 군사적 활용을 지원한 근대 국민국가 시스템이 자리 잡고 있었다. 이러한 성과를 바탕으로 서양 제국들은 부국강병 게임을 벌이며 세계로 팽창해 나갔고 그 위세는 한반도에까지 미쳤다. 이러한 시대적 상황을 제대로 읽지 못하고 스스로 힘을 기르지 못했을 뿐만 아니라 외세의 침략에 제대로 대처하지 못한 결과는 참담했다. 그야말로 시대의 전환을 헤쳐나갈 근대적인 '국가책략'의 결여가 낳은 결과였다.

난세를 헤쳐가는 국가책략에 대한 논의는 동서고금을 막론하고 다양하게 제기되었다. 서양 근대 국민국가들이 추구한 국가책략의 요체는 부국강병을 위한 자강의 역량을 닦아 생존과 번영을 보장하는 균세(均勢)를 달성하는 것으로 이해되었다. 동아시아에서도 19세기 후반 일본의 근대화 전략은 서세동점(西勢東漸)의 시대적 코드를 읽고 국정운영의 힘을 결집하여 외세의 위협에 대응했던 국가책략의 사례이다. 20세기 후반 한국의 산업화와 그 이후의 민주화도 시대전환의 코드를 읽고 국정능력을 발휘한 국가책략의 성공 사례로 볼 수 있다. 최근 지정학적 맥락에서 경제와 안보가 연계되면서 '경제적 국가책략'에 대한 관심이 늘어났다.

더 나아가 오늘날 국가책략에서 디지털 기술이 차지하는 위상이 높아지면서 '디지털 국가책략'이 새로운 논제로 부상했다. 특히 최근 각광받는 AI는 디지털 국가책략의 핵심 대상이자 수단이고 목표로 간주하고 있다. 이러한 AI의 영향력이 커지면서 'AI 전환'이 일으키는 파장도 커지고 있다. 그야말로 디지털 기술의 발달은 우리 삶 전반의 패러다임 변화를 촉발하고 있다. 국제정치 분야에도 디지털 전환은 큰 영향을 미쳐서 국제정치 전환을 고민하지 않을 수 없게 한다. 이러한 과정에서 중견국인 한국으로서도 디지털 국가책략을 고민할 복잡한 과제들을 안고 있다.

이러한 맥락에서 디지털 전환에 대응하는 미래 국가책략의 기본방향은, 우선 근대적인 의미에서 본 부국강병의 목표설정을 넘어서 새로운 권력의 작동 메커니즘에 우리 자신을 익숙케 하는 쪽으로 잡혀야 할 것이다. 또한 기존의 패권 진영과 이에 대한 내항 진영의 구도를 적절히 활용하는 묘미도 잊지 말아야 할 것이다. 한편, 디지털 전환기의 국제정치 행위자로서 네트워크 국가를 추구하는 글로벌 및 동아시아 지역 차원의 대외전략이 조화롭게 구사되어야 할 것이다. 이러한 연장선에서 대내적으로도 국가 중심적인 추진 주체 설정을 넘어서 정부 부처 간 네트워크나 정부-기업-시민사회 등의 조정 네트워크 등을 구축하는 것이 되어야 한다.

요컨대, 오늘날 디지털 전환과 연동된 국제정치 전환은 구한말 개항기 '대포와 군함'으로 대변되는 근대 과학기술 문명의 영향에 못지않은 큰 충격을 안겨줄 가능성이 있다. 단편적인 대응을 넘어서 종합적인 국가책략의 마련이 시급한 이유다. 국가적 차원에서 디지털 기술 역량을 기르는 노력이 우선으로 필요함은 물론이다. 아울러 강대국들이 주도하는 국제정치 전환의 파도를 헤쳐 나갈 중견국 전략도 추구해야 한다. 작금의 상황을 둘러보면, 우리가 150여 년 전의 선조들보다 더 낫다고 장담할 수 있을지 묻게 된다. '제2의 개항기'를 맞았다는 자세로 디지털 전환의 국제정치를 헤쳐나갈 디지털 국가책략을 시급히 마련해야 한다. 무엇보다도 디지털 전환이 초래하는 국제정치 전환에서 살아남기 위해 우리에게 주어진 시간이 그리 많지 않다는 사실부터 깨달아야 한다.

추천문헌

김상배. 2014. 『아라크네의 국제정치학: 네트워크 세계정치이론의 도전』. 한울.

김상배. 2022. 『미중 디지털 패권경쟁: 기술-안보-권력의 복합지정학』. 한울.

김상배 편. 2025. 『인공지능과 국제정치 전환: 지정학적 경쟁과 신질서의 창발』. 한울.

키신저, 헨리, 에릭 슈밋, 대니얼 허튼로커. 2023. 『AI 이후의 세계: 챗GPT는 시작일 뿐이다, 세계질서 대전환에 대비하라』. 윌북.

하영선 · 김상배 편. 2006. 『네트워크 지식국가: 21세기 세계정치의 변환』. 을유문화사.

CHAPTER 12

환경·에너지의 국제정치

신 범 식 | 서울대 정치외교학부 교수

I 머리말: 환경 · 에너지 국제정치의 이해

21세기의 국제정치는 더 이상 '군사력, 영토, 그리고 전통적 이념 갈등'이라는 좁은 틀만으로는 완전히 이해될 수 없다. 오늘날 지구적 차원의 가장 심각하고 복잡한 도전들은 "기후변화, 에너지 안보, 핵심 기술 경쟁" 등 과거에는 '하위정치(low politics)'로 치부되던 영역에서 분출되고 있다. 특히 환경과 에너지 이슈는 그 영향력이 국경을 초월하는 초국경성을 바탕으로 국가안보, 경제, 국제협력의 모든 영역에 심대한 영향을 미치며 국제정치에 독자적 쟁점 영역을 형성했다.

이러한 환경 · 에너지 국제정치는 국가 안보, 국제 협력, 지역 및 세계 수준의 다층적 상호작용과 영향을 포괄하는 '복합지정학'(complex geopolitics)의 성격을 띠며 빠르게 변모하고 있다. 환경과 에너지는 자원 확보를 위한 갈등을 야기하는 동시에, 국제협력을 위한 새로운 레짐을 구축할 것을 요구하고 있다. 본 장은 이처럼 빠르게 변모하는 환경 · 에너지 국제정치가 지니는 복합지정학적 특성을 분석하고, 이러한 변동 속에서 한국이 취해야 할 전략적 대응 방안을 모색하고자 한다.

본격적인 논의에 앞서 환경 · 에너지 국제정치의 동학을 이해하기 위해서 필요한 두 가지 중요 개념, 즉 '공유재의 비극'과 '복합지정학'에 대한 이해가 선행될 필요가 있다.

우선, '공유재의 비극'(Tragedy of the Commons)이다. 이 개념은 기후변화와 에너지 자원의 초국경성을 이해하는 중요한 출발점이 된다. 환경과 에너지가 국제정치의 핵심 의제가 된 근본적 이유는 이들이 지닌 공유재적 특성에서 비롯된다. 대기, 해양, 그리고 안정적인 에너지 시스템은 특정 국가의 독점적 소유가 아닌, 전 인류가 공유하고 접근하는 글로벌 공공재로서의 특성을 가진다. 잘 알려진 바와 같이 1968년 가렛 하딘(Garrett Hardin)은 개인이 자신의 합리적 이익만을 추구할 때, 공유되는 자원의 고갈이나 파괴라는 집단적으로 비합리적인 결과를 초래한다는 "공유재의 비극"을 경고한 바 있다. 기후변화에 대한 대응은 이 공유재의 비극이 가장 극명하게 드러나는 사례라고 할 수 있을 것이다. 각국이 자국의 경제 성장을 위해 온실가스를 배출하는 '합리적 선택'을 할 때, 기후변화의 심화 및 그 재난적 결과 같은 비용은 전 세계가 공동으로 부담하게 되는 '집단행동의 딜레마'(collective action dilemma)가 발생하게 되는데, 이는 공유재의 비극과 연결된다.

특히 이런 공유재의 비극은 초국경적 상호의존성과 연결되면서 에너지 및 환경 문제를 국제정치적 성격을 지닌 이슈로 만들게 된다. 환경 문제는 국지적 오염에 그치지 않고, 기후 변화를 통한 극한 기상 현상, 해수면 상승, 그리고 전염병 확산의 위험을 통해 국경을 넘어 모든 국가의 안보와 경제에 직접적인 영향을 미치게 되기 때문이다. 마찬가지로 석유 · 천연가스의 주요 생산국의 정책 변화나 수송로의 불안정은 국제 유가를 요동치게 만들며, 이는 에너지 수입국들의 경제와 안정을 즉각적으로 위협하게 된다. 이처럼 환경과 에너지는 국가 간의 "취약성의 상호의존"(vulnerability interdependence)을 심화시키는 핵심 축이 될 수 있다.

다음 에너지 · 환경 국제정치의 동학에 의하여 촉발된 국제정치적 동학은 전통 안보, 비전통 안보 및 신흥 안보가 연계되는 복합지정학의 시대를 본격적으로 펼치고 있다. 환경 · 에너지 문제가 국제정치의 중심에 서게 되면서 안보 개념은 급진적으로 확장되었다. 과거 안보가 주로 군사력, 영토 방위와 같은 전통 안보에 국한되었다면, 이제는 비전통 안보 영역인 기후 안보, 식량 안보, 물 안보가 국가의 존립과 직결되고 있다. 특히 이런 안보 영역의 이슈 확장은 위험 요소의 양적 축적 및 이슈 연계에 따른 질적 전환을 통해 '신흥 안보'(emerging security)의 창발, 즉 안보 이슈의 질적 전환에 따른 새로운 안보 영역의 출현을 가져오고 있다. 이런 변화는 기존 지정학 내지 지전략적 사고에 입각한 국제정치적 대응의 한계를 여실히 드러내고 있다. 따라서 이러한 전통 안보, 비전통 안보 및 신흥 안보 요소들이 상호 연계되어 상호작용하는 새로운 안보화의 역학관계를 분석하기 위한 새로운 개념적 분석 틀이 필요하다.

본 장에서 논의되는 환경 · 에너지 국제정치에 대한 개념적 분석 틀로써 복합지정학은 환경 및 에너지 이슈가 전통적 지정학 및 다양한 차원의 안보 이슈가 연계되면서 창발되는 새로운 권력 경쟁의 장을 의미한다. 석유 및 천연가스 수송로 확보를 위한 군사적 경쟁이나, 북극 항로 개발을 둘러싼 영토 주권 및 군사적 배치 등은 여전히 중요한 전통적 안보 영역에 속한다고 할 수 있다. 하지만 에너지 전환에 필수적인 리튬, 코발트 등 핵심 광물의 공급망 통제나 탄소국경세(CBAM)와 같은 환경 기준을 활용한 경제적 보호주의, 그리고 새로운 과학기술을 통한 환경과 에너지 이슈에 대한 대응책의 모색 등은 권력 경쟁의 새로운 지정학적 핵심 동력이 얽히면서 복합적인 성격을 띠게 되는 과정을 잘 보여준다. 이러한 복합지정학적 접근은 환경과 에너지 문제를 단순히 경제적, 기술적 또는 환경보호 이슈가 아니라, 패권과 권력, 협력과 갈등 및 세력의 이합집산 등과 같은 국제정치의 근본적 동학으로 분석할 것을 요구한다.

본 장에서는 이러한 환경 · 에너지의 국제정치가 역사적으로 어떻게 전개되어 왔으며, 21세기 들어서 어떤 주요 쟁점들이 발생하고 있는지를 심층적으로 검토하고, 이에 대한 적절한 대응을 위해 필요한 논점들에 대해서 토론해 보고자 한다. 아래와 같은 질문은 본 장 전반에 걸쳐 생각해 볼 기본적 질문으로 기억해 둘 만하다. 기후변화와 에너지 자원의 고갈은 국가 간 협력을 촉진하는가, 아니면 갈등을 심화시키는가? 환경 · 에너지 국제정치를 설명하기 위해 어떤 개념틀과 이론적 사고가 필요한가? 환경 · 에너지 국제정치의 도전은 무엇이고 어떤 실천적 대응이 필요한가? 이런 질문에 대한 답을 찾아가면서 에너지 · 환경 국제정치를 이해하는데 필요한 기본적 개념과 주요 논점에 대한 이해를 습득해 보도록 한다.

Ⅱ 환경 · 에너지 국제정치의 전개

환경과 에너지 문제가 국제정치의 핵심 의제로 부상한 것은 하루아침에 이루어진 것이 아니다. 이 절에서는 두 영역의 이슈가 국제사회에서 어떻게 하위정치를 넘어 상위정치 영역으로 진입했으며, 그 과정에서 어떤 주요 국제 레짐(regime)들이 구축되었는지를 역사적이고 구조적인 관점에서 검토한다. 특히 기후변화 대응을 둘러싼 협력의 성과와 한계를 검토하며, 환경 이슈의 진화가 에너지 안보의 개념과 지정학적 구도를 어떻게 변화시켰는지 살펴본다.

1 환경 국제정치의 전개

환경 문제는 1960년대부터 국제적으로 주목받기 시작했으며, 70년대를 통해 관련 이슈가 본격적으로 부상하였고, 80년대 이후 각 세부 환경 문제에 대한 국제적 대응이 점차 구체적으로 등장하기 시작했다. 환경 이슈가 국제적 논의의 장에 처음 진입하는 과정은 "자연 보존"에서 출발하여 "지속가능한 개발" 그리고 궁극적으로 "기후정의"를 포괄하는 방향으로 환경 정치의 인식이 확장되면서 그에 따라 국제 제도가 발전해 온 것으로 요약될 수 있다.

1) 인식의 확장과 제도화

환경 국제정치의 초기 전개 과정에서 특기할 점은 상대적으로 환경 문제와 관련된 많은 다자 및 양자 협약이 존재하지만, 각 레짐 혹은 조약 간에 상관성이 거의 없다는 사실이다. 즉 넓은 틀에서 이들을 환경문제로 부를 수는 있겠으나, 각 환경 레짐 혹은 조약 간 상호작용은 약하다. 레짐을 특정 기능을 수행하기 위한 것으로만 생각하는 "미숙한 기능주의"(crude functionalism)는 단순히 행동이나 제도를 기술하는 데 그친다는 점에서 비판받아 왔다. 그러므로 환경 이슈와 레짐을 개별적으로 이해하는 것도 필요하지만 포괄적 환경문제의 틀을 구성하는 부분으로 이해하려는 복합지정학의 시각도 중요하다.

초기에 환경 문제는 주로 특정 지역의 오염 문제로 인식되었다. 상대적으로 가장 빨리 대규모의 관심을 받았던 환경문제는 월경성(越境性) 대기오염, 구체적으로는 산성비 문제였다. 산성비 문제는 1960년대부터 산업 활동에서 배출된 대기 중의 이산화황과 산화질소의 증가로 인하여 주목받기 시작했으며, 이산화황 등이 국경을 넘어 타국의 대기에 영향을 끼치는 것이 밝혀지자 1960년대 말부터 유럽을 중심으로 국제적 논의가 시작되었다. 산성비 논의가 집중적으로 이루어진 곳은 유럽과 북아메리카였다. 비(非)오염 국가들은 구속력 있는 합의를 요구하는 그룹과 자국 산업에 끼칠 피해를 이유로 규제에 반대하는 그룹으로 나뉘었다.

하지만 지속적인 협상 끝에 1979년의 '장거리 월경성 대기오염 협정'(LRTAP Convention: Long-Range Transboundary Air Pollution)을 시작으로 황화합물과 질산화물 등의 감축에 합의하는 의정서가 도출되었다. 유럽의 경우는 그것이 다자 협상이라고 할 수 있다면, 북미주의 경우는 주요 행위자가 미국과 캐나다에 한정되었다는 점에서 양자 협상에 더 가까웠다.

하지만 환경 문제는 곧 지구적 이슈로 부상하였다. 1972년 「스톡홀름 인간 환경 회의」(UNCHE)를 통해 환경 문제는 국지적인 수준을 넘어 전 지구적 사안으로 공식 상정된 것이다. 이는 환경 협력의 시초이자 제도적 기초를 마련한 사건으로, 이 회의의 결과로 최초의 환경 기구인 '유엔 환경 계획'(UNEP)이 창설되었다. 그러나 주로 오염 방지 및 자연 보존에 목표를 둔 이런 노력들은 전 지구적 이슈로서의 관심을 받으며 출발한 것은 아니었으며, 특히 개발 문제와의 연계는 미흡했다.

자연보존과 관련된 이슈가 전 지구적 이슈로 확장되어 가장 성공적인 협력을 이룬 사례는 오존층 문제일 것이다. 1974년 염화불화탄소(CFCs)가 오존층을 파괴하고 있음이 밝혀진 이후 남극 상공의 오존 구멍이 관찰되는 등 해당 문제가 사회 전반적으로 환기되면서 1980년대 들어 오존층 문제에 관해 국제적 논의가 본격적으로 이루어지기 시작했다.

오존층 문제에서도 역시 선진국들 사이에서 환경 보호와 산업 이익이라는 가치 대립을 두고 국가군이 분리되었으며, 개발도상국은 상대적으로 소극적 태도를 취했다. 오존층 문제는 주로 문제를 야기한 국가와 피해를 받는 국가가 모두 선진국이었다는 점, 이 문제의 해결 과정에서 무역 규제와 보조금 제공이 가능할 정도로 구속력 있는 레짐을 만들었다는 점, 미국의 주도가 오존층 레짐 형성에 많은 기여를 했다는 점에서 주목할 만하다. 1985년의 '오존층에 관한 비엔나 협약'(The Vienna Convention for the Protection of the Ozone Layer)을 거쳐 1986년의 오존층 파괴물질의 생산 및 소비량을 단계적으로 감축하는데 합의한 '몬트리올의정서'(The Montreal Protocol on Substances that Deplete the Ozone Layer)로 오존층 문제 해결의 전환점을 마련하였고, 이후 이 문제는 후속 개정안을 통해 거의 해결된 것으로 평가된다.

한편 환경 문제가 국제정치와 개발의 불가피한 관계 속에 놓이게 된 것은 1980년대 이후라 할 수 있겠다. 1987년 『브룬트란트 보고서』에서 "지속가능한 개발"(sustainable development) 개념이 공식화되면서 환경과 경제 발전, 빈곤 퇴치가 분리될 수 없다는 인식이 자리 잡게 된 것이다. 이러한 인식의 전환은 1992년 「리우 환경 개발 회의」(UNCED)에서 집약되었으며, 이 회의는 '유엔 기후변화 협약'(UNFCCC)과 '생물다양성 협약'(CBD) 등 오늘날 환경 국제정치를 규율하는 주요 레짐들이 탄생하는 법적, 제도적 틀을 마련하게 되었다.

2) 기후변화 대응을 위한 국제적 협력

21세기 현재 인류가 당면한 가장 시급하고 광범위한 환경적 도전은 역시 기후변화 문제이다. 대기 중에 누적된 이산화탄소를 비롯한 온실가스 때문에 발생한 지구온난화는 기존 인류의 생산 및 생활양식을 근본적으로 바꿀 필요성을 제기한 대규모의 장기적 환경 문제이다.

기후변화가 하나의 환경 문제로서 주목받기 시작한 것은 1980년대부터이다. 지구온난화 현상과 전망에 대한 과학적 연구를 위하여 1988년 '기후변화에 관한 정부 간 패널'(IPCC)이 구성되었고, 여기서 제공되는 과학적 증거를 기반으로 국제정치와 경제의 핵심 의제로 확고히 자리 잡게 되었다. 1992년 리우 회의에서는 이 문제에 대한 본격적인 협상과 논의의 틀로서 유엔기후변화협약(UNFCCC)을 출범시켰다. UNFCCC 발효 후 1995년부터 매년 열리고 있는 당사국총회(COP: the Conference of the Parties)를 통하여 각국이 입장을 조율하고 있다.

기후변화에 대한 국제적 대응은 UNFCCC라는 큰 틀 속에서 '교토의정서'와 '파리협정'이라는 두 가지 상이한 협력 모델을 거치며 발전해 왔다. 이 과정에서 국제사회는 "책임 분담의 갈등"과 "무임승차 문제"라는 구조적 딜레마를 극복하기 위해 끊임없이 논쟁하면서 그 극복을 위한 국제 협력을 고양시켜 왔다.

3) 교토의정서의 '하향식' 모델의 성과와 한계

1997년 제3차 UNFCCC 당사국총회에서 채택된 '교토의정서'는 '부속서 I'(Annex I)에 속한 국가들로 하여금 온실가스의 감축을 의무화하도록 하였다는데 큰 의의가 있다. 선진국에만 온실가스 감축 의무를 법적으로 부과하는 소위 "하향식"(top-down) 접근법을 채택한 것인데, 이는 역사적 책임을 물어 "공동의 그러나 차별화된 책임"(CBDR: common but differentiated responsibility) 원칙을 구현한 것으로, 선진국의 감축 목표 이행을 강제하려 했다는 점에서 큰 성과였다. 또한, '청정 개발 체제'(CDM)와 같은 시장 메커니즘을 도입하여 개발도상국의 감축 사업을 지원하는 혁신적인 시도도 포함되었다.

그러나 그 한계는 명확했다. 온실가스 최대 배출국이었던 미국이 교토의정서의 비준을 거부하면서 그 실효성에 심각한 타격을 입었고, 중국, 인도 등 급속히 성장하는 개발도상국들이 의무 대상에서 제외되면서 "무임승차"의 문제가 심화되었다. 결국 교토의정서는 기후변화 대응을 위한 전 지구적 참여를 확보하지 못하고 협력의 구조적 딜레마를 해소하지 못한 채 그 수명이 다했다.

2009년 코펜하겐 당사국총회(COP15)는 교토의정서 1차 공약 기간 이후의 기후변화 대응 체제를 논의하는 장이었는데, 그 결과물로서 '코펜하겐 합의서'(Copenhagen Accord)를 어렵사리 도출하였다. 코펜하겐 합의서는 의정서나 협정이 아닌 문서로 구속력은 약하지만 그나마 추후 기후변화 문제를 해결하기 위한 논의의 틀을 유지하였다는 데 의의가 있다.

4) 파리 협정의 '상향식' 모델과 새로운 도전

2015년 파리에서 채택된 '파리 협정'은 교토의정서의 한계를 극복하기 위해 혁신적인 '상향식(bottom-up)' 접근법을 도입했다. 이 협정의 핵심은 모든 당사국이 자발적으로 '국가별 기여 목표'(NDCs: Nationally Determined Contributions)를 설정하고 제출하며, 5년마다 상향된 목표를 재제출하는 것이다. 이러한 방식은 "전 지구적 참여"라는 보편성을 확보했다는 점에서 역사적인 성과로 평가된다.

하지만 이전 교토 프로토콜과는 달리 파리 협정은 상이한 도전에 직면해 있다. 첫째, NDC의 이행 여부가 국가별 자발성에 크게 의존하여 "실질적인 강제력이 부족하다"는 비판이 제기되고 있으며, 주요 이산화탄소 배출국들이 보여주기식으로 내세운 감축 목표 발표에 대해서도 비판의 목소리가 높다. 둘째, 현재까지 제출된 모든 NDC를 합산해도 지구 평균 온도 상승을 산업화 이전 대비 '1.5℃ 이내로 제한'하려는 협정 목표를 달성하기 어렵다는 과학적 분석(Gap Report)이 지배적이다. 즉 파리 협정은 '정치적 포괄성'을 확보했으나, '목표의 충분성'이라는 근본적인 과제를 남기고 있다.

산성비 문제가 주로 산업적 차원의 문제였고, 오존층 문제가 산업적 차원 및 일상생활의 차원에서의 문제였다면, 기후변화의 문제는 지금까지의 인류가 겪어보지 못한 총체적 문명의 변혁을 요청하는 도전이다. 즉 시간이 지날수록 환경의 국제정치는 더 넓고 근본적인 차원의 해결책을 요구하고 있는데, 이는 현재 국제정치적 접근만으로는 극복할 수 없는 과제가 되고 있는 것으로 보인다. 복합지정학의 시각은 이런 기후변화 문제에 대한 지구적 거버넌스의 정교화와 개선을 요구하고 있다. 즉 국가 중심적 국제질서에서 해결할 수 없는 환경 문제라는 난제를 탈근대 국제질서의 시각과 지구정치 그리고 다층적 거버넌스의 측면에서, 또한 다양한 행위자들의 편재와 그 상호작용을 네트워크 정치의 측면에서 바라봄으로써 새롭고 설득력 있는 논의와 해결책을 찾아야 한다.

2 에너지안보와 국제정치

21세기 들어 에너지 안보의 개념은 전통적인 '공급 안정성' 추구에서 탈피하여, '에너지 트릴레마'(energy trilemma) 해법을 추구하는 다차원적 안보 개념으로 확장되었으며, 러시아-우크라이나 전쟁 이후의 지정학적 충격과 지속적인 기후변화 위협은 이 개념의 확장을 더욱 가속화하고 있다.

1) 에너지안보와 전통적 석유 · 가스 지정학

'에너지안보'(energy security)란 안정적으로 충분한 양의 에너지의 확보를 의미하는데, 이 이슈가 국제정치의 주요 의제로 확고히 자리 잡게 된 것은 1970년대 석유 파동(Oil Shock)이 결정적 계기가 되었다. 이 사건을 통하여 에너지는 단순한 재화가 아니라 "정치화된 재화"(politicized commodity)라는 특성을 획득하게 되었고, 에너지안보 이슈는 국가 생존과 경제 안정이라는 상위정치(high politics)의 영역으로 격상되었다. 초기 에너지안보와 관련된 논의는 주로 석유와 천연가스의 안정적 확보 및 가격 안정에 초점이 맞추어졌다.

초기 에너지안보와 관련하여 에너지 카르텔의 등장에 따른 위협을 처리하는 문제는 가장 중요한 국제정치적 관심사였으며 이런 관심은 국제 협력의 제도화 노력으로 이어졌다. 1973년 제4차 중동 전쟁 당시 아랍 산유국들이 석유를 외교 정책의 무기로 사용하여 서방 국가들을 압박한 사건은, 에너지 의존도가 곧 국가 취약성이라는 인식을 국제사회에 확산시켰다. 이에 대한 대응으로 주요 석유 소비국들은 1974년 '국제에너지기구'(IEA)를 창설하고, '석유 비축 의무'를 법제화하는 국제 협력 레짐을 구축했다. 개별적 비축 자원은 유사시 상호 부조를 통한 에너지 위기를 타개하는 주요 수단으로 기능할 수 있게 된 것이다. 이같은 협력은 국가들이 개별적으로 대응할 수 없는 위협에 대해 공동으로 대처하려는 '집단안보'(collective security) 기제를 비군사적 분야에 적용한 초기 사례라고 할 수 있을 것이다.

한편 지구상에 특정 지역에 집중적으로 분포한 에너지 자원의 지리적 편재성이란 특징은 에너지 수송로의 안정 확보와 수송로 상의 주요 길목(chokepoints)의 전략적 중요성에 따른 도발 방지 문제를 에너지안보의 핵심 과제로 만들었다. 이에 따라 해양 안보가 에너지 수송과 밀접하게 연계된 중요한 논의의 축으로 자리 잡게 되었다. 원유 및 액화천연가스(LNG) 수송의 대부분은 해상로를 통해 이루어지므로, 호르무즈 해협, 수에즈 운하, 말라카 해협 등 핵심 해상 수송로의 길목의 안전 확보는 국제 안보 전략의 주요 요소가 되었다. 이 수송로에서의 테러, 지역 분쟁, 혹은 해적 행위로 인한 불안정은 즉각적으로 글로벌 에너지 가격과 공급 안정성에 심각한 영향을 미치기 때문에, 이들의 보호는 주요 강대국들의 해군력 투사 및 동맹 관계 유지의 핵심 명분이 되었다. 이는 전통적 지정학이 에너지 문제와 가장 직접적으로 연계되는 지점으로 에너지 문제가 경제뿐 아니라 안보 문제로 취급되는 이유를 보여준다.

2) 에너지 무기화의 심화와 지정학적 패러다임의 전환

21세기를 전후로 한 최근의 국제정치는 더 이상 군사력이나 경제력만으로는 설명할 수 없는 새로운 국면에 돌입하고 있다. 이제 국제정치에서 '에너지'라는 요소를 고려하지 않고서는 국가 간의 역학관계나 국제질서를 이해하기 힘들게 된 것이다. 대신 석유, 천연가스 혹은 다른 종류의 에너지 자원을 얼마나 보유하고 있는지 혹은 에너지 자원을 확보할 능력이 있는지의 여부가 국력을 판단하는 결정적인 기준이 되고 있다. 예를 들면 냉전 종식과 함께 국가 해체를 겪고 쇠약해졌던 러시아가 막대한 부존자원을 등에 업고 다시 국제정치 무대에 주역으로 부상하였으며, 국제정치의 변방에 머물러 있던 중동의 산유국들은 석유 수요 증가 덕에 '석유 초강대국'(petro-superpowers)의 영향력을 행사하게 되었다. 반대로 유일한 초강대국이었던 미국은 국내외 유가 안정을 위해 사우디아라비아를 비롯한 석유 초강대국을 상대로 석유 증산을 요청해야만 하는 상황에 직면하기도 하였다. 기존의 지정학적 지형이 에너지의 확보 여하에 따라 변화하고 있는 것이다.

최근 들어 에너지가 외교 정책 수단으로 사용되는 "에너지 무기화"(energy weaponization) 현상은 더욱 노골화되었으며, 2022년 러시아-우크라이나 전쟁은 그 양상을 극단적으로 변화시키며 에너지 지정학의 근본적인 패러다임 전환을 촉발했다.

냉전기 동서 화해 및 냉전구조의 해체에 중심적 역할을 했던 소련의 "레드 가스”(Red Gas)의 존재는 탈냉전기 유럽의 평화적 공존에 기반이 되면서 러시아의 천연가스가 유럽 천연가스 시장에서 40%에 가까운 높은 점유율을 차지하게 하였다. 하지만 서방과 러시아 간의 유럽 안보질서 구축에 대한 이견은 양측 사이에 끼인 ‘지정학적 중간국들’에 대한 영향력 경쟁을 촉발하였고, 러시아는 유럽 및 이들에 대한 가스 공급을 외교적 영향력의 수단으로 사용하게 되었다. 러시아는 유럽으로 이어지는 천연가스 파이프라인을 통한 천연가스 공급량을 의도적으로 조정하거나 중단하며 이를 외교적 압박을 위한 전략적 수단으로 활용한 것이다. 이런 상황은 러시아와 유럽 간의 깊은 “에너지 상호의존성”이 더 돈독한 평화와 협력을 가져올 것이라는 “자유주의적 상호의존”에 대한 기대가 냉전 말기부터 탈냉전기까지 작동했음에도 불구하고 탈냉전기 말부터는 작동하지 않게 되었음을 보여준다. 러-우전 이후 국제정치의 새로운 국면에서는 상호의존성이 취약성을 통해 상대방에게 심각한 피해를 줄 수 있는 공격적 수단으로 변모할 수 있다는 현실주의적 우려가 다시 현실화된 것이다.

이같은 변화된 에너지 국제정치의 상황은 미국의 기존 에너지 정책의 향방을 완전히 바꾸어 놓았다. 2010년대 미국의 ‘셰일 혁명’은 에너지 지정학에 근본적 변화를 가져왔다. 미국은 기술 혁신을 통해 환경적 부담에도 불구하고 셰일 혁명을 달성하였고 스스로 한계 지었던 에너지 정책의 경계를 넘어 세계적 에너지 수출국으로 전환하였다. 미국이 최대 산유국이자 LNG 수출국으로 부상하면서, 수십 년간 지속된 석유 의존의 취약성에서 벗어나 에너지 독립국의 지위를 확보했다. 이는 국제 유가 변동성에 대한 미국의 영향력을 높이고, 동시에 중동 의존도를 낮추는 결과를 낳아 글로벌 안보 전략의 재편을 가져왔다. 특히 러시아-유럽 갈등 시기, 미국산 LNG는 유럽의 긴급한 공급 부족을 해소하는 데 결정적인 역할을 하며 ‘에너지 전환’이 지정학적 이점을 가져올 수 있음을 실증했다.

이러한 에너지 국제정치의 변화는 유럽 국가들이 에너지안보를 재정의하고 에너지 탈러시아 전략을 본격 추진하게 했다. 러시아의 에너지 무기화에 대한 유럽 주요국들의 대응은 단기적인 공급 다변화에 그치지 않고, 에너지 전환을 가속화하여 화석연료 의존도를 근본적으로 낮추는 것을 최우선의 국가 안보 전략으로 인식하게 된 계기가 되었다. 에너지 독립은 곧 지정학적 독립이라는 인식이 확고해진 것이다. 유럽연합은 ‘REPowerEU’ 계획 등을 통해 에너지 전환 속도를 높이는 정책을 수립 · 발표하며, 기후 목표 달성과 에너지안보 강화를 동일 선상에 놓게 되었다.

3) 에너지안보의 트릴레마와 복합지정학

이러한 에너지 지정학의 충격과 기후변화의 위협 속에서 에너지안보의 정의는 세 가지 상충하는 목표들 간의 균형을 찾는 '에너지 트릴레마'(energy trilemma) 개념으로 완전히 확장되었으며, 이는 복합지정학적 사고를 발전시키는 중요한 동력이 되었다. 새로운 에너지안보 전략은 단순히 안정적 공급망의 확보를 넘어 다음 같은 고려를 동반한다.

첫째, 에너지안보(energy security)의 재정의이다. 공급의 중단 없는 확보는 필수적이지만, 이제는 화석 연료 기반의 공급망뿐만 아니라 신재생 에너지 인프라와 스마트 전력망의 물리적 및 사이버적 탄력성까지 포함한다. 태양광, 풍력 발전의 간헐성 문제를 해소하기 위한 에너지저장체제(ESS) 확보 역시 새로운 안보 과제가 되었다. 따라서 에너지의 공급 안정성은 이제 화석연료에만 집중되는 정책으로만 달성하기 어려운 상황 속에서 신재생에너지 및 청정 원자력에너지 등으로 다변화된 정책적 전환을 요청하고 있으며, 이는 '에너지 전환' 전략이 에너지안보의 중요한 축으로 부상하고 있음을 강변한다.

둘째, 에너지 공정성 및 접근성과 '기후 정의'(climate justice)에 대한 고려의 필요이다. 에너지 가격의 공정성 및 모든 계층의 에너지 접근성 확보는 사회 안정과 직결되는 국내 정치의 중요 이슈이자 동시에 국제정치의 쟁점이 되었다. 특히 에너지 전환 비용을 어떻게 확보하고 누가 부담할 것인지의 문제는 국내정치 및 국제정치의 중요한 이슈가 되었다. 가령, 탄소세의 부과 문제는 국가 간에 첨예한 이해 상충의 문제로 부상하고 있다. 특히 에너지 전환 비용 문제는 국내외적인 '기후 정의' 논쟁과 얽히며 국제 협력의 주요 걸림돌로 작용하고 있는 상황은 에너지 국제정치가 새로운 차원의 과제를 제기하고 있음을 보여준다. 개발도상국들은 에너지 빈곤 해소를 위해 반복적으로 석탄과 같은 값싼 화석연료 사용을 주장하고 선진국들은 청정 에너지 전환을 압박하면서, 남-북(North-South) 갈등이 심화하고 있다. "정의로운 에너지 전환"을 위한 국제협력은 복합지정학적 틀 속에서 그 해법이 모색되어야 할 것이다.

셋째, 환경적 지속가능성(sustainability)의 의무화 문제가 주는 도전에 대응하여야 한다. 변화된 환경 국제정치의 요청은 청정에너지로의 전환 가속화 및 기후 목표 달성에 기여하는 것을 에너지안보의 필수적인 축이 되도록 만들었다. 지속 가능하지 않은 에너지는 극한 기상 현상을 유발하고 자원 부족을 심화시켜 장기적으로 국가 안보를 위협한다는 인식이 확고해졌기 때문이다. 이는 에너지안보와 기후변화 대응이 분리 불가능한 복합적 문제임을 보여주는 가장 명확한 증거로 제시되고 있다. '이슈 연계'에 의해 창발되는 신흥 안보의 도전에 대응하기 위해서라도 에너지안보에서 지속가능성에 대한 고려는 필수적 요건이 되고 있다.

따라서 새로운 에너지안보 전략을 수립하는데 상술한 세 가지 목표 사이의 '상충관계'(trade-off)를 잘 관리하고 조율하는 것이 정책 수립가들이 가장 유의해야 할 복합적인 과제이다. 에너지 가격 급등에 따른 안정성 및 공정성의 위협을 막기 위해 석탄 발전을 일시적으로 재개해야 함으로써 지속가능성을 위협하게 되는 딜레마는 에너지 안보 문제를 다루는 데 자주 직면하게 되는 정책적 딜레마이다. 하지만 이런 딜레마의 해결을 방치할 경우, 하위정치 이슈를 넘어 국가 생존 전략으로 격상된 에너지안보의 복합적 과제는 심각한 결과를 초래할 수 있는 중대한 위협으로 발전할 가능성이 있다.

4) 변화하는 에너지안보에 따른 국제 협력의 전개

유가 상승, 신재생에너지 개발 및 상용화를 통한 에너지원 다각화, 에너지 효율 제고, 기후변화, 에너지 빈곤 등 수많은 도전에 직면하여 다양한 노력이 국제적 차원에서 본격적으로 전개되어 왔다. 에너지안보와 관련된 복잡한 이슈들을 국제 공조를 통해 해결해야 한다는 인식이 비슷한 어려움을 겪고 있는 국가들 간에 공유되었기 때문이다. 그 결과 다수의 정부 간 협의체와 비정부 조직들이 탄생해 국제 에너지 문제 해결에 앞장서고 있다.

그중에서도 가장 대표적인 조직은 국제에너지기구(IEA)이다. IEA의 등장 이전까지 석유를 비롯한 에너지 시장에서 국가와 다국적 기업의 활동을 관장하는 다자 협약이 없었다는 사실에 비추어볼 때, IEA의 탄생은 에너지 국제정치에서 분수령이 될 만한 사건이었다. IEA는 1973년 아랍-이스라엘 분쟁의 발발과 친이스라엘 계열의 서방 국가들에 대해 석유수출국기구(OPEC)가 실시한 석유 엠바고 등으로 격화된 1차 석유 파동으로 인하여 안정적인 석유 시장 건설의 필요성을 절감한 OECD 국가들을 중심으로 설립되었다. IEA는 모든 회원국이 국내 유가, 석유 공급량 및 비축량을 공개하도록 하는 것을 의무화하고, 1차 석유 파동와 같은 긴급 사태가 발생할 때 회원국 간 석유를 공유하는 체제를 수립하였다. 그 결과 1980년 이란-이라크 전쟁 발발 시 시장에 원유 공급량이 급감하였지만 IEA는 시장 유가를 안정적 수준에서 관리할 수 있었다.

IEA 외에도 에너지헌장 조약(ECT)이나 국제에너지포럼(IEF: International Energy

Forum)과 같은 대규모 다자기구도 만들어졌다. 1991년 첫 회의를 가진 IEF는 에너지 수출국과 수입국의 에너지 장관이 매년 모여 의견을 교환하는 다자기구이다. IEF는 석유와 천연가스와 관련된 의제를 중심으로 이루어지며, 에너지 안보, 신재생에너지나 환경 이슈 등에 대해서는 다루지 않는다는 한계를 가진다. 그뿐 아니라 국제원자력에너지기구(IAEA: International Atomic Energy Agency)처럼 특정 에너지를 중심으로 한 기구가 창설되었고, G8이나 유럽연합(EU) 그리고 아시아태평양경제협력체(APEC)처럼 수많은 국제 및 지역 기구들이 에너지 분야의 문제 해결에 적극적으로 참여하기 시작해 에너지 국제정치 무대가 다채롭게 채워지고 있다.

그러나 IEA를 비롯한 이들 기구는 에너지 분야의 일부 이슈만을 다루거나, 에너지 수출국 혹은 수입국만의 입장을 대변하는 성격이 강하다는 점을 고려하였을 때, 에너지 영역의 다양한 이슈에서 모든 국가의 이해를 최대한 반영하고 수출국과 수입국의 갈등을 해소할 수 있는 포괄적인 에너지 관련 거버넌스의 설립이 절실히 요구된다. 새로운 에너지 거버넌스의 가능성은 다자간의 국제 공조를 가로막는 걸림돌들을 얼마나 넘어설 수 있느냐에 달려 있다. 예컨대 에너지 수출국들은 카르텔을 형성하여 남아있는 화석연료에 대한 수요가 커지면서 늘어난 외교적 영향력을 최대한 활용하려는 움직임을 보이고 있다. 대표적인 것이 석유와 천연가스 수출국을 중심으로 설립된 석유수출국기구(OPEC)와 가스수출국포럼(GECF: Gas Exporting Countries Forum) 등이다. 그 외에도 자원 부국들이 개별적으로 천연자원의 수출을 무기화해 전략적으로 활용하는 자원민족주의 현상도 국제정치에서 빈번히 목격되고 있는 실정이다. 에너지 수출국의 이익을 충분히 보장하면서도 수입국의 에너지안보를 동시에 확보하는 거버넌스 구상이 까다로운 이유이다. 따라서 앞서 논의되었던 ECT의 선례를 거울삼아 국제사회가 양측의 입장을 효과적으로 조율할 수 있는 구속력 있는 협정을 세우고, 이를 감독 및 규율할 국제 에너지 거버넌스 출범에 성공할 수 있을지 주목된다.

이처럼 분야별로 다양한 에너지 분야에서의 국제 협력을 위한 노력이 전개되고 있지만, 이제는 개별적 노력을 통합적으로 관리할 지구적 거버넌스의 구축에 대한 필요성이 제기되고 있다고 할 수 있으며, 이런 거버넌스 구축을 위한 복합지정학적 사고의 유용성은 진지하게 고려될 필요가 있다.

Ⅲ 환경 · 에너지 국제정치의 주요 쟁점

환경과 에너지 이슈는 21세기 국제정치의 모든 영역, 즉 안보, 경제, 개발, 무역과 복합적으로 교차하며 첨예한 쟁점들을 노출시키고 있다. 본 절은 복합지정학적 관점에서 환경 문제와 에너지 문제가 각각 어떻게 국제질서에 도전하고 있으며, 국가 및 비국가 행위자들의 역학 관계 속에서 어떤 방식으로 새로운 갈등과 협력의 장을 형성하고 있는지 심층적으로 분석한다. 이들 쟁점은 상호 연계되어 국제정치의 근본적인 동학을 변화시키는 주요 동력이 되고 있다.

1 환경 국제정치의 주요 쟁점

1) 환경 국제정치의 다양한 행위자들

앞서 살펴본 바와 같이 환경의 국제정치에서 등장하고 있는 동학은 환경 거버넌스가 더 이상 국가(nation state) 중심의 외교만으로 작동하기 어렵다. 특히 기후변화와 생태계 파괴 위협의 광범위한 성격은 환경 협력의 주체 영역을 급속히 확장했으며, 오늘날 환경 거버넌스의 성공은 국가 정부의 의지에만 의존하지 않고 다양한 행위자들의 참여와 협력에 달려 있음을 보여준다. 이와 관련하여 다음과 같은 사항에 유의할 필요가 있다.

첫째, 비국가 행위자의 역할 증대와 권력 분산이 진행되었다는 점이다. 이제 비국가행위자들은 국제 협력의 수동적 대상이 아니라, 규범과 정책을 형성하는 능동적 행위자로서 국제 환경 정치의 권력 구도를 재편하고 있다.

특히 다국적기업(MNCs)의 양면적 권력의 확장도 주목할 만하다. 거대 다국적 기업들은 환경 규범의 실질적인 이행자이자 정책 형성자로 부상하였다. 이들은 독자적인 '탄소 중립(Net Zero)' 목표를 설정하고 '환경 · 사회 · 지배구조(ESG) 경영'을 도입하며 친환경 기술 혁신을 선도하는 주요 주체가 된다. 특히 애플, 마이크로소프트와 같은 글로벌 IT 기업들은 자체적인 '재생에너지 구매 계약'(PPA)을 통해 국가 전력 시장과 에너지 전환 방향에 직접적인 영향을 미치고 있다. 기업이 환경적 책임을 이행하는 것은 이제 단순한 사회 공헌 차원을 넘어 글로벌 공급망 참여와 자본 시장 접근의 필수 조건으로 의무화되는 추세이다. 이러한 기업의 자발적 참여는 환경 거버넌스에 새로운 동력을 제공하는 순기능을 수행한다.

그러나 기업은 환경 규제에 대한 저항 세력의 역할도 동시에 수행한다. 이들은 정부의 규제 입법 과정에 강력한 로비 활동을 병행하며 환경 규제를 완화시키거나, 무역 협상에 유리한 조건을 관철하려 한다. 또한, 일부 기업들은 실제 환경 기여도를 과장하여 발표하는 '그린워싱'(green washing) 행태를 통해 대중과 정책 결정자를 기만하려는 유인을 가지게 한다. 따라서 MNCs의 역할은 협력과 저항이라는 양면적 속성을 지니며, 이들의 동향 분석은 국제 환경 정치의 핵심 축이 된다. 하지만 이들에 대한 통제의 문제나 국가기구들과의 조정을 위한 기재가 아직 충분하게 발달하지 못한 점은 아쉬운 지점이다.

둘째, 환경 국제/비정부기구의 감시 및 의제 설정 능력의 확장에도 주목할 필요가 있다. 가령, 그린피스나 세계자연기금(WWF)과 같은 국제 환경NGO는 환경 문제의 '의제 설정자'로서 대중의 인식을 고취시키고 국제적 관심을 유도하는 데 중요한 역할을 한다. 이들은 과학적 연구 결과를 대중이 이해하기 쉬운 언어로 번역하여 확산시키며, 환경 문제의 심각성을 정치적 의제로 격상시킨다. 또한, 이들은 정부와 기업의 환경 정책 이행 여부를 감시하고 비판하는 '감시견'(watchdog) 역할을 수행하며, 정책의 투명성과 책임성을 제고하는 데 기여한다. 이들의 대중 동원 능력과 국제적인 캠페인 수행 능력은 국제 협상 과정에서 국가 정부에 상당한 정치적 압력을 행사하는 주요 동력으로 작용하며, 특히 '지구적 공공재'(global public goods)의 보호라는 측면에서 중요한 정당성을 확보한다.

셋째, 국가 수준을 초월하거나 국가 하위 수준에서 작동하는 행위자들 역시 환경 거버넌스의 유효성을 높이는 데 필수적인 요소이다. 이는 환경 문제가 '다층 거버넌스'(multi-level governance) 구조 속에서만 효과적으로 해결될 수 있음을 시사한다. 특히 준국가적 행위자의 혁신적 역할도 증대되는 추세에도 주목할 필요가 있다. 국가 정부가 국내 정치적 제약이나 경제적 이유로 기후변화 대응에 소극적 태도를 보일 경우, 도시 및 지방 정부가 그 공백을 메우는 혁신적인 주체로 부상하는 예도 많다. 'C40 Cities'와 같이 전 세계 주요 도시들이 독자적으로 감축 목표를 설정하고 이행하는 준국가적 행위자의 역할이 증대되고 있다. 이들 도시는 중앙 정부보다 시민 생활에 밀접한 교통, 건물, 폐기물 관리 등의 분야에서 구체적이고 혁신적인 정책을 신속하게 도입할 수 있는 강점을 지닌다. 이는 환경 거버넌스가 '국제(international)' 수준

이외에도 '지방(local)' 수준까지 확산 · 분화되고 있음을 의미하며, 이들의 성공 사례는 중앙 정부의 정책 방향을 선도하는 영향력을 발휘하기도 한다.

넷째, 전문가 공동체와 지식 기반의 권위가 작동하는 힘에도 주목해야 한다. 기후변화에 관한 정부 간 협의체(IPCC)와 같은 과학자 및 전문가 공동체는 기후변화의 심각성과 과학적 근거를 지속적으로 제공하며 국제 협상 의사 결정에 권위적인 지식을 제공한다. 이들은 국가 간의 이념적, 정치적 갈등을 초월하여 사실(Fact)에 기반한 합의의 과학적 기반을 제공하는 '인식 공동체'(epistemic community)의 역할을 수행했다. 특히 파리 협정의 1.5℃ 목표 설정 등 주요 환경 규범의 기초는 이들 전문가 공동체의 과학적 보고서에서 비롯되었다. 이들의 존재는 환경 이슈가 정치적 담론을 넘어 과학적 합의에 기반해야 한다는 국제적 규범을 강화하는 데 중요한 역할을 수행하고 있다.

따라서 환경 거버넌스는 국가 중심의 외교만으로 작동하지 않으며, 국가가 여전히 협약의 주체이지만 비국가행위자와 초국적 조직 그리고 지방 정부 및 인식공유체 등이 복잡하게 상호작용하면서 다층 거버넌스 구조를 형성하여 환경 쟁점들을 풀어감으로써 국제 환경 정책의 유효성을 결정하는 과정에 유의할 필요가 있다.

2) 환경과 안보

앞서 밝혔듯이 환경 문제는 더 이상 하위정치의 영역에 머무르지 않는다. 기후와 생태계의 변화는 국가의 생존과 군사적 안정성을 위협하는 상위정치의 문제로 격상되었으며, '위협 증폭제'(threat multiplier)로서 기존의 취약성을 심화시킨다. 이런 점에서 우리는 환경과 안보의 관련성에 대해 주목해야 하며, 이와 관련해서 다음과 같은 지점에 유의할 필요가 있다.

첫째, 환경 문제는 전통적 안보 의제의 재정의를 촉진하고 기후변화의 전략적 함의를 고양시킨다. 주로 군사력, 동맹 및 군비 경쟁 등을 다루는 국제정치학의 전통적 안보 영역과 환경 영역은 일견 접점이 없어 보일 수 있다. 그러나 최근 들어 기후변화의 영향이 전반적으로 가시화되고 피해를 심하게 겪는 국가나 지역이 등장하면서, 각국은 환경 변화에 적응하고 대처하기 위하여 안보 전략을 수정하였다. 가령, 미국 정부는 2010년 '4년 주기 국방정책검토보고서'(QDR, U.S. Department of Defense)에서 기후변화가 군의 임무 수행, 수행 환경, 수행 역할 등을 변화시킬 것이며, 기후변화가 여타 분쟁을 더욱 악화시키는 촉매제로 작용할 가능성에 주목하여야 한다고 주의를 환기한 바 있다. 이는 초강대국조차 기후변화를 단순한 환경 문제가 아닌 국가 전략 차원의 위험 요소로 인식하고 있음을 명백히 보여준다.

둘째, 인간안보(human security)와 환경 난민 문제이다. 안보의 의미를 더욱 확장하여 '인간안보' 개념을 적용할 경우, 환경 문제와 안보의 상관성은 더욱 높아진다. 사막화로 인한 경작지 축소, 해수면 상승으로 인한 거주지와 토지 손실 및 염화(鹽化), 이상기후 등은 개인의 생존을 위협하는 새롭고 근본적 도전이 되었으며, 이는 동시에 국가 및 국제적 차원의 안보와도 직결되는 문제로 발전하고 있다. 특히 기후변화로 인하여 발생하는 환경 난민과 이주 문제는 그들의 생존은 물론 전통과 문화의 보존에 중대한 도전이 되고 있다. 이들이 새로운 정착지를 찾는 과정은 또 다른 분쟁의 불씨가 될 수 있다는 점에서 중요한 안보적 쟁점이 되고 있다. 예를 들어, 2001년 조사에 따르면 저지대 국가인 방글라데시의 경우 해수면 상승으로 위험에 처하는 시민이 2,600만 명에 이르는 것으로 추산되는데, 2,600만 명의 급박한 이주가 주변 지역에 미칠 정치적, 사회적, 경제적 결과를 상상해 본다면 이는 결코 간단한 문제가 아님을 알 수 있다.

셋째, 환경 문제의 차별적 효과와 권력 구도 변화에 대해서도 주의를 기울일 필요가 있다. 주목할 점은 비록 기후변화로 인한 환경 문제는 지구적 성격을 지닌다고 하더라도 각국의 지리적 위치, 주변 환경, 적응 능력의 정도에 따라 각국에 미치는 효과는 차별적일 수 있다는 사실이다. 환경 안보의 복합적 기재 때문에 이에 대한 대처는 간단치 않다. 가령 기후변화는 극한 기상 현상을 야기하여 식량이나 물 부족을 심화시키고, 이는 대규모 기후 난민의 발생을 촉발할 수 있다. 이런 환경 스트레스는 특히 취약 국가에서 국내 정치적 갈등을 격화시키거나, 정부의 통치 능력을 약화시켜 '국가 실패'의 위험을 증대시키는 복합적 경로를 제공한다. 사헬(Sahel) 지대의 목축업-농경지 갈등은 기후 스트레스가 기존의 사회 갈등과 결합하여 무장 충돌로 이어지는 대표적 사례이다.

넷째, 환경 문제는 자연 및 환경 자원을 둘러싼 갈등과 분쟁의 가능성을 높이고 있다는 점에 주목해야 한다. '안보'를 단순하게 국가의 생존으로 정의하더라도 환경 문제는 매우 중요한 안보 문제가 될 수 있다. 즉 국가들 사이에 자연 및 환경 자원을 둘러싼 갈등과 분쟁은 드문 일이 아니다. 수자원 분쟁, 사막화로 인한 줄어드는 경작지 및 목초지를 둘러싼 분쟁, 그리고 수익성 있는 광물이나 해양 생물자원을 둘러싼 분쟁의 예는 지구촌 곳곳에서 발견된다. 이러한 분쟁이 무력을 동반하거나 기존 분쟁을 악화시킬 경우, 이는 지역적 차원의 지속적이며 광범위한 분쟁으로 발전될 가능성이 있다.

특히 최근 들어 더욱 주목받고 있는 전략적 핵심 광물을 둘러싼 지정학적 경쟁은 '에너지 전환' 시대의 새로운 자원 분쟁의 새로운 소재로 부상하고 있으며, 이는 전통적인 에너지 자원인 석유와 가스 갈등을 대체하는 형태로 발전하고 있다. 에너지 전환 시대에 필수적인 리튬, 코발트, 니켈, 희토류 등의 '핵심 광물'(critical minerals)을 확보하기 위한 경쟁이 새로운 지정학적 갈등 요인으로 부상하고 있다. 이들 광물의 생산 및 가공이 중국과 같은 특정 국가에 편중되어 있어, 이를 확보하려는 국가 간의 공급망 경쟁과 그 무기화 가능성은 전통적인 석유 전쟁을 대체하는 새로운 '자원 민족주의'의 부상을 예고하고 있다. 이러한 새로운 의존성은 미국과 유럽연합이 자국의 공급망 재편 및 자원 동맹을 추진하는 주요 동기가 되고 있다.

이처럼 환경 및 에너지 문제로 인해 기존의 국가 간 권력구조가 역전되거나 혹은 강화될 수도 있으며, 이는 환경 및 에너지 문제가 특히 새로운 21세기 국제질서의 형성에 커다란 영향을 끼칠 수 있는 문제로 여겨지는 이유이다. 특히 기후변화는 기존에 존재하는 위협을 증폭시킴으로써 취약한 지역이나 국가의 취약성을 더욱 악화시킬 수 있으며, 불균등한 영향은 '환경 정의' 및 '환경 양극화' 문제로 이어져 국제 협력의 원칙과 목표 설정에 있어 남-북(North-South) 간의 갈등을 심화시키는 근본적인 원인이 될 수 있다. 이는 환경 문제가 국가의 안보뿐 아니라 국제 안보에 대해서도 심각한 영향을 미칠 수 있는 이슈가 되고 있음을 보여준다.

3) 환경과 시장

환경 규제는 무역과 산업 경쟁력에 직접적인 영향을 미치는 하위정치가 아니라, 국제 무역 질서의 근간을 뒤흔드는 상위정치의 쟁점으로 부상하였다. 환경 규제는 이제 지구적 경제 및 무역 규칙을 재편하는 강력한 도구로 사용되기 시작했으며, 이는 무역 분쟁의 새로운 유형을 낳고 개발도상국과의 기후 재원 마련에 관련된 갈등을 심화시키고 있다. 환경 보호 목표와 자유 무역의 원칙 간의 조율은 21세기 국제정치경제의 핵심 과제로 부상하였다.

첫째, 환경과 무역 간의 관계가 가장 직접적으로 충돌하는 쟁점 중 하나가 오염물 처리 문제였다. 선진국이 비용을 내고 폐기물 및 오염물을 개발도상국으로 이전하는 문제가 있어 왔는데, 이는 소위 '오염물 도피처'(pollution haven)' 문제로 불리기도 한다. 선진국에서는 일자리 및 산업 수익의 창출과 환경 규제의 강화라는 두 목표 사이에서 딜레마가 발생하며, 개발도상국은 오염물로 인한 환경 오염의 가능성과 그 처리

비용으로 얻게 되는 수익을 놓고 저울질한다. 이들 간에 거래의 유인이 발생하게 된다. 이런 문제에 대응하는 대표적 레짐이 '바젤 협정'(Basel Convention on the Control of Transboundary Movements of Hazardous Wastes and their Disposal)인데, 이 협정은 오염물의 자국 내 처리 원칙을 강화하고 그 불법 거래를 방지함으로써 오염물 도피처 문제를 해결하는데 기여하였다. 이 문제는 오염물 자체의 거래와 더불어 선진국의 엄격해진 산업 기준을 충족시키지 못하는 산업 시설의 타국 이전 문제를 포함한다. 지구적 차원에서 오염물의 거래는 오염 문제의 해결이 아니라 오염물의 이전(移轉)에 불과하다는 점에서 근본적 해결로 보기는 힘들다. 따라서 오염물 이전과 같은 미봉책의 한계와 제한은 환경 문제의 해결을 위해서 지속적으로 감시되어야 한다.

그런데 환경 국제정치는 특정 분야에 특화된 다양한 국제 레짐을 통해 거버넌스를 구축하고 있으며, 이들의 성공과 실패는 국제 협력의 가능성을 가늠하는 중요한 지표가 된다. 유전자원 및 생물다양성 보존을 목표로 하는 생물다양성 협약(CBD), 자원 주권과 국제 협력의 균형을 모색한 나고야의정서, 오염물의 국경 이동을 통제한 바젤 협정 및 잔류성 유기 오염 물질을 규제하는 스톡홀름 협정 등과 같은 성공적 레짐 사례들은 그 규제 대상이 명확할 때 국제 협력이 잘 작동할 수 있음을 보여준다.

둘째, 녹색 규제와 무역 레짐의 충돌이다. 환경 문제 해결을 위하여 부과되는 상품이나 서비스에 대한 규제는 특정 국가에는 일종의 자유로운 무역에 관한 규제로 여겨질 수 있으며, '녹색 보호무역주의'(green protectionism)의 논쟁을 일으킬 수 있다. 또한 이런 규제는 국제적 차원에서는 원산지에 따른 동일 상품의 차별로 여겨질 수 있기 때문에 기존의 무역 레짐과의 조정이 필요하다. 유럽연합(EU)이 도입한 '탄소 국경 조정 메커니즘'(CBAM)은 환경 기준이 무역 장벽으로 기능하는 대표적 사례이다. 이는 한 상품 생산 시 배출되는 탄소량을 측정하여 그 탄소량을 기준으로 수입 관세를 부과하거나 수입을 제한하는 조치인데, 이는 EU 산업의 '탄소 누출'(carbon leakage)을 방지함과 동시에 자국의 환경 기준을 국제적으로 확산시키려는 목적을 가진다. 이 사례는 기후변화 문제를 해결하기 위한 시장주의적 해법의 한 예가 될 수 있지만, 특정 상품의 탄소 배출량을 측정한다는 것 자체가 상당히 임의적인 작업이며, 기술 및 자본이 부족한 개발도상국의 생산품에 대한 차별로 여겨질 수 있다.

CBAM은 세계무역기구(WTO) 체제의 근본 원칙인 '자유 무역의 원칙'은 물론이고 '임의적 무역 규제 금지' 원칙과 충돌하는 지점을 노출하면서 환경 정책이 새로운 형태의 보호무역주의로 변질될 수 있다는 비판을 받고 있다. 그리고 다양한 국제 레짐들이 상호 배타적이거나 보완적으로 작용하는 현상은 국제 협력에 새로운 도전을 제기할 수도 있음을 보여준다. WTO 규칙과 CBAM과 같은 환경규제 사이의 충돌 가능성은 '레짐 복잡성'(regime complexity)이 국제 협력을 방해하는 요인으로 작용할 수 있음을 보여주며, 행위자들은 자신에게 유리한 레짐을 선택적으로 활용하는 '레짐 쇼핑'(regime shopping)을 유발할 가능성을 경고해 주기도 한다. 또한 이러한 문제들은 기후변화 대응 체제의 형성을 두고 미국이나 중국과 같은 강대국 간의 경쟁과 연계되면서 무역전쟁을 일으킬 수 있는 잠재적 위험 요인을 내포하고 있기에 주의 깊은 관찰이 요청된다. 다만, 오존층 파괴의 문제를 해결하는 과정에서 기존 냉매로 쓰였던 염화불화탄소(CFCs)의 교역을 제한했던 조치와 '무역과 관세에 대한 일반협정'(GATT) 내지 세계무역기구(WTO)의 원칙이 일부 충돌하였음에도 불구하고, 이에 대한 예외조항 처리를 통해 레짐이 효력을 발휘하도록 국제적 합의에 도달함으로써 몬트리올 의정서가 이행된 성공적 선례들을 참고하여 지혜로운 해법을 찾아갈 필요가 있다.

최근 들어 미국이 자국 내 친환경 산업 육성을 위해 실행한 '인플레이션 감축법'(IRA)은 자국 생산 전기차에 보조금을 지급함으로써 자국 우선주의에 기반한 정책의 대표적인 예인데, 이는 직접적인 규제는 아니지만 친환경 목표 달성을 위해 보조금 등 정책 수단을 활용함으로써 무역상 갈등을 초래할 수 있음을 보여준다. 이러한 정책은 전통적 무역 규범의 범위를 넘어, 환경 전환을 명분으로 한 글로벌 보조금 경쟁을 촉발하여 동맹국 간 경제적 마찰을 야기한 사례로 평가할 수 있다.

셋째, 경제 발전 수준과 환경 보호에 대한 적극성에 대한 상관성을 지혜롭게 활용할 수 있는 방안을 찾는 문제이다. 무역의 개방도 혹은 특정 국가의 경제 발전 수준이 환경 정책의 방향과 연관되어 있다는 주장이 있는데, 이런 주장은 흔히 '환경 쿠즈네츠 곡선'(Environmental Kuznets Curve)으로 설명된다. 경제 발전 초기에는 환경 오염이 증가하다가 일정 수준을 넘어서면 경제 성장과 더불어 환경 문제 해결을 위한 국제적 및 국내적 정책이 적극적으로 실행되어 환경 오염이 감소한다는 주장이다. 많은 논쟁에도 불구하고 일반적으로 경제 발전의 수준이 높으면 환경에 대한 관심과 대응에 더 적극적이라는 판단은 점차 타당성을 얻어 가고 있다. 그렇다면 문제는 어떻게 개발도상국이 성공적으로 경제개발을 수행하면서 환경 대응에 적극적으로 나서게 할 수 있는지 방법을 강구해야 할 것이다. 정의로운 기후 전환의 과제를 상기시키는 대목이며, 이를 위한 선진국의 책임 있는 역할이 절대적으로 중요할 수밖에 없음을 보여준다.

2009년 코펜하겐 15차 당사국총회(COP15)에서 합의된 '선진국의 연간 1,000억 달러 규모의 기후 재원 지원 약속'이 이행되지 않고 있다는 점은, 기후변화 대응 체제의 효과적 작동을 가로막는 핵심 요인으로 지적된다. 2024년 COP29에서는 기존 1,000억 달러 목표를 넘어 2035년까지 연간 3,000억 달러로 확대하는 합의가 도출되었지만, 그 이행은 여전히 불투명하다. 개발도상국들은 선진국이 역사적으로 배출한 탄소에 대한 '기후 부채'를 갚아야 한다고 주장하며, 선진국의 재정 지원이 법적 의무임을 강조하는 기후 정의 논쟁을 격화시키고 있다. 재정 지원이 어렵다면 친환경 기술의 이전이라도 필요하다는 주장이 제기되었다. 하지만 기후변화 적응 및 감축을 위한 기술 이전 문제와 관련해서도 선진국들은 지적재산권(IPR) 보호를 주장하는 반면, 개도국들은 공공재적 성격이 강한 기후 기술에 대한 자유로운 접근을 요구하며 이견이 노정되어 협력의 진전을 가로막고 있다. 선진국들의 재정 지원과 기술 이전은 정의로운 기후 전환을 위한 핵심적 과제이므로 회피해서는 안 될 것이다.

4) 새로운 쟁점들

과학기술은 환경 문제에 대하여 미증유의 위협을 야기하기도 하고, 동시에 근본적인 문제해결의 기술적 대안을 제시하기도 하는 양날의 칼과 같은 성격을 지닌다. 그러나 과학기술의 역할은 궁극적으로 정치적 해석과 담론에 의해 결정된다. 환경 문제에서 과학기술의 역할은 여타 영역에서의 역할보다 특히 더 중요하다.

우선, 특정 환경문제가 실재함을 과학자들이 합의를 통해 보여주는 것은 해당 문제에 대한 국가 간 이견 차를 줄이는 데 크게 기여할 수 있다. 예를 들어, IPCC의 과학적 보고서는 기후변화 대응을 위한 국제 협상의 논리적 기초를 제공한다. 물론 과학자들 간의 합의가 완전하지 않았음에도 획기적인 협정이 체결된 오존층 파괴 대응 체제의 사례가 있는 반면, 과학자들의 의견이 일치했음에도 불구하고 큰 전환점을 마련하지 못한 기후변화 대응 체제의 사례도 존재한다. 따라서 과학적 합의와 국제 협정의 성과 관의 연관성을 단정하기는 어렵다. 하지만 일반적으로 과학자들의 합의와 과학적 정보 제공이 환경 문제 해결을 촉진한다는 것은 타당한 주장으로 보인다.

과학기술 발전은 환경 문제를 보다 쉽게 해결할 수 있는 대안을 제공할 수 있다는 점에서 의미가 크다. 전통적인 안보딜레마와 같은 문제는 국가가 존재하는 한 완전히 피할 수 없는 구조적 문제인 반면, 환경 문제는 경우에 따라 적절한 기술적 대안이 주어진다면 근본적인 문제 해결이 가능할 수 있기 때문이다. 오존층 문제의 해결이 그

사안의 중요성과 산업 이익 간의 경쟁에도 불구하고 상대적으로 쉽게 해결된 이유 중 하나도 기존에 CFCs를 생산하던 기업들이 대체 화학물질로 생산품을 바꿀 수 있었기 때문이다. 또한 저렴한 비용의 혁명적 탄소포집기술(CCS)을 개발하여 대기 중 온실가스를 획기적으로 줄임으로써 기후온난화 문제를 해결할 수 있다는 주장과 진행 중인 연구도 있다.

그렇지만 과학기술이 환경의 국제정치를 전적으로 좌우할 수는 없다. 대부분의 환경 문제에서 결국 그 해결을 이끌어 냈던 동인은 정치적 차원의 담론 형성과 협상, 그리고 환경 문제의 다차원적 속성을 아우르는 접근법의 채택이었다. 또한 과학기술의 발전을 환경 문제에 어떻게 적용하고 이용할 것인가의 문제는 전적으로 정치적인 것이 될 수밖에 없다. 따라서 환경문제에 있어서 과학기술의 역할을 결정론적으로 이해해서는 안 되며, 이를 둘러싼 담론 해석에서 지구정치적 접근은 여전히 필수적이라 할 수 있다.

한편 기후변화와 관련하여 주목해야 할 중요한 문제 중의 하나가 극지 해빙과 지정학적 재편의 문제이다. 남극과 북극 문제는 20세기 후반부터 본격적인 논의가 진행되어 왔으며, 국가 간 협정을 통하여 대부분 안정적인 해결책을 마련하였다. 그러나 최근의 기후변화로 인해 통항 일수가 늘어나면서 북극해 주변을 이용하는 북동 및 북서 항로의 개척 가능성은 다시금 극지방에 대한 환경 분쟁의 가능성을 높이고 있다. 특히 극지방의 자원을 둘러싼 갈등은 이미 러시아의 북극 대륙붕 및 심해저에 대한 영유권화 시도와 관련하여 불협화음을 내기 시작하였고, 동시에 새로운 항로의 개척이 세계 물류체계의 변화를 일으킬 가능성이 높아지면서 이에 따른 새로운 경제권의 부상에 대한 논의도 시작되고 있다. 이처럼 고위도 및 극지 해빙에 따른 환경의 변화는 위기와 기회를 동시에 제공하고 있음에 주목할 필요가 있다.

2 에너지 국제정치의 쟁점들

1) 에너지 전환과 국제사회의 새로운 분열

화석연료 의존 문제와 기후변화 대응책을 둘러싸고 에너지 수출국과 수입국, 그리고 선진국과 개발도상국 간의 이해관계가 첨예하게 대립하면서 국제사회의 분열을 초래하고 있다.

에너지 국제정치 분야에서 가장 중요한 과제인 에너지 전환은 화석연료의 사용 감축과 이를 대체할 신재생에너지의 개발 및 상용화라는 이중적 성격을 띤다. 기존 선진국뿐만 아니라 신흥 개도국들이 세계 에너지 시장에 참여하여 가격 상승을 부추기는 상황에서, 화석연료 의존을 벗어나야 한다는 위기의식이 확산되고 있다. 쉽게 접근할 수 있는 자원의 매장량에 한계에서 발생하는 화석연료의 유한성은 물론이고 그 지리적 편중성으로 인해 에너지 시장의 외부 충격에 매우 취약하다. 세계 석유 및 천연가스 매장량의 대부분이 정정 불안이 큰 지역에 집중되어 있어, 역내 소요는 전 세계 에너지 가격 변동성을 야기하는 주요 동인이다. 특히 화석연료가 유발하는 부정적 외부효과도 사용을 지양하게 만드는 주요 원인이다. 지구온난화와 기후변화는 화석연료의 사용에 커다란 제약으로 국제 레짐을 강화하고 있다.

화석연료 사용 감축에 대한 국제적 압력이 거세지면서, 화석연료 사용을 줄이려는 에너지 수입국과 화석연료 수출로 이득을 취하고 있는 에너지 수출국이 유엔기후변화협약(UNFCCC)을 중심으로 팽팽히 대립하고 있다. 에너지 수출국은 강제적인 탄소 감축 방안이 자국의 경제적 이익에 우선할 수 없으며 선진국의 피해 보전 책임을 요구하는 반면, 수입국은 수출국이 기후변화 경감에 미온적이라고 비난하고 있다.

궁극적으로 신재생 에너지로의 전환은 화석 연료 의존도를 낮춰 전통적인 지정학적 압력을 줄이는 긍정적인 효과가 있다. 그러나 이러한 탈탄소 전환의 복합적 효과는 단기적으로 에너지 가격 변동성을 증가시키고, 핵심 광물 의존성이라는 새로운 형태의 지정학적 취약성을 야기하는 등 복합적인 결과를 초래한다. 에너지 안보의 미래는 이러한 새로운 취약점들을 어떻게 관리하고, 기술 혁신과 국제 협력을 통해 해소할 수 있는지에 달려 있다.

따라서 에너지 전환은 전통적인 석유·가스 중심의 지정학을 변화시키고, 신재생 에너지 기술의 발전 및 보급을 통해 새로운 지정학을 창출하고 있다. 신재생 에너지는 화석연료와 달리 지리적 제약이 상대적으로 적어, 각국이 에너지 독립성을 높일 잠재력을 제공한다. 이는 전통적인 에너지 수입국의 지정학적 취약성을 근본적으로 해소하는 장기적인 전략이 될 수 있음을 보여준다. 그러나 이러한 전환은 곧 기술을 둘러싼 패권 경쟁의 심화를 의미하며, '탄화수소 지정학'이 '핵심 광물 및 기술 지정학'으로 대체되는 현상을 야기하고 있다. 전기차 배터리, 태양광 패널, 수소 생산 등 핵심 기술 및 제조 능력을 선점하려는 미국, 중국, 유럽연합 간의 경쟁은 매우 치열하다. 특히 중국이 전 세계 태양광 공급망의 대부분을 통제하는 현실은 청정에너지 전환이 곧 중국 의존성의 심화로 이어질 수 있다는 새로운 경제안보의 딜레마를 야기하고 있다. 또한 미래 에너지 시장의 주도권을 잡기 위한 기술 표준화 경쟁 역시 중요한 지정학적 쟁점이 되고 있으며, '탄소 포집 및 저장'(CSS) 기술의 표준 선점 여부가 미래 에너지 시장 판도에 큰 영향을 미칠 가능성도 배제할 수 없을 것이다.

2) 신재생에너지와 에너지안보

신재생에너지의 확산은 장기적으로 에너지 안보를 강화할 잠재력이 있으나, 간헐성이라는 기술적 한계를 포함하여 시스템 취약성, 저장 기술 경쟁, 신규 인프라에 대한 지정학적 위험이라는 새로운 도전을 야기하고 있다.

화석연료를 대체할 신재생에너지로 풍력, 태양 에너지, 수력 발전, 바이오연료 등이 있다. 이들 에너지는 재생 가능하며 풍부하다는 장점이 있으나, 태양광 및 풍력 발전의 간헐성은 안정적인 전력 공급을 위협하며 기술적 문제로 지적된다. 풍력 및 수력 발전, 바이오연료는 각각 기술적/부지적 한계, 환경 파괴 문제, 식량 안보 위협 등의 고유한 한계를 안고 있다. 이러한 한계를 극복하고 신재생에너지를 확대하기 위해서는 에너지 저장 시스템(ESS) 및 스마트 그리드(Smart Grid) 기술 확보가 새로운 에너지안보의 과제로 부상하고 있다. 한편 고도로 디지털화된 전력망은 사이버 공격에 대한 새로운 취약점을 노출하고 있어 에너지 안보는 사이버 보안 영역까지 확장되었다. 그리고 궁극적인 청정 에너지원으로 부상하고 있는 수소 경제로의 전환은 수소 생산, 운송, 저장 기술을 둘러싼 국제 표준 선점 경쟁을 촉발하며 미래 에너지 지정학의 치열한 경쟁점을 형성하고 있다. 그리고 그 결과에 따라 수소 생산국과 수입국 간의 새로운 무역 및 의존 관계가 형성될 것이며, 이는 미래 에너지 지정학의 축을 이루게 될 수 있을 것이다.

결국 탈탄소 시대를 향한 신재생 에너지로의 전환은 화석 연료 의존도를 낮춰 전통적인 지정학적 압력을 줄이는 긍정적인 효과가 있으나, 이는 단기적으로 에너지 가격 변동성을 증가시키고, 핵심 광물 의존성이라는 새로운 형태의 지정학적 취약성을 야기하는 등 복합적인 결과를 초래한다. 에너지안보의 미래는 이러한 새로운 취약점들을 어떻게 관리하고, 기술 혁신과 국제 협력을 통해 해소할 수 있는지에 달려 있다.

3) 신재생에너지와 원자력의 보완적 관계

다음으로 생각해 볼 문제는 원자력에너지의 재조명과 그 복합적 딜레마이다. 기존 화석연료를 대체하고 지속 가능한 성장을 이루기 위해서 원자력과 신재생에너지 개발이 활발한데, 특히 원자력은 신재생에너지의 간헐성을 극복할 보완재로서의 역할이 부각되며 주목받고 있다. 미국, 프랑스 등 선진국은 에너지 전환과 관련하여 원자력 발전에서 돌파구를 찾아왔으며, 화석연료에 비해 온실가스를 덜 배출하는 청정에너지라는 점과 높은 생산능력 때문이다. 중국과 인도 등 아시아의 개발도상국들도 원자력에너지 개발에 열중하고 있다.

특히 최근 원자력이 다시 각광받는 이유는, 태양광 및 풍력 에너지의 간헐성을 보완하여 안정적인 전력 공급을 유지할 수 있는 무탄소 전원이라는 점이 부각되었기 때문이다. 즉 원자력은 신재생에너지 시대의 에너지 공급의 안정성이라는 과제를 해결하는 중요한 보완적 기술로 인식되고 있다.

그러나 기후변화 대응과 에너지 안보 강화를 동시에 추구하는 과정에서 원자력의 비중이 높아짐에 따라, 핵발전소 안전에 대한 대중의 우려, 핵폐기물의 저장과 처리, 그리고 핵무기 확산 등의 복잡한 문제는 여전히 해결해야 할 숙제로 남아있다. 진정한 의미에서 핵에너지가 청정 에너지인가 여부는 여전히 논쟁의 대상이 되고 있다. 또한 핵확산 문제는 세계 도처에서 지정학적 골칫거리를 만들어왔다. 따라서 국제원자력기구(IAEA)를 통한 안전 규제 및 핵 비확산 체제의 강화가 필수적인 전제 조건이라 할 것이다.

4) 에너지의 양면성

이미 지적했듯이 에너지는 정치화된 재화로서 경제적 재화이지만 동시에 정책의 도구라는 이중적 성격을 가지는데, 이 정책적 도구로서의 성격 또한 양면성을 가지고 있다.

우선, 에너지는 여전히 외교 정책 도구이자 국가 간 갈등 유발 요인으로 사용되고 있다. 러-우전 이후 그 무기화의 양상이 더욱 노골화되어 에너지 상호의존성과 그 배신 가능성에 대한 근본적인 의문은 높아가고 있으며, 에너지가 전통적 지정학적 무기로서의 역할을 지속하고 있다는 주장은 힘을 잃지 않고 있다.

러-우전은 에너지가 외교 정책 도구로 사용되는 가장 명확한 사례이다. 러시아가 유럽에 대한 천연가스 공급을 축소함으로써 에너지 무기화가 현실화되었고, 이는 에너지 공급국과 소비국 간의 상호의존 관계가 전쟁 시기에는 오히려 취약성을 증폭시키는 신현실주의적 관점이 재조명되는 계기가 되었다. 이에 유럽은 액화천연가스 공급선의 다변화와 에너지 전환의 가속화라는 에너지 독립 전략으로 이에 대응하고 있다.

또한 주요 산유국 그룹인 OPEC+는 에너지 전환 시대에도 자신들의 영향력을 유지하기 위해 석유 공급량을 전략적으로 조절하며 시장에 불확실성을 더하고 있다. OPEC+의 전략적 결정은 여전히 글로벌 유가와 경제 안정성에 막대한 영향을 미치며, 전통적 석유 지정학의 카르텔이 서방의 정책에 강력한 영향력을 행사하고 있음을 보여준다.

한편, 에너지는 국제적 빈곤과 불평등의 문제를 해결하는 데 가장 중요한 수단이 될 수 있다. 에너지는 식량문제를 비롯해 산업 발전과 인간 복지의 가장 중요한 조건이기 때문이다. 에너지의 빈곤은 모든 것의 빈곤이라 할 수 있다. 그런데 에너지 빈곤 해결을 위한 국제적 분배와 기술 격차를 해소하기 위한 협력 과제는 여전히 중요한 도전으로 남아 있다. 전 세계 인구의 상당수가 여전히 전력에 접근하지 못하고 있으며, 빈민 및 빈곤국에 '에너지 사다리'(energy ladder)를 제공하는 일은 국제 개발 협력의 핵심 과제이다. 또한 국제 에너지 시장 확대와 에너지 전환 가속화로 인해 기술 이전 문제가 첨예한 쟁점이 되었다. 에너지헌장 조약(ECT)에서 러시아가 탈퇴한 사례에서 보듯이 다자 관계 속에서 기술 이전 문제 해결은 어려움을 겪고 있으며, 이는 양자 협정을 통한 대안적 해결 모색으로 이어지고 있다.

따라서 현재 빠른 속도로 진행되고 있는 에너지 전환의 시대가 새로운 빈곤의 구도를 확대하거나 고착화하지 않고 에너지 빈곤의 문제를 완화하며 전 지구적이며 정의로운 에너지 전환이 진행될 수 있는 에너지 국제정치 거버넌스의 구축을 위한 노력이 포기되어서는 안 될 것이다.

IV 맺음말: 국제적 환경 · 에너지 협력과 한국 외교의 과제

지금까지 살펴보았듯이, 21세기 국제정치는 환경-에너지-안보의 복합적인 상호작용이 새로운 국제질서를 형성하는 전환기에 놓여 있다. 화석연료 시대의 구조적 한계와 기후변화의 압력은 신재생에너지 시대의 부상을 촉발했으나, 이는 동시에 신자원 지정학, 시스템 안보 취약성, 그리고 핵 비확산 딜레마라는 새로운 차원의 안보 위협을 야기하고 있다. 이러한 복잡성이 증가하는 국제 환경 속에서 한국의 환경 · 에너지 외교는 지경학(geoeconomics)적 도전과 지정학(geopolitics)적 제약을 동시에 극복해야 하는 중대한 과제에 직면해 있다.

한국이 직면한 외교적 과제는 지역적으로는 동북아시아 지역의 특수성에서 출발한다. 동북아시아는 세계 최대의 에너지 소비 및 온실가스 배출 지역임에도 불구하고, 미흡한 다자적 안보 협력 레짐으로 인해 환경 · 에너지 협력 레짐 역시 그 성과와 깊이에서 한계를 드러내고 있다.

동북아시아의 환경 문제, 특히 황사, 미세먼지, 해양오염 등은 월경성(越境性)이 강하여 지역적 공조가 필수적이다. 물론 동북아 국가들의 노력을 통해 '동북아시아 환경 협력 프로그램'(NEASPEC) 등과 같은 다자적 논의체를 결성해 왔음에도 불구하고, 역내 국가 간의 주권 존중 원칙과 책임 분담에 대한 이견으로 인해 구속력 있는 규범을 도출하는 데 어려움을 겪어왔다. 성과는 주로 정보 교환 및 모니터링 수준에 머물러 있으며, 오염원 감축과 같은 핵심적인 의무 사항 이행에 대한 집행력은 취약하다는 한계를 지닌다.

에너지 협력에 있어서도 상황은 비슷하다. 동북아시아 에너지 협력은 주로 러시아-중국-한국-일본을 연결하는 동북아 슈퍼그리드 구상이나 천연가스파이프라인(PNG) 사업 논의 등과 같이 에너지안보 강화 및 경제성에 초점을 맞추어 진행되어 왔다. 그러나 이러한 사업들은 북한 변수와 더불어, 주요국 간의 정치 · 안보적 신뢰 부족 및 지정학적 경쟁 심화로 인해 대부분 미완의 구상으로 남아있다. 에너지 안보가 국가 생존 문제와 직결되는 만큼, 동북아 국가들은 상호의존성 증대를 경계하고 개별적인 자국 중심의 에너지 다변화 전략을 추진하는 데 주력하는 경향이 강해 협력의 잠재력을 충분히 발휘하지 못하고 있다.

한편, 환경과 에너지의 국제정치가 새로운 국제질서의 형성과 맞물리면서 복잡한 동학을 형성하고 있는 21세기에 선진국과 개도국 사이에 위치한 교량국가(bridging state)로서 한국은 환경과 에너지 국제정치 무대에서 국제적 협력과 지역적 안정이라는 이중 목표를 달성해야 하는 복합적 과제를 안고 있다.

우선, 한국은 이제 더 이상 수동적 개발도상국이 아니라 기후변화 및 에너지 전환의 시대를 능동적으로 주도하는 선도국으로서의 역할을 모색해야 한다.

구체적으로 핵심 광물 공급망 리스크를 관리하는 과제는 환경, 에너지, 산업 등 복합적인 쟁점들이 얽혀 있는 중요한 숙제가 되고 있다. 탈탄소 전환은 반도체, 배터리,

사동차 등 한국의 수력 산업에 필수적인 핵심 광물 공급망 안보를 최우선 과제로 요구한다. 한국은 특정 국가에 대한 의존도를 낮추기 위해 미국 및 EU 등 주요국들과의 '핵심 광물 동맹'을 강화하는 동시에, 글로벌사우스(Global South)와의 기술-개발 원조를 연계한 자원 외교를 동시적으로 추진하는 다각화 전략을 추진할 필요가 있다.

또한 녹색 기술의 표준화를 위한 외교를 강화해 갈 필요가 있다. 수소, 소형 모듈 원자로(SMR), 탄소포집저장(CCS) 등 미래 에너지 시장의 판도를 결정할 녹색 기술의 표준화와 경쟁에 능동적으로 참여해야 한다. 한국은 기술 경쟁력 우위를 바탕으로 국제 표준 설정을 주도하고, 이를 통해 녹색 보호주의의 파고를 극복할 수 있는 외교적 입지를 확보해야 한다.

그리고 신재생 에너지 전환과 원자력 개발의 균형 전략이 지닌 강점을 살리면서도 그 위험성을 관리할 수 있는 에너지 전환의 모델을 정교화하면서 이를 국제적으로 확산하는 데에도 힘쓸 필요가 있다. 신재생에너지의 간헐성을 원자력 발전이 보완하는 '무탄소 에너지 믹스' 모델의 개발 및 그 안전성 확보를 통해 기후변화 대응과 에너지 안보를 동시에 추구하는 선도적 모델을 국제사회에 제시해야 한다. 이를 위한 IAEA 협력 강화 및 핵 비확산 규범 준수는 필수적인 전제 조건이다.

다음으로 국제적인 협력을 통해 환경 · 에너지 국제정치에서 건강한 복합 거버넌스가 형성될 수 있도록 기여하고 노력하여야 한다. 특히 동북아시아의 환경 · 에너지 협력을 제고하기 위한 신뢰를 구축하고 실질적인 협력 프로젝트를 주도해 갈 필요가 있다.

환경 이슈는 흔히 비정치적 연성 이슈로 이해되어 왔지만, 에너지 전환의 시대에는 환경과 에너지 이슈가 긴밀하게 연계되면서 환경 · 에너지 안보는 국제질서의 중요한 축으로 자리 잡고 있다. 따라서 경색된 안보 구도하에서 고전적인 경성 인프라 협력에 집착하기보다 미세먼지, 방사능 안전, 해양 쓰레기 등 국민의 삶에 직결되는 비정치적 이슈로부터 시작하여 실질적인 협력 성과를 창출할 필요가 있다. 이는 동북아 국가 간의 환경 공통 이익을 발굴하고 신뢰를 재구축하는 기반이 될 수 있다. 이렇게 시작한 환경 · 에너지 분야의 국제적 협력은 축적된 신뢰를 바탕으로 점차 핵심적인 에너지 안보의 의제에서도 협력을 추진하는 방향으로 확대될 필요가 있을 것이다.

이뿐만 아니라, 환경 · 에너지 국제정치에서 기술 및 재정적 기여를 바탕으로 개발 · 협력의 영역에서도 선도적 역할을 모색해야 한다. 한국은 환경 분야에서의 선진 기술을 활용하여 몽골, 중앙아시아 등 주변국에 사막화 방지, 친환경 에너지 인프라 구축 등 기술 및 재정적 개발협력(ODA)을 적극적으로 추진해 왔다. 이를 심화하여 한국이 주도하고 있는 글로벌녹색성장기구(GGGI: Global Green Growth Institute)와 같은 국제기구 및 환경·에너지 연관 기업들이 연계하여 이 분야에서의 국제적 기여를 확대해 감으로써 정의로운 에너지 전환의 선도국 역할을 적극적으로 감당해야 한다. 이를 통해 환경 정의와 에너지 안보 문제를 동시에 해결하는 포용적 환경 외교를 구현해야 할 것이다.

결국 한국의 외교는 "안보와 경제의 융합"(security-economic nexus)이라는 새로운 지정학적 현실 속에서 국제적 규범 형성과 지역적 신뢰 구축이라는 두 개의 축을 중심으로 전략적이고 능동적인 환경·에너지 외교를 전개할 때, 비로소 '선발 중견국'으로서의 위상과 역할을 공고히 할 수 있을 것이다.

추천문헌

신범식 편. 2018. 『지구환경정치의 이해』. 사회평론아카데미.

신범식 외. 2022. 『기후변화와 사회변동』. 사회평론아카데미.

대니얼 예긴 저. 2021. 『뉴 맵 에너지·기후·지정학이 바꾸는 새로운 패권 지도』. 리더스북.

한희진 저. 2023. 『기후변화의 국제정치』. 부산대학교출판문화원.

Smil, Vaclav. 2017. Energy: A Beginner's Guide. Oneworld Publications.

찾아보기

ㅇ

ㅈ

ㅊ

ㅋ

ㅌ

ㅍ

ㅎ

기타

서울대학교 외교학 전공 약력

– 약력 챕터 순 기재 –

1. 박성우

- 서울대학교 정치외교학부 교수
- 서울대학교 국제정치사상센터장
- (전)한국정치사상학회장
- (전)중앙대학교 조교수 및 부교수
- 대표 저서: 『서양국제정치사상』(근간), 『국가: 플라톤』, 『영혼 돌봄의 정치』
- 연구 분야: 고전정치철학, 국제정치사상

2. 전재성

- 서울대학교 정치외교학부 교수
- 동아시아연구원 원장
- (전)한국국제정치학회 회장
- (전)서울대학교 국제문제연구소장
- (전)서울대학교 통일평화연구원 부원장
- 대표 저서: 『동북아 국제정치이론: 불완전주권국가들의 국제정치』, 『주권과 국제정치: 근대주권국가체제의 제국적 성격』
- 연구 분야: 국제정치이론, 국제관계사, 동아시아 안보론, 한국외교정책

3. 김종학

- 서울대학교 정치외교학부 부교수
- (전)동북아역사재단 연구위원
- (전)국립외교원 외교안보연구소 조교수 겸 외교사연구센터 책임교수
- 대표 저서: 『개화당의 기원과 비밀외교』, 『흥선대원군 평전』
- 연구 분야: 근대 한국 외교사 · 정치사상사 · 개념사

4. 이옥연

- 서울대학교 정치외교학부 교수
- (전)서울대학교 정치외교학부장
- (전)서울대학교 미국학연구소장

- 대표 저서: 『영화로 보는 세계정치: '구별짓기'를 넘어서』, 『유럽의 타자들: '구별짓기'의 역사와 정치』, 『만화경 속 미국 민주주의: 법 · 제도 · 과정을 통한 미국 정부와 정치 분석』
- 연구 분야: 연방주의 비교연구, 미국 및 유럽 지역연구, 지역통합, 정체성 정치

5. 이정환

- 서울대학교 정치외교학부 교수
- (전)국민대학교 국제학부 일본학전공 조교수
- (전)국민대학교 일본학연구소 박사후연구원
- 대표 저서: 『현대 일본의 분권개혁과 민관협동』, 『글로벌 구조변동과 한일관계』
- 연구 분야: 일본 정치, 국제정치, 비교정치

6. 조동준

- 서울대학교 정치외교학부 교수
- (사)한반도평화연구원 원장
- (전)서울대학교 기초교육원 부원장
- (전)서울시립대학교 국제관계학과 교수
- 대표 저서: 『한국의 외교정책과 대외관계』, 『규범의 국제정치』
- 연구 분야: 국제기구, 핵확산 · 비확산

7. 브랜든 아이브스

- 서울대학교 정치외교학부 부교수
- Journal of Peace Research와 Journal of Conflict Resolution 등 다수 국제학술지 논문 게재
- 연구 분야: 폭력적 · 비폭력적 내전, 중동 지역, 분쟁과 보건

8. 박종희

- 서울대학교 정치외교학부 교수
- 서울대학교 국가미래전략원 경제안보클러스터 연구책임자
- 서울대학교 국제문제연구소 국제정치데이터센터장
- (전)시카고대학 정치학과 조교수
- 대표 저서: 『힘과 규칙: 국제질서를 바라보는 두 가지 관점』, 『사회과학자를 위한 데이터 과학』
- 연구 분야: 국제무역, 경제안보, 베이지안 사회과학 방법론, 선거여론조사에 대한 메타

분석, 국제뉴스를 이용한 빅데이터 분석, 실험방법을 이용한 외교정책 태도 연구

9. 이나경

- 서울대학교 정치외교학부 부교수
- (전)프린스턴대학교 니하우스 센터 방문연구원 및 박사후연구원
- IMF 지원 국제 금융 · 자본 개방성 지표 구축 연구 참여
- 서울대학교 창의선도연구자 지원사업 선정(2021)
- 연구 분야: 국제정치경제, 동아시아 비교정치경제, 국가-기업 관계, 외국인 직접 투자, 국제 분쟁 해결

10. 김상배

- 서울대학교 정치외교학부 교수
- 서울대학교 미래전연구센터 센터장
- 정보세계정치학회 회장
- (전)한국국제정치학회 회장
- (전)한국사이버안보학회 회장
- 대표 저서: 『미중 디지털 패권경쟁: 기술-안보-권력의 복합지정학』, 『아라크네의 국제정치학: 네트워크 세계정치이론의 도전』
- 연구 분야: 정보혁명 · 네트워크 세계정치, 중견국 외교, 사이버안보 · 디지털경제 연구

11. 신범식

- 서울대학교 정치외교학부 교수
- 서울대학교 사회과학대학 학장
- 서울대학교 아시아연구소 중앙아시아 센터장
- (전)한국슬라브 · 유라시아학회 총무이사, 한국정치학회 부회장
- (전)서울대학교 국제문제연구소 소장, 러시아연구소 소장
- 대표 저서: 『메가아시아 연구 입문』, 『21세기 유라시아 도전과 국제관계』
- 연구 분야: 유라시아 국제관계, 러시아 정치 · 외교, 비교지역연구, 환경 · 에너지 국제정치

국제정치학

초판발행 2026년 2월 13일

지은이 서울대학교 정치외교학부 외교학 전공 교수진
펴낸이 안종만·안상준

편 집 최유라
기획/마케팅 최동인
표지디자인 BEN STORY
제 작 고철민·김원표

펴낸곳 (주) 박영사
서울특별시 금천구 가산디지털2로 53, 210호(가산동, 한라시그마밸리)
등록 1959.3.11. 제300-1959-1호(倫)
전 화 02)733-6771
f a x 02)736-4818
e-mail pys@pybook.co.kr
homepage www.pybook.co.kr
ISBN 979-11-303-9751-1 93340

정 가 19,000원